Stellvertretung als Instrument der Sicherung
und Stärkung der Patientenautonomie

Recht und Medizin

Herausgegeben von den Professoren
Dr. Erwin Deutsch, Dr. Bernd-Rüdiger Kern, Dr. Adolf Laufs, Dr. Hans Lilie,
Dr. Andreas Spickhoff, Dr. Hans-Ludwig Schreiber

Bd./Vol. 115

PL ACADEMIC RESEARCH

Claudia Beetz

Stellvertretung als Instrument der Sicherung und Stärkung der Patientenautonomie

Ein Beitrag zur Komplementarität von Zivil- und Sozialrecht

PL ACADEMIC RESEARCH

Bibliografische Information der Deutschen Nationalbibliothek
Die Deutsche Nationalbibliothek verzeichnet diese Publikation in der Deutschen Nationalbibliografie; detaillierte bibliografische Daten sind im Internet über http://dnb.d-nb.de abrufbar.

Zugl.: Halle-Wittenberg, Univ., Diss., 2011

Umschlaggestaltung:
© Olaf Gloeckler, Atelier Platen, Friedberg

Gedruckt mit Unterstützung
der Hans-Böckler-Stiftung, Düsseldorf.

3
ISSN 0172-116X
ISBN 978-3-631-63295-6

www.peterlang.de

Für Yaneck und Lena

Vorwort

Die vorliegende Dissertationsschrift wurde durch die Juristische und wirtschaftswissenschaftliche Fakultät der Martin Luther Universität Halle-Wittenberg als Dissertation angenommen und im November 2011 verteidigt. Nach einer Überarbeitung berücksichtigt diese im Wesentlichen die Recht-sprechung und Literatur bis September 2012.

Ich möchte mich für die vielfältige Unterstützung bei meinem Promotionsverfahren, aber auch während meiner langjährigen Tätigkeit an seinem Lehrstuhl bei meinem Doktorvater Prof. Dr. Wolfhard Kohte bedanken. Die Zeit am Lehrstuhl hat mich sowohl in meiner juristischen Arbeitsweise als auch persönlich sehr beeinflusst und die Bearbeitung dieses Themas ermöglicht. Ein besonderer Dank gebührt dem Zweitgutachter meiner Dissertation, Prof. Dr. Thomas Wagenitz für die Erstellung des Zweitgutachtens und die anregende Diskussion bei der Verteidigung.

Zu danken ist meiner Kollegin Stefanie Porsche, für das intensive Korrekturlesen der Arbeit. Eine wichtige Stütze waren ebenfalls meine Kolleginnen und Kollegen am Lehrstuhl, mit denen ich aufkommende Fragen zu jeder Zeitdiskutieren konnte. Über die fachlichen Fragen hinaus, hatte dieser Kreis immer ein offenes Ohr für Hilfestellungen aller Art. Ohne die verständnisvollen Kolleginnen und Kollegen wäre der Abschluss dieser Dissertation nicht möglich gewesen.

Der Hans-Böckler-Stiftung möchte ich für die finanzielle aber auch die ideelle Förderung während der Erarbeitung der Dissertation und bei der Veröffentlichung dieses Buches danken.

Eine besondere Rolle bei der Erstellung dieser Arbeit kommt meiner Familie zu. Ich möchte ihr für die Geduld und Toleranz während der langen Zeit danken. Besonders nennen möchte ich meine Eltern, bei denen ich immer Verständnis und Unterstützung gefunden habe. Sie haben nicht nur die Arbeit Korrektur gelesen, sondern durch Ihre Hilfsbereitschaft insbesondere auch durch die regelmäßige Betreuung meiner Kinder dieses Buch möglich gemacht.

Inhaltsverzeichnis

Einleitung

Müssen Entscheidungen über die Durchführung medizinischer Behandlungen von Patientinnen und Patienten getroffen werden, offenbaren sich oftmals erst dann Probleme, wenn diese nicht mehr in der Lage sind, eigenständig darüber zu entscheiden, ob eine Behandlung erfolgen soll. Während in der Situation der entscheidungsfähigen Patientinnen und Patienten die Notwendigkeit einer Einwilligung nach Aufklärung (informed consent[1]) nicht nur in der Gerichtspraxis,[2] sondern auch in den berufsrechtlichen Richtlinien[3] akzeptiert ist,[4] sind die Wege der Sicherung der Patientenautonomie in der Situation der Entscheidungsunfähigkeit noch nicht hinreichend geklärt und werden auch im praktischen Alltag sehr unterschiedlich wahrgenommen.[5]

Nicht erst seit dem erschütternden Tod von Terri Schiavo in den USA steigt die Angst in der Bevölkerung, der Gerätemedizin hilflos ausgeliefert zu sein. Gesellschaftspolitisch ist es wünschenswert, sterbenden Menschen einen würdigen Lebensraum zu verschaffen und dabei deren Wünsche und Bedürfnisse in den Mittelpunkt zu stellen.[6] Um dieses Ziel zu verwirklichen, sind Rahmenbedingungen für die Hospizarbeit und Palliativmedizin, aber auch für die Bewahrung der Patientenautonomie erforderlich. Diese Fragen wurden in der gesellschaftlichen und politischen Diskussion seit dem aufsehenerregenden Beschluss des XII. Zivilsenates des Bundesgerichtshofes vom 17. 03. 2003, in der

---

1 Vgl. dazu die Stellungnahme der Enquete-Kommission des Deutschen Bundestages „Ethik und Recht in der modernen Medizin", Patientenverfügung - Zwischenbericht, BTDrucks. 15/3700, S. 9

2 Vgl. dazu RG 27. 05. 1908 - VI 484/07 - RGZ 68, 431, 433 ff.; BGH 09. 12. 1958 - VI ZR 203/57 - BGHZ 29, 46, 49, 54; BGH 09. 12. 1958 - VI ZR 203/57 - BGHZ 106, 391, 397 f.

3 Bundesärztekammer, Grundsätze der Bundesärztekammer zur ärztlichen Sterbebegleitung 2004

4 Vgl. dazu auch aus strafrechtlicher Sicht: Otto, NJW 2006, 2217, 2218 m. w. N. Davon zu unterscheiden ist der Abschluss eines Behandlungsvertrags. Vgl. dazu ausführlich Röver, Einflussmöglichkeiten des Patienten im Vorfeld einer medizinischen Behandlung, S. 40 ff.

5 Dazu die empirischen Untersuchungen von Sellin/Engels/Holzhauer, Qualität, Aufgabenverteilung und Verfahrensaufwand bei rechtlicher Betreuung, S. 125 m. w. N.; vgl. Eibach/Schaefer, MedR 2001, 21, 22 ff.; vergleiche dazu auch die Ausführungen bei Lipp/Brauer in: Höfling, Das neue Patientenverfügungsgesetz in der Praxis, S. 17, 18

6 Vgl. dazu Enquete-Kommission des Deutschen Bundestages „Ethik und Recht in der modernen Medizin", BTDrucks. 15/5858, S. 68

dieser Patientenverfügungen als beachtlich anerkannt und durch richterliche Rechtsfortbildung die Voraussetzung für deren Umsetzung durch den Betreuer[7] geschaffen hatte, noch intensiver diskutiert.[8]

Die vom Deutschen Bundestag einberufene Enquetekommission „Ethik und Recht in der modernen Medizin“ hatte sich mit den Fragen der Entscheidungen am Lebensende, aber auch mit der Situation der Verbesserung der Versorgung Schwerstkranker durch Palliativmedizin und Hospizarbeit beschäftigt und einen Zwischenbericht vorgelegt.[9] Auch das Justizministerium nahm die Diskussion zum Anlass, um eine Arbeitsgruppe zur Patientenautonomie am Lebensende[10] einzuberufen, deren Ergebnisse in einem Referentenentwurf aufgenommen worden.[11] Dieser wurde dem Kabinett nicht vorgelegt, sondern sollte von Rechtspolitikern der SPD-Fraktion aus der Mitte des Bundestages als Gesetzentwurf in das Gesetzgebungsverfahren eingebracht werden.[12] Dazu kam es durch die Auflösung des Bundestages in der 15. Legislaturperiode nicht mehr.

Trotz dieser vielfältigen Bemühungen zeigte eine weitere Entscheidung des XII. Zivilsenates vom 8. 06. 2005[13], dass immer noch ungeklärt ist, wer in der kritischen Situation die Entscheidungskompetenzen in Gesundheitsangelegenheiten hatte. In diesem Fall war streitig, ob ein Betreuer die Einstellung der Ernährung, die mittels einer Magensonde erfolgte, bestimmen kann und ob in einem Heimvertrag antizipierte Regelungen dazu getroffen werden können.

---

7 Der Begriff des Betreuers ist institutionell zu verstehen – Betreuungen können sowohl ehrenamtlich als auch durch Berufsbetreuerinnen und -betreuer übernommen werden. Darüber hinaus ist auch eine Betreuung durch einen Verein bzw. die Betreuungsbehörde (nachrangig) möglich – vgl. §§ 1897 ff. BGB. Auch Vertreter und Bevollmächtigte werden institutionell verstanden.

8 Z. B. FAZ vom 24. 03. 2005, S. 3, 41; Evangelische Kirchen Deutschland (EKD), Sterben hat seine Zeit, Nationaler Ethikrat, Stellungnahme Patientenverfügung, Bundesärztekammer, Grundsätze der Bundesärztekammer zur ärztlichen Sterbebegleitung 2004; Bundesverband Lebenshilfe, Breite Diskussion zu Patientenverfügungen, Bioethik-Kommission Rheinland-Pfalz, Sterbehilfe und Sterbebegleitung,

9 Enquete-Kommission des Deutschen Bundestages „Ethik und Recht in der modernen Medizin“, Patientenverfügung - Zwischenbericht, BTDrucks. 15/3700, S. 9; Sellin/Engels/Holzhauer, Qualität, Aufgabenverteilung und Verfahrensaufwand bei rechtlicher Betreuung, S. 179 ff.

10 Arbeitsgruppe „Patientenautonomie am Lebensende“, Bericht, Betrifft Betreuung 7, S. 158

11 Referentenentwurf ist abgedruckt in: Lipp, Patientenautonomie und Lebensschutz, 2005, S. 65 ff.

12 Vgl. dazu die Erklärung der Bundesministerin für Justiz Brigitte Zypries am 10. 03. 2005 im Deutschen Bundestag – BTDrucks. 15/15256.

13 BGH 08. 06. 2005 - XII ZR 177/03 - NJW 2005, 2385

Auch diese Entscheidung des XII. Senats hatte nicht zu einer abschließenden Klärung der Möglichkeiten und Reichweite von Entscheidungen in gewillkürter oder gesetzlicher Stellvertretung in Gesundheitsfragen geführt.

Die Diskussion[14] hatte einen scheinbaren Abschluss mit der Verabschiedung des 3. Betreuungsrechtsänderungsgesetzes im Juni 2009 gefunden. Die Regelungen sind zum 1. 9. 2009 in Kraft getreten.[15] In diesen wird die Patientenverfügung prinzipiell anerkannt, wenn sie auf die jeweils vorliegende Lebenssituation anwendbar ist. Andernfalls obliegt es den Stellvertretern gemeinsam mit den Ärzten den (mutmaßlichen) Patientenwillen zu erforschen und danach eine Entscheidung zu treffen. Trotz dieser klarstellenden Regelung bleiben viele Fragen insbesondere zur Wahrnehmung der Stellvertretung in Gesundheitsangelegenheiten ungeklärt. In der vorliegenden Untersuchung soll daher unter Beachtung der neuen Vorschriften die Sicherstellung der Patientenautonomie in der Situation konkreter Entscheidungsunfähigkeit im Mittelpunkt stehen.

A Rahmenbedingungen der Gesundheitssorge

Die Rechtsordnung hat lange Zeit die Gesundheitssorge nicht als ein Phänomen der Stärkung der Persönlichkeitsrechte betrachtet. Sie war vom Fürsorgegedanken beeinflusst, die Stärkung der Selbstbestimmung[16] der Patientinnen und Patienten hat erst in den letzten Jahrzehnten zu einer neuen Schwerpunktsetzung geführt.[17] Nach dem, durch den Hippokratischen Eid geprägten, Berufsethos der Ärzteschaft, sollten Ärztinnen und Ärzte das ihnen anvertraute Menschenleben schützen und bewahren, sowie kranke Menschen nach Möglichkeit von ihrem Leiden heilen.[18] Dieses Bemühen findet seine Grenzen

14 Vgl. dazu die ausführliche Übersicht bei May, http://www.ethikzentrum.de/patientenautonomie/gesetzgebungsverfahren/index.htm (letzter Aufruf: 10. 09. 2012)

15 3. Betreuungsrechtsänderungsgesetz (3. Gesetz zur Änderung des Betreuungsrechts vom 29. 07. 2009 – BGBl. I, 2286 vom 31. 07. 2009

16 Zum Begriff der Selbstbestimmung im Alter: Ganner, BtPrax 2007, 62; Ganner, Selbstbestimmung im Alter, 2005

17 Hess in: Katzenmeier/Bergdolt, Das Bild des Arztes im 21. Jahrhundert, S. 117; Langenfeld/Langenfeld, ZEV 1996, 339; vgl. zur Diskussion innerhalb des Verfassungsrechts: Kämpfer, Die Selbstbestimmung Sterbewilliger, 2005, S. 159; vgl. zu den ethischen Implikationen May, Autonomie und Fremdbestimmung, S. 60 ff.

18 Deutsch/Spickhoff, Medizinrecht, 6. Aufl. 2008, S. 11 f. Der Arzt hat jedoch kein eigenes Behandlungsrecht. So bereits: RG 27. 05. 1908 - VI 484/07 - RGZ 68, 431 ff., 434; RG 31. 05. 1894 - 1406/94 - RGSt 25, 375, 379; RG 11. 03. 1927 - I 105/26 -

jedoch in der freien Selbstbestimmung des Menschen über seinen Körper,[19] das durch die Einwilligung nach vorausgegangener ärztlicher Aufklärung gesichert wird (sogenannter: informed consent).[20] Daraus ergibt sich das Recht der privatautonomen Ausgestaltung medizinischer Behandlungen.[21] Den Patientinnen und Patienten wird damit ermöglicht über das Ob und das Wie der (indizierten) ärztlichen Behandlung zu entscheiden.[22]

Grenzen findet die Patientenautonomie im Strafrecht – Ärzte können nicht dazu verpflichtet werden, strafbare Handlungen vorzunehmen, dies betrifft vor allem den Bereich der Sterbehilfe.[23] Insgesamt jedoch reicht das Selbst-

---

RGSt 61, 242, 252; vgl. auch Kohlhaas, NJW 1973, 548; Uhlenbruck, Patiententestament, Betreuungsverfügung und Vorsorgevollmacht, S. 3

19 Das Bundesverfassungsgericht hat das Selbstbestimmungsrecht des Patienten und damit den Grundsatz „voluntas aegroti suprema lex" zum obersten verfassungsrechtlichen Prinzip erklärt, das gegenüber dem Grundsatz des „salus aegroti suprema lex" absoluten Vorrang genießt – BVerfG 25. 07. 1979 - 2 BvR 878/74 - BVerfGE 52, 131; so auch: Deutsch/Spickhoff, Medizinrecht, 6. Aufl. 2008, S. 13; Uhlenbruck, Patiententestament, Betreuungsverfügung und Vorsorgevollmacht, S. 4; vgl. dazu auch aus ethischer Sicht: May, Zur gesetzlichen Regelung von Patientenverfügungen Stellungnahme zur Anhörung des Rechtsausschusses des Deutschen Bundestages am 04.03.2009

20 Ausführlich: Füllmich, Der Tod im Krankenhaus und das Selbstbestimmungsrecht des Patienten, S. 23 ff., 33 ff. zum informed consent: Truong, Vorsorgevollmacht und Vorsorgetreuhand in Gesundheitsangelegenheiten, S. 16 m. w. N.; Uhlenbruck, MedR 1992, 134

21 Ausführlich: Höfling/Lang, Das Selbstbestimmungsrecht - Normativer Bezugspunkt im Arzt-Patienten-Verhältnis, in: Neopaternalistische Medizin: der Mythos der Selbstbestimmung im Arzt-Patienten-Verhältnis, 1999, S. 17; Röver, Einflussmöglichkeiten des Patienten im Vorfeld einer medizinischen Behandlung, S. 17; Lipp, Selbstbestimmung am Ende des Lebens, in: Wolter/Riedel/Taupitz, S. 80; Lipp/Brauer in: Höfling, Das neue Patientenverfügungsgesetz in der Praxis, S. 17, 18

22 Ein genereller Behandlungsanspruch über die Indikation hinaus besteht nicht - BGH 13. 09. 1994 - 1 StR 357/94 – BGHSt 40, 257; Ankermann, MedR 1999, 387, 389; Müller/Knöbl, Der ärztliche Behandlungsabbruch, in: FS Deutsch zum 80. Geburtstag, S. 371; Wagenitz, FamRZ 2005, 669, 670; vgl. zu den Unterschieden der sozialversicherungsrechtlich notwendiger und zivil- und strafrechtlich möglicher Behandlungen: Hoffmann in: Bienwald/Sonnenfeld/Hoffmann, Kommentar Betreuungsrecht, § 1901 a Rn. 31 m. w. N.

23 Vgl. dazu den Überblick bei Uhlenbruck in: Laufs/Kern, Handbuch Arztrecht, § 132 Rn. 5; Lilie, Hilfe zum Sterben, in: FS für Steffen zum 65. Geburtstag, S. 273. Dies bleibt weiter in der Diskussion: Vgl. m. w. N. Hoffmann in: Bienwald/Sonnenfeld/Hoffmann, Kommentar Betreuungsrecht § 1901 a Rn. 6 ff., 33. Das Bundeskabinett hat am 29. 8. 2012 einen *Gesetzentwurf zur Strafbarkeit der*

bestimmungsrecht der Patientinnen und Patienten sehr weit – der Patient bzw. die Patientin hat ein umfassendes positives wie negatives Weisungsrecht, das nur in den oben genannten Grenzen eine Einschränkung erfährt. Es wird daher ein zivilrechtliches Verfügungsrecht über das eigene Leben vermittelt.[24] Dieses weite Selbstbestimmungsrecht scheint jedoch sein Ende zu finden, wenn der Patient oder die Patientin selbst nicht mehr in der Lage ist, es auszuüben.[25]

I. Entscheidungskompetenz der Patientinnen und Patienten in Gesundheitsangelegenheiten

Jede Heilbehandlung stellt einen Eingriff in die Rechte der Patientinnen und Patienten dar. Diese bedarf unabhängig davon, ob man sie als eine Verletzung der körperlichen Integrität betrachtet[26] oder als einen solchen in das Persönlichkeitsrecht[27] der Patientinnen und Patienten versteht, der rechtfertigenden Einwilligung bedarf.[28] Dabei obliegt dem Patientinnen und Patienten, die Entscheidung über die Behandlung.[29] Dies ist unabhängig davon, ob die Ent-

---

gewerbsmäßigen Förderung der Selbsttötung beschlossen: http://www.bmj.de/SharedDocs/Downloads/DE/pdfs/RegE_Gesetzes_zur_Strafbarkeit_der_gewerbsmae%C3%9Figen_Foerderung_der_Selbsttoetung.pdf?__blob=publicationFile (letzter Aufruf: 02. 09. 2012)

24 Keilbach, FamRZ 2003, 969, 972

25 Nach Strätling/Scharf/Eisenbart, Vorausverfügungen von Patienten und Stellvertreterentscheidungen in Gesundheitsfragen, S. 14 sind bei einem überwiegenden der Therapieentscheidungen bei nicht einwilligungsfähigen Patienten nicht durch eine rechtswirksame Einwilligung gedeckt.

26 So RG 31. 05. 1894 - 1406/94 - RGSt 25, 375; RG 11. 03. 1927 - I 105/26 - RGSt 61, 242, 256; BGH 28. 11. 1957 - 4 StR 525/57 – BGHSt 11, 111; BGH 10. 07. 1954 - VI ZR 45/54 - NJW 1956, 1106, 1107; BGH 09. 12. 1958 - VI ZR 203/57 - BGHZ 29, 46; BGH 16. 01. 1959 - VI ZR 179/57 – BGHZ 29, 176, 179; BGH 22. 06. 1971 - VI ZR 230/69 - NJW 1971, 1887; BGH 16. 11. 1971 - VI ZR 76/70 – NJW 1972, 335, 336; Wagner in: MK-BGB, § 823 Rn. 725 ff.; Mayer, Medizinische Maßnahmen an Betreuten, 1995, S. 24 f.; Hager in: Staudinger, § 823 Rn. I 76; Deutsch, NJW 1978, 1657, 1660.; Deutsch, AcP (192) 1992, 161, 166

27 Taupitz, Gutachten A für den 63. Deutschen Juristentag 2000, D 6.

28 Vgl. zu dem Meinungsstreit statt Vieler: Mayer, Medizinische Maßnahmen an Betreuten, 1995, S. 22 f.; Schöllhammer, Die Rechtsverbindlichkeit des Patiententestamentes, 1993, S. 46 f.; ausführlich zur rechtfertigenden Einwilligung Kohte, AcP 185 (1985), S 105 ff.

29 Vgl. dazu BGH 17. 3. 2003 - XII ZB 2/03 - BGHZ 154, 205 = NJW 2003, 158; BGH 12. 02. 1974 - VI ZR 141/72 - NJW 1974, 1423; BGH 22. 01. 1980 - VI ZR 263/78 - NJW 1980, 1333, 1334; BGH 22. 04. 1980 - VI ZR 37/79 - NJW 1980, 1905, 1907;

scheidung als vernünftig oder unvernünftig anzusehen ist oder, ob die Erkrankung ein bestimmtes Stadium erreicht hat. Das hat zur Konsequenz, dass jede Behandlung und Weiterbehandlung der Einwilligung bedarf, nicht jedoch deren Unterbleiben.[30] Abgesehen davon, ob man die Einwilligung in medizinische Maßnahmen als Willenserklärung[31] oder geschäftsähnliche Handlung[32] ansieht,[33] besteht doch Einigkeit darüber, dass der oder die Einwilligende lediglich einwilligungsfähig sein muss.

1. Einwilligungsfähigkeit

Die Einwilligungsfähigkeit eines Patienten bzw. einer Patientin richtet sich nach der ständigen Rechtsprechung des BGH[34] und der herrschenden Lehre[35]

BGH 28. 11. 1957 - 4 StR 525/57 – BGHSt 11, 111, 114; Schöllhammer, Die Rechtsverbindlichkeit des Patiententestamentes, 1993, S. 46 f.; Füllmich, Der Tod im Krankenhaus und das Selbstbestimmungsrecht des Patienten, S. 37 f.; Spindler in: Bamberger/Roth, § 823 Rn. 604; Deutsch, NJW 1979, 1905; Wagenitz, FamRZ 2005, 669, 671; Lipp/Brauer in: Höfling, Das neue Patientenverfügungsgesetz in der Praxis, S. 17, 19.

30 Lipp/Brauer in: Höfling, Das neue Patientenverfügungsgesetz in der Praxis, S. 17, 20.

31 Kohte, AcP 185 (1985), 105, S. 142, Ohly, Die Einwilligung im Privatrecht, S. 207 ff., 214; Ohly, in: FS für Jakobs zum 70. Geburtstag, S. 451, 461 ff.; Schwab in: MK-BGB, § 1904, Rn. 9

32 So die h. M. Füllmich, Der Tod im Krankenhaus und das Selbstbestimmungsrecht des Patienten, S. 99 f.; BGH 05.12.1958 - VI ZR 266/57 - BGHZ 29, 33, 36; Ellenberger in: Palandt, vor § 104 Rn. 8; Spickhoff, AcP 208 (2008), 347, S. 385 f.; Spickhoff in: Soergel/Spickhoff, Anh. I § 823 Rn. 106; Holzhauer in: Ärztliche Behandlung an der Grenze des Lebens: Heilauftrag zwischen Patientenautonomie und Kostenverantwortung, S 28, 35 f.

33 Einigkeit besteht auch weitgehend darüber, dass die Anwendung der Vorschriften über die Willenserklärungen nicht vom Rechtscharakter der Einwilligung abhängt: Taupitz, Gutachten A für den 63. Deutschen Juristentag 2000, A 56 ff. m. w. N; vielmehr komme es darauf an, der Sache nach zu klären, welche Regelungen auf die Einwilligung Anwendung finden Kohte, AcP 185 (1985), 105, S. 120; Pawlowski in: FS für Hagen, S. 5, 15

34 BGH 05. 12. 1958 - VI ZR 266/57 - BGHZ 29, 33; BGH 09. 12. 1958 - VI ZR 203/57 - BGHZ 29, 46; BGH 21. 03. 1961 - VI ZR 143/60 - VersR 1961, 448; BGH 02. 12. 1963 - III ZR 222/62 - NJW 1964, 1177, 1178

35 Hager in: Staudinger, § 823 Rn. I 76; Spickhoff in: Soergel/Spickhoff, Anh. I zu § 823 Rn. 106 ff.; Diederichsen in: Palandt, § 823 Rn. 151 ff.; Ulsenheimer in: Laufs/Kern, Handbuch Arztrecht, § 137 Rn. 7 f., § 139 Rn. 43 ff., § 139 Rn. 27; Kern, MedR 1993, 245, 247 f.; Schiemann in: Erman, § 823 Rn. 135; differenzierend Kohte, AcP 185 (1985), 105; Schwab in: MK-BGB, § 1904 Rn. 13.

danach, ob der Patient bzw. die Patientin die Art, Bedeutung und Tragweite des Eingriffs, wenn auch nicht in allen Einzelheiten, so doch zumindest in seinen wesentlichen Grundzügen zu erkennen vermag und darüber hinaus in der Lage ist, die für und gegen den Eingriff sprechenden Gründe gegeneinander abzuwägen und seine Entscheidung dieser Erkenntnis entsprechend zu treffen.[36] Daher kann auch eine nach § 104 BGB geschäftsunfähige oder eine in der Geschäftsfähigkeit beschränkte Person wirksam in ärztliche Eingriffe einwilligen, wenn diese die obigen Kategorien erfüllt.[37]

2. Feststellung der Einwilligungsfähigkeit

Die Bestimmung der Einwilligungsfähigkeit muss durch den aufklärenden Arzt, die aufklärende Ärztin jeweils in Bezug auf die konkret anstehende Behandlung vorgenommen werden.[38] So kann ein und derselbe Patient bzw. die ein und dieselbe Patientin für eine schwere Bauchoperation einwilligungsfähig sein, jedoch aufgrund eines Traumas in Bezug auf eine einfache Zahnbehandlung die Einwilligungsfähigkeit fehlen. Allerdings ist davon auszugehen, je schwerwiegender und gefährlicher der Eingriff in die körperliche Integrität der betroffenen Person ist, desto höher sind die Anforderungen an deren subjektive Urteilsfähigkeit. [39] Bei Zweifeln an der Einwilligungsfähigkeit kann es daher geboten sein, dass Vertreter und vertretene Person die Entscheidung gemeinsam treffen. Dies entspricht auch den Intentionen des Betreuungsrechts, wonach die Behandlungswünsche, auch die aktuell von der betroffenen Person geäußerten Wünsche, für die betreuenden Personen verbindlich sind – vgl. §§ 1901, 1901 a BGB, aber auch der UN-Behindertenrechtskonvention[40], die von einer Unter-

---

36 Ausführlich zu Problemen der Feststellung der Einwilligungsunfähigkeit: Lipp in: Handbuch Vorsorgeverfügungen § 2 Rn. 18 ff.

37 Taupitz, Gutachten A für den 63. Deutschen Juristentag 2000, A 56 ff. m. w. N. Anschaulich für einen damals noch minderjährigen Patienten: BGH 05. 12. 1958 - VI ZR 266/57 - BGHZ 29, 33, 36; Sachsen-Gessaphe, Der Betreuer als gesetzlicher Vertreter für eingeschränkt Selbstbestimmungsfähige, S. 333; Hoffmann in: Bienwald/Sonnenfeld/Hoffmann, Kommentar Betreuungsrecht, § 1904 Rn. 32 ff. Spickhoff in: Soergel/Spickhoff, Anh. I § 823 Rn. 106 jeweils mit weiteren Nachweisen, Schwab in: MK-BGB, § 1904 Rn. 13 sieht die natürliche Einsichtsfähigkeit und die Geschäftsfähigkeit nicht als Gegensätze an.

38 Füllmich, Der Tod im Krankenhaus und das Selbstbestimmungsrecht des Patienten, S. 41 ff.; Spickhoff, NJW 2000, 545, 2300

39 Damrau/Zimmermann, BetrR, § 1904 Rn. 6, Kern, MedR 1993, 245, 247

40 UN-BRK vom 13. 12. 2006 ratifiziert am 24. 02. 2009 – BGBl. 2008, 2. Teil, 1419 ff.

stützung bei der Entscheidung statt einer ersetzenden Entscheidung ausgeht. Dies gilt entsprechend auch für Entscheidungen des Vorsorgebevollmächtigten.

3. Aufklärung

Die für eine wirksame Einwilligung notwendige Abwägung, ob eine medizinische Maßnahme durchzuführen ist, kann der Patient oder die Patientin nur treffen, wenn er ausreichend über das Für und Wider einer Behandlung und die damit verbundenen Gefahren aufgeklärt wurde.[41] Diese Pflicht obliegt dem behandelnden Arzt bzw. der behandelnden Ärztin. Diese müssen den Patienten oder die Patientin insoweit informieren, damit diese die oben beschriebenen Risiken abschätzen können. Dabei hat der Arzt bzw. die Ärztin den Patienten oder die Patientin auch auf spezifische, mit der Behandlung verbundene Gefahren hinzuweisen, auch wenn sie sich selten verwirklichen, da die Entscheidung, ob dieses Risiko eingegangen wird, beim Patienten oder der Patientin liegt.[42]

II. Antizipierte Behandlungsentscheidung durch den Patienten oder die Patientin

Eine solche Entscheidung kann der Patient oder die Patientin im Fall der Einwilligungsunfähigkeit nicht mehr treffen. Vorsorge hierfür ist durch eine antizipierte Einwilligung – in Form einer sogenannte (positive oder negative) Patientenverfügung gem. § 1901 a Abs. 1 BGB möglich.[43]

Im Blickpunkt der Öffentlichkeit stand lange Zeit die Anerkennung und Ausgestaltung von Patientenverfügungen. Nach der Entscheidung des Bundes-

---

41 BGH 09. 12. 1958 - VI ZR 203/57 - BGHZ 29, 46; BGH 16. 01. 1959 - VI ZR 179/57 – BGHZ 29, 176, 181; BGH 09. 12. 1958 - VI ZR 203/57 - NJW 1959, 811 ff.; BGH 25. 11. 1975 - VI ZR 122/73 - NJW 1976, 365; BGH 10. 03. 1981 - VI ZR 202/79 - NJW 1981, 2002, 2003; BGH 04. 04. 1995 - VI ZR 95/94 - NJW 1995, 2410, 2411; Bockelmann, NJW 1961, 945 ff.; Schlund, VersR 1977, 496 ff.; Sprau in: Palandt, § 823 Rn. 151 ff.; Schiemann in: Erman, § 823 Rn. 137, Hager in: Staudinger, § 823 Rn. I 83; Deutsch, NJW 1965, 1985; Giesen, JZ 1987, 282, 283

42 Ausführlich zum informed consent: Füllmich, Der Tod im Krankenhaus und das Selbstbestimmungsrecht des Patienten, S. 33 ff; BGH 25.11.1975 - VI ZR 122/73 - NJW 1976, 365 f.; BGH 02.11.1993 - VI ZR 245/92 - NJW 1994, 793 f.; Sprau in: Palandt, § 823 Rn. 138, 152 f; Schiemann in: Erman, § 823 Rn. 137 f.; Hager in: Staudinger, § 823 Rn. I 87; Deutsch/Spickhoff, Medizinrecht, 6. Aufl. 2008, Rn. 243 ff.

43 Zu diesen Begriffen vgl.: Hoffmann in Bienwald/Sonnenfeld/Hoffmann, Kommentar Betreuungsrecht, § 1901 Rn. 12 f.

gerichtshofes vom 17. 03. 2003[44] war ungeklärt und im politischen, ethischen, medizinischen, wie auch juristischen Diskurs höchst streitig,[45] wie eine solche Erklärung ausgestaltet sein müsste und unter welchen Bedingungen sie wirksam sein könnte. Diese Frage wurde mit der Neuregelung des § 1901 a BGB durch das 3. Betreuungsrechtsänderungsgesetz[46] geklärt. Patientenverfügungen sind in ihrer Wirksamkeit nun anerkannt und durch den Stellvertreter umzusetzen, wenn sie die aktuell vorliegende Lebenssituation erfassen.[47]

---

44 BGH 17. 3. 2003 – XII ZB 2/03 - BGHZ 154, 205 mit einem obiter dictum zur Verbindlichkeit von Patientenverfügungen

45 Vgl. dazu Bericht der Arbeitsgruppe „Patientenautonomie am Lebensende", Bericht, Betrifft Betreuung 7, S. 158 (Kutzer-Kommission); Evangelische Kirchen Deutschland (EKD), Sterben hat seine Zeit, Bioethik-Kommission Rheinland-Pfalz, Sterbehilfe und Sterbebegleitung,
In der juristischen Literatur vgl.: Müller, ZEV 2008, 583 f.; Stoffers, DNotZ 2003, 855; Lange, NotBZ 2006, 185; Uhlenbruck in: FS Deutsch zum 80. Geburtstag, S. 663; Lipp, Patientenautonomie und Lebensschutz, 2005; Lipp, BtPrax 2004, 18 Mayer, Medizinische Maßnahmen an Betreuten, 1995, S. 84; Roth in: Erman, 12. Aufl., § 1904 Rn. 22 f.; Holzhauer, Patientenautonomie und ihre vertretungsweise Wahrnehmung durch einen Betreuer, In: Ärztliche Behandlung an der Grenze des Lebens: Heilauftrag zwischen Patientenautonomie und Kostenverantwortung, S. 28, 38 ff. Dabei bezog sich ein Streitpunkt vor allem darauf, in welcher Form diese Festlegungen anerkannt werden müssen und in welcher Fallgestaltung Behandlungen abgebrochen werden können. Das vorherrschende Meinungsbild zeigte sich auch in den unterschiedlichen Gesetzesentwürfen zur Anerkennung von Patientenverfügungen: Stünker-Entwurf - BTDrucks. 16/8442; § 1904 Abs. 5 BGB Bosbach-Entwurf - BTDrucks. 16/11360; § 1904 Abs. 3 BGB Zöller-Entwurf - BTDrucks. 16/11493; von denen der Stünker-Entwurf in der Fassung des Rechtsausschusses: BTDrucks. 16/13314 am 18. 06. 2009 verabschiedet wurde (BRDrucks. 593/09) und diese Fragen nun klarstellt.
Übersicht zur strafrechtlichen Diskussion: Schreiber in: FS Deutsch zum 80. Geburtstag, S. 493; Lautenschläger, Die Gesetzesvorlagen des Arbeitskreises Alternativentwurf zur Sterbehilfe, 2006 Verrel, Gutachten C zum 66. Deutschen Juristentag - Stuttgart 2006
Zur Einstellung deutscher Vormundschaftsrichterinnen und -richter: Höfling, FPR 2007, 67; ausführlich: Höfling/Schäfer, Leben und Sterben in Richterhand?; Simon/Lipp/Tietze/Nickel/Oorschot, MedR 2004, 303

46 3. Betreuungsrechtsänderungsgesetz (3. Gesetz zur Änderung des Betreuungsrechts vom 29. 07. 2009 – BGBl. I, 2286 (31. 07. 2009) – in Kraft getreten 1. 09. 2009

47 So nun auch der 2. Strafsenat des BGH 25. 06. 2010 – 2 StR 454/09 – NJW 2010, 2963 und BGH 10. 11. 2010 – 2 StR 320/10 – NJW 2011, 161; streitig bleibt danach, ob eine Patientenverfügung ohne Entscheidung des Betreuers oder Vorsorgebevollmächtigten wirksam sein kann, also, ob der Arzt diese ohne Vertreterentscheidung umsetzen kann. Vgl. dazu ausführlich unten: Kapitel 1, B II 1.

Mit dieser Formulierung wird das strukturelle Problem der Patientenverfügung deutlich: Es obliegt nun dem Vertreter gemeinsam mit dem behandelnden Arzt bzw. der behandelnden Ärztin – gegebenenfalls zusammen mit Angehörigen – festzustellen, ob die jeweils vorliegende aktuelle Situation von der Patientenverfügung (noch) erfasst wird.[48] Darüber hinaus besteht keine Möglichkeit, den Patienten oder die Patientin direkt vor der eigentlichen Entscheidung aufzuklären. Damit fehlt die direkten Kommunikation zwischen ihnen und dem Arzt bzw. der Ärztin, um über Risiken, aber auch Chancen der Behandlung zu sprechen.[49] Eine, auf alle möglichen, in der Zukunft liegenden Lebenssituationen anwendbare Regelung auszugestalten, erweist sich in der Praxis immer wieder als schwierig.[50] Dies hat zur Konsequenz, dass eine direkte Anwendung des in der Patientenverfügung ausgedrückten Willens nicht möglich ist – vielmehr müssen nun der gesetzliche Stellvertreter (Betreuer) bzw. der Vorsorgebevollmächtigte über die Behandlung bzw. Nichtbehandlung entscheiden (§ 1901 a BGB). Entscheidungskriterium nach dem Willen des Gesetzgebers sind in einem solchen Fall vor allem die in der nicht wirksamen

---

Umso mehr sollte zur Vorbeugung von Anwendungs- und Auslegungsproblemen mit der Patientenverfügung eine Vorsorgevollmacht errichtet werden, sodass eine entscheidungsberechtigte Person bereits vorhanden ist - Tolmein in: Höfling, Das neue Patientenverfügungsgesetz in der Praxis, S. 47, 48. Ob in einem Formular oder als getrennte Vollmacht ist streitig vgl. dazu Milzer, FPR 2007, 69; Litzenburger, NotBZ 2007, 1. Auch zur Vermeidung eines Betreuungsverfahrens ist die Verbindung mit einer Vorsorgevollmacht zu empfehlen. Hilfsweise, für den Fall der Unwirksamkeit der Vorsorgevollmacht kann die Erklärung auch mit einer Betreuungsverfügung verknüpft werden. Sachsen-Gessaphe, Der Betreuer als gesetzlicher Vertreter für eingeschränkt Selbstbestimmungsfähige, S. 255 mit Hinweis auf den größeren privatautonomen Spielraum der Vollmacht.

48 Im Rahmen eines Konsils gem. § 1901 b BGB; so bereits vor der Neuregelung: Eisenbart, Patienten-Testament und Stellvertretung in Gesundheitsangelegenheiten, S. 174 f. Der Einhaltung dieser Verfahrensvorschriften wird durch die Rechtsprechung des 2. Strafsenats (BGH 25. 06. 2010 – 2 StR 454/09 – NJW 2010, 2963 und BGH 10. 11. 2010 – 2 StR 320/10 – NJW 2011, 161) eine besondere Bedeutung beigemessen. Zur Kritik daran vgl. unten: Kapitel 1, B II 1. und Verrel, NStZ 2011, 274.

49 Enquete-Kommission des Deutschen Bundestages „Ethik und Recht in der modernen Medizin“, Patientenverfügung - Zwischenbericht, BTDrucks. 15/3700, S. 11; Taupitz, Gutachten A für den 63. Deutschen Juristentag 2000, S. A 111; Kommunikations- und Entscheidungsfähigkeit darf allerdings nicht vorschnell unterstellt werden: Damm, MedR 2002, 375, 383.

50 Vgl. zu einem praktischen Beispiel Coeppicus, NJW 2011, 3749; vgl. zur Beratungspraxis: Tolmein in: Höfling, Das neue Patientenverfügungsgesetz in der Praxis, S. 47; Simon in: Höfling, Das neue Patientenverfügungsgesetz in der Praxis, S. 57.

Patientenverfügung erkennbaren Wünsche der betroffenen Personen.[51] Damit ist die Patientenverfügung zwar in Einzelfällen gut geeignet, den Patientenwillen zu sichern, deckt jedoch nicht sämtliche Lebensrisiken ab. Hinzukommt, dass durch die verfahrensrechtlichen Vorschriften des § 1901 b BGB nach der Auffassung des 2. Strafsenats des Bundesgerichtshof zur Umsetzung des in der Patientenverfügung niedergelegten Willens ein rechtlicher Stellvertreter benötigt wird.[52] Im Ergebnis ist die Patientenverfügung ein wichtiges Instrument zur Wahrung der Patientenautonomie, kann aber als alleiniges Instrument nicht ausreichen.[53]

Zur Sicherung der Patientenautonomie soll aus diesem Grund die Wahrnehmung des Patientenwillens durch Stellvertreter im Vordergrund der Untersuchung stehen, da diese auch in den Fällen, in denen eine Patientenverfügung nicht ausreichend ist, über Entscheidungskompetenzen verfügen können.

B Rechtliche Stellvertretung zur Sicherung der Patientenautonomie – Thesen

Im herkömmlichen Arztrecht wurde in der Situation konkreter Entscheidungsunfähigkeit der Arzt bzw. die Ärztin als zentraler Entscheidungsträger verstanden. Danach waren Ärzte nicht nur dafür zuständig, die Diagnose zu stellen und einen daran orientierten Therapievorschlag unter Beachtung der Indikation der Behandlung zu unterbreiten, sondern ebenfalls dafür zu prüfen, ob die durchzuführende Behandlung durch den mutmaßlichen Willen[54] des Patienten bzw. der Patientin gedeckt ist.[55] Dies ist jedoch eine Rollenverfehlung, denn der Arzt bzw. die Ärztin ist Vertragspartner, aber nicht Vertreter der Patienten.[56] Auch wenn die betroffene Person nicht mehr in der Lage ist, selbst Entscheidungen in Bezug auf die Gesundheitssorge zu treffen, muss eine Behandlung durch eine Einwilligung abgesichert sein.[57] Der Arzt bzw. die Ärztin

---

51 § 1901 a Abs. 2 BGB

52 BGH 25. 06. 2010 – 2 StR 454/09 – NJW 2010, 2963 und BGH 10. 11. 2010 – 2 StR 320/10 – NJW 2011, 161

53 Felmberg, BKK 2009, 263

54 Zur Feststellung des mutmaßlichen Willens vgl. den Streitstand bei Martiny, Gutachten A für den 64. Deutschen Juristentag 2002, A 36 ff.

55 Wagenitz, FamRZ 2005, 669, 672; Wagenitz, Selbstbestimmung am Lebensende, in: Duttge, Perspektiven des Medizinrechts im 21. Jahrhundert, S. 21, 25; Ankermann, MedR 1999, 387, 389; Hennies, MedR 1999, 341, 342

56 Lipp, Patientenautonomie und Lebensschutz, 2005, S. 34

57 BGH 10. 05. 1966 - VI ZR 251/64 - NJW 1966, 1855, 1856; BGH 13. 09. 1994 - 1 StR 357/94 - NJW 1995, 204, 205; Giesen, JZ 1990, 929, 938; Bernsmann, ZRP 1996, 87,

hat kein eigenes Behandlungsrecht, eine Entscheidung über eine Behandlung kann ohne Patientenverfügung nur durch einen Vertreter[58] des Patienten bzw. der Patientin getroffen werden.[59]

Nur in Notfallsituationen, wenn die Behandlung keinen Aufschub duldet und auch die Entscheidung des Betreuungsgerichts gem. §§ 1908 i, 1846 BGB nicht mehr möglich ist,[60] darf der behandelnde Arzt bzw. die behandelnde Ärztin nach dem mutmaßlichen Willen des Patienten bzw. der Patientin selbst entscheiden.[61] Eine Rechtfertigung der Behandlung erfolgt zivilrechtlich über die Grundsätze der berechtigten Geschäftsführung ohne Auftrag.[62]

Ein wichtiger Grundsatz, der sich in diesem Fall aus der Höchstpersönlichkeit des Rechtsgutes ergibt, ist, dass die sogenannte, im Bereich der Vermögenssorge praktizierte, Doppelzuständigkeit von Vertretenem und Vertreter, nicht möglich ist.[63] Die Zuständigkeit eines Vertreters beginnt erst dort, wo die Einwilligungsfähigkeit der betroffenen Person endet. Dieser ist so lange allein zu-

---

92; Lipp, BtPrax 2002, 47, 48; Füllmich, Der Tod im Krankenhaus und das Selbstbestimmungsrecht des Patienten, 45 ff.

58 Gemeint sind hier Betreuer und Vorsorgebevollmächtigter, Angehörige sind nicht vertretungsberechtigt. Die Zulässigkeit der Stellvertretung in Gesundheitsangelegenheiten war lange Zeit streitig. Für die staatliche Fürsorge erfolgte eine Klärung bereits mit der Einführung des Betreuungsrechts 1992 (vgl. dazu §§ 1904 und 1906 BGB). Mit der Einführung der Regelung des § 1904 Abs. 2 BGB a. F. (jetzt § 1904 Abs. 5 BGB) durch das Betreuungsrechtsänderungsgesetz (BGBl. 1998, I 1589) war dies auch für die Bevollmächtigung klargestellt - Ohly, Die Einwilligung im Privatrecht, S. 456; Uhlenbruck in: FS Deutsch zum 70. Geburtstag, S. 849, 852; Lipp, Freiheit und Fürsorge, S. 196.

59 BGH 09. 12. 1958 - VI ZR 203/57 - BGHZ 29, 46, 52; Lipp, Patientenautonomie und Lebensschutz, 2005, 10 f.; Francke, Ärztliche Berufsfreiheit und Patientenrechte, S. 175 ff.

60 Das Gericht hat in einem solchen Fall nach pflichtgemäßen Ermessen zu entscheiden, zunächst, ob Anordnungen zu treffen sind und in einem zweiten Schritt welche. Diekmann, Stellvertretung in Gesundheitsangelegenheiten, S. 38 m. w. N.

61 Lipp, Patientenautonomie und Lebensschutz, 2005, S. 19 f.; Martiny, Gutachten A für den 64. Deutschen Juristentag 2002, A 39

62 Kohte, AcP 185 (1985), 105, 122 f.; Taupitz, Gutachten A für den 63. Deutschen Juristentag 2000, A 39

63 Solange der Patient einwilligungsfähig ist, ist allein er entscheidungszuständig - RegE BTDrucks. 11/4528, S. 141; Roth in: Erman, § 1901 Rn. 20; Bienwald in: Bienwald/Sonnenfeld/Hoffmann, Kommentar Betreuungsrecht, § 1904 Rn. 28; Jürgens in: Jürgens, Betreuungsrecht, § 1904 Rn. 2; Sachsen-Gessaphe, Der Betreuer als gesetzlicher Vertreter für eingeschränkt Selbstbestimmungsfähige, S. 277; Schwab in: MK-BGB, § 1904 Rn. 11; Lipp/Brauer in: Höfling, Das neue Patientenverfügungsgesetz in der Praxis, S. 17, 26

ständig, wie er die Fähigkeit zur Einwilligung in die Durchführung medizinische Maßnahme hat.[64]

Im Zustand der Einwilligungsunfähigkeit ist der Patient bzw. die Patientin zunächst dem Willen anderer unterworfen,[65] sodass die Ausübung des Selbstbestimmungsrechtes in Form der Patientenautonomie[66] auf den ersten Blick stark eingeschränkt ist. Trotzdem geht das Recht auf Selbstbestimmung nicht verloren.[67] Zwar werden Entscheidungen über medizinische Behandlungen durch Dritte (Stellvertreter) getroffen, diese sind jedoch an den Willen des Betroffenen, soweit er feststellbar ist, gebunden.

Die Vertreter sind nicht, wie gelegentlich angenommen, die Ehe- oder Lebenspartner und Angehörigen der betroffenen Personen.[68] Die pauschale Unterstellung der Zuständigkeit von Verwandten ohne jegliche Absprache mit den jeweiligen betroffenen Personen ist mit dem Selbstbestimmungsrecht des Patienten bzw. der Patientin nicht vereinbar.[69] Diese Rechtslage trifft nicht selten auf Unverständnis; dies gilt nicht nur für das Fehlen einer solche Entscheidungskompetenz von Verwandten, sondern auch für die Bestellung einer gesetzlichen Vertretung (Betreuer) durch einen Richter oder eine Richterin.[70]

Seit 1992[71] sieht das Rechtssystem zwei Rechtsinstitute vor, um die Entscheidungskompetenzen zum Schutz der Selbstbestimmung des Patienten bzw. der Patientin zu klären. Zum einen besteht die Möglichkeit, der privaten Vorsorge durch eine Vorsorgevollmacht auch im Bereich der Gesundheitssorge zu

---

64 Kuhlmann, Einwilligung in die Heilbehandlung alter Menschen, 1996, S. 130 m. w. N. Einwilligungsfähigkeit statt Vieler Schöllhammer, Die Rechtsverbindlichkeit des Patiententestamentes, 1993, S. 38 ff.

65 Truong, Vorsorgevollmacht und Vorsorgetreuhand in Gesundheitsangelegenheiten, S. 1

66 BGH 07. 02. 1984 - VI ZR 188/82 – BGHZ 90, 96, 100 ff.; BGH 13. 09. 1994 - 1 StR 357/94 - BGHSt 40, 257, 260; Höfling, JuS 2000, 111, 114 f.

67 Wagenitz, FamRZ 2005, 669, 671

68 Begründung des Gesetzentwurfes des Bundesrates – BTDrucks. 15/2494, S. 16

69 BGH 09. 12. 1958 - VI ZR 203/57 - BGHZ 29, 46, 52; Strätling/Strätling-Tölle/Scharf/Schmucker, MedR 2003, 372, 376; Gödicke, FamRZ 2003, 1894, 1895

70 Gesetzesvorschlag des Bundesrates - BTDrucks. 15/2494, S. 16; interessant zum Bestehen einer solchen „Sozialnorm“: Hoffmann, BtPrax 2003, 94. Dies gilt auch für eine von Lipp und Burchardt für möglich gehaltene konkludente Stellvertretung – Lipp in: Handbuch der Vorsorgeverfügungen, § 2 Rn. 31 ff.; Burchardt, Vertretung handlungsunfähiger volljähriger Patienten durch Angehörige, S. 57 ff. – diese wird lediglich wegen der Formvorschrift des § 1904 Abs. 5 Satz 2 BGB abgelehnt.

71 Gesetz zur Reform des Rechts der Vormundschaft und Pflegschaft für Volljährige (Betreuungsgesetz – BtG) vom 12. 09. 1990 - BGBl. Teil I, S. 2002. In Kraft getreten: 01. 01. 1992

treffen. Hat die betroffene Person jedoch keine Vorsorgevollmacht, ist durch das Betreuungsgericht ein Betreuer zu bestellen. Dabei wird durch gerichtlichen Beschluss, der betroffenen Person ein gesetzlicher Vertreter an die Seite gestellt, der berechtigt ist, auch in medizinischen Angelegenheiten, für diese Entscheidungen zu treffen. Darüber hinaus wird ein drittes Rechtsinstitut – die gesetzliche Vertretungsmacht für nahe Angehörige – intensiv diskutiert, das aber noch nicht in das Rechtssystem integriert worden ist.

I. Betreuung

Eine Betreuung ist gem. § 1896 BGB einzurichten, wenn eine volljährige Person ihre Angelegenheiten aufgrund einer Krankheit bzw. Behinderung ganz oder teilweise nicht mehr selbst besorgen kann. Der Betreuer wird als gesetzlicher Stellvertreter für die volljährige Person durch das Betreuungsgericht bestellt. Im Rahmen der Gesundheitssorge wird seine Entscheidung durch den sogenannten Genehmigungsvorbehalt des § 1904 Abs. 1 und 2 BGB überwacht, wonach bei lebensgefährlichen oder erheblich gesundheitsschädlichen medizinischen Maßnahmen die Einwilligung, die Nichteinwilligung oder der Widerruf der Einwilligung durch den Betreuer der Genehmigung durch das Betreuungsgericht bedarf. Dabei überprüft das Betreuungsgericht, ob sich die Entscheidung des Betreuers am Patientenwillen orientiert hat – § 1904 Abs. 3 BGB. Der Wille der betreuten Person ist eine wichtiges Entscheidungskriterium für die Ausübung der Betreuung, dem allerdings nicht unbeschränkt Wirkung zu verschaffen ist (§ 1901 Abs. 2 bis 4 BGB).

Über die Bindung des Betreuers an den Willen der betreuten Person hinaus es mit dem Instrument der Betreuungsverfügung möglich, Einfluss sowohl auf das Betreuungsverfahren als auch auf die Wahrnehmung der Betreuung durch den Betreuer zu nehmen (§§ 1897 Abs. 4 Satz 3, 1901 Abs. 3 Satz 2, 1901 a und 1901 c BGB). Daraus ergibt sich die These, dass es bei der Betreuung um ein Rechtsinstitut handelt, bei dem der Beachtung des Willens eine erhebliche Bedeutung zukommt – vor allem der Patientenwille uneingeschränkt umzusetzen sein müsste. Trotz dieser Elemente könnte es sich um eine staatlich legitimierte Fremdbestimmung handeln, durch die die Patientenautonomie eingeschränkt wird, sodass es für die Sicherung der Patientenautonomie darauf ankommt, ein Betreuungsverfahren zu vermeiden.

II. Gesetzliche Vertretungsmacht für nahe Angehörige

Bereits seit einigen Jahren[72] wird intensiv diskutiert, ob eine gesetzliche Vertretungsmacht für Angehörige ein geeignetes Instrument sein könnte, um der wohl in der Bevölkerung vorhandenen „Sozialnorm"[73], für entscheidungsunfähige Angehörige wirksame Erklärungen abgeben zu können, rechtliche Geltung zu verschaffen. Diese Überlegungen führten nach dem Abschlussbericht der Bund-Länder-Arbeitsgruppe Betreuungsrecht[74] zu einem Gesetzgebungsverfahren, für das der Bundesrat die Vorschläge der Arbeitsgruppe mit lediglich kleinen Abwandlungen in den Bundestag eingebracht hat.[75] Die hier vorgesehene Vertretungsmacht sollte sich insbesondere auf Fragen der Gesundheitssorge beziehen und lediglich subsidiär zur Betreuung oder Vorsorgevollmacht eingreifen.[76] Hierbei handelt es sich um ein unabhängig vom Patientenwillen eintretendes Vertretungsrecht, sodass die zu untersuchende These lautet, eine solche automatisch eintretende Vertretungsmacht der Patientenautonomie nicht hinreichend gerecht werden kann.

III. Vorsorgevollmacht

Eine Betreuerbestellung ist dann nicht erforderlich und somit auch individuell vermeidbar, wenn bereits vor Eintritt des Betreuungsfalls im Zustand der Geschäftsfähigkeit, eine Erklärung abgegeben wurde, wer im Falle der Entscheidungsunfähigkeit über die Durchführung einer Behandlung entscheiden darf.[77] Es erfolgt eine Bindung des Bevollmächtigten an den (Patienten-)Willen des Vollmachtgebers, zunächst aus dem Grundverhältnis der Vollmacht, aber

72 Vgl. dazu Probst, BtPrax 2004, 163

73 Vgl. zu diesem Begriff: Hoffmann, BtPrax 2003, 94

74 Bund-Länder-Arbeitsgruppe „Betreuungsrecht", Abschlussbericht, Betrifft Betreuung 6, 2003, Ziel der Einführung einer solchen Vertretungsmacht war es darüber hinaus, die Betreuungszahlen und damit die Betreuungskosten zu senken.

75 BTDrucks. 15/2494; Der Gesetzvorschlag wurde durch den Rechtsausschuss des Bundestages mit der Begründung abgelehnt, dass die Missbrauchsgefahr dieser Regelung zu hoch wäre - Stellungnahme des Rechtsausschusses des Deutschen Bundestages – BTDrucks. 15/4874, S. 56. Der Bundestag und der Bundesrat haben dem zugestimmt und die Regelungen aus dem 2. Betreuungsrechtsänderungsgesetzes herausgenommen - BRDrucks. 121/05 – Beschluss des Bundestages, BRDrucks 121/05 (Beschluss) – Beschluss des Bundesrates.

76 BTDrucks. 15/2494, S. 17, 26 f.

77 In den Gesetzgebungsunterlagen wurde die Rechtsform ausdrücklich als betreuungsvermeidend bezeichnet: BTDrucks. 13/7158, S. 34

auch aus § 1901 a BGB. Die Befugnisse des Stellvertreters wirken über den Eintritt der Geschäfts- bzw. Einwilligungsunfähigkeit des Vollmachtgebers hinaus, sodass die gewillkürte Vertretung in Gesundheitsangelegenheiten ein wirksames Instrument der Eigenvorsorge für den Fall der Einwilligungsunfähigkeit darstellen könnte.[78]

Ein deutlicher Vorteil der Vorsorgevollmacht gegenüber der Patientenverfügung liegt in ihrem breiten Anwendungsspektrum. So kann ein Bevollmächtigter im Rahmen der Vorsorgevollmacht nicht nur Behandlungsentscheidungen treffen, sondern darüber hinaus auch Behandlungs-, Heim- und andere Verträge abschließen, auch die Vermögenssorge regeln, d. h., durch die Bevollmächtigung wird eine andere Person berechtigt, mit Wirkungen für den Vollmachtgeber rechtswirksame (Willens-)Erklärungen abzugeben. Zudem bietet die Vorsorgevollmacht die Möglichkeit, umfassende Regelung für den Fall der Einwilligungsunfähigkeit zu gestalten. Sie erscheint daher als Instrument gegenüber der Betreuung und der gesetzlichen Vertretungsmacht für nahe Angehörige zur Sicherung der Patientenautonomie am besten geeignet. Diese These soll als Ausgangshypothese überprüft werden.

C Stärkung der Vorsorgevollmacht und damit der Patientenautonomie

Bestätigt sich diese These, soll in einem zweiten Teil der Bearbeitung untersucht werden, warum es dem Instrument der Vorsorgevollmacht noch an praktischer Relevanz fehlt. Auch wenn in den letzten Jahren ein Anstieg an Vorsorgevollmachten zu verzeichnen ist, bleibt die Zahl noch deutlich hinter den Erwartungen zurück.[79] Ursachen dieser mangelnden Nutzung des Instruments könnten in der Ungeklärtheit der rechtlichen Anwendungsvoraussetzungen und damit in der fehlenden Anerkennung im Rechtsverkehr liegen.

I. Zivilrechtliche Stärkung

Bisherige Elemente der Stärkung der Vorsorgevollmacht setzten an diesen Punkten an. Sie betrafen sowohl Maßnahmen zur Anerkennung im Rechtsverkehr, wie die Einführung der Beglaubigungskompetenz der Betreuungs-

78 Wagner in: MK-BGB, § 823 Rn. 734.

79 Bienwald in: Bienwald/Sonnenfeld/Hoffmann, Kommentar Betreuungsrecht, § 1896 Rn. 81; Hoffmann/Schumacher, BtPrax 2002, 191; Eibach/Schaefer, MedR 2001, 21; Köller/Engels, Rechtliche Betreuung in Deutschland, 2009, S. 213 ff.

behörden, als auch die klarstellende Klärung der Kompetenzen von Vorsorgebevollmächtigten in der Gesundheitssorge[80] und bei der Vertretung im Zivilprozess.

Die Vorsorgevollmacht unterliegt, abgesehen von §§ 1904 Abs. 5 und 1906 Abs. 5 BGB, keiner gestaltenden Vorschriften. Sie kann daher privatautonom ausgestaltet werden. Dies betrifft einerseits den Eintritt des Vorsorgefalls, die zu übertragenden Aufgabenbereiche aber auch die Handlungskompetenzen des Bevollmächtigten. Darüber hinaus kann der Vollmachtgeber Schutzbestimmungen in die Vollmacht, wie die Bestimmung eines Überwachungsbevollmächtigten aufnehmen.

Diese unterschiedlichen Einzelelemente führen zu einer Vielzahl an möglichen Gestaltungen einer Vorsorgevollmacht[81] und dienen der Umsetzung der Privatautonomie. Die sich daraus ergebende Freiheit kann auf der anderen Seite zu Anwendungsproblemen in der Praxis führen. Daher ist die zweite Ausgangshypothese dieser Arbeit, dass es erforderlich ist, um privatautonomen Gestaltungsmöglichkeiten der Vollmacht effektiv nutzen zu können, den Vollmachtgeber ausreichend zu informieren und aufzuklären. Die Wahrnehmung der Privatautonomie erfordert gut informierte Beteiligte.[82]

Diese Forderung betrifft nicht nur den Vollmachtgeber. Dem Bevollmächtigten obliegt es, die Bestimmungen in der Vorsorgevollmacht umzusetzen. Dabei hat er schwierige, zum Teil schwerwiegende Entscheidungen zu treffen, aber auch die Pflege, Rehabilitation und die Krankenbehandlung der betroffenen Person zu organisieren. Dies kann zu einer Überforderung und letztlich dazu führen, dass dieser die Wahrnehmung der Vorsorgevollmacht aufgibt.[83] Daher benötigen auch die Stellvertreter Beratung und Unterstützung bei der Aufgabenwahrnehmung im Rahmen der Vorsorgevollmacht.

Dies macht deutlich, dass zur Sicherung der Privatautonomie ein erhöhter Beratungsbedarf sowohl in Hinblick auf die Ausgestaltung, aber auch die Wahrnehmung der Vollmacht besteht. Ziel der Arbeit ist es, die bestehenden zivil-

---

80 Dies betraf sowohl die generelle Möglichkeit der Vertretung in Gesundheitsangelegenheiten als auch die Kompetenz zu schwerwiegenden Entscheidungen, mit denen die Gefahr des Todes oder eines schweren, länger andauernden gesundheitlichen Schaden verbunden ist. Klargestellt wurde nun auch die Kompetenz des Vorsorgebevollmächtigten Behandlungsabbruchentscheidungen zu treffen.

81 Vgl. dazu die Übersicht über Vordrucke zu Vorsorgeverfügungen: May, Verfügungsliste, http://www.medizinethik.de/verfuegungen.htm

82 May, Autonomie und Fremdbestimmung, S. 112

83 So die Ergebnisse bei Köller/Engels, Rechtliche Betreuung in Deutschland, 2009, S. 237

rechtlichen Beratungs- und Unterstützungsmöglichkeiten darzustellen und auf ihre Effektivität hin zu untersuchen. Neben den bisher bestehenden Beratungs- und Unterstützungsangeboten der rechtsberatenden Berufe, aber auch der Betreuungsbehörden und -vereine[84] wurde mit dem beratende Konsil nach § 1901 b BGB ein neues Element zur Unterstützung des Vorsorgebevollmächtigten bei der Bestimmung des Patientenwillens geschaffen. Die Funktionsweise dieses Instruments soll genauer analysiert werden und darauf aufbauend weitere Elemente der Stärkung der Vorsorgevollmacht betrachtet und überprüft werden.

Dieses neue Element stärkt die Vorsorgevollmacht und ist ein erster Schritt, um organisatorisch verankerte Beratungs- und Unterstützungsstrukturen zu schaffen. Die Stärkung von privatautonomen Vorsorgemodellen kann nur erfolgen, wenn es Organisationsstrukturen gibt, die den Wünschen und Vorstellungen, aber vor allem auch den Bedürfnissen der betroffenen Personen gerecht werden können. Dazu ist ein ganzheitliches Konzept notwendig, in dem nicht nur punktuell auf die Probleme der betroffenen Personen eingegangen wird. Dies trifft sowohl auf die Organisation der Vertretung als auch auf die Organisation von sozialen Leistungen zu. Es bedarf daher organisierter Unterstützungsstrukturen, die bisher im Zivilrecht, abgesehen von dem beratenden Konsil, nicht vorgesehen sind. Eine alleinige zivilrechtliche Stärkung könnte sich daher nicht als ausreichend erweisen. Solche Strukturen bestehen jedoch im System der Sozialleistungen. Um diesem ganzheitlichen Ansatz gerecht zu werden, soll im System der sozialrechtlichen Beratungs- und Unterstützungsansprüche nach Anknüpfungspunkten zur Stärkung der Vorsorgevollmacht gesucht werden.

II. Sozialrechtliche Stärkung

Die Vergleichbarkeit mit dem Sozialrecht ergibt sich vor allem aus dessen neuerer Entwicklung von der bisher im Vordergrund stehenden Fürsorge zur Teilhabe und damit zur eigenen Organisation von Leistungen. Im Ergebnis geht es darum, ähnlich, wie bei der Vorsorgevollmacht, die Selbstbestimmung zu stärken, in dem die individuelle Eigenverantwortung der betroffenen Personen ermöglicht und Selbsthilfepotenziale aktiviert werden. Auch die Nutzung des gegliederten sozialrechtlichen Systems macht es erforderlich, dass die Beteiligten über ihre Rechte hinreichend informiert worden sind. Dafür hält das Sozialrecht als ein komplexes System von sozialen Leistungen eine Varianz von

84 §§ 1908 f Abs. 1 Nr. 2 BGB, 4 BtBG; zu Problemen der finanziellen Ausstattung: Deutscher Verein für öffentliche und Private Fürsorge, Stellungnahme zum Abschlussbericht der Bund-Länder-Arbeitsgruppe, NDV 2003, 409

Beratungs- und Unterstützungsansprüchen bereit, um den betroffenen Personen den Zugang zu den Leistungen des zum Teil unübersichtlichen gegliederten Systems des Sozialrechts zu erleichtern. Beispielhaft dafür ist die Einführung des Persönlichen Budgets nach § 17 SGB IX zu benennen. Danach können Leistungen zur Teilhabe auf Antrag nicht als Sachleistung, sondern als Persönliches Budget ausgeführt werden. Damit soll den betroffenen Personen ein eigenverantwortliches und selbstbestimmtes Leben ermöglicht werden. Um dieses neue Element der Selbstorganisation der Leistungen effektiv wahrnehmen zu können, benötigen die betroffenen Personen umfassende Beratungsmöglichkeiten.

Der Gesetzgeber hat als Reaktion auf den bestehenden Bedarf die Beratungskompetenzen der gemeinsamen Servicestellen der Rehabilitation ausgebaut und eine Beratungsstruktur nicht nur für behinderte Menschen, sondern auch für deren Vertrauenspersonen geschaffen. Durch diese wird es ihnen ermöglicht, alle wichtigen Fragen an einer Stelle zu klären, aber auch in Form eines Case-Managements (individuelle fallbezogene Beratung) Unterstützung bei der Verwaltung des persönlichen Budgets zu erhalten (Budgetassistenz).[85]

Im Bereich der Pflegeversicherung kann man ebenfalls eine Entwicklung zu größerer Selbstständigkeit der betroffenen Personen erkennen. Dies zeigt sich neben der Möglichkeit die Leistungen als Teil eines Persönlichen Budgets zu beziehen, vor allem an der Zahlung von Pflegegeld nach § 37 SGB XI. Nimmt der Versicherte Pflegegeld in Anspruch, muss er die erforderliche Grundpflege und hauswirtschaftliche Versorgung selbst sicherstellen. Dies verlangt umfangreiche Organisation, die dem Pflegebedürftigen vorbehalten bleibt und die durch umfangreiche Beratungsansprüche des Versicherten nach §§ 13, 14, 15 SGB I, § 7 SGB XI ermöglicht werden sollen. Die Beratungsansprüche umfassen zunächst die klassischen Beratungsfelder der Organisation von Pflege.

Neu in das Beratungssystem des SGB XI integriert wurden durch das Pflege-Weiterentwicklungsgesetz[86] die Institutionen des Pflegeberaters und der Pflegestützpunkte. Damit werden die Rechte der betroffenen Personen erheblich erweitert. Nach § 7 a SGB XI haben Personen, die Leistungen nach dem SGB XI erhalten bzw. bei denen erkennbar ein Hilfe- und Beratungsbedarf besteht, einen Anspruch auf individuelle Beratung und Hilfestellung durch einen Pflege-

85 Vgl. dazu ausführlich: Welti/Rummel, Rechtsfragen des Persönlichen Budgets nach § 17 SGB IX, S. 72 ff.

86 Gesetz zur strukturellen Weiterentwicklung der Pflegeversicherung (Pflege-Weiterentwicklungsgesetz), ausgefertigt am 28. 5. 2008 – BGBl. I 2008, 874. Vgl. dazu ausführlich: Igl, NJW 2008, 2214

berater im Sinne eines Case-Managements[87]. Durch diese persönlichen Beratungsstrukturen soll der erhöhte Beratungs- und Unterstützungsbedarf im Pflegefall aufgefangen werden. Aus diesem Grund ist die enge Zusammenarbeit der Pflegeberater mit allen an der Pflege, Versorgung und Betreuung Beteiligten vorgesehen, um so im Einvernehmen einen Versorgungsplan zusammenzustellen.

Über diesen individuellen Anspruch auf Pflegeberatung hinaus, werden nach den Vorstellungen des Gesetzgebers – angelehnt an die gemeinsamen Servicestellen der Rehabilitation im SGB IX – sogenannte Pflegestützpunkte eingerichtet (§ 92 c SGB XI), bei denen die Pflegeberatung angesiedelt werden soll. Dies ist notwendig, da die Pflegeberatung einen „Begleitungsprozess mit einer individuellen Versorgungssteuerung lenkt", währenddessen der „Pflegestützpunkt zur persönlichen Beratung und zur Koordination der Leistungen der vor Ort vorhandenen Hilfsangebote auf den verschiedensten Versorgungsebenen zur Verfügung (Care-Management)" steht.[88] Die Aufgaben dieser Stützpunkte liegen in der umfassenden und unabhängigen Auskunft und Beratung der Versicherten zu Rechten und Pflichten, die nach dem Sozialgesetzbuch bestehen sowie zur Auswahl und Inanspruchnahme der vorgesehenen Sozialleistungen und sonstigen Hilfsangeboten, der Koordination der wohnortnahe Versorgung, der Betreuung der in Betracht kommenden Hilfs- und Unterstützungsangebote und der Vernetzung der pflegerischen und aufeinander abgestimmten Versorgungs- und Betreuungsangebote. In der Beratungspraxis hat sich während der Modellprojektphase zu den Pflegestützpunkten gezeigt, dass die Beratung über die Möglichkeiten einer rechtlichen Stellvertretung und der Vorsorge ein wichtiges Beratungsthema ist.

Diese unterschiedlichen Beratungs- und Unterstützungsangebote bieten Organisationsstrukturen, die es den betroffenen Personen ermöglichen, professionsübergreifend sozialrechtliche Probleme zu lösen. Eine solche Struktur ist auch für die Unterstützung der Vollmachtgeber und der Bevollmächtigten sinnvoll. Auch bei der Vorsorge für den Fall der Entscheidungsunfähigkeit sind nicht nur rechtliche und medizinische Fragen zu beantworten. Es stellen sich sowohl ethische, religiöse, psychosoziale, pflegerische Fragen, die selten nur durch eine Beratungsstelle wahrgenommen werden können. Die Ansiedlung gerade von fächerübergreifenden Strukturen im Sozialrecht bietet dazu einen Anhaltspunkt.

---

87 Zu diesem Begriff ausführlich: Kapitel 5, III.

88 Michell-Auli/Strunk-Richter/Tebest, Was leisten Pflegestützpunkte? 2010, S. 27 ff. Zu dem Begriff des Care-Managements ausführlich: Kapitel 5, III

Daher sollen diese Beratungsstrukturen systematisiert und hinsichtlich der Nutzbarkeit zur Beratung der Vorsorgebevollmächtigten untersucht werden.

D Zusammenfassende Thesen

Daraus ergeben sich für die Bearbeitung folgende Ansatzpunkte: Zunächst soll untersucht werden, welches Instrument der Wahrung der Patientenautonomie bei stellvertretenden Entscheidungen am besten gerecht wird und in einem zweiten Schritt, wie dieses Instrument und damit die Patientenautonomie gestärkt werden kann. Dazu werden folgende Thesen aufgestellt:

1. Mit der Betreuung wird die Wahrnehmung der Rechte des betroffenen Patienten bzw. der betroffenen Patientin durch die Bestellung eines Betreuers gesichert. Als staatlicher Akt der Fremdbestimmung bedeutet die Betreuerbestellung einen nicht unerheblichen Eingriff in das Selbstbestimmungsrecht. Auch wenn die Beachtung des Willens des Patienten, der Patientin oberstes Prinzip ist, kann die Patientenautonomie nicht hinreichend gestärkt werden. (Kapitel 1)
2. Mit den Überlegungen zur Einführung einer gesetzlichen Vertretungsmacht soll dem Bedürfnis in der Bevölkerung nach Entscheidungskompetenzen von Angehörigen in der Gesundheitssorge entsprochen werden. Dieses, vom Willen der betroffenen Personen unabhängige Vertretungsmodell ist in der vorgeschlagenen Form nicht geeignet, die Patientenautonomie hinreichend zu schützen. (Kapitel 2)
3. Am besten zur Sicherung der Patientenautonomie geeignet ist das Instrument der Vorsorgevollmacht. Der Vollmachtgeber kann umfassende Befugnisse an den Bevollmächtigten übertragen und absichern, dass seine Weisungen interessengerecht wahrgenommen werden. Das Modell bietet darüber hinaus die Möglichkeit, abgesehen von den gesetzlich geregelten Schutzmechanismen, eigene Schutzbestimmungen zu integrieren. (Kapitel 3)
4. Durch die umfassende Möglichkeit autonome Regelungen in der Vorsorgevollmacht zu treffen, entstehen Probleme bei der Anerkennung im Rechtsverkehr. Diese Wirksamkeits- und Effektivitätshindernisse führen zu einer noch zu geringen Nutzung der Vorsorgevollmacht. (Kapitel 3)
5. Für eine effektive Nutzung der Vorsorgevollmacht als Instrument der Selbstbestimmung es notwendig ist, den Vollmachtgeber Informations- und Beratungsangebote zu unterbreiten. Die bisher vorhandenen Angebote der rechtsberatenden Berufe, aber auch der Betreuungsvereine und -behörde sind dazu nicht ausreichend. (Kapitel 4)

6. Beratungsbedarf besteht auch hinsichtlich der Wahrnehmung der Vorsorgevollmacht durch den Bevollmächtigten. Viele Entscheidungssituationen überfordern den Bevollmächtigten. Dazu sind unterstützende organisierte Beratungsstrukturen notwendig, die bisher im Zivilrecht abgesehen von dem beratenden Konsil nicht vorgesehen sind. (Kapitel 4)

7. Anknüpfungspunkte bietet das Sozialrecht, durch das ebenfalls die Stärkung des Selbstbestimmungsrechts erreicht werden soll. Um dies im Sozialrecht zu verwirklichen, bestehen umfassende Beratungs- und Unterstützungsstrukturen. (Kapitel 5)

8. Diese können auch durch den Vorsorgebevollmächtigten, z. B. bei den Instrumenten des Fallmanagements i. S. d. § 11 Abs. 4 SGB V; § 22 SGB IX, §§ 7 und 7 a SGB XI, genutzt werden. Darüber hinaus können bestehende vernetzte Beratungsstrukturen, wie sie z. B. die Gemeinsamen Servicestellen der Rehabilitation, aber auch die Pflegestützpunkte anbieten, als multiprofessionelle Anlaufstelle für Probleme im Rahmen der Vorsorgevollmacht dienen und somit die Vorsorgevollmacht in der praktischen Anwendung stärken. (Kapitel 5)

Kapitel 1
Staatliche Fürsorge

Im Grundgesetz verankert ist die Verpflichtung des Staates, die Würde des Menschen zu achten und dessen Handlungsfreiheit zu garantieren. Diese Pflicht umfasst es auch, die rechtliche und soziale Identität der betroffenen Personen zu sichern aber auch diese vor sich selbst zu schützen.[89] Deutlicher wird dieser Problemkreis mit der in das deutsche Recht inkorporierte Behindertenrechtskonvention der Vereinten Nationen (UN-BRK)[90], nach der die dem Menschen innewohnende Würde, seine individuelle Autonomie, einschließlich der Freiheit, eigene Entscheidungen zu treffen und der Unabhängigkeit der Menschen zu achten ist (Art. 3 lit. a). Konkret sieht Art. 12 Abs. 2 und UN-BRK vor, dass Menschen mit Behinderungen gleichberechtigt Rechts- und Handlungsfähigkeit genießen und ihnen bei der Ausübung ihrer Rechts- und Handlungsfähigkeit, Unterstützung zu gewähren ist. Damit ist nicht nur die Pflicht zur Sicherung des Existenzminimums gemeint, es impliziert gleichsam neben der unterstützenden auch die rechtsfürsorgliche Betreuung betroffener Personen als Ausgleich bestehender Defizite.[91] Durch die rechtsfürsorgliche Betreuung soll die rechtliche Handlungsfähigkeit der betroffenen Personen wiederhergestellt werden, wenn diese selbst nicht eigenverantwortlich handeln können.[92] Dies führt zu einer Ablösung des Leitbilds der „substituted decision" durch das Leitbild der „supported decision".[93] Durch die Unterstützung soll es den betroffenen Personen ermöglicht werden, wie ein uneingeschränkt eigenverantwortlich Handelnder am

---

89 Vgl. dazu Art. 8 EMRK, Art. 2 Abs. 1, Art. 1 Abs. 1, Art. 12, Art. 14 GG und die Staatszielbestimmung Art. 20 GG – Demokratie- und Sozialstaatsprinzip; vgl. dazu Spickhoff, AcP 208 (2008), 347, S. 350 m. w. N.

90 UN-BRK vom 13. 12. 2006 in Kraft getreten durch das Gesetz zu dem Übereinkommen der Vereinten Nationen vom 13. 12. 2006 über die Rechte von Menschen mit Behinderungen sowie zu dem Fakultativprotokoll vom 13. 12. 2006 zum Übereinkommen der Vereinten Nationen über die Rechte von Menschen mit Behinderungen vom 21. 12. 2008 (BGBl. II 1419) in Verbindung mit (i.V.m.) den Bekanntmachungen vom 5.6.2009 (BGBl. II 812, 818).

91 Schulte, Betrifft Betreuung 8, S. 29, 30; Lipp, Betrifft Betreuung 8, S. 15, 18 f.

92 Müller-Freienfels in: FS Max Keller zum 65. Geburtstag, 1989, S. 35, S. 46 ff.; Holzhauer/Reinicke, Betreuungsrecht, Vorwort; vgl. zur Institution der gesetzlichen Vertretung Kunz, Gesetzliche Vertretungsbefugnisse von nahen Angehörigen für Volljährige, S. 3 ff. m. w. N.

93 Aichele/von Bernstoff, BtPrax 2010, 199

Rechtsverkehr teilzunehmen.[94] Mit der Betreuung schafft der fürsorgliche Rechtsstaat eine Art Notordnung für den Fall der Handlungsunfähigkeit, wenn dafür keine autonome Vorsorge getroffen hat.[95] Im Lichte der UN-BRK ist die Einrichtung einer Betreuung noch stärker als bisher am Grundsatz der Erforderlichkeit gem. § 1896 Abs. 2 BGB zu orientieren.[96]

Die Rechtsfigur der Betreuung wurde im Jahr 1992[97] eingeführt und löste die Vorgängerregelungen der Vormundschaft bzw. der Gebrechlichkeitspflegschaft ab. Mit dieser Gesetzesreform änderte der Gesetzgeber nicht nur den Namen der Rechtsinstitution, sondern es kam zu einer umfassenden Reform des Rechtsgebietes, deren Ziel es war, den Eingriff in die Rechte betroffener Personen zu reduzieren und die Selbstbestimmung soweit wie möglich zu erhalten.[98] Besonders deutlich zeigt sich der Wechsel der Ausrichtung der Rechtsfürsorge daran, dass die noch im Vormundschaftsrecht vorgesehene Entmündigung[99] und damit der Verlust der Geschäftsfähigkeit abgeschafft worden ist. Eine Entmündigung war nicht nur im Interesse der betroffenen Personen, sondern auch im Drittinteresse möglich.[100] Die Betreuung hingegen ist als soziale Leistung der Gesellschaft für den Hilfebedürftigen konzipiert, wobei die Integritäts- und Entfaltungsinteressen im Vordergrund stehen.[101] Die Entwicklung ging von der fremdbestimmten zur selbstbestimmten Fürsorge, sodass nun die Einrichtung einer Betreuung die Geschäftsfähigkeit der betroffenen Person unberührt lässt.[102]

---

94 Lipp in: Wolter/Riedel/Taupitz, S. 80; Holzhauer/Reinicke, Betreuungsrecht, Vorwort; Kunz, Gesetzliche Vertretungsbefugnisse von nahen Angehörigen für Volljährige, S. 3 ff. m. w. N.

95 Diekmann, BtPrax 2003, 200, S. 201; Nebe, Selbstbestimmte Organisation komplexer ambulanter Pflegeleistungen, S. 77; ähnlich auch: Diederichsen in: Palandt, Einf. § 1896 Rn. 2

96 Lipp, FamRZ 2012, 669; Lipp, BtPrax 2010, 263; Interdisziplinäre Arbeitsgruppe zum Betreuungsrecht, Abschlussbericht vom 20. 10. 2011; Pitschas verlangt eine Reformierung des Betreuungsrechts: FPR 2012, 61

97 Gesetz zur Reform des Rechts der Vormundschaft und Pflegschaft für Volljährige (Betreuungsgesetz – BtG) vom 12. 09. 1990 - BGBl. Teil I, S. 2002. In Kraft getreten: 01. 01. 1992

98 Vgl. dazu Kollmer, Selbstbestimmung im Betreuungsrecht, S. 39 m. w. N.; Cypionka, NJW 1992, 207; Damrau/Zimmermann, BetrR, Vor § 1896 Rn. 3

99 Vgl. §§ 1896, 1910 BGB a. f. und §§ 6, 104 Nr. 3, 1896 BGB a. f.; Holzhauer/Reinicke, Betreuungsrecht, Einleitung, Rn. 1 ff.

100 Sachsen-Gessaphe, Der Betreuer als gesetzlicher Vertreter für eingeschränkt Selbstbestimmungsfähige, 205 ff.

101 Kollmer, Selbstbestimmung im Betreuungsrecht, S. 39

102 Vgl. dazu Spickhoff, AcP 208 (2008), 347, S. 368 ff.

Ein zentrales Grundprinzip des Betreuungsrechts ist die Achtung der Wünsche und damit des Willens der betroffenen Person als ein Element der Selbstbestimmung. Soweit die Betreuung zum Schutz den Wünschen der zu betreuenden Person die rechtliche Anerkennung versagt, ist sie potenzielle Fremdbestimmung und Zwang.[103] Ein Eingriff erfolgt nicht nur in die Würde des Menschen und das allgemeine Persönlichkeitsrecht, sondern im Regelfall durch die Einwilligung in die Heilbehandlung auch in das Recht auf körperliche Unversehrtheit – dies ist nur mit der Fürsorgepflicht des Staates und dem Sozialstaatsprinzip zu rechtfertigen.[104] Ein solcher Eingriff darf nur erfolgen, soweit sich die betroffene Person nicht mehr selbst zu helfen vermag; eine umfassende staatliche Gesundheitsvormundschaft besteht nicht.[105] Der Erfüllung der verfassungsrechtlichen Anforderung kommt in der Entwicklung des Betreuungsrechts ein deutlicher Schwerpunkt zu.[106] Um den Schutz des Selbstbestimmungsrechtes zu verwirklichen, sind im Betreuungsrecht vier Grundsätze verankert: der Grundsatz der Verhältnismäßigkeit, der Grundsatz der Erhaltung der weitest gehenden Autonomie der betroffenen Personen sowohl im Innen- als auch im Außenverhältnis, der Grundsatz der Mitbestimmung und der Grundsatz der Leistungsbetreuung.[107]

Zur Umsetzung dieser Grundsätze ist die Beachtung der Wünsche und des Willens der zu betreuenden Personen nicht nur oberstes Grundprinzip der Rechtsfürsorge, sondern auch deren Legitimationsgrundlage.[108] Die Betreuung darf nicht gegen den freien Willen der betroffenen Personen eingerichtet werden.[109] Neben der Einrichtung der Betreuung[110] ist auch die Durchführung der Betreuung an den Wünschen der zu betreuenden Person auszurichten (§ 1901 Abs. 3, § 1901 a BGB). Daraus ergibt sich die Verpflichtung des Be-

---

103 Vgl. dazu Lipp in: Wolter/Riedel/Taupitz, S. 79 f. m. w. N.; Lipp, Betrifft Betreuung 8, S. 15; Kuhlmann, Einwilligung in die Heilbehandlung alter Menschen, 1996, S. 130 ebenfalls m. w. N.

104 Kuhlmann, Einwilligung in die Heilbehandlung alter Menschen, 1996; S. 130 ff. m. w. N.

105 Dies entspricht auch der Intention der UN-BRK

106 BVerfG 07. 10. 1981 - 2 BvR 1194/80 - BVerfGE 58, 208, 224 ff., 227

107 Vgl. dazu die Übersicht bei Kollmer, Selbstbestimmung im Betreuungsrecht, S. 57

108 Sachsen-Gessaphe, Der Betreuer als gesetzlicher Vertreter für eingeschränkt Selbstbestimmungsfähige, 205, 206 m. w. N.; Bienwald in: Bienwald/Sonnenfeld/Hoffmann, Kommentar Betreuungsrecht, § 1901 Rn. 6, 9; Lipp, JZ 2006, 661, 65

109 § 1896 Abs. 1 a BGB; vgl. dazu Spickhoff, AcP 208 (2008), 347, S. 365; Dodegge, FPR 2008, 591, 591

110 Vgl. dazu auch die Wunschbeachtungspflicht bei der Auswahl der Betreuungsperson - § 1897 Abs. 4 BGB

treuers, wichtige Entscheidungen mit dieser zu besprechen, um so der hohen Wertigkeit der Achtung der Wünsche, der Vorstellungen und der Lebenslagen der betroffenen Personen[111] und dem Ziel der Rehabilitation nach § 1901 Abs. 4 BGB gerecht zu werden.[112] Stimmen diese Wünsche und die Entscheidung des Betreuers überein, liegt faktisch zwar kein zu rechtfertigender Eingriff in die Selbstbestimmung vor – es bleibt dennoch eine Erklärung durch „Fremde".[113]

Daher ist das Betreuungsrecht vom Erforderlichkeitsgrundsatz geprägt, dies bedeutet, dass sowohl die Einrichtung einer Betreuung als auch der Umfang der Betreuung am Erforderlichkeitsgrundsatz auszurichten, die Voraussetzungen der Betreuung sowohl in Hinblick auf das Ob der Einrichtung einer Betreuung als auch auf den Umfang der Betreuung restriktiv auszulegen sind, ja sogar die Eingriffsvoraussetzungen genau festgelegt sein müssen.[114] Gleichzeitig müssen Vorkehrungen zum Schutz der Autonomie, aber auch zum Schutz der zu betreuenden Personen getroffen werden. Diese Systematik soll hier untersucht werden.

A Einrichtung der Betreuung

Eine Betreuung ist einzurichten, wenn die volljährige betroffene Person aufgrund einer psychischen Krankheit, einer körperlichen, geistigen oder seelischen Behinderung seine Angelegenheiten ganz oder teilweise nicht besorgen kann (§ 1896 BGB). Damit zeigt sich ein zweigegliederter Grundtatbestand der Einrichtung der Betreuung.[115] Zum einen muss die betroffene Person an einer bestimmten Erkrankung leiden,[116] zum anderen darf die betroffene Person aufgrund dieser Erkrankung nicht mehr in der Lage sein, ihre Angelegenheiten ganz oder teilweise selbst zu besorgen. Dabei muss die Erkrankung oder Behinderung eine solchen Grad erreichen, dass die Fähigkeit der betroffenen Person zur Wahrnehmung ihres Selbstbestimmungsrechts ausgeschlossen oder so erheblich

111 Vgl. dazu Kollmer, Selbstbestimmung im Betreuungsrecht, S. 45 ff., 117 f.; Nebe, Selbstbestimmte Organisation komplexer ambulanter Pflegeleistungen, S. 77 f.

112 BTDrucks. S. 11/4528, S. 68 ff.

113 Kuhlmann, Einwilligung in die Heilbehandlung alter Menschen, 1996, 132, Lipp, Freiheit und Fürsorge, S. 131

114 BVerfG 02. 06. 1999 - 1 BvR 1689/96 - FamRZ 1999, 1419, 1420; Bienwald in: Staudinger § 1896 Rn. 4; Schwab in: MK-BGB, § 1896 Rn. 38; ausführlich im Hinblick auf die UN-Behindertenrechtskonvention: Lipp, BtPrax 2010, 263; Interdisziplinäre Arbeitsgruppe zum Betreuungsrecht, Abschlussbericht vom 20. 10. 2011

115 Bienwald in: Staudinger § 1896 Rn. 17

116 Vgl. dazu ausführlich: Schwab in: MK-BGB, § 1896 Rn. 8 ff.

beeinträchtigt ist, dass diese zu eigenverantwortlichen Entscheidungen im betreffenden Aufgabenbereich nicht in der Lage ist.[117] Nicht ausreichend ist es, wenn sich auch ein gesunder Volljähriger bei den jeweiligen Rechtsangelegenheiten eines Rechtsanwalts oder Steuerberaters bedienen würde.[118] Das Unvermögen muss sich in dem Bereich zeigen, für den der Betreuer bestellt werden soll.

Dabei zeigt sich die Bedeutung des im Juni 2005[119] eingefügten Absatzes 1 a in § 1896 BGB. In diesem hat der Gesetzgeber den wichtigen Grundsatz, dass eine Betreuung nicht gegen den freien Willen der betroffenen Person eingerichtet werden darf, ausdrücklich formuliert. Die Regelung wird dann relevant, wenn die betroffene Person zur Selbstbestimmung fähig ist und eine Betreuung ablehnt.[120]

Die Betreuung ist nur für solche Aufgabenbereiche einzurichten, für die sie auch erforderlich ist. Daher kann es notwendig sein, dass der Aufgabenbereich der Gesundheitssorge nur auf einzelne therapeutische Maßnahmen begrenzt wird, z. B. auf den nervenärztlichen Bereich.[121]

B Autonomie der betreuten Person

Der Betreuer vertritt die betreute Person gem. § 1902 BGB als gesetzlicher Vertreter im Rahmen seiner Aufgabenkreise. Willenserklärungen, die der Betreuer abgibt, erwachsen in Rechtskraft, da dieser im Rahmen seines Aufgabenkreises unbeschränkte Vertretungsmacht hat. Dabei ist der Betreuer im Innenverhältnis jedoch nicht frei – er hat gem. § 1901 Abs. 2 BGB die Angelegen-

---

117 OLG Hamm 30. 08. 1994 - 15 W 237/94 - FamRZ 1995, 433, 435; OLG München 06. 04. 2005 - 33 Wx 032/05, 33 Wx 32/05 - BtPrax 2005, 156

118 OLG München 06. 04. 2005 - 33 Wx 032/05, 33 Wx 32/05 - BtPrax 2005, 156

119 2. Betreuungsrechtsänderungsgesetz (2. BtÄndG) vom 21. 04. 2005, BGBl, I, Nr. 23, S. 1073, am 01. 07. 2005 in Kraft getreten.

120 Schwab in: MK-BGB, § 1896, Rn. 27, 29 ff. ausführlich zu dieser Regelung Rn. 23 ff.; Bienwald in: Staudinger § 1896 Rn. 22

121 BayObLG 22. 07. 1993 - 3Z BR 83/93 - FamRZ 1993, 1489, 1490; BayObLG 17. 03. 1994 - 3Z BR 293/93 - FamRZ 1994, 1059, 1060; BayObLG 24. 03. 1994 - 3Z BR 71/94 FamRZ 1994, 1060, 1061; BayObLG 22. 12. 1994 - 3Z BR 250/94 - BtPrax 1995, 64, 65; BayObLG 03. 08. 1995 - 3Z BR 190/95 - FamRZ 1996, 250; BayObLG 22. 09. 2000 - 3Z BR 220/00, 3Z BR 221/00 - FamRZ 2001, 935; LG Regensburg 29. 01. 1993 - 7 T 378/92 - FamRZ 1994, 402; OLG Oldenburg 23. 07. 2003 - 5 W 107/03 - NdsRpfl 2003, 387; OLG Oldenburg 29. 05. 2003 - 5 W 79/03 - FamRZ 2004, 1320, 1321

heiten der betroffenen Person so zu erledigen, wie es deren Wohl entspricht.[122] Als ein wichtiges Element des Wohls sieht der Gesetzgeber in § 1901 Abs. 2 BGB an, dass die betreute Person sein Leben nach seinen Vorstellungen und Wünschen gestalten kann. In Absatz 3 wird der Betreuer vorrangig an die Wünsche der betroffenen Person gebunden, soweit diese nicht dessen Wohl zuwiderlaufen oder dem Betreuer nicht zuzumuten sind. Zusätzlich ist der Betreuer verpflichtet, wichtige Angelegenheiten mit der betreuten Person zu besprechen, die Grenze dieser Verpflichtung ist auch hier im Wohl der betreuten Person zu sehen (§ 1901 Abs. 3 Satz 3 BGB). Durch diese Regelungsstruktur soll dem Grundsatz der Erhaltung der weitest möglichen Autonomie und Mitbestimmung der betroffenen Person Rechnung getragen werden.[123] Darüber hinaus liegt eine wichtige Aufgabe des Betreuers darin, die Rehabilitation und die Eingliederung der betreuten Person zu fördern – er soll daher gem. § 1901 Abs. 4 BGB Möglichkeiten nutzen, die Krankheit oder Behinderung der betreuten Person zu beseitigen, zu bessern, ihre Verschlimmerung zu verhüten oder ihre Folgen zu mildern.

Neu in die Systematik des Betreuungsrechts wurden mit dem 3. Betreuungsrechtsänderungsgesetz[124] die Regelungen über die Feststellung des Patientenwillens nach §§ 1901 a und b BGB eingeführt. Damit wurde im Bereich der Gesundheitssorge der Handlungsmaßstab des Betreuers konkretisiert.[125] Um die Neuregelungen deutlich zu machen, erfolgt zunächst eine Analyse der bisherigen Regelungen in Bezug auf die Wünsche der betroffenen Person, die für

---

122 Die Beschränkung der Handlungskompetenz des Betreuers hat nach der h. m. keine Außenwirkung - Wünsche und Weisungen des Betreuten führen damit nicht zur Beschränkung der Rechtsmacht des Betreuers im Außenverhältnis: Roth in: Erman, § 1901 Rn. 25; a. A. für eine Ausdehnung der Beschränkung auch auf das Außenverhältnis: Nebe, Selbstbestimmte Organisation komplexer ambulanter Pflegeleistungen, S. 79 f.; Spickhoff, AcP 208 (2008), 347, 365, 403; Mayer, Medizinische Maßnahmen an Betreuten, 1995, S. 105 ff.

In Bezug auf die Einwilligungsvertretung im strafrechtlichen Bereich sieht Kuhlmann, Einwilligung in die Heilbehandlung alter Menschen, 1996, 209 ff. eine Versagung der Wirksamkeit der Betreuereinwilligung bei der Überschreitung der Kompetenz aus dem Innenverhältnis für angebracht, um so dem Gedanken der (General) -Prävention gerecht zu werden.

123 Bienwald in: Staudinger § 1901 Rn. 4; dabei bestanden anfänglich erhebliche Probleme bei der Umsetzung dieses Zieles, insbesondere der Auslegung des Wohls – vgl. dazu Bienwald, FamRZ 1992, 1125, 1127 ff. m. w. N.

124 3. Gesetz zur Änderung des Betreuungsrechts vom 29. 07. 2009 – BGBl. I, 2286 (31. 07. 2009) – in Kraft getreten 1. 09. 2009

125 Lex specialis: Hoffmann in: Bienwald/Sonnenfeld/Hoffmann, Kommentar Betreuungsrecht § 1904 Rn. 52

Entscheidungen des Betreuers, die nicht zur Gesundheitssorge gehören, weiterhin Geltung besitzen. Darüber hinaus soll auch das Zusammenspiel zwischen den §§ 1901 und 1901 a BGB dargestellt werden.

I. Maßstab des Betreuerhandelns nach § 1901 BGB

1. Wohl der betreuten Person nach § 1901 Abs. 2 BGB

Das Wohl der betreuten Person war bereits im Vormundschafts- und Pflegschaftsrecht entscheidender Maßstab für das Handeln des gesetzlichen Vertreters.[126] Die Bedeutung des Betreutenwohls gestaltet sich nunmehr durch die veränderten Grundsätze im Betreuungsrecht anders; die Wünsche der betreuten Person stehen deutlich im Vordergrund.[127] In den Gesetzesunterlagen finden sich zwar aufgrund der sicherzustellenden Flexibilität des Begriffs nur wenige Hinweise zu seiner Interpretation. Der Gesetzgeber habe jedoch nach der Gesetzesbegründung in Satz 2 der Regelung klarstellen wollen, dass zum Wohl der betreuten Person auch die Möglichkeit gehöre, im Rahmen ihrer Fähigkeiten ihr Leben nach eigenen Wünschen und Vorstellungen zu gestalten.[128]

Der Begriff des Wohls wird im BGB auch genutzt, um die Rechte und Pflichten im Eltern-Kind-Verhältnis zu bestimmen. Der Begriff des Kindeswohls dient daher zunächst als Auslegungsgrundlage für den Begriff des Betreutenwohls. Dieser wird als die „Gesamtheit der Bewahrungs- und Entfaltungsinteressen, der persönlichen wie der wirtschaftlichen“[129] definiert, und kann demzufolge als „Zustand eines vollkommenen biologischen, sozialen und psychischen Wohlbefindens“ verstanden werden.[130] Eine vollständige Übertragung dieser Grundlagen ist wegen der unterschiedlichen Kompetenzen von Betreuern und Eltern nicht möglich – dem Betreuer obliegt nicht die Erziehung der betreuten Person. Vielmehr bezieht sich die Betreuung auf den Ausgleich rechtlicher Defizite; den bereits ausgeprägten individuellen Lebens- und Wertvorstellungen, als Abbild der Individualität des Einzelnen, ist bei der rechtlichen Sorge um einen Volljährigen daher Rechnung zu tragen.[131]

Eine solche Interpretation ergibt sich bereits aus dem Gesetzeswortlaut. Danach bestimmt sich das Wohl der betreuten Person nicht ausschließlich

---

126 Vgl. dazu GesE BReg. BTDrucks. 11/4528, S. 133

127 BTDrucks. 11/4528, S. 67, 133

128 GesE BReg. BTDrucks. 11/4528

129 Schwab in: MK-BGB, § 1901 Rn. 9; Roth in: Erman, § 1901 Rn. 3

130 Roth in: Erman, § 1901 Rn. 3 m. w. N.

131 Bienwald in: Staudinger § 1901 Rn. 22; Schwab in: MK-BGB, § 1901 Rn. 9

objektiv, sondern vorrangig subjektiv (§ 1901 Abs. 2 Satz 2 BGB). Dies folgt auch aus den Überlegungen des Gesetzgebers.[132] Die individuellen Lebensplanungen und die Vorstellungswelt einer volljährigen Person sind entscheidende Kriterien zur Feststellung deren Wohls.[133] Zusätzlich wird in der Regelung des 1901 Abs. 4 Satz 1 BGB der Betreuer verpflichtet, den Gesundheitszustand der betreuten Person, soweit es in seiner Macht steht, zu verbessern bzw. eine Verschlimmerung bestehender Krankheiten zu verhindern. In der Zusammenschau dieser Regelungen zeigt sich, dass vor allem die Interessen der betreuten Person bei der Durchführung der Betreuung im Vordergrund stehen. Diese differieren je nach Alter und bisheriger Lebenserfahrung, aber auch nach Art der Erkrankung oder Behinderung.

Das Wohl der betreuten Person ist damit konkret und einzelfallbezogen zu bestimmen, wobei die jeweilige Lebenssituation, die jeweilige Krankheit oder Behinderung der betroffenen Person sowie deren finanzielle Lage zu beachten sind.[134] Daraus ergibt sich auch, dass eine betreute Person keinen anderen Einschränkungen oder Begrenzungen unterliegt, als eine nicht betreute Person. Auch diese kann Entscheidungen treffen, die nicht als vernünftig gelten oder gar den Maßstäben anderer Personen, insbesondere des Betreuers, entsprechen.[135] Als Maßstab für Entscheidungen des Betreuers können somit nicht seine eigenen Wertungen und Vorstellungen von einem angemessenen Leben dienen; die Beurteilung hat aus der Sicht der betroffenen Person zu erfolgen.[136] Dies wird verdeutlicht, wenn man an den Genuss von Tabak oder die Auswahl von Nahrungsmitteln denkt, die objektiv gesehen nicht dem Wohl entsprechen.

Dem Betreuer obliegt bei der Feststellung des Wohls der betreuten Person ein Beurteilungsspielraum. Dazu sollte er zunächst die objektive Interessenlage als Ausgangspunkt feststellen und diese dann anhand von subjektiven Kriterien korrigieren.[137] Das Ziel der Behandlung, etwa eine Krankheit zu lindern oder den Gesundheitszustand wiederherzustellen, aber auch die durch die Behandlung entstehenden Risiken für die Rechtsgüter Leben und Gesundheit

---

132 GesE BReg. BTDrucks. 11/4528, S. 133

133 GesE BReg. BTDrucks. 11/4528, S. 133; § 1901 Abs. 2 BGB spricht davon, dass es zum Wohl des Betreuten gehört, sein Leben nach seinen eigenen Wünschen und Vorstellungen zu gestalten.

134 Schwab in: MK-BGB, § 1901 Rn. 9; Mayer, Medizinische Maßnahmen an Betreuten, 1995, S. 67; GesE BReg. BTDrucks. 11/4528, S. 133

135 Bienwald, FamRZ 1992, 1125, 1128 f.

136 Kuhlmann, Einwilligung in die Heilbehandlung alter Menschen, 1996, 205; Mayer, Medizinische Maßnahmen an Betreuten, 1995, S. 67

137 Taupitz, Gutachten A für den 63. Deutschen Juristentag 2000, A 70; Vgl. dazu ausführlich Mayer, Medizinische Maßnahmen an Betreuten, 1995, S. 67 ff.

können als Ausgangspunkt für Entscheidungen im Rahmen der Gesundheitssorge dienen. Es kommt vor allem darauf an, dass der Eingriff vital indiziert ist – also bei der Verbesserung des Gesundheitszustandes mithelfen kann. Anders jedoch, wenn die Abwägung des Behandlungsziels mit den Risiken der Behandlung zu einem negativen Saldo führt. Dann liegt eine Behandlung bereits nicht im wohlverstandenen Interesse der betroffenen Person und hat zu unterbleiben.[138]

Dabei unterscheidet sich die Situation für den Fall, dass die betreute Person Behandlungswünsche aktuell äußert oder bereits geäußert hat, von der, in der solche Wünsche nur noch anhand von Lebenseinstellungen und Verwandtenbefragungen festzustellen sind oder sogar der Wille des Patienten bzw. der Patientin nicht mehr feststellbar ist. Wie solche konkreten Wünsche auf die Entscheidung des Betreuers einwirken können, soll im nächsten Teil untersucht werden.

2. Wünsche der betreuten Person

Die Beachtung der Wünsche der betroffenen Person hatte im Gesetzgebungsverfahren zur Einführung des Betreuungsrechts eine bedeutende Rolle eingenommen. Nach der vor 1992 geltenden Rechtslage war für die Gebrechlichkeitspfleger lediglich der Wille des geschäftsfähigen Pfleglings zu beachten; die unter Vormundschaft stehende, entmündigte betroffene Person hatte dagegen keinerlei Mitspracherecht.[139]

§ 1901 Abs. 3 BGB regelt den begrenzten Vorrang des natürlichen Willens der betreuten Person und die Erörterungspflicht.[140] Danach sind Wünsche der betroffenen Person solange beachtlich, wie sie nicht dem Wohl der betreuten Person zuwiderlaufen oder dem Betreuer unzumutbar sind. Dies gilt nach § 1901 Abs. 3 Satz 2 BGB auch für Wünsche, die die betreute Person vor der Bestellung des Betreuers geäußert hat, es sei denn, dass sie an diesen Wünschen erkennbar nicht mehr festhalten will. Vor der Erledigung wichtiger Angelegenheiten hat der Betreuer mögliche Entscheidungen mit der betreuten Person zu besprechen, es sei denn, auch dies ist nicht mit dem Wohl der betreuten Person vereinbar.

Der Begriff des Wunsches wird in der Gesetzessystematik lediglich an dieser Stelle genutzt. Ein Wunsch ist ein Begehren oder Verlangen nach einer

---

138 Vgl. dazu mit weiteren Nachweisen Mayer, Medizinische Maßnahmen an Betreuten, 1995, S. 67 ff., 69

139 BGH 28. 04. 1967 - IV ZB 448/66 - NJW 1967, 2404, 2406; Kollmer, Selbstbestimmung im Betreuungsrecht, S. 108 ff.

140 RegE BTDrucks. 11/4528, S. 133

Sache oder einer Fähigkeit, ein Streben oder zumindest die Hoffnung auf eine Veränderung der Realität oder das Erreichen eines Zieles für sich selbst oder für einen anderen.[141] Nach Zedler[142] könne man Wünsche einteilen unter anderem in gute und böse, in vernünftige und unvernünftige, in mögliche und unmögliche (vergebliche) Wünsche und schließlich in gerechte und ungerechte Wünsche. Betrachtet man diese Definitionen, werden zunächst die Unterschiedlichkeit, aber auch die Bewertung und die oftmals damit verbundene Unverbindlichkeit eines Wunsches deutlich. Trotz dieses allgemeinen Verständnisses wollte der Gesetzgeber in dem vorliegenden Kontext eine Verbindlichkeit der Wünsche und damit des Willens[143] der betroffenen Personen herstellen. Die Erfüllung der Wünsche sei ein Teilaspekt, der, neben anderen Gesichtspunkten bei der Feststellung des Wohls der betreuten Person, berücksichtigt werden muss.[144] Auf der anderen Seite darf der begrenzte Vorrang des natürlichen Willens der betreuten Person aber nicht dazu führen, dass die eigentliche Entscheidung des jeweiligen Sachverhalts der betreuten Person überlassen bleibt.[145]

Gleichzeitig unterliegt die Wunschbefolgungspflicht gesetzlicher Grenzen. Der Betreuer hat Wünschen nur soweit zu entsprechen, wie sie nicht dem Wohl zuwiderlaufen. Damit wird deutlich, dass den Vorstellungen der betroffenen Personen keine automatische Wirkung zukommt, sondern erst der Betreuer eine Wohl- und Zumutbarkeitsprüfung vornehmen muss, damit diese „innenrechtliche Realität" werden können.[146] Der Wunsch der betroffenen Person muss durch den Betreuer anhand deren Wohles bewertet werden. Für das Innenverhältnis ist das Wohl der betreuten Person als Grenze für die Wunschbeachtungspflicht des Betreuers somit das entscheidende Kriterium.

Wünsche können sich auf alle Lebensbereiche beziehen. Im voliegenden Kontext sind jedoch nur solche Wünsche beachtlich, die sich auf den Bereich der Gesundheitssorge beziehen. Sie sind nicht mit Willenserklärungen gleichzu-

---

141 Ähnlich Zwahr, Meyers großes Handlexikon

142 Zedler, Universallexikon online: http://www.zedler-lexikon.de/

143 Unklar ist die sprachliche Unterscheidung zwischen Wunsch und Willen, diese werden in der Diskussion unterschiedlich gebraucht, ob dies eine Auswirkung auf den Grad der Verbindlichkeit hat, ist ungeklärt - im praktischen Ergebnis ist wohl kein Unterschied festzustellen. Bienwald in: Staudinger § 1901 Rn. 30; ausführlich zu dieser Diskussion: Kollmer, Selbstbestimmung im Betreuungsrecht, S. 130 ff.; Kollmer, FuR 1993, 325, 328

144 RegE BTDrucks. 11/4528, S. 67

145 Bienwald in: Bienwald/Sonnenfeld/Hoffmann, Kommentar Betreuungsrecht, § 1901 Rn. 27

146 Kollmer, Selbstbestimmung im Betreuungsrecht, S. 130

setzen – notwendig ist daher weder Geschäfts- noch Einwilligungsfähigkeit[147] – ausreichend ist der natürliche Wille[148] der betroffenen Person. Unbeachtlich ist es gem. § 1901 Abs. 3 BGB, ob die Wünsche vor oder nach der Betreuerbestellung geäußert wurden. Neben aktuell verbal oder nonverbal geäußerten Wünschen – z. B. durch Gesten oder Nicken – kommen auch Wünsche, die in Betreuungs- und Patientenverfügungen[149] verfasst wurden, in Betracht. Die Regelung des § 1901 Abs. 3 Satz 3 BGB sieht eine Besprechungspflicht vor. Die Umsetzung von Willensäußerungen im Rahmen der Gesundheitssorge ist mit dem 3. Betreuungsrechtsänderungsgesetz in den §§ 1901 a und b BGB eigenständig normiert worden und werden daher gesondert dargestellt.[150]

3. Mutmaßlicher Wille

Dem mutmaßlichen Willen der Patientinnen und Patienten wird eine beachtliche Rolle zugewiesen.[151] Hierbei liegt die Aufgabe des Betreuers im Rahmen der Wunschermittlungspflicht darin, herauszufinden, welchen Wunsch die betreute Person im Hinblick auf die aktuelle Situation gehabt haben könnte und diesem Wirkung zu verschaffen.[152] Die Feststellung des mutmaßlichen Willens passt in der bisherigen Systematik des Betreuungsrechts nicht in die Kategorie der Wunschfeststellung, da es sich bei dem mutmaßlichen Willen lediglich um ein theoretisches Konstrukt handelt, in dem der vermeintliche Wille unter Ein-

---

147 Im Gegensatz dazu ist es sogar so, dass bei Vorliegen von Einwilligungsfähigkeit die Alleinvertretungszuständigkeit des Betreuten bei Gesundheitsangelegenheiten eintritt. Vgl. dazu die obigen Ausführungen.

148 Vgl. zu diesem Begriff: Lipp, Freiheit und Fürsorge, S. 180; Bienwald in: Staudinger § 1901 Rn. 30; ausführlich zu dieser Diskussion: Kollmer, Selbstbestimmung im Betreuungsrecht, S. 130 ff.; Kollmer, FuR 1993, 325, 328

149 Die Anerkennung von Patientenverfügungen war bis zum 3. Betreuungsrechtsänderungsgesetz (3. Gesetz zur Änderung des Betreuungsrechts vom 29. 07. 2009 – BGBl. I, 2286 (31. 07. 2009) – in Kraft getreten 1. 09. 2009) streitig. Dabei bezog sich ein Streitpunkt vor allem darauf, in welcher Form diese Festlegungen anerkannt werden müssen. Das vorherrschende Meinungsbild zeigte sich auch in den unterschiedlichen Gesetzgebungsentwürfen zur Anerkennung von Patientenverfügungen: Stünker-Entwurf - BTDrucks. 16/8442; § 1904 Abs. 5 BGB Bosbach-Entwurf - BTDrucks. 16/11360; § 1904 Abs. 3 BGB Zöller-Entwurf - BTDrucks. 16/11493; von denen der Stünker-Entwurf in der Fassung des Rechtsausschusses: BTDrucks. 16/13314 am 18. 06. 2009 verabschiedet wurde (BRDrucks. 593/09) und diese Fragen nun klarstellt.

150 Dazu ausführlich unten unter B II.

151 Zu den Begrifflichkeiten: Otto, NJW 2006, 2217, 2219 f.

152 Taupitz, Gutachten A für den 63. Deutschen Juristentag 2000, S. A 70 f.

beziehung von Meinungen und Wertvorstellungen der betreuten Person erforscht wird.[153] Der Betreuer versucht herauszufinden, was der betreuten Person in einer vergleichbaren Situation getan hätte. Damit handelt es sich bei der Kategorie des mutmaßlichen Willens im Unterschied zu den tatsächlich in unterschiedlicher Weise geäußerten Wünschen, gerade um keine konkrete „Willensäußerung“ der betroffenen Person. Daher wirkt der mutmaßliche Wille nicht als zu beachtender Wunsch nach Kategorien des § 1901 BGB, sondern innerhalb der Feststellung des Wohls der betreuten Person. An dieser Stelle wird verlangt, Entscheidungen unter Beachtung der jeweiligen Lebenssituationen und Einstellungen der betroffenen Person zu treffen. Dabei war vor der Neuregelung in § 1901 a Abs. 2 BGB streitig, ob der Betreuer dem mutmaßlichen Willen nur Wirkung zu verschaffen oder eine eigene Entscheidung zu treffen hat.[154]

4. Grenzen der Wunscherfüllungspflicht

Inwieweit der Betreuer verpflichtet ist, den Wünschen zu folgen, war bisher eine der umstrittensten Fragen im Betreuungsrecht. Als Grenze der Wunscherfüllungspflicht werden in § 1901 Abs. 3 BGB die Zumutbarkeit seiner Erfüllung für den Betreuer, aber vor allem das Wohl der betreuten Person aufgezählt.

a) Zumutbarkeit

Die Zumutbarkeit endet für den Betreuer erst dann, wenn es sich um eine Aufforderung zu einer strafbaren Handlung handelt – liegt die Unzumutbarkeit in der persönlichen Einstellung des Betreuers, hat er dies dem Betreuungsgericht mitzuteilen. Das Gericht prüft dann, ob der Konflikt in der Einstellung des Betreuers dessen Ungeeignetheit zur Folge hat, was dazu führen kann, dass der Betreuer von seinen Pflichten zu entbinden bzw. für diese Entscheidung ein anderer Betreuer zu bestellen ist.

b) Das begrenzende Wohl

Für die Wohlgrenze ergibt sich, dass eine Divergenz von Wohl und Wünschen bestehen muss, um einen Konflikt auszulösen. Diese Fälle scheinen in der Praxis nicht sehr häufig zu sein, da sich bereits bei der Bestimmung des Wohls die Verpflichtung ergibt, den Wünschen und Vorstellungen der be-

---

153 Zu den unterschiedlich auszulegenden Begriffen des mutmaßlichen Willens: Wagenitz, FamRZ 2005, 669, 672

154 Für eine eigene Entscheidungskompetenz: Taupitz, Gutachten A für den 63. Deutschen Juristentag 2000, S. A 71; gegen eine solche Holzhauer in: Ärztliche Behandlung an der Grenze des Lebens: Heilauftrag zwischen Patientenautonomie und Kostenverantwortung, S 28, S. 41; Bienwald, FamRZ 1998, 1138; Seitz, ZRP 1998, 417, 420

troffenen Person Geltung zu verschaffen.[155] Ein Konflikt kann daher erst dann entstehen, wenn die Wünsche der betroffenen Person den Rahmen des § 1901 Abs. 2 Satz 1 BGB überschreiten.

Das kommt vor allem dann in Betracht, wenn höherrangige Rechtsgüter der betreuten Person betroffen sind.[156] Dabei heißt das noch nicht, dass die Wünsche auch dem Wohl der betreuten Person zuwiderlaufen. Diese Grenze scheint nur schwer zu ziehen, da man sich hier im Kreis zwischen den Wünschen und dem durch die Wünsche und Vorstellungen bestimmten Wohls der betreuten Person bewegt, sodass, damit die Regelung nicht leer läuft, das begrenzende Wohl eher objektiv zu bestimmen sein muss.[157] Es ergibt sich jedoch die Schwierigkeit, inwieweit subjektive Komponenten beachtlich sind.

In dem Gesetzentwurf der Bundesregierung[158] zu dieser Regelung wird deutlich, dass mit der Einführung der Wohlgrenze ein Mittelweg zwischen der engeren Lösung, Wünschen nur in wichtigen Angelegenheiten zu beachten und den weitergehenden Vorschlägen, dass Wünsche nur bei drohender schwerer Selbstverletzung nicht beachtlich sein sollten, beschritten wurde. Ziel war es dabei, keine Unterstützung bei Selbstschädigungen zu leisten, da es nicht im Sinne einer staatlichen Hilfe sein könne, der betreuten Person die Hand zu einer Selbstschädigung zu reichen.[159] Der Begriff des die Wünsche begrenzenden Wohls gilt einheitlich für das gesamte Betreuungsrecht – sowohl für die Vermögens- als auch die Personensorge.

Diese Bereiche unterliegen persönlichkeitsrechtlich unterschiedlichen Bewertungen, sodass ein einheitlicher Wohlbegriff nicht zu definieren ist. Je mehr in den höchstpersönlichen Bereich eingegriffen wird, desto größer muss die Beachtlichkeit von Wünschen sein. Wann jedoch die Grenzen zur Selbstschädigung überschritten sind, ist umstritten und unterliegt gesellschaftlichen Wertungen z. B. zur Beendigung von ärztlichen Behandlungen. Die juristische Diskussion versucht für diesen Fallgestaltungen Wertungen und Abgrenzungen zu finden.

Für *Kollmer*[160] steht die Rolle der Betreuung im Vordergrund – für ihn ist die Betreuung kein Mittel zur absoluten Entfaltung der Persönlichkeit, sondern ein Mittel zur Verwirklichung der sozialstaatlich erwünschten, objektiv

---

155 Vgl. dazu bereits Mayer, Medizinische Maßnahmen an Betreuten, 1995, S. 94 m. w. N.

156 Schwab in: MK-BGB, § 1901 Rn. 5

157 Sachsen-Gessaphe, Der Betreuer als gesetzlicher Vertreter für eingeschränkt Selbstbestimmungsfähige, S. 211 m. w. N.

158 RegE BTDrucks. 11/4528, S. 133

159 RegE BTDrucks. 11/4528, S. 133 f.

160 Kollmer, Selbstbestimmung im Betreuungsrecht, S. 140

personen- und vermögensrechtlichen Integritätsinteressen bei maximal möglicher und vertretbarer Freiheitsverwirklichung. Im Ergebnis sei daher eine Abwägung zwischen objektivem Interesse und subjektivem Wunsch vorzunehmen,[161] wobei das Überwiegen des objektiven Integritätsinteresses die Entfaltung der subjektiven Wünsche der betreuten Person verhindern kann.[162] Um jedoch auf die Frage der Zulässigkeit gerade von zwangsweisen Behandlungen schließen zu können, erscheint eine Abwägung zwischen den einzelnen Interessen als zu wenig differenziert, insbesondere da nicht geklärt ist, wie die objektiven Interessen im konkreten Fall zu bestimmen sind und nach welchen Kriterien abzuwägen ist.[163] Zudem kann dieses Konzept dem gebotenen weitreichenden Schutz vor Fremdbestimmung nicht gerecht werden, da dem objektiven Ansatz ein deutlicher Vorrang vor den subjektiven Interessen gegeben wird.[164] Dies wird vor allem auch in den von *Kollmer* gewählten Beispielen deutlich. Es sei unklar, warum der Betreuer der betreuten Person nicht den Wunsch nach größeren Mengen Alkohol erfüllen solle, insbesondere da dieser dem „Normalbürger“ unbegrenzt zur Verfügung stehe und der Betreuer nicht als Instrument gegen den Alkoholmissbrauch geschaffen worden sei.[165]

Riskantes Tun ist nicht nur auf psychisch Kranke beschränkt, *Schwab* beschreibt dies in seiner Kommentierung mit den Worten: „no risk, no fun“ und stellt in der Abwägung auf den Rang der betroffenen Rechtsgüter ab.[166] Dies kann jedoch nicht alleiniges Kriterium sein, da auch eine leichte Verschiebung der Ränge zur Unbeachtlichkeit der Wünsche führen würde.

Einige Autoren stellen daher nicht auf den Rang der Rechtsgüter, sondern auf die drohende Selbstschädigung der betroffenen Person ab, also auf die Möglichkeit der Verletzung der Gesundheit und des Lebens, da der Betreuer als

---

161 So auch Taupitz, Gutachten A für den 63. Deutschen Juristentag 2000, A 70; Saliger, KritV 1998, 131, 140; Mayer, Medizinische Maßnahmen an Betreuten, 1995, S. 67 f.

162 Kollmer, Selbstbestimmung im Betreuungsrecht, S. 142, 200; Kuhlmann, Einwilligung in die Heilbehandlung alter Menschen, 1996, 207; Schwab in: MK-BGB, § 1901 Rn. 14

163 Lipp in: Wolter/Riedel/Taupitz, S. 82

164 Voigt, Die Pflichten des Betreuers, S. 80

165 So auch Bienwald in: Staudinger § 1901 Rn. 29

166 Schwab in: MK-BGB, § 1901 Rn. 14, dabei merkt er an, dass bei der Abwägung zu berücksichtigen sei, inwieweit eine Gefährdung eigener Rechtsgüter des Betroffenen Ausdruck seiner Krankheit sein könne. In seiner früheren Kommentierung zu § 1904 (5. Aufl. Rn. 19) betonte er die Notwendigkeit der Durchsetzung von Behandlungen, wenn diese zur Lebensrettung bzw. die Wiederherstellung der Gesundheit dienen, auch wenn sie gegen die aktuellen Wünsche des Betreuten verstießen.

staatliches Organ nicht an einer Selbstschädigung mitwirken dürfe, sodass bei der Gefahr einer solchen die Grenze der Wunschbeachtung zu ziehen sei.[167]

Diese Ansicht kehrt die Grundsätze der Patientenautonomie um. Zunächst hat der Arzt oder die Ärztin abzuwägen, ob eine Behandlung notwendig und damit indiziert ist.[168] Noch deutlicher wird dies, wenn man sich vor Augen führt, dass nicht die Unterlassung der Behandlung, sondern deren Durchführung der Einwilligung bedarf, diese somit dem Wohl entsprechen muss. Das Wohl wird nicht zwingend als das Wohl der lebenden betreuten Person bestimmt – eine lange schmerzhafte und wenig Erfolg versprechende Behandlung kann weniger dem Wohl entsprechen, als eine palliativmedizinisch unterstützte Sterbephase.[169] Eine Beschränkung des Wohls auf das Leben mit dem Argument, dass es nie zum Wohl des Menschen sein könne, zu sterben, ist ein Zirkelschluss.[170] Damit zu begründen, dass ein Behandlungsabbruch auf Wunsch der betreuten Person nicht in seinem Wohl liegen könnte, ist eine falsche Schlussfolgerung – insbesondere, da das Grundgesetz Elementen, die immanent-individualistisch sind, den Vorrang gibt und sich in den Grundrechten die Anerkennung der Patientenautonomie durchgesetzt hat.[171] Diese Auslegung wird durch die Neuregelung über die Verbindlichkeit der Patientenverfügung und der Beachtlichkeit der Wünsche der betreuten Person in § 1901 a BGB bestätigt.[172]

Darüber hinaus wäre ein Abstellen allein auf die Gesundheitsgefährdung zu weit, es müsste daher ähnlich wie in §§ 1904 Abs. 1 und 1906 Abs. 1 Nr. 1 BGB von einer qualifizierten Gefährdung (erhebliche Gefahr) ausgegangen werden.[173] Sonst kommt es zu einer deutlichen Schlechterstellung von betreuten gegenüber

---

167 Jürgens in: Jürgens/Lesting/Marschner/Winterstein, Betreuungsrecht kompakt, Rn. 147; Jürgens in: Jürgens, Betreuungsrecht, § 1901 Rn. 11; Kuhlmann, Einwilligung in die Heilbehandlung alter Menschen, 1996, S. 206; so auch: BTDrucks. 11/4528, S. 67, 133

168 So nunmehr gesetzliche Regelung in § 1901 b Abs. 1 BGB; Kuhlmann, Einwilligung in die Heilbehandlung alter Menschen, 1996, 206 f.

169 So auch: Taupitz, Gutachten A für den 63. Deutschen Juristentag 2000, A 73; Lipp, Freiheit und Fürsorge, S 165; Mayer, Medizinische Maßnahmen an Betreuten, 1995, S. 108; ähnlich auch Roth in: Erman, § 1901 Rn. 12 a

170 So: Holzhauer in: Ärztliche Behandlung an der Grenze des Lebens: Heilauftrag zwischen Patientenautonomie und Kostenverantwortung, S 28, S. 40

171 Holzhauer in: Ärztliche Behandlung an der Grenze des Lebens: Heilauftrag zwischen Patientenautonomie und Kostenverantwortung, S 28, S. 40; so auch Taupitz, Gutachten A für den 63. Deutschen Juristentag 2000, A 73, der das Wohl des Betreuten nicht „per se als das Wohl des lebenden Betreuten bezeichnet“

172 Vgl. dazu ausführlich unten unter B II. 1.

173 Bienwald in: Staudinger § 1901 Rn. 30

nicht betreuten Personen. Daher kann die Selbstgefährdung nicht alleiniges Kriterium sein.

Auf der anderen Seite wird die Verbindlichkeit von Wünschen an deren „Qualität“ festgemacht. So sieht *Voigt* Wünsche dann als nicht mehr beachtlich im Sinne der Wohlgrenze an, wenn diese Ausdruck einer Lebensvorstellung sind, die außerhalb desjenigen Bereiches liegen, der von einem objektiven Beobachter bei nichtbetreuten Personen (noch) als Wahrnehmung der Selbstbestimmungsrechte im gesellschaftlich vertretbaren Rahmen angesehen werden – d. h. der Beobachter muss den Wunsch noch als Ausdruck der jedermann zustehenden Selbstbestimmungsrechte billigen.[174] *Holzhauer* entgegen sieht die Wünsche dann nicht mehr als verbindlich an, wenn sie „von niemandem, der sich durchschnittlich vernünftig verhält, gebilligt würden.[175]

Die Grenze der Wunschbeachtungspflicht mit der Einschätzung der Qualität der Wünsche zu ziehen und damit z. B. auf die Vernünftigkeit[176] oder die Vertretbarkeit[177] der Wünsche abzustellen, kann nicht überzeugen. Dies führt dazu, dass allgemeinen Wertvorstellungen eine erhebliche Bedeutung zukommt und dass Wünsche, die bei nicht unter Betreuung stehenden Personen beachtet werden würden, nicht beachtet werden.[178]

Daher war nach dem Regierungsentwurf zur Einführung des Betreuungsrechts die Grenze für die Durchführung von Behandlungen gegen den Willen der Betroffenen daran anzuknüpfen, ob der Patient bzw. die Patientin aufgrund der Erkrankung die eigene Behandlungsbedürftigkeit nicht erkennen können und diese daher ablehnt.[179] Dies ergibt sich auch, wenn man die Funktion der Betreuung als Ausgangspunkt wählt. Primäre Ziele sind die Wiederherstellung der Handlungsfähigkeit der betroffenen Person und der Schutz vor Selbstschädigung.[180] Bei eigenständigen Entscheidungen des Betreuers gegen den Wunsch der betreuten Person verwirklicht der Betreuer nicht mehr die Selbstbestimmung der betroffenen Person, sondern wird zu einem staatlichen Organ der Fremdbestimmung.[181] Dies ginge jedoch nur, wenn dies dem Schutz der be-

---

174 Voigt, Die Pflichten des Betreuers, S. 80

175 So noch Holzhauer in: Holzhauer/Reinicke, Betreuungsrecht, § 1901 Rn. 9

176 Holzhauer in: Holzhauer/Reinicke, Betreuungsrecht, § 1901 Rn. 9

177 Voigt, Die Pflichten des Betreuers, S. 80

178 Lipp, Freiheit und Fürsorge, S. 156

179 RegE BTDrucks. 11/4528, S. 72 und 141; so auch BGH 1. 02. 2006, XII ZB 236/05 – BGHZ 166, 141 = NJW 2006 , 1277

180 Lipp, Freiheit und Fürsorge, S. 152; Lipp, Selbstbestimmung am Ende des Lebens, in: Wolter/Riedel/Taupitz, S. 82

181 Lipp, Freiheit und Fürsorge, S. 152; Lipp, Selbstbestimmung am Ende des Lebens, In: Wolter/Riedel/Taupitz, S. 82

treuten Person vor sich selbst diene; der Schutz Dritter ist bei dieser Bewertung irrelevant.

Dabei sind die Wertmaßstäbe der Verfassung heranzuziehen – „das Wohl wird in seiner begrenzenden Funktion seinerseits begrenzt durch den objektiven Wert des Selbstbestimmungsrechts des Kranken“.[182] Das Bundesverfassungsgericht hat jedermann die „Freiheit zur Krankheit“ zuerkannt.[183] Daher sei eine zwangsweise Behandlung als Eingriff in das Grundrecht der Selbstbestimmung aus Art. 2 Abs. 2 Satz 1 GG nur möglich, wenn der „Wunsch der betreuten Person gerade Ausdruck des Zustandes ist, dessentwegen man den Patienten bzw. die Patientin für einwilligungsunfähig und eine Entscheidung des Betreuers für notwendig hält.“ Wünsche der betroffenen Person sind danach dann beachtlich, wenn sie nicht durch die Krankheit bestimmt sind.[184]

Deutlicher im Rahmen der neueren Entscheidungen zur Zwangsbehandlung hat das Bundesverfassungsgericht klargestellt, dass eine Krankenbehandlung auch gegen den natürlichen Willen der betroffenen Person einen erheblichen Eingriff in das Selbstbestimmungsrecht der betroffenen Personen darstellt.[185] Ein solcher Eingriff liege auch dann vor, wenn die Einwilligung von einem Betreuer erteilt worden ist. Zwar sei ein solcher Eingriff prinzipiell aufgrund eines Gesetzes möglich, aber nur dann, wenn bei den betroffenen Personen eine krankheitsbedingte Einsichtsunfähigkeit oder Unfähigkeit zu einsichtsgemäßen Verhalten vorliege. Dabei stellt das Bundesverfassungsgericht darauf ab, dass eine Behandlung nur dann verhältnismäßig sei, wenn vorher „ein ernsthafter, mit nötigen Zeitaufwand und ohne Ausübung unzulässigen Drucks unternommener Versuch, eine auf Vertrauen basierte Zustimmung zu erreichen“, unternommen wurde. Durch die Forderung dieser quasi- „Aufklärung“ der betroffenen Person soll klargestellt werden, dass diese über das Ob und Wie der Behandlung nicht im Unklaren gelassen werden dürfen.

Die Entscheidung macht die besondere Relevanz des Selbstbestimmungsrechts deutlich. Dem Einzelnen wird auch unter Bezugnahme auf die UN-

---

182 Sachsen-Gessaphe, Der Betreuer als gesetzlicher Vertreter für eingeschränkt Selbstbestimmungsfähige, S. 211

183 BVerfG 07. 10. 1981 - 2 BvR 1194/80 - BVerfGE 58, 208, 226; BVerfG 23. 03. 1998 - 2 BvR 2270/96 - NJW 1998, 1774, 1775

184 So auch BGH 22. 07. 2009 – XII ZR 77/06 – NJW 2009, 2814

185 BVerfG 23. 03. 2011 - BvR 882/09 - NJW 2011, 2113; BVerfG 12. 10. 2011 - 2 BvR 633/11 - FamRZ 2011, 1927. Dem BVerfG folgt nunmehr der BGH 20. 06. 2012 - XII ZB 99/12 - MDR 2012, 971; BGH 20. 06. 2012 – XII ZB 130/12 - juris, BGH 08. 08.2012 - XII ZB 671/11 - MDR 2012, 1165; LG Stuttgart 16. 02.2012, - 2 T 35/12 - BtPrax 2012, 125

Behindertenrechtskonvention das Recht zugesprochen, auch dann noch über den eigenen Körper ein Stück weit entscheiden zu dürfen, wenn sie dazu rechtlich nicht mehr in der Lage sind. Damit kommt dem natürlichen Willen des Patienten bzw. der Patientin und letztendlich auch den Wünschen der betroffenen Personen eine besondere Rolle zu. Gegen diese Wünsche, wenn man jetzt im Wortlaut des § 1901 BGB bleibt, kann der Betreuer nach den Grundsätzen des Bundesverfassungsgerichts lediglich dann entscheiden, wenn die betroffene Person krankheitsbedingt nicht wenn der Lage war, die Relevanz des Wunsches zu erkennen.

Dies ist auch mit einer Parallelwertung zur Einrichtung der Betreuung zu begründen. Eine Betreuung ist gem. § 1896 Abs. 1 a BGB nicht gegen den freien Willen der betroffenen Person einzurichten. Vom freien Willen ist dann auszugehen, wenn die betroffene Person die Einsichtsfähigkeit hat, das Für und Wider der Einrichtung einer Betreuung abzuwägen.[186] Überträgt man diese Wertung auf die Durchführung gesundheitlicher Maßnahmen, kann man von einem freien Willen zur Durchführung der gesundheitlichen Maßnahmen dann ausgehen, wenn der Patient bzw. die Patientin in der Lage ist, das Für und Wider der Behandlung abzuwägen und daraus eine Entscheidung zu treffen. Da dies bereits den Kriterien der Einwilligungsfähigkeit entspricht,[187] ist die in der Norm des § 1896 Abs. 1 a BGB liegende Wertung zu beachten. Danach ist der Wille der betroffenen Person dann nicht mehr frei, wenn dieser durch die Krankheit beeinflusst wird. Je mehr also die vorliegende Krankheit den Willen und damit die Einsichtsfähigkeit in Bezug auf die Krankheit beeinflusst, desto weniger beachtlich sind die Wünsche des Patienten bzw. der Patientin.

Über diese Kriterien hinaus ist zu beachten, dass eine Einschränkung des Selbstbestimmungsrechts nur unter Wahrung des Verhältnismäßigkeitsgrundsatzes möglich ist. In das Selbstbestimmungsrecht darf daher nur eingegriffen werden, wenn es unumgänglich ist, um eine drohende gewichtige gesundheitliche Schädigung von dem Kranken abzuwenden.[188] Daher muss der Zwang durch den Betreuer beim Hinwegsetzen über den aktuellen oder den antizipiert geäußerten Willen der betroffenen Person dem drohenden Schaden, d. h. der

186 Bienwald in: Staudinger § 1896 Rn. 73

187 Vgl. zu diesem Begriff oben: Einleitung A I. 1.

188 Lipp in: Wolter/Riedel/Taupitz, S. 83 f.; Lipp, Freiheit und Fürsorge, S. 166; so im Ergebnis auch: Schwab in: MK-BGB, § 1904 Rn. 14 ff.; Jürgens in: Jürgens, Betreuungsrecht, § 1901 Rn. 11; Taupitz, Gutachten A für den 63. Deutschen Juristentag 2000, A 72 f.; Roth in: Erman, § 1901 Rn 12

verfassungsgemäßen Verhältnismäßigkeit entsprechen.[189] Dies ist nur dann der Fall, wenn die Gefahr besteht, dass die betreute Person ohne die Behandlung stirbt oder einen länger andauernden gesundheitlichen Schaden erleidet (Parallelwertung zu § 1904 BGB).[190]

Damit ergeben sich für die Nichtbeachtung von Wünschen der betreuten Person innerhalb der Gesundheitssorge zwei Kriterien: Zunächst muss der Wunsch der betreuten Person durch die Krankheit beeinflusst worden sein und als Zweites muss die Realisierung des Wunsches die begründete Gefahr bestehen, dass ein schwerer und länger dauernder gesundheitlicher Schaden erleidet oder der Tod der betroffenen Person eintritt.

5. Keine vorliegenden Behandlungswünsche

Hat der Patient bzw. die Patientin keine Behandlungswünsche geäußert und ist er dazu in der vorliegenden Situation auch nicht in der Lage, gelten folgende Grundsätze: Ist die Behandlung nicht dringend durchzuführen und zu erwarten, dass die betreute Person ihre Einwilligungsfähigkeit zurückerlangt, hat die Behandlung zu unterbleiben. Es muss gewartet werden, bis der Patient bzw. die Patientin die Einwilligung selbst erteilen kann – eine mutmaßliche Einwilligung als Rechtfertigungsgrund ist daher nicht möglich.[191]

Ist jedoch nicht zu erwarten, dass der Patient bzw. die Patientin die Einwilligungsfähigkeit zurückerlangt bzw. muss der Eingriff dringend erfolgen, richtet sich der Handlungsmaßstab des Betreuers am Wohl der betroffenen Person (§ 1901 Abs. 2 BGB) aus. Wie oben dargestellt, ist das Wohl nicht objektiv zu bestimmen, sondern als Inbegriff des Integritäts-, Entfaltungs- und Vermögensinteresses der betroffenen Person gemäß der jeweiligen Lebens-

---

189 BGH 01. 02. 2006, XII ZB 236/05 – BGHZ 166, 141 = NJW 2006, 1277; Taupitz, Gutachten A für den 63. Deutschen Juristentag 2000, A 72; Kuhlmann, Einwilligung in die Heilbehandlung alter Menschen, 1996, 207; vgl. dazu auch: Spickhoff, AcP 208 (2008), 347, S. 390 ff.

190 Lipp in: Wolter/Riedel/Taupitz, S. 83 f.; Lipp, Freiheit und Fürsorge, S. 166; so im Ergebnis auch: Schwab in: MK-BGB, § 1904 Rn. 14 ff.; Jürgens in: Jürgens, Betreuungsrecht, § 1901 Rn. 11; Taupitz, Gutachten A für den 63. Deutschen Juristentag 2000, A 72 f.

191 Lipp, Patientenautonomie und Lebensschutz, 2005, S. 37; Lipp in: Wolter/Riedel/Taupitz, Einwirkungen der Grundrechte auf das Zivilrecht, Öffentliches Recht und Strafrecht , S. 77; Taupitz, Gutachten A für den 63. Deutschen Juristentag 2000, S. A 72; Ulsenheimer in: Laufs/Kern, Handbuch Arztrecht, § 139 Rn. 68; Martiny, Gutachten A für den 64. Deutschen Juristentag 2002, A 39; a. A. Wagenitz, FamRZ 2005, 669; Uhlenbruck, Patiententestament, Betreuungsverfügung und Vorsorgevollmacht

situation notwendigerweise subjektiv zu bewerten.[192] Die individuellen Lebensumstände, die Lebensplanung, die Vorstellungswelt, vor allem aber auch die Wertvorstellungen der betreuten Person spielen dabei eine erhebliche Rolle, sodass im Ergebnis die Interessen der betroffenen Person beachtlich sind.

Letztendlich sind für die Feststellung des subjektiven Wohls der betreuten Person in Gesundheitsangelegenheiten die gleichen Kriterien anwendbar, wie bei der Geschäftsführung ohne Auftrag.[193] Dabei hat der Geschäftsführer die Geschäfte so zu führen, wie sie dem Interesse des Geschäftsherrn mit Rücksicht auf dessen wirklichen und mutmaßlichen Willen entsprechen. Ist der wirkliche Wille unbekannt, ist der Handlungsmaßstab dabei der mutmaßliche Wille, sodass mutmaßlicher Wille[194] und subjektives Wohl gleich zu interpretieren sind.[195] Zu deren Interpretation muss demnach die Frage gestellt werden, wie die betroffene Person selbst entschieden hätte – dabei sind die Lebensumstände, Wertungen und Gedanken der betroffenen Person zu erforschen.[196] Der Betreuer muss alle Möglichkeiten ausschöpfen, um Wünsche und Vorstellungen der betreuten Person in Erfahrung zu bringen – insbesondere Angehörige und Freunde befragen.[197]

Ist die Ermittlung eines konkreten mutmaßlichen Willens nicht möglich,[198] bestimmt sich das Wohl des betreuten Patienten, der betreuten Patientin aus dessen wohlverstandenem Interesse.[199] Darauf ist nicht starr abzustellen; all-

---

192 Lipp, Freiheit und Fürsorge, S. 154; vgl. dazu oben B I. 1.

193 Lipp, Freiheit und Fürsorge, S. 154

194 Vgl. zu diesem Begriff oben: B I. 3.

195 Lipp, Patientenautonomie und Lebensschutz, 2005, S. 48; Baumann/Hartmann, DNotZ 2000, 594, 609; Lipp, FamRZ 2004, 317, 322; Lipp, Stellungnahme für den Rechtsausschuss des Deutschen Bundestags, S. 11. Die Anwendung des mutmaßlichen Willens auch auf Behandlungsabbruchmaßnahmen wird heftig kritisiert: Schumann, Dignitas - Voluntas - Vita, S. 70 ff., 76 ff., vgl. nur Höfling/Rixen, JZ 2003, 884, 892 f.; Duttge, Preis der Freiheit, S 53 ff.

196 Vgl. dazu mit weiteren Nachweisen Mayer, Medizinische Maßnahmen an Betreuten, 1995, S. 67; Martiny, Gutachten A für den 64. Deutschen Juristentag 2002, A 69 ff.

197 RegE BTDrucks. 11/4528, S. 70

198 Einen solchen Fall nimmt Roth nur an, wenn der Betroffene niemals einwilligungsfähig war und niemals in der Lage war, einen Patientenwillen zu bilden – so z. B. wenn ein schwerstkrankes Kind die Volljährigkeit erreicht: Roth in: Ermann, § 1901 Rn. 23

199 Vgl. dazu mit weiteren Nachweisen Mayer, Medizinische Maßnahmen an Betreuten, 1995, S. 67; Hahne, FamRZ 2003, 1619, 1621; Lipp, BtPrax 2002, 47, 49; Dodegge/Roth, Betreuungsrecht, Teil D Rn. 11, der trotz § 1901 II und III BGB allein auf das objektive Wohl abstellt. Der BGH ließ ausdrücklich offen, wie hier zu entscheiden sei, BGH 17. 3. 2003 – XII ZB 2/03 - BGHZ 154, 205, 218 f.; Lipp,

gemeine Vorstellungen, wie ein würdevolles Sterben auszusehen hat, sind nicht pauschal übertragbar.[200] Dabei kann die Entscheidung des Betreuers in „dubio pro vita" ausfallen, sodass die Antwort auf die Frage, wie sich der Patient bzw. die Patientin entschieden hätte, in der Regel so lauten wird, dass der Patient bzw. die Patientin einer ärztlich indizierten und vom behandelnden Arzt oder der behandelnden Ärztin vorgeschlagenen Maßnahme zustimmen würde.[201]

Nicht verkannt werden darf, dass es in dieser Diskussion nicht nur um den Abbruch einer Behandlung geht, sondern bereits jede Aufnahme einer Behandlung im Interesse der betroffenen Person liegen muss. Bei dieser Prüfung kann sich herausstellen, dass lebenserhaltende Maßnahmen gerade nicht im Interesse der betroffenen Person liegen. Nicht nur das Leben, sondern vor allem ein palliativmedizinisch betreutes Sterben kann hingegen im Interesse der betreuten Person liegen. Eine entscheidende Rolle kommt bei dieser Feststellung der Ärzteschaft zu. Ihnen obliegt die Feststellung, ob eine konkrete Behandlung unter Abwägung des Gesamtzustandes des Patienten bzw. der Patientin indiziert ist oder ob die zu stellende Prognose nicht eine palliativmedizinische Behandlung erfordert. Dann bleibt kein Raum mehr für die Regel „in dubio pro vita", denn angesichts der Menschenwürdegarantie und ihres Primats kann eine solche Regel nur lauten: „in dubio pro dignitate".[202] Indiziert sind in jedem Fall Basispflege und -versorgung, Schmerzbehandlung und gegebenenfalls Sterbebegleitung.

Stellungnahme für den Rechtsausschuss des Deutschen Bundestags, S. 11; Lipp, Patientenautonomie und Lebensschutz, 2005, S. 38 f. a. A., kritisch: Höfling NJW 2009, 2849, 2851; keine Entscheidungskompetenz des Betreuers sehen: Bienwald, FamRZ 1998, 1138; nur Vertretung in der Erklärung, nicht im Willen: Statt Vieler: Holzhauer, Patientenautonomie und ihre vertretungsweise Wahrnehmung durch einen Betreuer, In: Ärztliche Behandlung an der Grenze des Lebens: Heilauftrag zwischen Patientenautonomie und Kostenverantwortung, S 28, S. 41 ff.

200 Höfling NJW 2009, 2849, 2851

201 Lipp, Patientenautonomie und Lebensschutz, 2005, S. 38 f.; Lipp, Stellungnahme für den Rechtsausschuss des Deutschen Bundestags, S. 11; Seitz, ZRP 1998, 417, 420; Jürgens, BtPrax 1999, 99; Müller-Freienfels, JZ 1998, 1122, 1127; Jürgens in: Jürgens Betreuungsrecht, § 1901 a Rn. 18; Hoffmann in: Bienwald/Sonnenfeld/Hoffmann, Kommentar Betreuungsrecht, § 1901 a Rn. 74 f.; differenzierend: Wagenitz, FamRZ 2005, 669, 672
Schumann verlangt an dieser Stelle eine gesetzliche Vermutung bei der Indikation der Maßnahme, dass der Patient in die Maßnahme eingewilligt hätte, solange keine entgegenstehende verbindliche Patientenverfügung vorliegt - Schumann, Dignitas - Voluntas - Vita, S. 76 ff, 70 ff.

202 Vgl. dazu Lipp, Patientenautonomie und Lebensschutz, 2005, S. 39 m. w. N.

6. Zusammenfassung

Die Entscheidung, ob eine medizinische Maßnahme an einer betreuten Person durchgeführt werden kann, ist nach der Rechtslage vor dem 3. Betreuungsrechtsänderungsgesetz[203] an den Grundsätzen des § 1901 BGB zu messen. Danach waren für den Betreuer vor allem die Wünsche der betreuten Person verbindlich, soweit sie nicht dessen Wohl zuwiderliefen. Dies ist innerhalb der Gesundheitssorge nur dann nicht der Fall, wenn die Wünsche der betreuten Person durch die vorliegende Krankheit erheblich beeinflusst worden sind und die Beachtung der Wünsche eine erhebliche Gefährdung des Patienten bzw. der Patientin bedeutet. Innerhalb dieser Grenzen ist der Betreuer auch an den natürlichen Willen der betreuten Person gebunden.

War kein tatsächlicher Wille feststellbar, war der Maßstab für die Entscheidung des Betreuers über eine Behandlung das subjektive Wohl der betroffenen Person, das dem mutmaßlichen Willen entspricht. Ließ sich auch dieses nicht feststellen, bestimmte sich das Wohl aus dem wohlverstandenen Interesse, sodass beim Fehlen jeglicher anderslautender Äußerungen der betroffenen Person eine Behandlung nach dem Grundsatz „in dubio pro vita" durchzuführen war. Bei bestimmten Krankheitsverläufen ist eine Palliativbehandlung im Interesse der betreuten Person.

Das Ergebnis ist die Bemühung, der persönlichen Entscheidung der betreuten Person möglichst nahe zu kommen, um dem verfassungsrechtlich verbürgten Persönlichkeitsschutz in dem höchstpersönlichen Bereich gerecht zu werden.[204] In der allgemeinen Dogmatik des Stellvertretungsrechts wirken diese Beschränkungen aus Verkehrsschutzinteressen lediglich im Innenverhältnis. Die Anwendung des Verkehrsschutzinteresses begründet sich vor allem bei der rechtsgeschäftlichen Vertretung. Eine Übertragung auf Stellvertreterentscheidungen in höchstpersönlichen Angelegenheiten wird dem hohen Rang des Selbstbestimmungsrechts nicht gerecht, sodass an dieser Stelle von diesem Grundsatz abzuweichen ist und die Entscheidung des Betreuers gegen den (mutmaßlichen), nicht von der Krankheit geprägten, Willen der betroffenen Person unwirksam ist.[205]

---

203 3. Gesetz zur Änderung des Betreuungsrechts vom 29. 07. 2009 – BGBl. I, 2286 (31. 07. 2009) – in Kraft getreten 1. 09. 2009

204 Spickhoff, AcP 208 (2008), 347, 402 f.

205 So auch Spickhoff, AcP 208 (2008), 347, S. 403; Nebe, Selbstbestimmte Organisation komplexer ambulanter Pflegeleistungen, S. 79 f.; Mayer, Medizinische Maßnahmen an Betreuten, 1995, S. 105 ff.

II. Neuregelungen durch das 3. Betreuungsrechts-änderungsgesetz

Diese Schwerpunkte sind im Rahmen der Gesundheitssorge durch das 3. Betreuungsrechtsänderungsgesetz[206] zu einem großen Teil bestätigt worden. Die bisher anwendbare Regelung des § 1901 BGB wird um die Sonderregelungen für die Wahrnehmung der Betreuung in Gesundheitsangelegenheiten in § 1901 a und b BGB ergänzt. In diesen Regelungen wird ein Verfahren zur Feststellung des Patientenwillens (§ 1901 b BGB n.F.) eingeführt und Kriterien für die Entscheidung des Betreuers festgelegt (§ 1901 a BGB). Eine grundlegende Normierung wurde in Bezug auf die Beachtlichkeit der Patientenverfügung vorgenommen.

1. Vorliegen einer Patientenverfügung

Hat die betreute Person eine wirksame Patientenverfügung[207] erteilt, bleibt für den Betreuer zunächst nur zu prüfen, ob die Festlegungen in dieser Verfügung auf die aktuelle Lebens- und Behandlungssituation zutreffen.[208] Ist dies der Fall, hat der Betreuer lediglich dem Willen der betreuten Person nach § 1901 a BGB Ausdruck und Geltung zu verschaffen.[209] Es handelt sich dabei nicht, wie bisher zum Teil angenommen,[210] um Behandlungswünsche der betroffenen Person, sondern um eine antizipierte Entscheidung über Behandlungsmaßnahmen, für eine eigene Entscheidung des Betreuers bleibt damit kein Raum.[211] Trotz dieser

---

206 3. Gesetz zur Änderung des Betreuungsrechts vom 29. 07. 2009 – BGBl. I, 2286 (31. 07. 2009) – in Kraft getreten 1. 09. 2009

207 Legaldefinition des § 1901 a Abs. 1 BGB: Schriftliche Festlegung eines einwilligungsfähigen Volljährigen für den Fall seiner Einwilligungsunfähigkeit, ob er in bestimmten, zum Zeitpunkt der Festlegung noch nicht unmittelbar bevorstehende Untersuchungen seines Gesundheitszustandes, Heilbehandlungen oder ärztliche Eingriffe einwilligt oder sie untersagt

208 Erste Erfahrungen in der Praxis haben gezeigt, dass solche Erklärungen in der gerichtlichen Praxis nur selten vorkommen, es fehlt an der in § 1901 a Abs. 1 BGB geforderten Bestimmtheit – Laube, FPR 2010, 255. Zur Bestimmtheit: Jürgens in: Jürgens, Betreuungsrecht § 1901 a BGB Rn. 8; Spickhoff in: Medizinrecht, § 1901 a BGB Rn. 7; zur Auslegung: Lipp in: Handbuch der Vorsorgeverfügungen, § 17 Rn. 104 ff., 145; Lipp/Brauer in: Höfling, Das neue Patientenverfügungsgesetz in der Praxis, S. 17, 28 f.

209 Zur Kritik an der Prüfpflicht eines Laien: Lange, ZEV 2009, 537, 541

210 Vgl. dazu oben: B I. 2.

211 Jürgens in: Jürgens, Betreuungsrecht, § 1901 a Rn. 15, Müller in: Bamberger/Roth, § 1901 a Rn. 17; Müller, DNotZ 2010, 169, 172 ff.; Renner in: Müller/Renner Rn. 482

bereits vorliegenden antizipierten Entscheidung ist auch dann, wenn eine anwendbare Patientenverfügung vorliegt, die Mitwirkung eines berechtigten Vertreters notwendig.[212] Dies ergibt sich maßgeblich aus der Rechtsprechung des 2. Strafsenats des Bundesgerichtshofs, wonach zur Absicherung des Verfahrens zwingend ein Vertreter die Entscheidung zu treffen hat.[213] Dies führt in letzter Konsequenz dazu, dass eine Patientenverfügung von Notfällen abgesehen lediglich die Vertretungspersonen bindet, was mit dem Willen des Gesetzgebers nicht vereinbar ist.[214] Dies würde auch zu einer Verletzung des Erforderlichkeitsprinzips führen.[215]

Ergibt die Prüfung der Patientenverfügung, dass die Patientenverfügung nicht auf den konkreten Lebenssachverhalt passt oder dass sich die Einstellung oder Meinung der betreuten Person geändert hat, muss der Betreuer eine eigene Entscheidung treffen und kann dabei von der Regelung nach den in § 1901 a Abs. 2 BGB getroffenen Kriterien abweichen.[216]

---

f.; Olzen, JR 2009, 354, 358; Hoffmann in: Bienwald/Sonnenfeld/Hoffmann, Kommentar Betreuungsrecht, § 1901 a Rn. 50; Spickhoff in: Medizinrecht, § 1901 a BGB Rn. 16; Schwab in: MK-BGB, § 1904 Rn. 14 ff.; Lipp in: Handbuch der Vorsorgeverfügungen, § 17 Rn. 51; Diederichsen in: Palandt, § 1901 a Rn. 16; Knittel, Betreuungsrecht § 1901 a Rn. 79; a. A. Ihrig, DNotZ 2011, 583; Albrecht/Albrecht, MittBayNot 2009, 426; Diehn/Rebhan, NJW 2010, 326; Roglmeier, FPR 2010, 282, 284 mit Hinweis auf die nicht verzichtbare Aufklärung.

212 BGH 10. 11. 2010 - 2 StR 320/10 - NJW 2011, 161

213 So im Hinblick auf die straffreien Behandlungsbeendigung: BGH 10. 11. 2010 - 2 StR 320/10 - NJW 2011, 161 a. A. Verrel, NStZ 2011. 274. Vergleiche zur Frage der notwendigen Betreuerbestellung ausführlich: Müller in: Bamberger/Roth, § 1901 a Rn. 17; Knittel, Betreuungsrecht § 1901 a Rn. 79; Müller, DNotZ 2010, 169, 172 ff, Tamm, VuR 2009, 449, 456; Olzen, JR 2009, 354, 358; Spickhoff in: Medizinrecht, § 1901 a BGB Rn. 16 – mit Hinweis auf die Verbindlichkeit in Notfallsituationen); im Ergebnis auch: Ihrig, DNotZ 2011, 583; Albrecht/Albrecht, MittBayNot 2009, 426; Diehn/Rebhan, NJW 2010, 326 a. A. Lipp/Brauer in: Höfling, Das neue Patientenverfügungsgesetz in der Praxis, S. 17, 29. Zur Frage, ob nach der bisherigen Rechtslage beim Vorliegen einer Patientenverfügung eine Betreuerbestellung erforderlich ist: Müller, ZEV 2008, 583, 587 f.

214 Knittel, Betreuungsrecht, § 1901 a Rn. 79 m. w. N.; a. A. Kieß in: Jurgeleit, Betreuungsrecht, § 1901 a Rn. 45, der den Gesetzeswortlaut entsprechend auslegt.

215 Knittel, Betreuungsrecht, § 1901 a Rn. 79 m. w. N.; Bauer in: HK-BuR, § 1901 a Rn. 28; a. A. Kieß in: Jurgeleit, Betreuungsrecht, § 1901 a Rn. 45, der den Gesetzeswortlaut entsprechend auslegt.

216 BTDrucks. 16/8442, S. 15; vgl. dazu auch: Jürgens in: Jürgens, Betreuungsrecht § 1901 a BGB Rn. 16 f.

Die enge Definition des Begriffs der Patientenverfügung verringert deren Anwendungsbereich erheblich.[217] Lediglich solche Erklärungen, die eine Entscheidung über die Einwilligung oder Nichteinwilligung in eine bestimmte, noch nicht unmittelbar bevorstehende ärztliche Maßnahme enthalten, sind umfasst. Dies bedeutet, dass allgemeine Richtlinien[218], mündliche Willensbekundungen, aber auch solche Willensbekundungen nicht umfasst sind, die sich auf eine unmittelbar bevorstehende, also konkrete und zeitnah durchzuführende ärztliche Maßnahme beziehen, nicht beachtlich sind.[219] Damit bleibt in der Praxis die Anwendung einer konkreten Patientenverfügung eher der Ausnahmefall,[220] sodass nach der Regelung des § 1901 a Abs. 2 BGB weiterhin der Betreuer eine Entscheidung unter Beachtung der auch in der Patientenverfügung geäußerten Wünsche zu treffen hat.[221]

Nach der Regelung in § 1901 Abs. 3 BGB galt bisher auch in Bezug auf Patientenverfügungen, dass bei antizipativ geäußerten Wünschen der aktuell geäußerte Wille vorrangig zu befolgen ist. Frühere Äußerungen sind nach § 1901 Abs. 3 BGB nur solange beachtlich, wie sie dem aktuellen Willen der betroffenen Person entsprechen, d. h. wenn dem Betreuer erkennbar ist, dass die betroffene Person nicht mehr an den früher geäußerten Wünschen festhalten möchte, sind nur die aktuellen Wünsche verbindlich.[222] Eine solche ausdrückliche Regelung findet sich in der Vorschrift des § 1901 a Abs. 1 BGB nicht. Es besteht jedoch die Möglichkeit, nach dessen Satz 3 die Patientenverfügung jederzeit formlos zu widerrufen. Dabei ist es nach dem Willen des Gesetzgebers ausreichend, dass die Willensänderung hinreichend deutlich zum Ausdruck kommt – sie ist also auch mündlich oder durch nonverbales Verhalten mög-

---

217 Vergleiche dazu ausführlich aus der betreuungsrechtlichen Praxis: Laube, FPR 2010, 255

218 Die Gesetzesbegründung (BTDrucks. 16/8442, S. 13) bezieht sich dabei auf allgemeine Regelungen wie: „Wenn ich einmal sehr krank und nicht mehr in der Lage bin, ein für mich erträgliches umweltbezogenes Leben zu führen, möchte ich würdevoll sterben dürfen."

219 Vgl. zur Kritik: Lipp, Stellungnahme für den Rechtsausschuss des Deutschen Bundestags, S. 24 ff., die sich jedoch auf die ursprüngliche Fassung des Entwurfs, ohne die Änderung durch den Rechtsausschuss bezieht.

220 Vergleiche dazu ausführlich aus der betreuungsrechtlichen Praxis: Laube, FPR 2010, 255

221 § 1901 a Abs. 2 BGB

222 Roth in: Erman, § 1901 Rn. 10; Hoffmann in: Bienwald/Sonnenfeld/Hoffmann, Kommentar Betreuungsrecht, § 1901 a Rn. 56

lich.[223] Daher müssen von der wirksamen Patientenverfügung abweichende aktuell geäußerte Wünsche als Widerruf der Patientenverfügung gewertet werden, soweit sie nicht krankheitsbedingt manifestiert wurden. Dies ergibt sich aus der Definition der Patientenverfügung und der Prüfpflicht des Betreuers, ob der schriftlich festgehaltene Wille noch aktuell.[224]

2. Behandlungswünsche nach § 1901 a Abs. 2 BGB

Bei der durch den Betreuer zu treffenden Behandlungsentscheidung ist dieser nach § 1901 a Abs. 2 BGB an die Behandlungswünsche[225] der betroffenen Person gebunden. Hierzu zählen vor allem die in der, auf den konkreten Fall nicht anwendbaren oder unwirksamen, Patientenverfügung festgelegten Wünsche, aber auch darüber hinaus geäußerte Behandlungswünsche.

Der ursprüngliche Gesetzentwurf der Abgeordneten *Stünker* et. al.[226] enthielt diese Regelung in der dann verabschiedeten Form noch nicht. In dem Entwurf sollte für den Fall, dass eine wirksame und anwendbare Patientenverfügung nicht vorliegt, lediglich auf den mutmaßlichen Willen zurückgegriffen werden, bei dem dann allerdings Behandlungswünsche als Indizien für den mutmaßlichen Willen zu werten waren. Dies war mit der bisherigen Regelung in § 1901 Abs. 3 BGB nicht vereinbar, nach der Wünsche der betreuten Person nicht nur als Indizien beachtlich waren. Im Rechtsausschuss erfolgte daher eine Anpassung, in dem als Kategorie der Feststellung des Patientenwillens Behandlungswünsche eingefügt wurden.[227] Ziel dieser Regelung, wie sich aus den Gesetzgebungsunterlagen ergibt, war es, klarzustellen, dass die geltende Bindung des Betreuers an die Behandlungswünsche auch weiterhin besteht und nicht abgeschwächt werden soll.[228] Damit sollen zudem die Fälle aufgefangen werden, in denen ein konkreter und situationsbezogener Patientenwille vorliegt,

---

223 BTDrucks. 16/8442, S. 13; zur Widerruflichkeit einer rechtfertigenden Einwilligung: Kohte, AcP 185 (1985), 105, S. 137 f.

224 Spickhoff in: Medizinrecht, § 1901 a BGB Rn. 12

225 Jürgens in: Jürgens, Betreuungsrecht § 1901 a BGB Rn. 16 f.; Hoffmann in: Bienwald/Sonnenfeld/Hoffmann, Kommentar Betreuungsrecht, § 1901 a Rn. 57 ff.; vgl. dazu BGH 25. 06. 2010 - 2 StR 454/09 - NJW 2010, 2963. Zur bisherigen Rechtslage BGH 13. 09. 1994 - 1 StR 357/94 – BGHSt 40, 257, 262; vgl. dazu ausführlich: Lilie, Strafrechtliche Gesichtspunkte, In: Wienke, S. 75

226 BTDrucks. 16/8442 (Stünker-Entwurf)

227 BTDrucks. 16/13314, S. 20. Vgl. zur Kritik am Gesetzentwurf: Lipp, Stellungnahme für den Rechtsausschuss des Deutschen Bundestags, S. 25; Höfling, NJW 2009, 2849, 2851

228 BTDrucks. 16/13314, S. 20.

der aber z. B. aufgrund seiner mündlichen Erteilung nicht die Bindungswirkung der Patientenverfügung hat.

3. Mutmaßlicher Wille nach § 1901 a Abs. 2 BGB

Liegen keine ausdrücklichen Behandlungswünsche vor, ist der Betreuer nach § 1901 a Abs. 2 BGB an den „mutmaßlichen Willen" der betreuten Person gebunden.[229] Für dessen Feststellung bedarf es individueller, konkret aussagekräftiger Anhaltspunkte,[230] die sich nach der Definition in § 1901 a Abs. 2 BGB aus früheren mündlichen oder schriftlichen Äußerungen, ethischen, religiösen und sonstigen persönlichen Wertvorstellungen der betreuten Person ergeben können. Damit handelt es sich hier um einen individuell-mutmaßlichen Willen.[231] Unklar ist nach der Verabschiedung der Regelung durch den Bundestag, wie der Begriff des mutmaßlichen Willens auszulegen ist.

Durch die konkrete Aufzählung der Behandlungswünsche in § 1901 a Abs. 2 BGB, die im Rechtsausschuss[232] eingefügt wurde, wurde auch die Auslegung des mutmaßlichen Willens modifiziert.[233] Damit fallen diese aus der Interpretation des mutmaßlichen Willens heraus, sodass wieder auf die herkömmliche Auslegung des Begriffs zurückzugreifen ist. Der Betreuer hat also herauszufinden, welchen Wunsch die betreute Person im Hinblick auf die aktuelle Situation gehabt haben könnte, um diesem Wirkung zu verschaffen.[234] Es handelt sich also um individuell konkrete Kriterien, auf die der Betreuer zurückzugreifen hat, ein Rückgriff auf die allgemeinen Wertvorstellungen ist zunächst nicht möglich.[235]

---

229 Zur Kritik an der Möglichkeit eine Behandlung aufgrund des mutmaßlichen Willens eines Patienten abzubrechen: Jäger, Gesetzliche Regelung von Patientenverfügungen Stellungnahme zur öffentlichen Anhörung des Rechtsausschusses, S. 6

230 BTDrucks. 16/8442, S. 15

231 So Höfling, Stellungnahme zur öffentlichen Anhörung des Rechtsausschusses am 04. 03. 2009 zu Gesetzentwürfen zur Regelung von Patientenverfügungen, S. 14

232 BTDrucks. 16/13314, S. 20.

233 Höfling, NJW 2009, 2849, 2851

234 Taupitz, Gutachten A für den 63. Deutschen Juristentag 2000, S. A 70 f.; Hoffmann in: Bienwald/Sonnenfeld/Hoffmann, Kommentar Betreuungsrecht § 1901 a Rn. 67 ff.

235 So ausdrücklich Höfling, NJW 2009, 2849, 2851; ausführlich: Knittel, Betreuungsrecht § 1901 a Rn. 83 f.

4. Allgemeines Verfahren zur Feststellung des Patientenwillens nach § 1901 b BGB

Für die Einwilligung in medizinische Maßnahmen sieht die Neuregelung im BGB einen dialogischen Prozess zwischen Arzt bzw. Ärztin und Betreuer vor.[236] Dieser regelt den Ablauf der Entscheidungsfindung bei der Behandlung von einwilligungsunfähigen Personen. Diese verfahrensrechtliche Regelung soll die Beteiligten bei der Ermittlung des Patientenwillens unterstützen und die Entscheidung über den Behandlungsabbruch absichern.[237] Im Rahmen der Rechtfertigung von lebensbeendenden Maßnahmen hat der 2. Strafsenat des Bundesgerichtshofs diesem Verfahren eine besondere Stellung zugeschrieben:[238] Es diene zum einen der Verwirklichung des verfassungsrechtlich garantierten Selbstbestimmungsrechts des Patienten bzw. der Patientin, wenn diese selbst zu einer Willensäußerung nicht mehr in der Lage seien, und trage gleichzeitig dem verfassungsrechtlich gebotenen Schutz des menschlichen Lebens Rechnung, indem die strengen Beweisanforderungen an die Feststellung eines behandlungsbezogenen Patientenwillens verfahrensrechtlich abgesichert werden.

Zunächst prüft der behandelnde Arzt bzw. die behandelnde Ärztin im Hinblick auf den Gesamtzustand und die Prognose des Patienten bzw. der Patientin, welche ärztliche Maßnahme indiziert ist.[239] Danach erfolgt eine Erörterung der als indiziert festgestellten Maßnahme durch den Arzt bzw. die Ärztin und den Betreuer, unter Berücksichtigung des Patientenwillens, als Grundlage für die Entscheidung des Betreuers nach § 1901 a BGB.[240] Ist noch kein Betreuer bestellt, so sei ein solcher nach der oben beschriebenen Rechtsprechung zu bestellen.[241] Damit hat der Betreuer mit dem Arzt oder der Ärztin sowohl die Auslegung der Patientenverfügung als auch die Feststellung der Patientenwünsche

---

236 § 1901 b Abs. 1 BGB – eingefügt durch den Rechtsausschuss BTDrucks. 16/13314, Begründung S. 20

237 Änderungen des Rechtsausschuss BTDrucks. 16/13314, S. 3 f. und 7 f.

238 BGH 25.06.2010 - 2 StR 454/09 - NJW 2010, 2963; BGH 10.11.2010 - 2 StR 320/10 - NJW 2011, 161

239 § 1901 b Abs. 1 Satz 1 BGB n. F.; zum Problem des ungeklärten Begriffs der Indikation: Tolmein in: Höfling, Das neue Patientenverfügungsgesetz in der Praxis, S. 47, 49.

240 § 1901 b Abs. 1 BGB

241 Vgl. dazu die Ausführungen oben Kapitel 1, B II. 1.; Müller in Bamberger/Roth, § 1901 a Rn. 17 f. m. w. N.; zur Kritik an dieser Regelung insbesondere bei der Feststellung des mutmaßlichen Willens: Tolmein in: Höfling, Das neue Patientenverfügungsgesetz in der Praxis, S. 47, 50, mit dem Hinweis, dass gerade das Pflegepersonal über durchaus überlegenes Wissen hinsichtlich des mutmaßlichen Willens verfügen könnte.

bzw. den mutmaßlichen Willen in Bezug auf die jeweilige Behandlungssituation zu beraten.[242] Bei der Erörterung des Patientenwillens soll nahen Angehörigen oder sonstigen Vertrauenspersonen Gelegenheit zur Äußerung gegeben werden, soweit dies ohne erhebliche Verzögerung möglich ist.[243] Dies dient letztendlich der verfahrensrechtlichen Absicherung der Feststellung des Patientenwillens im Sinne des § 1901 a Abs. 2 BGB.[244]

5. Keine vorliegenden Behandlungswünsche

Liegen keine Behandlungswünsche vor bzw. lässt sich der mutmaßliche Wille der betreuten Person nicht feststellen, hat der Betreuer nach dem objektiv verstandenen Wohl der betreuten Person zu entscheiden, § 1901 BGB wird somit zum Entscheidungsmaßstab.[245]

6. Konsequenzen

Die Neuregelung stellt die Verbindlichkeit der Wünsche der betreuten Person deutlicher in den Vordergrund als die zuvor anwendbare Regelung des § 1901 BGB, deren Auslegung nach der hier vertretenen Meinung sich aber im Wesentlichen nicht unterscheidet. Dem Betreuer ist es bei seiner Entscheidung zunächst nur dann möglich, vom festgestellten Patientenwillen oder aber auch vom mutmaßlichen Patientenwillen abzuweichen, wenn der Patient bzw. die Patientin nicht mehr an seinem Willen festhalten möchte. Darüber hinaus gibt es zunächst keine Vorschriften, die es dem Betreuer ermöglichen aus einem persönlichen Konflikt hinaus, die Wunscherfüllung zu vermeiden. Dies ist nur durch die Beendigung der Betreuung möglich. Diese Begrenzung im Vergleich zur Regelung des § 1901 Abs. 3 BGB ist aufgrund der im Bereich des Persönlichkeitsrechts zu treffenden Entscheidung konsequent. Es kann hier nur auf den Willen der betreuten Person ankommen, eventuell bestehende Konflikte des Betreuers dürfen nicht zu einer Behandlung gegen den (mutmaßlichen) Willen der betreuten Person führen.

---

242 A. A. BGH 10. 11. 2010 - 2 StR 320/10 - NJW 2011, 161, nach der dem Arzt keinerlei Kompetenz zur Feststellung des Patientenwillens zusteht – so auch: Ihrig, DNotZ 2011, 583

243 § 1901 b Abs. 2 BGB

244 Jürgens in: Jürgens, Betreuungsrecht § 1901 b Rn. 2

245 BTDrucks. 16/8442, S. 16; vgl. dazu ausführlich oben: Kapitel 1, B I. 5; Müller in: Bamberger/Roth, § 1901 a BGB Rn. 22; Bühler/Stolz, BtPrax 2009, 261, 263; Hoffmann in: Bienwald/Sonnenfeld/Hoffmann, Kommentar Betreuungsrecht, § 1901 a Rn. 74 f., 1904 Rn. 54; zur Forderung einer ausdrücklichen Regelung: Tolmein in: Höfling, Das neue Patientenverfügungsgesetz in der Praxis, S. 47, 54

Eine Begrenzung der Wunscherfüllungspflicht am Wohl der betreuten Person (wie in § 1901 Abs. 3 Satz 1 BGB) ist in der Regelung des § 1901 a BGB nicht vorgesehen. Dies führt aber zu keinen anderen Wertungen, da auch die Begrenzung auf das Wohl der betreuten Person im Rahmen der Gesundheitssorge nur begrenzt möglich war. Im Ergebnis kann daher lediglich dann, wenn der Behandlungswunsch von einer Krankheit beeinflusst bzw. durch diese Krankheit hervorgerufen wurde, sodass man diesen nicht als frei bezeichnen kann und mit der Wunscherfüllung eine erhebliche Gefährdung der Gesundheit oder sogar des Lebens verbunden ist, ein solcher Wunsch nicht verbindlich sein.[246]

Insgesamt unterscheidet sich damit die Neuregelung zu der hier vertretenen Auslegung der Kompetenzen des Betreuers kaum, bringt aber mehr Rechtssicherheit an umstrittenen Punkten. Die Definition der Patientenverfügung führt aber dazu, dass die Auslegung der Verfügung noch mehr an Bedeutung gewinnt. Dabei kommt dem Betreuer eine bedeutende Rolle zu.

C Schutz der betreuten Person

Der Betreuer unterliegt der Aufsicht und Kontrolle durch das Betreuungsgericht – so ist dieses dem Betreuer gegenüber berechtigt, ihn zu überwachen, Anweisungen zu erteilen und einzugreifen. Im äußersten Notfall ist es auch dazu berechtigt, den Betreuer zu entlassen und einen neuen Betreuer zu bestellen, falls dieser seinen Aufgaben nicht nachkommt.[247] Um eine effektivere Durchführung der Betreuung zu gewährleisten, insbesondere bei der Wahrnehmung durch ehrenamtliche Betreuer, hat das Betreuungsgericht die Betreuer in ihr Amt einzuführen und zu beraten.[248] Zum Schutz der betreuten Person ist es bei Entscheidungen, denen der Gesetzgeber eine besondere Relevanz für die Rechtsgüter der betreuten Person zugewiesen hat – also bei lebensgefährlichen oder das Lebensumfeld der betreuten Person betreffenden Maßnahmen notwendig, die Genehmigung des Betreuungsgerichts einzuholen.[249]

---

246 Vgl. dazu ausführlich Ausführungen zum begrenzenden Wohl unter: B I. 4. b

247 Vgl. dazu §§ 1908 i i. V. m. § 1837 II 1, 1908 b BGB

248 Vgl. dazu §§ 1908 i i. V. m. § 1837 Abs. 1 BGB; vgl. dazu ausführlich Wagenitz in: MK-BGB, § 1837 Rn. 5 ff.

249 RegE BTDrucks. 11/4528, S. 70; so zum Beispiel bei freiheitsentziehenden Maßnahmen nach § 1906 BGB, bei der Wohnungsaufgabe § 1907 BGB und bei vermögensgefährdenden Maßnahmen – vgl. §§ 1908, 1803, 1809 ff., 1822, 1828-1831 i. V. m. § 1908 i BGB

I. Genehmigung gem. § 1904 Abs. 1 und 2 BGB

Für die Gesundheitssorge gilt ein Genehmigungsvorbehalt nach der Regelung des § 1904 BGB. Auch diese Regelungen wurden durch das 3. Betreuungsrechtsänderungsgesetz nachhaltig modifiziert.[250] Die Änderungen führen dazu, dass im Regelfall[251] der übereinstimmenden Auslegung des Patientenwillens von Arzt bzw. Ärztin und Betreuer keine Genehmigungspflicht besteht. Im Grundsatz bedürfen zunächst solche Einwilligungen,[252] Nichteinwilligungen und der Widerruf bereits erteilter Einwilligungen[253] des Betreuers zu indizierten Untersuchungen, Heilbehandlungen oder ärztlichen Eingriffen der Genehmigung des Betreuungsgerichts, bei denen die begründete Gefahr besteht, dass die betroffene Person aufgrund der Maßnahme bzw. aufgrund deren Nichtdurchführung stirbt oder einen länger dauernden gesundheitlichen Schaden erleidet. Damit wurde der bereits nach § 1904 Abs. 1 BGB a. F. bestehende Genehmigungsvorbehalt ausdrücklich auf die Ablehnung einer Einwilligung und den Widerruf einer einmal erteilten Einwilligung erweitert. Eine solche Genehmigung durch das Betreuungsgericht wird erst zwei Wochen nach ihrer Verkündung wirksam - vgl. § 287 FamFG, solange muss eine Behandlung auch bei Behandlungsabbruchentscheidungen weiter durchgeführt werden.[254]

1. Rechtslage vor dem 3. Betreuungsrechtsänderungsgesetz

Nach der bisherigen Ausgestaltung des § 1904 BGB a. F. war eine damals vormundschaftsgerichtliche Genehmigung für Untersuchungen, Heilbehandlungen oder ärztliche Eingriffe notwendig, bei deren Durchführung die begründete Gefahr besteht, dass die betroffene Person auf Grund der Maßnahme stirbt oder einen schweren länger andauernden gesundheitlichen Schaden erleidet. Umstritten war lange Zeit, ob diese Regelung analog auch für die Nichteinwilligung in solche Maßnahmen bzw. für den Widerruf einer einmal erteilten Einwilligung gelten sollte.[255] Nach der Vorlage des OLG Schleswig[256] hatte der

---

250 Vgl. dazu die Einzelbegründung im Gesetzentwurf BTDrucks. 16/8442, S. 18 f.

251 Laube, FPR 2010, 255

252 § 1904 Abs. 1 BGB

253 § 1904 Abs. 2 BGB

254 Zur Kritik an dieser Regelung Tolmein in: Höfling, Das neue Patientenverfügungsgesetz in der Praxis, S. 47, 55

255 Vgl. bejahend: BGH 13. 09. 1994 - 1 StR 357/94 – BGHSt 40, 257, 261 f.; OLG Frankfurt a.M. 15.07.1998 – 20 W 224/98 - NJW 1998, 2747, 2748 und OLG Frankfurt 20.11.2001 - 20 W 419/01 - FamRZ 2002, 575 mit Anmerkungen von Bienwald, FamRZ 2002, 575 und Karliczek, FamRZ 2002, 578; OLG Karlsruhe

Bundesgerichtshof diese Fragen zu entscheiden.[257] In dieser Entscheidung ging der XII. Zivilsenat davon aus, dass eine Genehmigung des Vormundschaftsgerichts nur dann erforderlich sei, wenn der Arzt bzw. die Ärztin eine lebenserhaltende Behandlung anbietet, weil diese aus seiner Sicht indiziert, d. h. möglich und geboten ist, der Vertreter die Durchführung jedoch ablehnen möchte.[258] Kein Bedarf an einer solchen Genehmigung bestehe dann, wenn zwischen Arzt bzw. Ärztin und Betreuer Einvernehmen darüber herrsche, dass eine Behandlung nicht durchzuführen sei.[259] Nach dieser Rechtsprechung war ein entscheidendes Kriterium die ärztlich festzustellende Indikation einer Behandlung. Nur, wenn eine Behandlung indiziert ist, darf diese vom behandelnden Arzt oder der behandelnden Ärztin angeboten werden. Im Rahmen des Berufsethos der Ärzteschaft ist seit vielen Jahren anerkannt, dass eine Behandlung sowohl als kurative als auch als palliative Behandlung indiziert sein kann.[260] Dies führt dazu, dass eine kurative Behandlung ab einem bestimmten Stadium der Erkrankung nicht mehr indiziert sein kann und damit nicht angeboten werden darf.[261]

29.10.2001 - 19 Wx 21/01 - FamRZ 2002, 488, 491; ebenso z. B. Saliger, KritV 1998, 131, 122 ff.; Martiny, Gutachten A für den 64. Deutschen Juristentag 2002, A 86 ff.; Fröschle, JZ 2000, 72, 79 f.; Lipp, Stellvertretende Entscheidungen bei "passiver Sterbehilfe", S. 49 ff.; Hoß, Behandlungsabbruch und Patientenverfügungen - § 1904 BGB analog bei Behandlungsabbruch?, S. 47 ff., 71 f.; ablehnend: OLG Schleswig 12.12.2002 - 2 W 168/02 - FamRZ 2003, 554 ff.; ebenso z. B. Alberts, BtPrax 2003, 139 ff.; Schwab, In: FS für Dieter Henrich zum 70. Geburtstag, S. 512, 523 f.; aus strafrechtlicher Sicht beispielhaft: Lilie, Hilfe zum Sterben, in: FS für Steffen zum 65. Geburtstag, S. 273

256 OLG Schleswig 12. 12. 2002 - 2 W 168/02 - FamRZ 2003, 554

257 BGH 17. 3. 2003 – XII ZB 2/03 – BGHZ 154, 205 aus der Fülle der Anmerkungen: Alberts, BtPrax 2003, 139; Albrecht/Albrecht, MittBayNot 2003, 348; Bühler/Stolz, FamRZ 2003, 1622; Heyers, JuS 2004, 10; Höfling/Rixen, JZ 2003, 884; Holzhauer, FamRZ 2003, 992; Hufen, ZRP 2003, 248; Kutzer, ZRP-Rechtsgespräch 2003, 213; Lipp, LMK 2003, 104; Lipp, BtPrax 2004, 18; Perau, DNotZ 2003, 263; Renner, NotBZ 2003, 245; Saliger, MedR 2004, 237; Schwab/Wagenitz, in: Lilie/Zwierlein, Handbuch Integrierte Sterbebegleitung, S. 173; Spickhoff, JZ 2003, 739; Stoffers, DNotZ 2003, 855; Verrel, NStZ 2003, 449

258 BGH 17. 3. 2003 – XII ZB 2/03 – BGHZ 154, 205 (225 f.). Dazu statt Vieler: Lipp, Stellvertretende Entscheidungen bei "passiver Sterbehilfe", 52 f.

259 BGH 17. 3. 2003 – XII ZB 2/03 – BGHZ 154, 205 (225 f.)

260 Vergleiche dazu die unterschiedlichen Grundsätze der Bundesärztekammer zur ärztlichen Sterbebegleitung so z. B. aus dem Jahr 2004, DÄBl 2004, A 1298

261 Grundsätze der Bundesärztekammer zur ärztlichen Sterbebegleitung, 2004, DÄBl 2004, A 1298

Die Genehmigungserfordernisse bei der Durchführung oder auch bei der Nichtdurchführung von medizinischen Maßnahmen[262] dienen der präventiven Kontrolle des Vertreters und damit dem Schutz des Selbstbestimmungsrechts des Patienten bzw. der Patientin.[263] Während des Genehmigungsverfahrens werden die Patientinnen und Patienten (weiter-)behandelt. Dies ist vor allem verfassungsrechtlich bedenklich, insbesondere dann, wenn sich im Verlauf des Verfahrens herausstellt, dass der Patient bzw. die Patientin die Behandlung ablehnt.[264] Dieser Eingriff in das Selbstbestimmungsrecht ist jedoch unvermeidlich und mit dem obligatorischen Genehmigungsverfahren verbunden. Gerechtfertigt wird dieser Eingriff durch die Notwendigkeit zunächst den – vom Vertreter festgestellten und zum Teil nur behaupteten – Willen des Patienten bzw. der Patientin durch ein gerichtliches Verfahren bestätigen zu lassen, vor allem dann, wenn der behandelnde Arzt bzw. die behandelnde Ärztin oder Angehörige das Bestehen eines solchen Willens bestreiten.[265]

Ein solcher Genehmigungsvorbehalt bedeutet für den Betreuer aber nicht nur eine Beschränkung seiner Kompetenzen, sondern bietet ihm bei schwerwiegenden Entscheidungen Unterstützung und Rechtssicherheit.[266] Eine ähnliche Bedeutung hat der Genehmigungsvorbehalt für die Ärzteschaft und das Pflegepersonal.[267]

2. Voraussetzungen der Genehmigungspflicht nach § 1904 Abs. 1, Abs. 2 BGB n. F.

Unverändert geblieben ist zunächst der Anwendungsbereich des Genehmigungsvorbehalts nach § 1904 Abs. 1 BGB. Zusammengefasst ist der Ge-

262 Auf der Grundlage von § 1904 Abs. 1 BGB und der durch den 12. Zivilsenat der BGH durchgeführten Fortbildung des Rechts

263 BGH 17. 3. 2003 – XII ZB 2/03 – BGHZ 154, 205, 216 f., 223, 227. Das dort neben dem Selbstbestimmungsrecht genannte Grundrecht auf Leben und die Menschenwürde haben keine eigenständige Bedeutung, denn sie gewährleisten ebenfalls die Selbstbestimmung des Patienten über seine Behandlung am Lebensende, vgl. Hufen, NJW 2001, 849, 851; Höfling, JuS 2000, 111, 114.

264 Lipp, Patientenautonomie und Lebensschutz, 2005, S. 42 f.

265 Hufen, ZRP 2003, 248, 251 f.

266 Vgl. dazu ausführlich die Ausführung des BGH 17. 3. 2003 – XII ZB 2/03 – BGHZ 154, 205, 227; ebenso z. B. OLG Karlsruhe 29. 10. 2001 - 19 Wx 21/01 - FamRZ 2002, 488, 490; Bauer, BtPrax 2002, 60, 62. Zur Wirkung des vormundschaftsgerichtlichen Beschlusses auf die Strafbarkeit ausführlich: Coeppicus, FPR 2007, 63, 65 f.; Blandini, BWNotZ 2007, 129, 134; Schreiber, Patientenverfügung als Lösung des Problems der Sterbehilfe, in: FS Deutsch zum 80. Geburtstag, S. 493

267 BGH 17. 3. 2003 – XII ZB 2/03 – BGHZ 154, 205

nehmigungsvorbehalt für die Durchführung der dort aufgezählten, schwerwiegenden medizinischen Maßnahmen dann eingerichtet worden, wenn mit der Durchführung der Maßnahmen die begründete Gefahr verbunden ist, dass der Patient bzw. die Patientin stirbt oder einen schweren und länger andauernden gesundheitlichen Schaden erleidet. Strukturell ähnlich sind die Voraussetzungen für den Genehmigungsvorbehalt gem. § 1904 Abs. 2 BGB formuliert. Danach hat das Betreuungsgericht eine Nichteinwilligung oder den Widerruf einer Einwilligung zu genehmigen, wenn eine indizierte medizinische Maßnahme nicht durchgeführt bzw. abgebrochen werden soll und aufgrund dieser Nichtdurchführung bzw. des Abbruchs die begründete Gefahr besteht, dass der Patient bzw. die Patientin stirbt oder einen schweren und länger andauernden gesundheitlichen Schaden erleidet.

Damit hat der Gesetzgeber nunmehr eine generelle Genehmigungspflicht für die Fälle eingeführt, in denen entweder durch die Durchführung oder durch die Nichtdurchführung von medizinischen Maßnahmen die Gefahr besteht, dass der Patient bzw. die Patientin stirbt oder einen länger andauernden gesundheitlichen Schaden erleidet.[268] Im Unterschied zu der Rechtsprechung des XII. Zivilsenats umfasst die Neuregelung nicht nur Maßnahmen, mit denen eine Todesgefahr verbunden ist, sondern lässt bereits die konkrete Gefahr einer länger andauernden und schweren Gesundheitsschädigung ausreichen. Um diese Kategorie zu erfüllen, muss der Schadenseintritt als konkret möglich und naheliegend erscheinen.[269] Heranzuziehen sind bei dieser Feststellung nicht nur objektive Kriterien, sondern auch die persönliche Krankheitssituation und Konstitution der betreuten Person.[270]

3. Maßstab der Genehmigung

Dem Betreuungsgericht obliegt in diesem Rahmen die Kontrolle, ob die beabsichtigte Entscheidung des Betreuers rechtlich zulässig ist, da dem Betreuer für diese Entscheidung ein nur eingeschränkt nachprüfbarer Beurteilungsspielraum zur Verfügung steht. Er hat somit „im Sinne des Betreutenwohls und unter größtmöglicher Achtung der Wünsche und Vorstellungen der betroffenen Person tätig zu werden“.[271] Prüfungsspielraum für das Betreuungsgericht kann daher

268 Müller in: Bamberger/Roth, § 1904 BGB Rn.1

269 Marschner in: Jürgens, Betreuungsrecht, § 1904 Rn. 10

270 Hoffmann in: Bienwald/Sonnenfeld/Hoffmann, Kommentar Betreuungsrecht, § 1904 Rn. 106

271 Kollmer, Selbstbestimmung im Betreuungsrecht, S. 123; str. im Rahmen der Kompetenz bei nicht geäußerten Wünschen des Betreuten vgl. dazu BGH 08.06.2005 - XII ZR 177/03 - NJW 2005, 2385

nur sein, ob der Betreuer seinen Beurteilungsspielraum überschritten oder pflichtwidrig gehandelt hat.[272]

In der Neuregelung wurde dies in § 1904 Abs. 3 BGB ausdrücklich normiert. Das Betreuungsgericht hat die Genehmigung in Maßnahmen nach § 1904 Abs. 1 und 2 BGB dann zu erteilen, wenn die Einwilligung, Nichteinwilligung oder der Widerruf der Einwilligung dem Willen der betreuten Person entspricht. Zum Schutz der betroffenen Person hat das Betreuungsgericht die Entscheidung dahin gehend zu überprüfen, ob diese tatsächlich den ermittelten Behandlungswünschen oder dem individuell-mutmaßlichen Patientenwillen entspricht – damit sind die in § 1901 a Abs. 2 BGB aufgestellten Kriterien auch für die Entscheidung des Betreuungsgerichts heranzuziehen.[273]

4. Ausnahmen von der Genehmigungspflicht

a) Einigkeit von Arzt/Ärztin und Betreuer in Bezug auf den Patientenwillen

Ebenso wie nach den Kriterien der bisherigen, richterrechtlich geprägten Rechtslage,[274] besteht auch in der jetzigen Regelung keine generelle Pflicht zur Genehmigung. Nach der Rechtsprechung des XII. Zivilsenats bestand die Genehmigungspflicht nur in den Fällen, in denen der Betreuer eine indizierte und durch den Arzt oder die Ärztin angebotene Behandlung ablehnen wollte.[275] Die nun nach § 1904 Abs. 4 BGB bestehenden Kriterien sind nicht deckungsgleich. Eine Genehmigungspflicht besteht danach dann nicht, wenn zwischen Betreuer und behandelndem Arzt oder behandelnder Ärztin Einigkeit darüber besteht, dass die Erteilung, Nichterteilung oder der Widerruf der Einwilligung dem – nach den Kriterien des § 1901 a BGB – festgestellten Willen entspricht.[276]

Nach dem Willen des Gesetzgebers[277] soll die Umsetzung des Patientenwillens nicht durch ein betreuungsgerichtliches Verfahren belastet werden, wenn der Wille des Patienten bzw. der Patientin klar feststellbar ist. Der notwendige Schutz der betroffenen Person wird auf erster Stufe durch die Pflicht zum Einvernehmen zwischen Arzt bzw. Ärztin und Betreuer und damit durch eine

272 Kollmer, Selbstbestimmung im Betreuungsrecht, S. 123

273 BTDrucks. 16/8442 S. 18; so bereits die bisherige Rechtslage, nach der das Kriterium der Entscheidung des Vormundschaftsgerichts nur der Wille bzw. mutmaßliche Wille des Betreuten sein konnte. Vgl. dazu ausführlich m. w. N. Lipp, Patientenautonomie und Lebensschutz, 2005, S. 43

274 BGH Beschluss 17. 03. 2003 – XII ZB 2/03 - BGHZ 154, 205

275 BGH Beschluss 17. 03. 2003 – XII ZB 2/03 - BGHZ 154, 205

276 § 1904 Abs. 4 BGB

277 BTDrucks. 16/8442, S. 19

wechselseitige Kontrolle erreicht. Ein generalisierender Missbrauchsverdacht in Bezug auf ein rechtsmissbräuchliches Zusammenwirken zwischen Arzt bzw. Ärztin und Betreuer sei nicht angebracht.[278] Da dies jedoch nicht gänzlich auszuschließen ist, besteht auf der zweiten Stufe die Möglichkeit, dass Dritte, so insbesondere Ehegatten, Lebenspartner, Verwandte etc., ein betreuungsgerichtliches Verfahren aufgrund des Amtsermittlungsprinzips in Gang setzen können. Hinzu kommt der Schutz durch strafrechtliche Sanktionen.

Dieser Ausschluss der Genehmigungspflicht wird im Ergebnis dazu führen, dass in den meisten Fällen eine Überprüfung der Einwilligung des Betreuers durch das Betreuungsgericht nicht notwendig sein wird. Dies ist Hinblick auf die Schwere der zu treffenden Entscheidung und der bestehenden Unsicherheit der Beteiligten und in Bezug auf die Auslegung des Patientenwillens nicht unproblematisch,[279] wird aber durch die bestehende Beratungspflicht (beratendes Konsil - § 1901 b BGB), an dem auch die Angehörigen und sonstigen Vertrauenspersonen zu beteiligen sind, aufgefangen.

Bei Entscheidungen am Lebensende können sich, nicht nur durch die Auslegung des Willens der betroffenen Person, Probleme ergeben. Bereits die ärztliche Feststellung der Indikation ist nicht in jedem Fall eindeutig möglich. Bestehende medizinische Behandlungsalternativen zeigen, dass es immer wieder Fallgestaltungen gibt, in denen mehrere Behandlungen indiziert sein können.[280] In Zweifelsfällen ist es auch bei Einigkeit zwischen Betreuer und behandelnden Arzt bzw. Ärztin möglich, das Betreuungsgericht zu befragen. Das Betreuungsgericht kann dann neben der Zurückweisung[281] auch ein sogenanntes Negativattest ausstellen, dass eine Genehmigung nicht erforderlich ist.[282] Ein solches Negativattest ist mit der Prüfung des Willens des Patienten bzw. der Patientin verbunden – es wird also auch geprüft, ob die Auslegung der Patientenverfügung bzw. des Willens des Patienten bzw. der Patientin so den Anforderungen entspricht.

---

278 So aber Marschner in: Jürgens, Betreuungsrecht, § 1904 Rn. 13; Spickhoff, FamRZ 2009, 1949; Spickhoff in: Medizinrecht, § 1904 Rn. 15

279 Vgl. dazu Spickhoff, AcP 208 (2008), 347, S. 396 ff.

280 Vgl. dazu mit Hinweis auf die Entscheidung des BVerfG 06. 06. 2007 - 1 BvQ 18/07 - FamRZ 2007, 2046 - Spickhoff, AcP 208 (2008), 347, S. 397 f.; zum Problem des ungeklärten Begriffs der Indikation: Tolmein in: Höfling, Das neue Patientenverfügungsgesetz in der Praxis, S. 47, 49

281 So noch LG Oldenburg 11. 03. 2010 - 8 T 180/10 – BtPrax 2010, 246

282 LG Kleve 31. 05. 2010 - 4 T 77/10 - NJW 2010, 2666; Marschner in Jürgens, Bereuungsrecht, § 1904 Rn. 13; Lipp/Brauer in: Höfling, Das neue Patientenverfügungsgesetz in der Praxis, S. 17, 33 f.; a. A. Diederichsen in: Palandt, § 1904 Rn. 22 – dieser verneint den Bedarf eines Negativattests

b) Umsetzung einer Patientenverfügung

Eine Genehmigung des Betreuungsgerichts ist nach dem Wortlaut von § 1904 Abs. 1 und 2 BGB zudem nur dann erforderlich, wenn der Betreuer die Einwilligung erteilt oder nicht erteilt, bzw. zurücknimmt. Dies hätte zur Konsequenz, dass nach der hier vertretenen Meinung in den Fällen, in denen der Betreuer lediglich die Patientenverfügung umsetzt, das Betreuungsgericht eine Genehmigung nicht erteilen könne, da hier keine Entscheidung des Betreuers erfolgt.[283] Das Betreuungsgericht kann dem Grundsatz nach, nicht die Entscheidung der betroffenen Person genehmigen.[284] Damit wäre in dieser Fallgestaltung der Weg zum Betreuungsgericht versperrt. Dies ist dann problematisch, wenn der behandelnde Arzt, die behandelnde Ärztin die Auslegung des Betreuers nicht teilt. Ob in einem solchen Fall das Betreuungsgericht angerufen werden muss oder doch zumindest angerufen werden kann, ist aus dem Wortlaut des Gesetzes nicht zu schließen.[285]

Dies kann sich in der Praxis als problematisch erweisen. Die Neuregelung bürdet dem Betreuer auf, zu entscheiden, ob die von der betroffenen Person getroffenen Regelungen in der Patientenverfügung auf die jeweilige Behandlungs- und Lebenssituation zutreffen.[286] In diesen Fällen dient der Genehmigungsvorbehalt der Absicherung aller Beteiligten (Arzt/Ärztin, Betreuer, Angehörige).[287] Dem Betreuer obliegt die Möglichkeit, die Beratung des Betreuungsgerichts in Anspruch zu nehmen und sich diesbezüglich bei der Auslegung helfen zu lassen.

Lässt sich auch auf diesem Weg der Dissens zwischen Betreuer und behandelnden Arzt bzw. behandelnder Ärztin nicht ausräumen, muss das Betreuungsgericht auf Anregung von Amts wegen tätig werden, um den Schutz des Patienten bzw. der Patientin auch dann sicherzustellen, wenn keine generelle Genehmigungsbedürftigkeit vorgesehen ist.[288] Dass der Gesetzgeber dies so

---

283 So auch Schwab in: MK-BGB, § 1904 Rn. 22; Diederichsen in: Palandt, § 1904 Rn. 4; Hoffmann in: Bienwald/Sonnenfeld/Hoffmann, Kommentar Betreuungsrecht, § 1904 Rn. 159; a. A. Diehn/Rebhan, NJW 2010, 326, 328, die immer die Notwendigkeit der Entscheidung des Betreuers sehen.

284 So auch: Höfling/Rixen, JZ 2003, 884, 891 f

285 So zur Entwurfsfassung: Lipp, Stellungnahme für den Rechtsausschuss des Deutschen Bundestags, S. 41

286 Ähnlich in Bezug auf die Aufbürdung der Behandlungsentscheidung BGH Beschluss 17. 03. 2003 – XII ZB 2/03 - BGHZ 154, 205, 227

287 So auch: Ludyga, FPR 2010, 266; Höfling, NJW 2009, 2849, 2850

288 Heßler, Schriftliche Stellungnahme zu den dem Deutschen Bundestag vorliegenden Entwürfen zu einer gesetzlichen Regelung der Patientenverfügung, S. 16; so ebenfalls der erstgenannte Entwurfsverfasser: Stünker in: Zypries, Die Renaissance der Rechtspolitik, 2008, 147, 150

wollte, lasse sich nach Schwab[289] daraus ableiten, dass die Regelung des § 1904 Abs. 4 BGB auf Probleme bei der Willensbestimmung nach § 1901 a BGB verweise und damit auch die Vorschrift über die Patientenverfügung in Abs. 1: In einem solchen Fall betreffe die Meinungsverschiedenheit letztendlich die Frage, ob der Betreuer für die Einwilligung bzw. Untersagung zuständig sei, diese müsse gerichtlich geklärt werden. Im Ergebnis kann diese Argumentation nicht überzeugen, da ein Genehmigungsantrag im Fall der wirksamen Patientenverfügung als unzulässig zurückgewiesen werden müsste,[290] sodass dem Betreuer zur Durchsetzung der Patientenverfügung zunächst nur der Weg über eine Unterlassungsklage bleibt,[291] dem Arzt bzw. der Ärztin der Weg über die Amtsenthebung des Betreuers. Diese Situation ist unbefriedigend, sodass zur Wahrung des Schutzes der betroffenen Person über eine erweiternde Auslegung der Genehmigungspflicht, ähnlich des klarstellenden Beschlusses bei der Einkommenspfändung nach § 766 ZPO nachgedacht werden muss.[292] Ob ein solches Bedürfnis besteht, wird die Anwendungspraxis zeigen. In Betracht kommt auch in dieser Fallgestaltung die Ausstellung eines sogenannten Negativattests, wie durch das LG Kleve in einem ähnlichen Fall praktiziert.[293]

c) Bestehende Gefahr bei Aufschub der Maßnahme nach § 1904 Abs. 1 BGB n.F.

Ist mit dem Aufschub einer Maßnahme nach § 1904 Abs. 1 BGB Gefahr verbunden, entfällt gem. § 1904 Abs. 1 Satz 2 BGB der bestehende Genehmigungsvorbehalt. Damit soll das Leben und die Gesundheit der betroffenen Person nicht durch die in § 1904 BGB liegende Bürokratisierung ärztlicher Behandlungen gefährdet werden.[294] Eine solche Gefahr setzt voraus, dass mit dem Aufschub der Maßnahme eine *Gefahr für Leib und Leben der betroffenen Person* verbunden wäre.[295]

---

289 Schwab in MK-BGB, § 1904 Rn. 22; in diesem Sinne auch: Reus JZ 2010, 80, 82

290 So in einer ähnlichen Fallkonstellation LG Oldenburg 11. 03. 2010 - 8 T 180/10 – BtPrax 2010, 246

291 Vgl. dazu zu dem Vorschlag des Referentenentwurfs für ein 3. Betreuungsrechtsänderungsgesetz, abgedruckt bei: Lipp, Patientenautonomie und Lebensschutz, 2005, S. 65 ff.: Wagenitz, FamRZ 2005, 669, S. 677

292 Vgl. dazu Behr, JurBüro 1997, 291; Bengelsdorf, NZA 1996, 176

293 LG Kleve 31. 05. 2010 - 4 T 77/10 - NJW 2010, 2666; vgl. dazu oben Kapitel 1, C I. 4 a)

294 Schwab in: MK-BGB, § 1904 Rn. 34

295 Müller in: Bamberger/Roth, § 1904 Rn. 27 m. w. N.

5. Konsequenzen

Die Erweiterung des Genehmigungsvorbehaltes auf die Nichteinwilligung oder den Widerruf einer Einwilligung zu einer medizinischen Maßnahme führt zu einer gesetzlichen Klarstellung der bisher durch Richterrecht geprägten Rechtslage. Gleichzeitig wurde die Notwendigkeit der Erteilung einer Genehmigung durch das Betreuungsgericht auf die Fälle beschränkt, in denen sich die beteiligten Ärzte und der Betreuer über die Auslegung des Patientenwillens nicht einig sind. Die Abschaffung des regelmäßigen Genehmigungsvorbehalts führt nicht zu einer Senkung des Schutzniveaus für die betroffene Person – es ermöglicht gerade in Anbetracht der aufwendigen Verfahrensvorschriften[296] für die Erteilung der Genehmigung die zeitnahe Realisierung der Wünsche der betroffenen Person.

II. Anordnung eines Einwilligungsvorbehalts für die Gesundheitssorge?

Die Möglichkeit der Anordnung eines Einwilligungsvorbehaltes gem. § 1903 BGB besteht dem Gesetzeswortlaut nach nur für Willenserklärungen. Dies wird für unzureichend empfunden und daher über eine analoge Anwendung des § 1903 BGB für die Einwilligung in Gesundheitsangelegenheiten nachgedacht.[297] Mit einer solchen Analogie sollte die zum Teil schwierige Feststellung der tatsächlichen Einwilligungsfähigkeit in Zweifelsfällen überflüssig werden.[298] Auf der anderen Seite kommt es jedoch dazu, dass der Patient bzw. die Patientin im Falle der Einwilligungsfähigkeit einen sehr starken Eingriff in

---

296 Für die Genehmigung des Betreuungsgerichts nach § 1904 Abs. 1 und 2 BGB ist die Erstellung eines Sachverständigengutachtens erforderlich - § 298 Abs. 4 FamFG. Darüber hinaus ist bei der Genehmigung nach § 1904 Abs. 1 BGB der Betroffene persönlich anzuhören, auch sonstige Beteiligte und nahe Angehörige können angehört werden - § 298 Abs. 1 FamFG. Für die Genehmigung nach § 1904 Abs. 2 BGB ist zudem die Bestellung eines Verfahrenspflegers erforderlich, darüber hinaus sind die Beteiligten anzuhören - § 298 Abs. 2 und 3 FamFG. Der Beschluss über die Genehmigung nach § 1904 Abs. 2 BGB wird erst zwei Wochen nach dessen Bekanntgabe an den Betreuer oder Bevollmächtigten und den Verfahrenspfleger wirksam - § 287 Abs. 3 FamFG.

297 Kuhlmann, Einwilligung in die Heilbehandlung alter Menschen, 1996, S. 167. Dabei ist die Rechtsnatur der Einwilligung streitig – vgl. dazu Schöllhammer, Die Rechtsverbindlichkeit des Patiententestamentes, 1993, S. 38 ff. – für die Einordnung als Willenserklärung Kohte, AcP 185 (1985), 105, 120

298 Kuhlmann, Einwilligung in die Heilbehandlung alter Menschen, 1996, S. 167

das Persönlichkeitsrecht erleidet, der mit diesem Ziel nicht zu rechtfertigen ist.[299] Kann eine betreute Person selbstverantwortlich in eine Behandlung einwilligen, kann ihm diese Fähigkeit nicht durch einen Einwilligungsvorbehalt genommen werden. In diesem Fall ist eine Doppelzuständigkeit von Betreuer und der betreuten Person ausgeschlossen.[300] Als Alternative kommt alternativ in Betracht freiwillig die Einwilligung sowohl vom Patienten bzw. der Patientin als auch vom Betreuer einzuholen, um sich als Arzt bzw. Ärztin hinreichend abzusichern.[301] Ein weiteres mögliches Modell wäre die unterstützte Entscheidung im Sinne der UN-BRK, in der der Betreuer als Berater an der Seite der betreuten Person insbesondere durch zusätzliche Erläuterung und ausführliche Gespräche die Entscheidung unterstützt.

D Einstweilige Maßregeln des Betreuungsgerichts – Eilentscheidungen gem. § 1846 BGB

Das Betreuungsgericht kann anstelle des Betreuers eigene Anordnungen treffen, wenn der Betreuer verhindert oder ein Betreuer noch nicht bestellt worden ist. Es kann erst dann tätig werden, wenn notwendige Maßnahmen keinen Aufschub dulden, d. h. in besonders dringlichen Fällen.[302] Aufgrund der Stellung des Betreuungsgerichts und der selbstständigen Amtsführung des Betreuers ist diese Vorschrift eng auszulegen und auf wenige besondere Fälle anzuwenden.[303] Ob ein solcher Fall vorliegt, ist eine Einzelfallentscheidung, die an der Schutzbedürftigkeit der betreuten Person auszurichten ist, die sich wiederum anhand des Wohls der betreuten Person bestimmt.[304]

---

299 A. A. Kuhlmann, Einwilligung in die Heilbehandlung alter Menschen, 1996, S. 172, der die Anordnung eines Einwilligungsvorbehaltes als mildestes und zugleich gebotenen Eingriff in das Selbstbestimmungsrecht beschreibt.

300 Schwab in MK-BGB, § 1904 Rn. 12; Jürgens in: Jürgens/Lesting/Marschner/Winterstein, Betreuungsrecht kompakt, Rn. 189.

301 Schwab in MK-BGB, § 1904 Rn. 12

302 Dringlichkeit ist dabei ein ungeschriebenes Tatbestandsmerkmal des § 1846 – BayObLG 15. 9. 1999 – 3Z BR 221/99 – FamRZ 2000, 566; BayObLG 2. 4. 2003 – 3Z BR 52/03 – FamRZ 2003, 1322; Wagenitz in: MK-BGB, § 1846 Rn. 3 m. w. N.

303 OLG Düsseldorf 19. 4. 1994 – 3 Wx 423/94 – FamRZ 1995, 637

304 So im weitesten Sinne auch BGH 14. 7. 2005 – III ZR 391/04 – FamRZ 2005, 1560 – zum Umfang der Schutzmaßnahmen für sturzgefährdete HeimbewohnerInnnen, Pammler-Klein in: jurisPK-BGB, § 1846 Rn. 14

E Betreuungsverfügung

Die potenzielle Fremdbestimmung der Betreuung kann mittels einer Betreuungsverfügung verringert werden. Der betroffenen Person ermöglicht eine solche Verfügung, den Entscheidungsprozess des Betreuungsrichters hinsichtlich der Auswahl der Betreuungsperson zu beeinflussen, aber auch Wünsche zur Wahrnehmung der Betreuung zu äußern. Die Betreuungsverfügung ist nicht an eine bestimmte Form gebunden; schriftlich erteilte Verfügungen sind an das Betreuungsgericht abzuliefern - vgl. § 1901 c BGB.

Ebenso beachtlich sind während des Verfahrens geäußerte Vorschläge der zu betreuenden Person (§ 1897 Abs. 4 BGB). Die Grenze der Pflicht Regelungen in Betreuungsverfügungen zu beachten, ist wieder im Wohl der betreuten Person zu sehen, sodass nicht von einer unbeschränkten Geltung auszugehen ist. Auch hier gelten die obigen Ausführungen zur Feststellung des begrenzenden Wohls.[305] Im Rahmen der Wunschbeachtungspflicht haben die Festlegungen in der Betreuungsverfügung Auswirkungen auf Entscheidungen in Gesundheitsfragen - § 1901 a Abs. 2 BGB.

Dies macht den Unterschied zur Vorsorgevollmacht ebenso deutlich, wie deren Wirkung - durch eine Betreuungsverfügung kann die Einrichtung einer Betreuung lediglich ausgestaltet, nicht jedoch verhindert werden. Sie wird daher in der Praxis nur selten genutzt, zumeist in einem Paket aus Vorsorgevollmacht und Patientenverfügung.[306]

F Fazit

Innerhalb des Betreuungsrechts hat die Beachtung des Willens der betroffenen Person durch die Änderungen des 3. Betreuungsrechtsänderungsgesetzes an Bedeutung zugenommen. Mit der Einführung des § 1901 a BGB wurde die bisherige Regelung des § 1901 BGB für die Einwilligung in medizinische Maßnahmen konkretisiert und durch die Änderung des § 1904 BGB die Notwendigkeit der Genehmigung der Einwilligung des Betreuers durch das Betreuungsgericht klargestellt. Dies führt zu einer größeren Rechtssicherheit sowohl für die betreuten Personen als auch für deren Betreuer und die behandelnden Ärztinnen und Ärzte, die im Rahmen eines dialogischen Prozesses nach § 1901 b BGB an der Entscheidungsfindung beteiligt sind. Anwendungsprobleme könnten sich – wie bisher auch – bei der Auslegung von Patientenver-

305 Vgl. dazu ausführlich oben: B I. 1. und 4.

306 Lipp in: Handbuch Vorsorgeverfügung, § 1 Rn. 7

fügungen ergeben. Klargestellt wurde darüber hinaus auch, dass die Regelungen der Patientenverfügung immer dann verbindlich sind, wenn diese auf die jeweilige Lebens- und Behandlungssituation zutreffen.

Die betreute Person kann aktiv sowohl auf die Durchführung der Betreuung als auch die Einrichtung der Betreuung Einfluss nehmen. Dies ist sowohl durch eine Betreuungsverfügung als auch durch sonstige Willensäußerungen möglich. Trotz dieser Fokussierung auf die Verwirklichung der Wünsche der betroffenen Personen und damit deren Lebensvorstellungen handelt es sich bei der Einrichtung und Durchführung der Betreuung um einen Akt der staatlichen Fürsorge, der mit einer Fremdbestimmung einhergeht. Dies bedeutet, einen Eingriff in das Selbstbestimmungsrecht der betroffenen Person, der mit der Fürsorgepflicht des Staates im Falle der Unfähigkeit der betroffenen Person seine Angelegenheiten wahrzunehmen gerechtfertigt wird.[307]

Viele betroffene Personen und deren Angehörige empfinden das Betreuungsverfahren als belastend, unnötig und als einen Eingriff in ihre Autonomie. Aus diesen Gründen ist nach Möglichkeiten zur Vermeidung einer Betreuung und damit zur Stärkung des Selbstbestimmungsrechts und der Patientenautonomie zu suchen.

Als eine solche Möglichkeit wurde die Einführung einer automatischen gesetzlichen Vertretungsmacht für nahe Angehörige diskutiert, die im Anschluss untersucht werden soll (Kapitel 2). Einen anderen Ansatz bietet die Einrichtung einer gewillkürten Stellvertretung durch eine (Vorsorge-)Vollmacht, deren Anwendungsvoraussetzungen und -probleme im 3. Kapitel dargestellt werden.

---

307 Vgl. zur Diskussion um die Vereinbarkeit der Regelungen des Betreuungsrechts mit der UN-BRK: Lipp, FamRZ 2012, 669; Lipp, BtPrax 2010, 263; Aichele/von Bernsdorf, BtPrax 2010, 199; Interdisziplinäre Arbeitsgruppe zum Betreuungsrecht, Abschlussbericht vom 20. 10. 2011; Pitschas verlangt eine Reformierung des Betreuungsrechts: FPR 2012, 61

Kapitel 2: Gesetzliche Vertretungsmacht für nahe Angehörige

Bereits seit einigen Jahren[308] wird diskutiert, ob eine gesetzliche Vertretungsmacht für nahe Angehörige ein geeignetes Instrument sei, Betreuungen zu vermeiden und damit die Justizhaushalte nachhaltig zu entlasten.[309] Gleichzeitig soll durch eine solche Vertretungsmacht der wohl in der Bevölkerung bestehenden Vorstellung, für entscheidungsunfähige Angehörige wirksame Erklärungen abgeben zu können, rechtliche Geltung verschafft werden.[310] So hatte der Bundesrat den Gesetzgeber bereits im Gesetzgebungsverfahren des 1. Betreuungsrechtsänderungsgesetzes zur Prüfung beauftragt, ob eine gesetzliche Vertretungsmacht möglich erscheine.[311] Dies wurde zunächst von der Bundesregierung wegen grundsätzlicher Bedenken[312] abgelehnt. Trotzdem führten die Überlegungen nach der Abgabe des Abschlussberichts, der 2001 eingesetzten Bund-Länder-Arbeitsgruppe Betreuungsrecht,[313] zu einem Gesetzgebungsverfahren. Der Bundesrat übernahm in seinem Gesetzentwurf im Jahr 2003[314] im Wesentlichen die Ergebnisse dieser Arbeitsgruppe.

Die hiernach vorgesehene Vertretungsmacht sollte sich neben der Gesundheitssorge auch auf Fragen der Vermögenssorge beziehen und bei einer be-

308 Vgl. dazu Probst, BtPrax 2004, 163, S. 163 m. w. N.

309 BTDrucks. 15/2494, S. 12

310 In der Gesetzesbegründung wird der Begriff der bestehenden Sozialnorm verwendet: vgl. zu diesem Begriff: BTDrucks. 15/2494 und Bund-Länder-Arbeitsgruppe „Betreuungsrecht“, Abschlussbericht, Betrifft Betreuung 6, 2003; Hoffmann, BtPrax 2003, 94

311 BTDrucks. 13/7158, S. 43 – Stellungnahme des Bundesrates, Prüfbitte, ob die Einführung einer gesetzlichen Vertretungsmacht für nahe Angehörige möglich sei, aufgrund eines Antrages des Landes Mecklenburg-Vorpommern

312 BTDrucks. 13/7158, S. 54 - Gegenäußerung der Bundesregierung, die eine solche Vertretungsmacht als nicht kontrollierbar und zu weitgehend ablehnt, die bisherigen Möglichkeiten der gegenseitigen Bevollmächtigung und des Betreuungsverfahrens seien ausreichend, insbesondere auch um den Rechtsverkehr vor der Überprüfung der Betreuungsvoraussetzungen zu schützen.

313 Bund-Länder-Arbeitsgruppe „Betreuungsrecht“, Abschlussbericht, Betrifft Betreuung 6, 2003 Die Bund-Länder-Arbeitsgruppe Betreuungsrecht wurde während der 72. Konferenz der Justizministerinnen vom 11. bis 13 06. 2001 in Trier eingesetzt, das Land Nordrhein-Westfalen hat den Vorsitz übernommen.

314 BRDrucks. 865/03 (Beschluss) = BTDrucks. 15/2494

stehenden Betreuung bzw. vorhandener Vorsorgevollmacht subsidiär eingreifen.[315] Die Vertretungsbefugnis bezog sich auf Ehegatten und Verwandte ersten Grades und damit Personen, zu denen die betroffene Person „typischerweise ein gewisses Vertrauen haben dürfte".[316]

Das Gesetzgebungsvorhaben war nicht erfolgreich.[317] Bereits der Rechtsausschuss des Bundestages lehnte die Regelungen wegen der zu hohen Missbrauchsgefahr ab.[318] Durch das mit dem Gesetzgebungsverfahren verbundene Ziel, die Betreuungszahlen zu senken, kann nicht erwartet werden, dass die Diskussion schon zu einem realen Abschluss gebracht worden ist. Daher soll hier untersucht werden, wie sich eine gesetzliche Vertretungsmacht im Rahmen der Gesundheitssorge auf das Selbstbestimmungsrecht der betroffenen Person auswirkt. Zunächst aber werden die bisherigen Vorschläge vorgestellt und diskutiert.

A Vorschläge zur Einführung einer gesetzlichen Vertretungsmacht für nahe Angehörige

Erste Diskussionen zur Einführung einer gesetzlichen Vertretungsmacht für nahe Angehörige wurden auf dem 7. Vormundschaftsgerichtstag 2000 in Erkner[319] und auf dem darauffolgenden 5. Vormundschaftsgerichtstag Nord 2001[320] geführt und auf dem 8. Vormundschaftsgerichtstag 2002[321] weiterverfolgt. Die dort aufgestellten Thesen und Vorschläge, aber auch die Vorschläge

315 BTDrucks. 15/2494, S. 17, 26 f.

316 Probst/Knittel, ZRP 2001, 55, S. 59

317 BRDrucks. 121/05 – Beschluss des Bundestages, BRDrucks. 121/05 (Beschluss) – Beschluss des Bundesrates

318 Stellungnahme des Rechtsausschusses des Deutschen Bundestages – BTDrucks. 15/4874. Bundestag und Bundesrat haben dem zugestimmt und die Regelungen nicht mit dem 2. Betreuungsrechtsänderungsgesetzes verabschiedet. BRDrucks. 121/05 – Beschluss des Bundestages, BRDrucks. 121/05 (Beschluss) – Beschluss des Bundesrates

319 Ergebnisse der Diskussion der Arbeitsgruppe 11 zusammengefasst: Knittel/Probst/Winterstein, Betrifft: Betreuung 3, S. 53, die bereits zu einem Diskussionsvorschlag von Probst/Winterstein, Betrifft: Betreuung 3, S. 54 führten

320 Die Thesen der Arbeitsgruppe zusammengefasst unter: Winterstein, Betrifft: Betreuung 4, 95

321 Die Thesen der Arbeitsgruppe zusammengefasst unter: Greuel, Betrifft: Betreuung 5, 80

in der Fachliteratur[322] fanden Beachtung in dem Zwischenbericht der Bund-Länder-Arbeitsgruppe Betreuungsrecht,[323] die nach weiterer intensiver Diskussion in den Abschlussbericht mündete.[324]

Anlass für das Einberufen dieser Arbeitsgruppe war die vom Bundesrat geforderte Suche nach Alternativen zur Betreuung.[325] Die Arbeitsgruppe sollte konkrete Lösungsvorschläge erarbeiten, die dazu geeignet wären, die Zahl der Betreuungsfälle zu reduzieren, fehlgeleitete Ressourcen im Interesse der eigentlichen Betreuungsarbeit zu bündeln und die Eingriffe in das Selbstbestimmungsrecht der betroffenen Person auf das Notwendige zu beschränken.[326] Dazu wurden verschiedene Vorschläge und Handlungsstrategien, wie die Stärkung der Vorsorgevollmacht und die Einführung einer gesetzlichen Vertretungsmacht für nahe Angehörige, diskutiert.

I. Regelungsvorschläge der Bund-Länder-Arbeitsgruppe

In dem im Juni 2002 vorgelegten Zwischenbericht der Bund-Länder-Arbeitsgruppe Betreuungsrecht waren erste konkrete Überlegungen zur Einführung einer gesetzlichen Vertretungsmacht für nahe Angehörige enthalten.[327] Diese zeigten vor allem bestehende und diskussionsbedürftige Probleme dieses Ansatzes auf. In der Fachliteratur wurde daraufhin eine intensive Debatte über den Vorschlag geführt.[328] Hauptkritikpunkt an dem ersten Vorschlag war die Ausgestaltung des Vertretungsfalls.[329] Das Bestehen der Vertretungsmacht für nahe Angehörige sollte nicht von einer Bedingung, wie z. B. der Fähigkeit der

322 Vgl. dazu die Übersicht bei Kunz, Gesetzliche Vertretungsbefugnisse von nahen Angehörigen für Volljährige, S. 40 ff.; Probst/Knittel, ZRP 2001, 55; Bühler, FamRZ 2002, 76; Klie, BtPrax 2002, 91

323 Bund-Länder-Arbeitsgruppe „Betreuungsrecht“, Zwischenbericht,

324 Bund-Länder-Arbeitsgruppe „Betreuungsrecht“, Abschlussbericht, Betrifft Betreuung 6, 2003

325 Stellungnahme des Bundesrates, BRDrucks. 960/96 (Beschluss)

326 Bund-Länder-Arbeitsgruppe „Betreuungsrecht“, Abschlussbericht, Betrifft Betreuung 6, 2003, S. 16

327 Bund-Länder-Arbeitsgruppe Betreuungsrecht, Zwischenbericht

328 Vgl. dazu: Seichter, BtPrax 2003, 91; Sunder, NDV 2002, 278; Diekmann, Betrifft: Betreuung 4, 102; Dieckmann/Jurgeleit, BtPrax 2002, 197; Dieckmann/Jurgeleit, BtPrax 2002, 135; Klie, BtPrax 2002, 91

329 So der Vorschlag der Bund-Länder-Arbeitsgruppe Betreuungsrecht, Zwischenbericht, S. 24; vgl. ausführlich: Diekmann, Betrifft: Betreuung 4, 102

betroffenen Person, ihre Angelegenheiten[330] eigenständig wahrnehmen zu können, abhängig sein.[331] Dies bedeutete, dass eine gesetzliche Vertretungsmacht bei jedem Volljährigen bestehen würde. Zum Schutz der betroffenen Person sollte nach Meinung der Entwurfsverfasser die Bindung der Vertretungsberechtigten im Innenverhältnis an § 1901 Abs. 2 – 4 BGB und die Einführung eines Widerspruchsrechts ausreichen.[332] Argument für eine solch weite Regelung könnte sein, dass die gesetzliche Vertretungsmacht sich im Geschäftsverkehr als wertlos erweisen könnte, da dem Geschäftspartner eine Überprüfung des Eintritts der Voraussetzung der Vertretungsmacht in vielen Fällen nicht möglich sein wird.[333] Als weiteres Schutzkonzept sollten die bestehenden Genehmigungsvorbehalte des Betreuungsgerichts ausgedehnt werden.

In diesem ersten Vorschlag der Bund-Länder-Arbeitsgruppe war noch unklar, welche Aufgabenbereiche durch welchen Personenkreis wahrgenommen werden sollen – die Anwendung der gesetzlichen Vertretungsmacht auf die Gesundheitssorge wurde als unproblematisch angesehen.[334]

Differenzierter fiel die Ausgestaltung der gesetzlichen Vertretungsmacht im Abschlussbericht der Bund-Länder-Arbeitsgruppe aus, der nun auch einen konkreten Gesetzentwurf enthielt.[335] Dieser Entwurf hat, im Anschluss an eine ausführliche Diskussion, im Gesetzentwurf des Bundesrates[336] im Wesentlichen Niederschlag gefunden, sodass an dieser Stelle der Gesetzentwurf in seiner Grundstruktur vorgestellt wird.

II. Gesetzentwurf des Bundesrates BTDrs. 15/2494

Der Bundesrat differenzierte in seinem Regelungsvorschlag zur Einführung einer gesetzlichen Vertretungsmacht die für einzelne Personenkreise wahrzunehmenden Aufgabenkreise weiter aus. Für Ehegatten bzw. Partnern einer eingetragenen Lebenspartnerschaft sollte ein weit gehendes Vertretungsrecht – so für Aufgaben im Bereich der Gesundheitssorge, der Beantragung und Entgegen-

---

330 Zu den unterschiedlichen Kategorien der Handlungsfähigkeit in der Rechtsordnung: Spickhoff, AcP 208 (2008), 347, S. 359 ff.

331 Bund-Länder-Arbeitsgruppe Betreuungsrecht, Zwischenbericht, S. 24

332 Bund-Länder-Arbeitsgruppe Betreuungsrecht, Zwischenbericht, S. 26 ff.

333 Vgl. dazu die Diskussion über Ausgestaltung der Vorsorgevollmacht unten: Kapitel 3, B I. 4. und 5.

334 Bund-Länder-Arbeitsgruppe Betreuungsrecht, Zwischenbericht, S. 26

335 Bund-Länder-Arbeitsgruppe „Betreuungsrecht“, Abschlussbericht, Betrifft Betreuung 6, 2003

336 BTDrucks. 15/2494

nahme von Sozialleistungen, der Wohnungsangelegenheiten und der Abgabe von Einkommenssteuererklärungen und darüber hinaus ein beschränkter Zugriff auf Girokonten bis zu einer Höhe von 3000 € im Monat eingeführt werden.[337] Für Kinder bzw. Eltern hingegen umfasste das vorgesehene Vertretungsrecht lediglich den Bereich der Gesundheitssorge.[338]

Zur Wahrnehmung dieser Vertretungsrechte war es erforderlich, dass der Vertretungsfall der Handlungsunfähigkeit eintrat. Diese musste durch ein ärztliches Attest nachgewiesen werden, das auf einer persönlichen Untersuchung beruht, die nicht länger als sechs Monate zurückliegen darf.[339] Attestiert werden muss, dass die betroffene Person infolge eines Unfalls, einer Erkrankung oder Behinderung, nicht in der Lage sei, ihre Rechte und Pflichten selbst wahrzunehmen.[340] Darüber hinaus haben die Angehörigen bzw. der Ehegatte/Lebenspartner zu erklären, dass sie vertretungsberechtigt sind und der zu Vertretende auch keinen entgegenstehenden Willen geäußert hat.[341]

Unverändert zu den Vorschlägen des Zwischenberichts der Bund-Länder-Arbeitsgruppe Betreuungsrecht blieb die Subsidiarität der gesetzlichen Vertretungsmacht gegenüber einer Betreuung oder Vorsorge- bzw. Bankvollmacht im Bereich der Vermögenssorge (§ 1358 Abs. 1 BGB-E).

Im Rahmen der Wahrnehmung der Gesundheitssorge durch nahe Angehörige wurde zur Absicherung der Interessen der betroffenen Person eine Rangfolge vorgesehen, in denen die Angehörigen das Vertretungsrecht wahrnehmen können: zunächst Ehegatten/Lebenspartner, nachrangig: Kinder und Eltern.[342] Bei gleichrangigen Angehörigen sollte es ausreichen, wenn ein vertretungsberechtigter Angehöriger die Erklärung abgibt, wobei den anderen vertretungsberechtigten Angehörigen ein Widerspruchsrecht zusteht.

B Einführung einer gesetzlichen Vertretungsmacht für nahe Angehörige

Der Gesetzentwurf des 2. Betreuungsrechtsänderungsgesetzes – sowohl in der Berichtsfassung der Bund-Länder-Arbeitsgruppe, als auch in der Fassung der Bundestagsdrucksache 15/2494 – wurde in Literatur und Fachverbänden

337 §§ 1358, 1358 a BGB-E
338 § 1618 b BGB-E
339 § 1358 Abs. 3 Nr. 2 BGB-E
340 § 1358 Abs. 1 BGB-E
341 §§ 1358 Abs. Abs. 3; 1358 a Abs. 2, 1618 b Abs. 2 BGB-E
342 § 1618 b Abs. 1 BGB-E

intensiv diskutiert.[343] Ob die mit einer solchen Reform verknüpften Erwartungen, wie die Senkung der Betreuungszahlen und die Umsetzung eines in der Bevölkerung bestehenden Vertretungswillens für nahe Angehörige und letztendlich die Stärkung der Patientenautonomie, erreicht werden können, ist fraglich. Aus diesen Zielen ergeben sich Anknüpfungspunkte für die weitere Untersuchung. Zunächst wird hinterfragt, ob bei den bestehenden familiären Strukturen Potenziale für die Verringerung der Betreuungszahlen bestehen und ob durch eine gesetzliche Vertretungsmacht eine in der Bevölkerung bestehende Sozialnorm umgesetzt werden kann (I.). In der weiteren Darstellung soll eine Einordnung in das allgemeine Ehe- und Unterhaltsrecht (II.) vorgenommen und die Möglichkeiten der Ausgestaltung einer solchen Vertretungsmacht (III.) untersucht werden. Um festzustellen, ob eine automatische gesetzliche Vertretungsmacht mit der Patientenautonomie vereinbar ist, umfasst die weitere Untersuchung die Analyse des Eingriffs in verfassungsrechtlich geschützte Positionen und die Möglichkeiten Schutzmechanismen für die betroffenen Personen zu regeln (IV.).

I. Statistische Verankerung einer gesetzlichen Vertretung für nahe Angehörige

Wille der Vorschlaggeber dieser Gesetzesreform war es, mit der Einführung einer gesetzlichen Vertretungsmacht für nahe Angehörige eine bestehende Sozialnorm umzusetzen.[344] Diese bestehe darin, dass in der Gesellschaft das Rechtsgefühl vorherrsche, volljährige Verwandte und Ehegatten können sich gegenseitig vertreten. (1.)

Über diesen Ansatz hinaus ergibt sich aus der Gesetzesbegründung und der Aufgabenbeschreibung der Bund-Länder-Arbeitsgruppe Betreuungsrecht als

---

343 Deinert, Änderungsvorschläge zum 2. BtÄndG (Stand 19.12.03) – Bereich Vertretung und Vorsorge, Gödicke, FamRZ 2003, 1894; Vormundschaftsgerichtstag e. V., Stellungnahme zum Gesetzgebungsentwurf des 2. Betreuungsrechtsänderungsgesetz, 20. 03. 2006; Stellungnahme Bundesvereinigung Lebenshilfe für Menschen mit geistiger Behinderung e. V.; Hoffmann, BtPrax 2003, 94; May/Kettner, BtPrax 2003, 96; Vossler, BtPrax 2003, 6; Kunz, Gesetzliche Vertretungsbefugnisse von nahen Angehörigen für Volljährige zum Teil mit eigenen Gesetzentwürfen.

344 BTDrucks. 15/2494, S. 16; ähnlich auch in der Literatur Knittel/Probst/Winterstein, Betrifft: Betreuung 3, S. 53, S. 54; Winterstein, Betrifft: Betreuung 4, 95; S. 95, 99 f.; Dieckmann/Jurgeleit, BtPrax 2002, 197, S. 197; Probst/Knittel, ZRP 2001, 55, S. 55; Klie, BtPrax 2002, 91, S. 93; Klie, BtPrax 2002, 91, 93; Diekmann, BtPrax 2003, 200, 201

maßgebliches Ziel einer solchen Reform des Betreuungsrechts, Einsparpotenziale für die Justizhaushalte der Länder zu schaffen.[345] Durch die Einführung einer solchen Vertretungsstruktur sei mit der Verringerung der Anzahl der Betreuungen zu rechnen.[346] Daher soll in einem zweiten Schritt untersucht werden, ob dieses Ziel erreicht werden kann. (2.)

1. Bestehen einer Sozialnorm

In der bisherigen Diskussion um die Einführung einer gesetzlichen Vertretungsmacht für nahe Angehörige ist man davon ausgegangen, dass durch die Entscheidungskompetenz von nahen Angehörigen familiäre Bindungen respektiert werden, die vielen Menschen wichtig sind und die als weniger einschneidend, als ein staatlicher Eingriff angesehen wird.[347] Zudem wurde die Prämisse aufgestellt, dass in der Bevölkerung die allgemeine Vorstellung (Sozialnorm) bestehe, nahe Angehörige könnten im Krankheitsfall notwendige Maßnahmen im Rahmen einer Notordnung einleiten.[348]

Das Bestehen einer solchen Sozialnorm wird anhand eines exemplarischen Falles hergeleitet.[349] Dieser allein ist jedoch nicht ausreichend, um auf eine bestehende Sozialnorm zu schließen.[350] Woraus sich, über die Analyse der Fallgestaltung hinaus, das Vorliegen einer Sozialnorm ergibt, bzw. wie diese ermittelt wurde, bleibt ungeklärt, Angaben zu empirische Untersuchungen fehlen.[351] Geht man jedoch davon aus, dass in der Bevölkerung eine solche Sozialnorm besteht, enthält der Gesetzesentwurf eine nur unzureichende Begründung hinsichtlich der Frage, ob eine solche Sozialnorm tragfähig und angemessen ist, um als Vorbild für eine Rechtsnorm zu dienen.[352] Der Gesetzgeber ist zwar im Rahmen seiner Kompetenzen nicht daran gebunden, Gesetze zu

345 BTDrucks. 15/2494, S. 12; Bund-Länder-Arbeitsgruppe „Betreuungsrecht“, Abschlussbericht, Betrifft Betreuung 6, 2003, S. 18; so auch Paino-Staber, Gesetzliche Stellvertretung naher Angehöriger im Bereich der Gesundheitssorge, S. 35

346 BTDrucks. 15/2494, S. 12

347 Knittel/Probst/Winterstein, Betrifft: Betreuung 3, S. 53, S. 54; Winterstein, Betrifft: Betreuung 4, 95, S. 95, 99 f.

348 So auch: Dieckmann/Jurgeleit, BtPrax 2002, 197, S. 197; Probst/Knittel, ZRP 2001, 55, S. 55; Klie, BtPrax 2002, 91, S. 93

349 BTDrucks. 15/2494, S. 10

350 So auch: Kunz, Gesetzliche Vertretungsbefugnisse von nahen Angehörigen für Volljährige, S. 101 ff.

351 Hoffmann, BtPrax 2003, 94; Vormundschaftsgerichtstag e. V., Stellungnahme zum Gesetzgebungsentwurf des 2. Betreuungsrechtsänderungsgesetz, 20.3.2006, S. 5

352 Klie, BtPrax 2002, 91, S. 93

schaffen, die den allgemeinen Vorstellungen von Bürgern entsprechen.[353] Bezieht sich der Gesetzgeber jedoch auf bestimmte, in der Bevölkerung bestehende Wertvorstellungen und Rechtsgefühle, hat er auch darzulegen, woraus sich eine solche „Norm“ ergibt.[354] Unzweifelhaft treten in der Praxis immer wieder Fälle auf, in denen Familienangehörige ganz erstaunt darüber sind, keinerlei Entscheidungskompetenzen zu besitzen und dass sie erst zum Betreuer bestellt werden müssen, damit sich dies ändert. Wie oft dies auftritt, ist empirisch nicht belegt. Zwar zeigen Studien, dass häufig Familienangehörige zum Betreuer bestellt werden und tatsächliche Pflegearbeit leisten etc.,[355] dies ist jedoch nicht ausreichend, bereits vom Bestehen einer Sozialnorm zu sprechen.

Zieht man zu dieser Frage die tatsächliche Situation in den Familien hinzu: 38% aller Ehen werden geschieden und es existiert eine nicht unerhebliche Dunkelziffer von gescheiterten Ehen, kann man nicht vom Bestehen einer solchen Sozialnorm ausgehen.[356] Ähnliches gilt für den Familienverband, der häufig bereits durch große räumliche Entfernung, vielfältige Belastung mit eigenen privaten und beruflichen Problemen, nicht mehr besteht.[357]

2. Einsparpotenzial

Untersucht man nun das Einsparpotenzial im Betreuungsrecht, muss man sich zunächst die Struktur bestehender Betreuungsverhältnisse vor Augen führen. In ca. 62 % der eingerichteten Betreuungen wurden nahestehende Personen als Betreuer bestellt.[358] In den letzten Jahren nahm allerdings der Anteil ehrenamt-

---

353 Vgl. dazu ausführlich: Kunz, Gesetzliche Vertretungsbefugnisse von nahen Angehörigen für Volljährige, S. 103 ff.; Klie, BtPrax 2002, 91, S. 93

354 Kunz, Gesetzliche Vertretungsbefugnisse von nahen Angehörigen für Volljährige, S. 103 ff.

355 Vgl. dazu die Nachweise bei Burchardt, Vertretung handlungsunfähiger volljähriger Patienten durch Angehörige, S. 12 ff. – bestehende Untersuchungen lassen Rückschlüsse auf eine solche Vorstellung zu.

356 Vgl. dazu ausführlich Paino-Staber, Gesetzliche Stellvertretung naher Angehöriger im Bereich der Gesundheitssorge, S. 39 ff.; a. A. Burchardt, Vertretung handlungsunfähiger volljähriger Patienten durch Angehörige, S. 12 – bestehende Untersuchungen lassen Rückschlüsse auf eine solche Vorstellung zu.

357 Paino-Staber, Gesetzliche Stellvertretung naher Angehöriger im Bereich der Gesundheitssorge, S. 40; dies ergibt sich auch aus der weiteren Darstellung in Bezug auf die Einsparpotentiale – vgl. dazu auch die folgenden Ausführungen unter 2. Einsparpotential

358 Diese Zahlen sind seit einigen Jahren stabil: Deinert, Betreuungszahlen 2006-2007, S. 8 f., S. 12 (Tabelle 8); Hoffmann/Korte, Die Lebenslage älterer Menschen mit rechtlicher Betreuung, 2005, S. 129, Tabelle 13

licher Betreuungen kontinuierlich ab.[359] Innerhalb der Personengruppe der nahestehenden Betreuer nehmen in ca. 60 % der Fälle die Kinder der Betreuten die Betreuung wahr, wohingegen Ehegatten und Lebensgefährten in lediglich 11 % zum Betreuer bestellt worden sind.[360] Eng damit verbunden ist in vielen Fällen auch die tatsächliche Pflegearbeit, die in einem Anteil von 69 % von Familienangehörigen und in geringerer Anzahl von Freunden und Bekannten und damit von nahestehenden Personen erbracht wird.[361] Rückschlüsse über die Struktur der rechtlichen Betreuungen und deren Probleme ermöglicht auch die Auswertung von Pflegestatistiken. Im Bereich der Pflege zeigt sich der immer größer werdende Einfluss der Wahrnehmung von Aufgaben durch Freunde, Bekannte und Nachbarn: Es ist nun vor allem dieser Personenkreis in die Pflegearrangements involviert, die somit immer mehr die Rolle der Familien übernehmen.[362] Ca. 9 % der Pflegebedürftigen werden nicht von ihren Angehörigen, sondern von Freunden und Bekannten gepflegt,[363] so dass die tatsächliche Pflegearbeit nicht mehr nur als eine reine Familienaufgabe bezeichnet werden kann. Die Einbeziehung des Bekanntenkreises spielt eine immer größere Rolle, sodass man im Hinblick auf den demografischen Wandel, aber auch auf die neuen Familienstrukturen, nicht nur eng auf verwandtschaftliche Beziehungen abstellen kann.[364] Diese Ergebnisse sind auch auf Betreuungen und Vorsorgevollmachten zu übertragen.

---

359 2002, 71 %, 2003, 70,5 %, 2004, 68,7 %; 2005, 68,3 %; 2006, 67,7 %, 2007, 67,4 % - Köller/Engels, Rechtliche Betreuung in Deutschland, 2009, S. 71 Tabelle 5-1; 2008 – 67,86%; 2009 – 67,84 %; 2010 – 66,91 %; 2011 – 64,91 % berechnet aus den Betreuungszahlen des Bundesamtes für Justiz für 2011

360 Hoffmann/Korte, Die Lebenslage älterer Menschen mit rechtlicher Betreuung, 2005, S. 129, Tabelle 13

361 Hoffmann/Korte, Die Lebenslage älterer Menschen mit rechtlicher Betreuung, 2005, S. 132; so auch Enquete-Kommission des Landtags von Nordrhein-Westfalen, Situation und Zukunft der Pflege in NRW, S. 102; Statistisches Bundesamt, Pflegestatistik 2007, S. 4 f.; Neuere Statistiken zeigen, dass die Pflege im häuslichen Bereich bei 69% aller Pflegefälle liegt, lediglich 45% von den Angehörigen allein gepflegt werden - Statistisches Bundesamt, Pflegestatistik 2009, S. 10

362 Meyer, Pflegende Angehörige in Deutschland, 2006, S. 10; Bundesministerium für Familie, Fünfter Altenbericht des BMFSFJ, S. 314.

363 Schneekloth/Müller, Wirkungen der Pflegeversicherung, 2000, S. 77.

364 Meyer, Pflegende Angehörige in Deutschland, 2006, S. 10; in den §§ 3, 8 Abs. 2 SGB XI geht auch der Gesetzgeber von der Förderung der ehrenamtlichen Strukturen über den engen Kreis der Familie hinaus.

a) Familiäre Verhältnisse und Pflege durch Familienangehörige

Zieht man Parallelen zu der realen Pflegesituation, zeigt sich anhand der Zahlen der Pflegeforschung der demografische Wandel in Deutschland deutlich.[365] Trotzdem kann man beobachten, dass die Hauptpflegearbeit noch in der Familie stattfindet[366] – die Enquete-Kommission zur Erforschung der Situation und Zukunft der Pflege in Nordrhein-Westfalen bezeichnet die Familie als „größten Pflegedienst der Nation“[367]. Jedoch sieht auch diese Kommission die Strukturen als gefährdet an, insbesondere da sich in demografischen Trends zeigt, dass die Anzahl der hochbetagten Menschen und damit das Risiko der Pflegebedürftigkeit signifikant ansteigen wird, wobei die Anzahl Alleinstehender und Ein-Person-Haushalten ebenfalls zunimmt.[368] Die potenzielle Zahl von Helfern aus dem familiären Umfeld aber weiter abnehmen wird.[369] Auch soziale Trends, wie die Pluralisierung von Haushaltsformen und -typen

---

365 Statistisches Bundesamt (Hrsg.), Mikrozensus 2011; Bundesministerium für Familie, Fünfter Altenbericht des BMFSFJ

366 Meyer, Pflegende Angehörige in Deutschland, 2006, S. 11

367 Enquete-Kommission des Landtags von Nordrhein-Westfalen, Situation und Zukunft der Pflege in NRW, S. 101

368 Zwar entstanden seit 1991 11 % mehr Privathaushalte, jedoch ist die Anzahl der Haushaltsmitglieder nur um 3 % gestiegen, das zeigt, dass die durchschnittliche Haushaltsgröße zurückging, lediglich 2,11 Personen lebten 2005 in einem Haushalt, 1991 waren es noch durchschnittlich 2,27 Personen – dabei verringerte sich in diesem Zeitraum der Anteil von Mehrgenerationenhaushalten um 7 Prozentpunkte, 22 % der Haushalte bewohnten ausschließlich Menschen im Seniorenalter. Gestiegen sind die Anzahl von Lebensgemeinschaften seit 1996 um ein Drittel, wobei 38 % aller Haushalte Einpersonenhaushalte waren. Statistisches Bundesamt (Hrsg.), Mikrozensus 2005, S. 7, 14. Dieser Trend hält auch weiter an – 2011 ist im Vergleich zu 2010 die Anzahl der Haushalte gestiegen – ebenso die Einpersonenhaushalte, wohingegen die Haushalte mit 3 und mehr Personen deutlich abnehmen – Statistisches Bundesamt (Hrsg.), Mikrozensus 2011, S. 27.

369 In Bezug auf die Wohnsituation zeigt sich zwar, dass keine zwingende Notwendigkeit besteht, dass die Pflegeperson im gleichen Haushalt wie die gepflegte Person lebt. Dies ist jedoch in der Mehrzahl der Pflegesituationen der Fall: So wohnen die Pflegebedürftigen entweder gemeinsam mit dem Ehepartner (27 %) oder bei den eigenen, inzwischen erwachsenen Kindern (25 %), sodass 62 % der Pflegebedürftigen mit der Hauptpflegeperson unmittelbar zusammenleben und nur zu 29 % allein in der angestammten Wohnung. Infratest Sozialforschung, Hilfe- und Pflegebedürftige in Privathaushalten in Deutschland 2002, S. 21; Schneekloth in: Schneekloth/Wahl, Möglichkeiten und Grenzen selbstständiger Lebensführung in privaten Haushalten (MUG III), 2005, 55, S. 69; Enquete-Kommission des Landtags von Nordrhein-Westfalen, Situation und Zukunft der Pflege in NRW, S. 101

sowie die Partnerschaftsbiographien, die höhere Frauenerwerbsquote, aber auch die Veränderungen der Rahmenbedingungen der Pflege und die gestiegene Erwartung in der Bevölkerung an materielle und infrastrukturelle Unterstützung, beeinflussen die Pflegebereitschaft.[370]

Bundesweit wurden 2007 ca. 2/3 der in Privathaushalten lebenden Pflegebedürftigen von Verwandten versorgt, wobei sich die Hauptpflegepersonen[371] bei verheirateten Pflegebedürftigen meist aus den Ehepartnern, bei hochbetagten verwitweten Personen aus den eigenen Kindern bzw. bei jüngeren Pflegebedürftigen aus einem Elternteil zusammensetzen.[372] Nach Ansicht von *Dettbarn-Reggentin/Reggentin* ist die Pflege auch bei abnehmender Kinderzahl gesichert, jedoch wird die Partnerpflege bis ins hohe Alter ansteigen, auch Verwandte zweiten Grades Pflege- und Betreuungsaufgaben übernehmen müssen.[373]

Betrachtet man die vorgesehene Regelung für eine gesetzliche Vertretungsmacht, zeigt sich, dass lediglich für den Bereich der „Kernfamilie“[374] eine Vertretungsbefugnis eingerichtet werden soll. Es handelt sich dabei um die Ehegatten und Lebenspartner, volljährige Kinder sowie Eltern. Schon Geschwister und Enkelkinder wären nicht mehr vertretungsbefugt. Dies entspricht zwar der Vermutung, dass bei diesen Verwandtschaftsverhältnissen der größte Loyalitätsgrad vorliegt. Der skizzierte Zerfall der familiären Bindungen zeigt vor allem durch die unterschiedlichen Formen des Zusammenlebens, aber auch die Zersplitterung der Familienstrukturen, z. B. durch die Anforderungen des Arbeitsmarktes, dass eine auf enger Verwandtschaft beruhende Vertretungsbefugnis nicht der Lebensrealität entspricht.[375]

---

370 Enquete-Kommission des Landtags von Nordrhein-Westfalen, Situation und Zukunft der Pflege in NRW, S. 102; Dettbarn-Reggentin/Reggentin, Expertise - Freiwilliges Engagement in der Pflege und Solidarpotenziale innerhalb der Familie, S. 35 ff.

371 Hauptpflegepersonen müssen nicht zwingend nur eine Person sein. Mit der Einführung der Pflegeversicherung kam es zu einem Anstieg von informellen Pflegepersonen in der häuslichen Pflege – so werden 36 % aller unterstützungsbedürftigen Personen von einer Hauptpflegeperson, 29 % von 2 Personen sowie 27 % von drei oder mehr Personen gepflegt.

372 Schneekloth in: Schneekloth/Wahl, Möglichkeiten und Grenzen selbstständiger Lebensführung in privaten Haushalten (MUG III), 2005, 55, S. 76.

373 Dettbarn-Reggentin/Reggentin, Expertise - Freiwilliges Engagement in der Pflege und Solidarpotenziale innerhalb der Familie, S. 62

374 Der Begriff wurde übernommen von Kunz, Gesetzliche Vertretungsbefugnisse von nahen Angehörigen für Volljährige, S. 105

375 Hoffmann, BtPrax 2003, 94, 95; Kunz, Gesetzliche Vertretungsbefugnisse von nahen Angehörigen für Volljährige, S. 107

b) *Gründe der Einrichtung von Betreuungen*

Eine große Bedeutung bei der Untersuchung des Einsparpotenzials bei rechtlichen Betreuungen kommt den Anlässen ihrer Einrichtung zu. Dabei zeigt sich, dass Betreuungen auch dann eingerichtet werden, wenn den betroffenen Personen ebenso gut durch andere Hilfen im Sinne des § 1896 Abs. 2 Satz 2 BGB geholfen werden könnte, eine Betreuung also vermeidbar wäre.[376] Die Gründe für die Einrichtung von Betreuungen sind vielschichtig, die Befragten gaben bei der Untersuchung von *Hoffmann* et al. im Durchschnitt 5 ½ unterschiedliche Gründe an.[377] Dabei gehörten die Erledigung von „täglichen" Aufgaben, wie die Verwaltung des Einkommens, die Unterzeichnung von Anträgen oder Verträgen, fehlende Versorgung mit Mahlzeiten, aber auch der fortschreitende Krankheitsprozess, die Pflegeorganisation und die Gewährleistung der medizinischen Versorgung, zu den meist genannten Ursachen. Ebenso nahmen der Umzug in ein Pflegeheim, die Selbstgefährdung der betroffenen Person, die unwirksame Bevollmächtigung, aber auch die körperliche und psychische Überlastung der pflegenden Angehörigen eine bedeutende Rolle ein. Hieraus zeigt sich deutlich, dass den betroffenen Personen oftmals, wie z. B. bei der Organisation der Pflegeleistungen, bereits durch „soziale" Hilfestellung – wie durch die neu eingeführten Pflegeberater nach § 7 a SGB XI – soweit geholfen werden könnte, dass eine Betreuung nicht zwingend erforderlich wäre.[378] Solche Tendenzen zeigen sich über Änderungen im Sozialrecht hinaus auch im Zivilrecht, vor allem durch die Änderungen des BGB in § 105 a BGB, aber insbesondere im Wohn- und Betreuungsvertragsgesetz - § 4 Abs. 2 WBVG (bisher § 5 Abs. 12 HeimG), wonach ein Heimvertrag in Ansehung von Leistung und Gegenleistung als wirksam gilt, auch wenn der Heimbewohner bei Abschluss des Heimvertrages geschäftsunfähig war. Damit wird eine Entwicklung deutlich, nach der bei einer größer werdenden Anzahl von Betreuungen deren Erforderlichkeit durch „andere Hilfen" im Sinne von § 1896 Abs. 2 BGB wegfallen könnte.

c) *Besonderheiten der familiären Wahrnehmung von Entscheidungskompetenzen*

Das Verhältnis von betreuten Personen zu den Betreuern differiert erheblich zwischen Betreuungen, die durch nahestehende Betreuer und durch ehrenamtliche Fremdbetreuer oder Berufsbetreuern durchgeführt werden. Beziehungen

376 So Diekmann, BtPrax 2003, 200, 200

377 Hoffmann/Korte, Die Lebenslage älterer Menschen mit rechtlicher Betreuung, 2005, S. 135 (Tabelle 19)

378 Zu den Möglichkeiten der Pflegeberatung vgl. unten Kapitel 5

zwischen betreuten Personen und nahestehenden Betreuern werden insgesamt als herzlicher beschrieben.[379] Ein deutlicher Unterschied zeigt sich auch in der Kontakthäufigkeit zwischen Betreuer(in) und Betreuten. Mehr als die Hälfte aller Berufsbetreuer sehen die Betreuten lediglich zweimal im Monat und weitere 20 % lediglich alle zwei Monate, wohingegen die Hälfte der nahestehenden Personen die betroffenen Personen einmal pro Woche sehen, 33 % sogar beinahe täglich.[380] Bei den Berufsbetreuern hat die Kontakthäufigkeit seit 2004 deutlich abgenommen – dies kann vor allem mit der veränderten Vergütungsstruktur seit dem Jahr 2005 (2. BetrRÄG) zusammenhängen.[381]

Ehrenamtliche Betreuungen weisen im Unterschied zu beruflich geführten Betreuungen einige Besonderheiten auf: So sind zwar beruflich betreute Personen im Durchschnitt weniger pflegebedürftig, leben aber häufiger allein, haben ein geringeres Renteneinkommen und verfügen seltener über Vermögen.[382] Ehrenamtliche Betreuungen werden auf der anderen Seite meist in solchen Bereichen geführt, in denen das Krankheitsbild als weniger „schwierig" gilt, so z. B. bei geistigen und körperlichen Behinderungen, nur geistigen Behinderungen oder seniler Demenz. Liegen hingegen Anfallsleiden, Alkoholabusus oder Minderbegabung vor, nimmt die Beteiligung von ehrenamtlichen Betreuern deutlich ab.[383] Dies ist auch nach den Änderungen in der Vergütung durch das 2. Betreuungsrechtsänderungsgesetz zu beobachten; allerdings werden nun weniger Betreuungen an ehrenamtliche Betreuer abgegeben, um eine Mischkalkulation zwischen aufwendigen und weniger aufwendigen Betreuungen für die Berufsbetreuer zu erhalten.[384]

Bei Beendigungen von Betreuungen im ehrenamtlichen Bereich ist ein Zusammenhang zu der Situation bei der Einrichtung der Betreuung zu erkennen. In der Umfrage von *Sellin/Engels* wurde deutlich, dass zunächst ein großer Teil der Amtsaufgaben damit zu begründen ist, dass die ehrenamtlichen Betreuer lediglich ihre Familienangehörigen betreuen wollten und diese Betreuung beendet

---

379 Tabelle 15 in: Hoffmann/Korte, Die Lebenslage älterer Menschen mit rechtlicher Betreuung, 2005, S. 131

380 Tabelle 14 in: Hoffmann/Korte, Die Lebenslage älterer Menschen mit rechtlicher Betreuung, 2005, S. 130

381 Köller/Engels, Rechtliche Betreuung in Deutschland, 2009, S, 95 ff.

382 Hoffmann/Korte, Die Lebenslage älterer Menschen mit rechtlicher Betreuung, 2005, S. 130

383 Hoffmann/Ferber, Familienangehörige als vormundschaftsgerichtlich bestellte Betreuer, 1996, vgl. Tabelle S. 89; ähnlich auch Köller/Engels, Rechtliche Betreuung in Deutschland, 2009, S. 76 ff.

384 Vgl. dazu Köller/Sellin/Engels, Evaluation des 2. BtÄndG, S. 82 f.

wurde (46%).[385] Erstaunlich ist jedoch die Zahl der Betreuungsaufgaben wegen des Gefühls der Überforderung – ca. die Hälfte aller Befragten fühlte sich überfordert (51%), weitere 43% fühlten sich vom Gericht schlecht behandelt.[386]

Insgesamt besteht in den Familien, trotz der gesellschaftlichen Veränderungen eine große Bereitschaft, Betreuungen zu übernehmen.[387] Die Situation von angehörigen Stellvertretern ist gekennzeichnet von dem selbst gestellten Anspruch, für den Vertretenen die „richtige" Entscheidung zu treffen.[388] Dabei besteht die Gefahr, dass sich die Angehörigen selbst überfordern,[389] denn sie befinden sich in der besonderen Situation, dass die Grenzen zwischen Zumutbarem und Unzumutbarem überschritten und „familiale Leitbilder" idealisiert werden.[390] Die Situation von familienangehörigen Betreuern wird in vielen Fällen durch den engen Zusammenhang zwischen dem Betreuungsanlass und der Lebensbiographie gekennzeichnet; dabei zeigen sich Beziehungsgeflechte als Basis für eine Schicksalsgemeinschaft, die eine Hinwendung zu eigenen Lebensentwürfen für die Betreuer erschwert.[391] Die Aufgabenwahrnehmung der ehrenamtlichen angehörigen Betreuer ist dabei geprägt von der Abwehr und Scheu, organisierte Entlastungsangebote anzunehmen. Dies wird mit der Angst, vor falschen Helfern mit falschen Erwartungen beraten, aber auch enttäuscht zu werden, begründet.[392] Weiterhin wird die fehlende Bereitschaft, Hilfe anzunehmen damit begründet, dass Intimes bzw. Privates nicht öffentlich gemacht werden soll – Familienangelegenheiten gehören in die Familie, nicht an die Öffentlichkeit.[393] Auf der anderen Seite wird von den angehörigen Betreuern

---

385 Sellin/Engels/Holzhauer, Qualität, Aufgabenverteilung und Verfahrensaufwand bei rechtlicher Betreuung, S. 122

386 Sellin/Engels/Holzhauer, Qualität, Aufgabenverteilung und Verfahrensaufwand bei rechtlicher Betreuung, S. 123

387 Petsch/Sowarka/Kotsch, Die Umsetzung des Betreuungsrechts in der Praxis, S. 26

388 Vgl. zu dieser Problematik ausführlich m. w. N. Kunz, Gesetzliche Vertretungsbefugnisse von nahen Angehörigen für Volljährige, S. 108 ff.

389 Hoffmann/Ferber, Familienangehörige als vormundschaftsgerichtlich bestellte Betreuer, 1996, S. 182

390 Hoffmann/Ferber, Familienangehörige als vormundschaftsgerichtlich bestellte Betreuer, 1996, S. 182

391 Hoffmann/Ferber, Familienangehörige als vormundschaftsgerichtlich bestellte Betreuer, 1996, S. 182

392 Hoffmann/Ferber, Familienangehörige als vormundschaftsgerichtlich bestellte Betreuer, 1996, S. 182; so auch Sellin/Engels/Holzhauer, Qualität, Aufgabenverteilung und Verfahrensaufwand bei rechtlicher Betreuung, S. 121

393 Hoffmann/Ferber, Familienangehörige als vormundschaftsgerichtlich bestellte Betreuer, 1996, S. 182; so auch Sellin/Engels/Holzhauer, Qualität, Aufgabenverteilung und Verfahrensaufwand bei rechtlicher Betreuung, S. 121

die mangelnde Anerkennung durch die Umgebung beklagt. Vor allem professionelle Helfer würden die Familienangehörigen lediglich als Instrument zur Umsetzung ihrer eigenen Zielsetzungen benutzen und ihnen nur wenig eigene Entscheidungskompetenzen zugestehen.[394]

Ein weiteres Problem liegt in der „familiären“ Betroffenheit der Angehörigen. Insbesondere Eltern von behinderten Kindern, die ihr Leben lang einen erhöhten Betreuungsaufwand für die Kinder geleistet haben, fällt es schwer, dieses Kind loszulassen und im Rahmen der jeweiligen individuellen Möglichkeiten ein eigenes Leben zu ermöglichen.[395] Die Problematik ist auch den Betreuungsgerichten bekannt. Es wird daher versucht, in diesem sensiblen Bereich eine besonders behutsame Betreuerauswahl zu treffen. Insbesondere auch die Behindertenverbände fordern dies, da die „Emanzipation des betreuungsbedürftigen Menschen erst dann vorankommt, wenn er seine Eltern nicht mehr braucht, wenn seine Eltern ihn nicht mehr brauchen…“.[396] Daraus wird geschlussfolgert, dass es sinnvoll und wichtig sein kann, unter dem Gebot des „Wohls des Betreuten“ keine Angehörigen zum Betreuer zu bestellen.[397]

Weiter zeigen sich Probleme der Entscheidungsfindung von Stellvertretern bei lebensbedrohlichen Situationen auf. Betrachtet man eine Fallgestaltung, in der sich die betroffene Person nicht zu diesen Fragen geäußert hat und die durchzuführende Maßnahme die Lebenssituation der betroffenen Person zwar ein wenig erleichtern würde, jedoch unklar ist, ob diese eine wesentliche Verbesserung bringt und die Risiken zudem schwer abzuwägen sind,[398] erscheint eine Entscheidung des Vertreters fast unmöglich. Die Vertreter müssen sich zwingend mit dem Willen und dem Wohl des Angehörigen auseinandersetzen, die im Falle der gesetzlichen Stellvertretung vielleicht nicht einmal bekannt sein könnten.[399] Diese „Auseinandersetzung mit dem Willen und dem Wohl eines sterbenskranken Menschen – auch wenn dieser nicht mehr selbstbestimmungsfähig ist, und das ist im Sterben und in Todesnähe ja letztlich immer der Fall –

394 Hoffmann/Ferber, Familienangehörige als vormundschaftsgerichtlich bestellte Betreuer, 1996, S. 182

395 Vgl. dazu Fallbeispiel bei Hoffmann/Ferber, Familienangehörige als vormundschaftsgerichtlich bestellte Betreuer, 1996, S. 145 ff.

396 Dörr, BtPrax 1992, 46, S 46

397 Brill, BtPrax 1992, 89, S. 92

398 Zu diesem Problemkreis: Hans-Martin Sass in: Koch/Meran/Sass, Patientenverfügung und stellvertretende Entscheidung in rechtlicher, medizinischer und ethischer Sicht, S. 39, 42

399 Kunz, Gesetzliche Vertretungsbefugnisse von nahen Angehörigen für Volljährige, S. 108 ff.

ist die Grundlage einer würdigen Begleitung des Sterbens."[400] Verwandte sind in solchen Situationen oftmals überlastet und für Hilfe und Beratung dankbar.

d) Zwischenfazit

Diese Studien zeigen, dass es auch in Zeiten veränderter Familienstrukturen noch Potenziale gibt, sich um die Familienangehörigen sowohl in pflegerischer als auch in rechtlicher Hinsicht zu kümmern. Darüber hinaus ist mit diesem Konzept die Gefahr verbunden, den sich neu entwickelnden Modellen von Familien nicht gerecht zu werden und die Familien zu behindern, ein modernes Familienkonzept zu regeln.[401] So kann es durch ein gesetzliches Vertretungsrecht dazu kommen, bestehende Machtasymmetrien und paternalistische Traditionen in Ehe und Familie zu stabilisieren.[402] Trotz dieser Überlegungen: die reale Pflegearbeit, aber auch die Wahrnehmung organisatorischer und rechtlicher Aufgaben wird als innerfamiliäre Aufgabe betrachtet, die nicht durch die Einflussnahme von außen geregelt werden sollen.[403] Die Entwicklung zeigt jedoch auch, dass, wenn man die Pflegearbeit betrachtet, diese nicht mehr nur von den nächsten Familienmitgliedern oder dem erweiterten Familienkreis durchgeführt wird.

Die angegebenen Studien verdeutlichen, dass betreuende Angehörige in schwierige Entscheidungssituationen geraten können, die sie überfordern. In diesem Bereich fühlen sich bereits die Betreuer allein gelassen, wie schwierig müssen sich solche Entscheidungen erst für automatische gesetzliche Vertreter gestalten, die deutlich weniger Anschluss an institutionelle Beratung und Unterstützung haben.

Für die Bereiche, in denen es lediglich um die Änderung des Wohnumfeldes oder die Organisation von Krankenbehandlungen, Pflege und Rehabilitation geht, ist es oftmals auch nicht zwingend notwendig, eine Betreuung einzurichten. Allerdings ist die Lösung nicht in der Einführung weiterer Vertretungsstrukturen zu sehen, sondern eher in der Verbesserung der sozialen Hilfestellungen. Nicht in jedem Fall ist tatsächlich ein rechtlicher Vertreter notwendig, meist reicht auch ein „Sozialmanager" aus, wie er nun z. B. in § 7 a

---

400 Müller-Busch, Zwischen Fürsorge und Selbstbestimmung - Vortrag beim Nationalen Ethikrat, www.ethikrat.de

401 Vgl. dazu empirische Daten bei Strätling/Strätling-Tölle/Scharf/Schmucker, MedR 2003, 372, S. 374 f.

402 Klie, BtPrax 2002, 91, S. 93; so auch Strätling/Strätling-Tölle/Scharf/Schmucker, MedR 2003, 372, S. 374; ähnlich auch: Seichter, BtPrax 2003, 91, S. 92

403 Meyer, Pflegende Angehörige in Deutschland, 2006, S. 11 zunächst wird die Pflege durch den Ehepartner, dann von den Kindern der Pflegebedürftigen erbracht.

SGB XI zu finden ist.[404] Insoweit ist keine einheitliche Entwicklung sichtbar, sodass die Auswirkungen der Einführung einer gesetzlichen Vertretungsmacht zu untersuchen bleiben. Die gefundenen Ergebnisse sind zum Teil auf die Vorsorgevollmacht übertragbar.[405]

II. Familienrechtliche Verankerung

Betrachtet man die Rechtsentwicklung im Familien- und Sozialrecht, zeigt sich, dass eine Einstandspflicht von Familienangehörigen in der Rechtsordnung eher rückläufig ist.[406] Das geltende Familienrecht kennt eine solche Einstandspflicht lediglich in den §§ 1353, 1357, 1601 - 1603 und 1618 a BGB, jedoch findet auch hier eine Lockerung der Verpflichtung zur (finanziellen) Solidarität statt, wie die Diskussionen zum 64. Deutschen Juristentag 2002 deutlich zeigen.[407] Im Herbst 2002 entschied der Bundesgerichtshof, dass Kinder nicht unbegrenzt für den Unterhalt der pflegebedürftigen Eltern aufkommen müssen,[408] nur 3 Jahre später wurde dies durch das Bundesverfassungsgericht bestätigt.[409] Dies zeigt auch die Entwicklung im nachehelichen Unterhalt, mit der eine Anpassung an familiäre und gesellschaftliche Entwicklungen vorgenommen und die nacheheliche Eigenverantwortung erhöht wurde.[410]

Im Sozialrecht ist eine solche Entwicklung ebenfalls erkennbar: So müssen sich Eltern für ihre behinderten volljährigen Kinder, die in einer Einrichtung leben, nur noch in Höhe von 26 € an den Kosten beteiligen,[411] zudem besteht ein Anspruch auf Grundsicherung.[412] Daran schließt sich der Ausschluss eines

404 Vgl. dazu ausführlich Kapitel 5

405 Vgl. dazu unten ausführlich Kapitel 4

406 Hoffmann, BtPrax 2003, 94, S. 95

407 Martiny, Gutachten A für den 64. Deutschen Juristentag 2002, A 118; ähnlich auch Born in: MK-BGB, § 1602 Rn. 26, der darauf hinweist, das oftmals Sozialleistungen in vielerlei Form auch unterhaltsberechtigten Personen zufließen, was zu einer Minderung oder der Aufhebung der Bedürftigkeit führen kann. Unterhalt und Sozialleistungen sind nicht durchgängig aufeinander abgestimmt, stehen aber in einem engen Zusammenhang.

408 BGH 23. 10. 2002 - XII ZR 266/99 - NJW 2003, 128 = FamRZ 2002, 1698

409 Vgl. dazu BVerfG 07. 06. 2005 - 1 BvR 1508/96 - JZ 2006, 313 mit Anmerkungsaufsatz Boecken/Klattenhoff, JZ 2006, 285

410 Vgl. dazu ausführlich: Born, NJW 2008, 1, 2

411 § 94 Abs. 2 SGB XII

412 Gem. §§ 41, 42 SGB XII (früher §§ 1, 2 GSiG); vgl. dazu: Hoffmann, BtPrax 2003, 94, S. 95

Rückgriffs des Sozialhilfeträgers auf Unterhaltsansprüche gegen eigene Kinder an - § 43 SGB XII.[413]

Eine ähnliche Entwicklung zeigt sich bei der Ausgestaltung der Beistandspflichten zur Pflege naher Angehöriger. So war nach der bisherigen Rechtsprechung des Bundessozialgerichts[414] die Grenze der Verpflichtung zur Wahrnehmung von Pflegetätigkeit dann erreicht, wenn sie das Übliche und Typische überschreite. Entscheidungserheblich war dabei, was unter Berücksichtigung der gesetzlichen insbesondere familienrechtlichen Beziehungen zwischen Haushaltsangehörigen zu erwarten sei. Die Grenze der familienrechtlichen Beistandspflicht bei Kindern sei zumindest dann erreicht, wenn die Pflegeanforderungen durch Krankheit oder Behinderung sowie das fortgeschrittene Alter des zu pflegenden Kindes weit über die Volljährigkeitsgrenze hinaus so hoch sind, dass diese die Qualifikation einer ganztägigen berufsmäßigen Pflegeperson erfordern.[415]

Diese weite Rechtsprechung wurde durch die neuere Rechtsprechung[416] eingeschränkt. Das LSG Rheinland-Pfalz sieht die Grenze dann als überschritten an, wenn täglich über 5 Stunden gepflegt werde, sodass eine eigene berufliche Tätigkeit nicht mehr möglich sei. Es werde von den Beistandspflichtigen gem. § 1618 a BGB nicht verlangt, dass sie über die persönliche Opfergrenze hinaus Beistand leisten. Betrachtet man die sozialrechtliche Anerkennung von Pflegeleistungen in § 44 SGB XI durch angehörige Pflegepersonen,[417] wird deutlich, dass familiäre Pflege aufgewertet wird; sie wurde aus dem Bereich reiner Beistandsleistungen herausgehoben.[418]

Jedoch ist mit den sogenannten Hartz-Reformen ein Rückschritt erkennbar – so ist es volljährigen Arbeitssuchenden, die das 25. Lebensjahr noch nicht überschritten haben, faktisch verwehrt, aus der elterlichen Wohnung auszuziehen – ihnen würden dann die Leistungen für Unterkunft und Heizung gem. § 22 Abs. 2 a SGB II nicht gezahlt werden.[419]

---

413 Nebe, Unterhaltsverbände im Familien- und Sozialrecht in: SDSRV 62, S. 29

414 BSG Urt. v. 29. 11. 1990 - 2 RU 18/90 = SozR 3-2200 § 539 Nr. 6; BSG Urt. v. 18. 03. 1999 – B 3 P 9/98 R – SozR 3-3300 § 77 Nr. 2

415 So ausführlich BSG Urt. v. 29. 11. 1990 - 2 RU 18/90 = SozR 3-2200 § 539 Nr. 6

416 LSG Rheinland-Pfalz Urt. v. 26. 07. 2001 - L 1 AL 6/00 – NZS 2002, 166

417 Vergleiche dazu auch Beetz in: jurisPK-Familie und Beruf, Kapitel 24

418 Dazu ausführlich mit nachhaltiger Kritik an der Nachrangigkeit der Leistung von Eingliederungshilfe bei bestehenden Beistandspflichten: Nebe, Unterhaltsverbände im Familien- und Sozialrecht in: SDSRV 62, S. 29

419 Zu § 22 Abs. 2a: Krauß, in: Hauck/Noftz/Voelzke, SGB II, § 22 Rn. 48 ff., 50

1. Ehegatten

Die systematische Herleitung der Einführung einer gesetzlichen Vertretungsmacht für Ehegatten erfolgte unter Zuhilfenahme der Rechtsgedanken der „Schlüsselgewalt" (§ 1357 BGB) und der Verantwortungsgemeinschaft (§ 1353 BGB).[420]

a) § 1353 BGB

Ehegatten sind einander gem. § 1353 Abs. 1 Satz 2 a. E. BGB zu Beistand, Hilfe und zur Abwehr von Gefahren verpflichtet – sie haben füreinander Verantwortung zu tragen.[421] Das beinhaltet vor allem auch, dem Ehepartner im Krankheitsfall beizustehen und zu helfen.[422] Dabei umfasst die Verantwortungsgemeinschaft auch die Notwendigkeit, den psychisch kranken Ehegatten in einer geschlossenen Anstalt unterzubringen. Dies ist jedoch nicht gleichbedeutend damit, zu dieser Unterbringung auch die Einwilligung zu erteilen. Die Verantwortlichkeit für die Gesundheit des Ehegatten macht es nicht erforderlich, auch Entscheidungen über die Gesundheit zu treffen – gemeint sein kann hier nur die Unterstützung und der Schutz der Gesundheit. Darüber hinaus besteht die Pflicht zum Beistand des Ehegatten in Rechts- und Vermögensangelegenheiten.[423] Auch dieses beinhaltet keine Vertretungsbefugnis.

Insgesamt handelt es sich bei der Regelung des § 1353 BGB um eine generalklauselartige Rechtspflicht, der primär die Bedeutung einer Auslegungsregel der familiären Beistandspflichten zukommt.[424] Wird § 1353 BGB als Auslegungsregel hinzugezogen, ist dem Wandel der gesellschaftlichen Vorstellungen und Lebensweisen Rechnung zu tragen, sodass man an dieser Stelle die Vorstellungen in der Bevölkerung mit heranziehen muss. In Fortsetzung dieses Rechtsgedankens könnte sich ergeben, dass auch eine Möglichkeit der rechtlichen Vertretung des Ehegatten möglich sein muss.[425] Betrachtet man jedoch die tatsächlichen Familienverhältnisse,[426] kommt man zu dem Ergebnis,

---

420 BTDrucks. 15/2494, S. 15 ff.; vgl. dazu die Beispiele bei Dieckmann/Jurgeleit, BtPrax 2002, 197, S. 198

421 Wacke in: MK-BGB, § 1353 Rn. 22 m. W. N

422 Dazu RG 23.11.1908 - VI 578/07 - RGZ 70, 48, 50 f.; BGH 08. 02. 1984 - IVb ZR 42/82 - NJW 1984, 2040; BGH 25. 11. 1998 - XII ZR 33/97 - FamRZ 1999, 372; Hahn in: Bamberger/Roth, § 1353 Rn. 16; Wacke in: MK-BGB, § 1353 Rn. 22

423 Kroll-Ludwigs in: Erman, § 1353 Rn. 15 ff.

424 Paino-Staber, Gesetzliche Stellvertretung naher Angehöriger im Bereich der Gesundheitssorge, S. 39 m. w. N.

425 So zumindest der Gesetzesvorschlag: BTDrucks. 15/2494, S. 17

426 Vgl. dazu oben: B I. 2. a

dass § 1353 BGB allein zunächst nicht als rechtliche Grundlage herangezogen werden kann.[427]

b) § 1357 Abs. 1 S. 1 BGB

In § 1357 BGB werden die Ehegatten berechtigt, mit Wirkung auch für den anderen Ehegatten, Geschäfte zur angemessenen Deckung des Lebensbedarfes abzuschließen. Er kennzeichnet die Ehe als Wirtschaftsgemeinschaft.[428] Es kommt dadurch zu einer Berechtigung und Verpflichtung beider Ehegatten, im Gegensatz zu einer Stellvertretung gem. den §§ 164 ff. BGB, so dass sie als Gesamtschuldner haften.[429]

§ 1357 ist Ausdruck der gegenseitigen Verantwortung der Ehegatten und deren unterhaltsrechtlicher Umsetzung. Er ermöglicht die Erfüllung der Unterhaltspflicht der Ehepartner auch durch die Haushaltsführung. Dieser Gedanke kann für die gesetzliche Vertretungsmacht in wirtschaftlicher Hinsicht herangezogen werden, obwohl § 1357 BGB gerade nicht zu den vertretungstypischen Rechtsfolgen führt, da zu einer Verpflichtung beider Ehegatten kommt, ohne dass dies für den Vertragspartner offenkundig sein muss.[430] Erfasst werden davon aber gerade nur solche Geschäfte, die zur angemessenen Deckung des Lebensbedarfes notwendig sind. Welche Geschäfte darunter fallen, orientiert sich an den Maßstäben, die auch im Zusammenhang mit dem Unterhaltsrecht der §§ 1360 ff. BGB gelten; man kann jedoch sagen, dass der Kreis der zu-

---

427 Paino-Staber, Gesetzliche Stellvertretung naher Angehöriger im Bereich der Gesundheitssorge, S. 41

428 Brudermüller in: Palandt, § 1357 Rn. 1

429 Wacke in: MK-BGB, § 1357 Rn. 33; Im Gegensatz dazu die Fassung des § 1357 vor der Wirksamkeit des Gleichberechtigungsgesetzes, in dem die Frau lediglich Stellvertreterin des Mannes war, von ihr vorgenommene Geschäfte galten als im Namen des Mannes abgegeben, mit dem Gleichberechtigungsgesetz, wurde die Frau nicht mehr Stellvertreterin, sondern besorgte die Geschäfte im häuslichen Wirkungskreis mit Wirkung für den Mann, erst mit dem 1. Eherechtsänderungsgesetz erfolgte eine gegenseitige Verpflichtung, die jedoch auch den Handelnden selbst traf. – vgl. dazu Voppel in: Staudinger, § 1357 Rn. 1 ff.; jedoch nicht, wie Wacke in: MK-BGB, § 1357 Rn. 10 als Rechtsmacht sui generis wie eine gesetzliche Vertretungsmacht, die eine Vertretung der Ehe als Gemeinschaft nach sich führt, sondern es kommt zu einer Verpflichtung jedes einzelnen Ehegattens vgl. Kroll-Ludwigs in: Erman, § 1357 Rn. 4 f. Vergleiche zu dieser Frage ausführlich die Darstellung bei Diekmann, Stellvertretung in Gesundheitsangelegenheiten, S. 119 ff., die für eine Rechtsmacht sui generis eintritt.

430 Wacke in: MK-BGB, § 1357 Rn. 10; Dieckmann/Jurgeleit, BtPrax 2002, 197, S. 198; Paino-Staber, Gesetzliche Stellvertretung naher Angehöriger im Bereich der Gesundheitssorge, 37

lässigen Geschäfte so weit reicht, wie das mutmaßliche Einverständnis der Ehepartner.[431] Grenze der Mitverpflichtung ist in der Angemessenheit zu sehen.

Davon wird auch der Abschluss von Arzt- und Behandlungsverträgen für den Ehegatten und die Kinder erfasst, da die Gesundheit ein primärer und ursprünglicher Lebensbedarf der Familienmitglieder ist und für deren Erhaltung auch der andere Ehegatte mit verpflichtet werden kann.[432] Unklar ist insoweit, wie weit diese Mitverpflichtung geht, vor allem in Bezug auf nicht indizierte Wahlleistungen, wie die Chefarztbehandlung.[433] Bestehende Zweifel[434] an der Mitverpflichtung, wenn ein Ehegatte einen Behandlungsvertrag für sich selbst schließt, die sich aus der Höchstpersönlichkeit ergibt, können mit der Beschränkung der Mitverpflichtung lediglich auf den wirtschaftlichen Teil des Behandlungsvertrags beseitigt werden.[435] Dies bezieht sich vor allem auch auf die dem Ehepartner gegenüber bestehende ärztliche Schweigepflicht. Aus dieser Wertung ergibt sich auch, dass eine Entscheidung über die Behandlung des Ehegatten aufgrund der Höchstpersönlichkeit nicht erfasst wird. Im vermögensrechtlichen Bereich ergibt sich dies schon aus § 1364 BGB, wonach jeder Ehegatte sein Vermögen selbstständig verwaltet.[436] Für die Herleitung eines generellen Vertretungsrechts über den angemessenen Bedarf zur Deckung des Lebensbedarfs hinaus bestehen keine Anhaltspunkte.

2. Sonstige Verwandte

Die Familie als lebenslange Bindung wird grundrechtlich (Art. 6 GG) privilegiert, wobei die Familiensolidarität und das Verständnis als eine Vorteils- und Risikogemeinschaft dem Familienbild des Grundgesetzes zugrunde liegen.[437] Gem. §§ 1601 bis 1603 BGB sind Personen, die in gerader Linie miteinander verwandt sind, verpflichtet, sich Unterhalt zu leisten, wenn auf der einen Seite Bedürftigkeit, auf der anderen Seiten Leistungsfähigkeit vorliegt.

---

431 Wacke in: MK-BGB, § 1357 Rn. 11; Voppel in: Staudinger, § 1357 Rn. 35 ff.

432 BGH 28. 04. 2005 - III ZR 351/04 - FamRZ 2005, 1071, 1073; BGH 13. 02. 1985 - IVb ZR 72/83 – BGHZ 94, 1; BGH 03. 02. 1967 - VI ZR 114/65 - BGHZ 47, 75, 81; Wacke in: MK-BGB, § 1357 Rn. 30; a. A. Peter, NJW 1993, 1949, 1952 f.

433 Vgl. dazu Wacke in: MK-BGB, § 1357 Rn. 31; Hahn in: Bamberger/Roth, § 1357 Rn. 25; Voppel in: Staudinger, § 1357 Rn. 52 ff.

434 Holzhauer, JZ 1985, 684, 685; Peter, NJW 1993, 1949, 1952 f.

435 Vgl. dazu Hahn in: Bamberger/Roth, § 1357 Rn. 24; Diekmann, Stellvertretung in gesundheitlichen Angelegenheiten, S. 122 f.

436 Vossler, BtPrax 2003, 6, S. 9

437 BVerfG 29. 07. 1959 - 1 BvR 205/58 - BVerfGE 10, 59, 66; BVerfG 1 BvR 636/68 - BVerfGE 31, 58, 69; 57, 170, 178

Als Ausprägung des Grundgedankens der familiären Solidarität schulden sich Eltern und Kinder untereinander auch Beistand und Rücksicht. Dies wird in § 1618 a BGB normiert.[438] Dabei meint die Beistands- und Rücksichtspflicht nicht die Unterhaltsgemeinschaft, sondern die familiale Verantwortungsgemeinschaft.[439] § 1618 a BGB ist parallel zu § 1353 BGB entwickelt worden, die Familie ist daher, wie Ehegatten untereinander, in allen Lebenslagen zur Unterstützung und Hilfeleistung verpflichtet.[440] Das umfasst auch Unterstützung im Krankheitsfall, nicht jedoch die Vertretungsberechtigung.[441]

3. Zwischenfazit

Aus den bestehenden Prinzipien – dem Verantwortungsprinzip, aber auch der Schlüsselgewalt – ergeben sich Tendenzen, den Ehegatten auch eine Mitverantwortung für die Gesundheitssorge des anderen Ehegatten tragen zu lassen. Zum einen ergibt sich aus § 1357 BGB, dass ein Ehegatte den anderen zur Zahlung der Arztkosten verpflichten kann, zum anderen ergibt sich aus § 1353 BGB, das auch in tatsächlicher Hinsicht Fürsorgepflichten des Ehegatten bestehen.[442] Trotzdem wurde im BGB immer von der Selbstständigkeit der Ehegatten ausgegangen, die Möglichkeit darüber hinaus Stellvertreterentscheidungen zu treffen, wird gerade nicht vorgesehen und würde dazu führen, dass die Ehegatten untereinander Entscheidungskompetenzen und Handlungsmöglichkeiten übertragen bekommen, die bisher familien- und eherechtlich nicht gewünscht waren.

Die bestehenden Normen der §§ 1353, 1357 BGB zielen im Ergebnis darauf ab, insbesondere die Ehe- und Familienpflichten zu konkretisieren. Die Argumentation, dass die Verantwortungsgemeinschaft Grundlage für ein Vertretungsrecht sein könne, kann nicht überzeugen, da beide Rechtsinstitute von

438 Boecken/Klattenhoff, JZ 2006, 285, S. 288

439 Boecken/Klattenhoff, JZ 2006, 285, S. 288

440 Diederichsen in: Palandt, § 1618a Rn. 1, 3

441 v. Sachsen-Gessaphe in: MK-BGB, § 1618a, Rn. 8

442 Tatsächliche Beistandspflichten können sowohl die persönliche als auch die finanziellen Beziehungen der Eheleute umfassen. Gerade im persönlichen Bereich ergeben sich auch Pflichten für den Beistand bei Krankheiten oder Schwangerschaft (Brudermüller in: Palandt, § 1353 Rn. 9), Hilfe bei Alkohol- und Drogenabhängigkeit (BGH 14. 12. 1966 – IV ZR 245/65 - FamRZ 1967, 324), ggf. auch die Verpflichtung zur Unterbringung bzw. zur Stellung eines Betreuungsantrags für einen geistig erkrankten Ehegatten (Wacke in: MK-BGB, § 1353 Rn. 22). Nicht umfasst ist jedoch die Verpflichtung zur Pflege eines schwerbehinderten Ehegatten BGH 22. 02. 1995 – XII ZR 80/94 - LM BGB § 1353 Nr. 34 (7/1995))

der prinzipiellen Eigenverantwortlichkeit der Ehepartner und damit von der Selbstbestimmung ausgehen und andere Interessenlagen verfolgen.[443] Insbesondere aus der Tatsache, dass sich aus den bisherigen Regelungen kein allgemeines Vertretungsrecht begründen lässt,[444] obwohl in einzelnen Bereichen eine stillschweigende Bevollmächtigung bzw. in Sonderfällen ein Vertretungsrecht geregelt ist, ergibt sich, dass eine automatische Vertretungsmacht, auch wenn sie nur auf die Gesundheitssorge beschränkt wäre, nicht gewollt ist.[445] Dies ist so auch auf sonstige Verwandte übertragbar – Einstandspflicht bedeutet von der Konstruktion des Familienrechts nicht, auch Vertretungshandlungen wahrnehmen können.

Der Gesetzgeber ist frei, eine solche Kompetenz zu statuieren, wobei nur eine „Art“ Notordnung in das Gefüge der familienrechtlichen Vorschriften passt.[446] Dies ergibt sich daraus, dass die Gesundheitssorge ein höchstpersönliches Recht ist, in das durch die Statuierung einer gesetzlichen Vertretungsmacht erheblich eingegriffen würde. Dies sollte nicht ohne Kontrolle über einen längeren Zeitraum möglich sein, insbesondere, da die Entscheidung nicht von der betroffenen Person ausgeht. Insofern erscheint das System des Betreuungsrechts langfristig die günstigere Lösung zu sein, ermöglicht es doch die Überwachung des Betreuers und statuiert Rechenschaftspflichten. Für Notfälle würde eine Vertretungsmacht für Angehörige das ärztliche Handeln erleichtern, da sich die Ärzte bzw. Ärztinnen durch die Entscheidung der Verwandten absichern könnten. In schweren Fällen müsste auch hier eine Genehmigung durch das Betreuungsgericht erfolgen. Gegen eine solche rechtliche Konstruktion spricht erheblich, dass diese zu einem Rückfall in „alte Verhaltensmuster“ führen könnte, wonach die Ärzte bzw. Ärztinnen nach Rücksprache gemeinsam mit den Angehörigen die Behandlungsentscheidung getroffen haben, ohne einen Vertreter zu befragen bzw. bestellen zu lassen.[447] Auch das Bestehen der Kompetenz des Betreuungsgerichts im Eilverfahren einen vorläufigen Betreuer, eine Betreuerin zu bestellen oder im Notfall sogar eine eigene Entscheidung zu treffen (§ 1846 BGB), macht eine weitere Notordnung unnötig. Zwar handelt es sich bei der Entscheidung nach § 1846 BGB um eine gerichtliche Entscheidung und damit um eine solche von Richtern, die die betroffenen Personen im Regelfall nicht kennen. Diese kann aber nur dann getroffen werden, falls im Eilverfahren keine

443 Vgl. dazu Chiusi, ZRP 2004, 119, S. 121 f.

444 Vgl. dazu Kroll-Ludwigs in: Erman, Vor § 1353, Rn. 7

445 Vgl. dazu ausführlich Burchardt, Vertretung handlungsunfähiger volljähriger Patienten durch Angehörige, S. 88 ff.

446 So auch: Diekmann, Stellvertretung in Gesundheitsangelegenheit, S. 125, 132,

447 Zu diesen Befürchtungen: Bienwald, FamRZ 2002, 1453, 1454

Verwandten kurzfristig in der Lage sind, die Betreuung zu übernehmen und dann eine solche Entscheidung zu treffen.

III. Ausgestaltung der Vertretungsmacht

Im Gesetzentwurf zur Einführung einer automatischen gesetzlichen Vertretungsmacht tritt die Vertretungsbefugnis des Ehegatten oder naher Angehörigen ein, wenn die betroffene Person handlungsunfähig im Sinne des § 1358 Abs. 1 BGB-E ist. Die Kategorie der Handlungsunfähigkeit ist nicht identisch mit der der Betreuungsbedürftigkeit nach § 1896 BGB.[448] Es ist unklar, warum für eine gesetzliche Vertretungsmacht für nahe Angehörige ein anderer Anknüpfungspunkt für den Eintritt des Vertretungsfalls gelten soll, als bei einer gesetzlichen Vertretung im Rahmen des § 1902 BGB.

In der Gesetzesbegründung wird ausgeführt, dass erst mit der Erklärung des Ehegatten/Partners oder nahen Angehörigen und der Vorlage des ärztlichen Zeugnisses (welchen Charakter ein solches Zeugnis haben soll, bleibt ungeklärt) die Vertretungsmacht entstehe.[449] Verpflichtet zur Vorlage dieses Dokumentes ist der vertretungsbereite Ehegatte/Partner oder Angehörige. Dieser muss darüber hinaus zur Statuierung der Vertretungsmacht schriftlich erklären, dass er mit dem verhinderten Ehegatten verheiratet ist und sie nicht getrennt leben bzw. dass er dessen Angehöriger ist und schließlich eine Vollmacht oder Betreuung bzw. ein entgegenstehender Willen nicht bekannt ist. Diese Handlungen führen zum Entstehen einer Rechtsscheinvollmacht, da unabhängig davon die Voraussetzungen für die gesetzliche Vertretungsmacht vorliegen müssen; die Nichtvorlage des ärztlichen Zeugnisses könne die Entstehung der gesetzlichen Vertretungsmacht nur im Außenverhältnis verhindern.[450] Damit wird die bestehende Missbrauchsgefahr abzugebender Erklärungen des Ehegatten/Partners bzw. der Angehörigen deutlich.[451] Prinzipielle Bedenken bestehen wegen des automatischen Eintretens der Vertretungsmacht beim Vorliegen der oben genannten Voraussetzungen. Möchte ein Angehöriger oder Ehegatte/Partner gerade nicht durch seine jeweiligen Angehörigen oder Ehegatten/Partner vertreten werden, muss er aktiv widersprechen. Diese Widerspruchslösung begegnet angesichts

448 § 1358 Abs. 1 BGB-E lautet: „Ist ein Ehegatte infolge einer Krankheit oder Behinderung nicht in der Lage, seine Rechte und Pflichten selbst wahrzunehmen …“

449 Bund-Länder-Arbeitsgruppe „Betreuungsrecht“, Abschlussbericht, Betrifft Betreuung 6, 2003, S. 79

450 Gödicke, FamRZ 2003, 1894, S. 1896; Chiusi, ZRP 2004, 119, S. 119

451 Seichter, BtPrax 2003, 91, S. 92; Vossler, BtPrax 2003, 6, S. 8

der Erfahrungen z. B. aus dem Recht der Organspende[452] erheblichen Zweifeln, die sich damit auf das gesamte Modell einer gesetzlichen Vertretungsmacht für nahe Angehörige überträgt.

Bei der Einführung einer gesetzlichen Vertretungsmacht im Bereich der Gesundheitssorge wird das Missbrauchsrisiko als geringer eingeschätzt, als in der Vermögenssorge.[453] Problematisch ist hier jedoch die Festlegung des Kreises der vertretungsbefugten Angehörigen. Die Vertretungsmacht sollte auf den Personenkreis eingegrenzt werden, zu dem die betroffene Person typischerweise ein gewisses Vertrauen haben dürfte – also Ehegatten, die nicht getrennt leben, und Verwandte 1. Grades.[454] Im Rahmen der Gesundheitssorge war vorgesehen, dass neben den Ehegatten auch Angehörige als vertretungsbefugt gelten (§ 1618 b BGB-E), wobei jedoch eine Rangfolge der Verwandten festgelegt wurde (Ehegatten/Lebenspartner – Kinder – Eltern). Bei gleichrangigen Angehörigen sollte es ausreichen, wenn ein vertretungsberechtigter Angehöriger die Erklärung abgibt; der Widerspruch eines jeden der Angehörigen war jedoch beachtlich. Kommt es bei der Wahrnehmung der gesetzlichen Vertretungsmacht in Bezug auf die zu treffende Behandlungsentscheidung zu Unstimmigkeiten zwischen den gesetzlichen Vertretern, wird die gesetzliche Vertretungsmacht den Kriterien des § 1896 Abs. 2 Satz 2 BGB nicht mehr gerecht. Damit müsste in einem solchem Fall ein Betreuer bestellt werden, da durch die gesetzliche Vertretung Aufgabenwahrnehmung nicht ebenso gut erfolgen kann, wie durch einen Betreuer. Daher wird empfohlen, die Vertretungsmacht als Alleinvertretungsmacht auszugestalten.[455]

---

452 Vgl. die Diskussion bei der Organspende: Deutsch/Spickhoff, Medizinrecht, 6. Aufl. 2008, Rn. 872 ff. In Österreich wurde die Widerspruchslösung eingeführt Das am 1.1.1994 installierte Widerspruchsregister wurde bis 1.6.1995 nur wenig in Anspruch genommen - es wurden 171 Widersprüche von österreichischen Staatsbürgern aufgenommen. Seit der Schaffung der technischen Voraussetzungen wurde vor jeder einzelnen Entnahme eines soliden Organs (nicht immer vor Gewebsentnahmen) abgefragt (196 Abfragen, davon 70 vor der Entnahme solider Organe). In keinem Fall ist die abfragende Krankenanstalt auf einen Widerspruch gestoßen. Das Widerspruchsregister ist wohl in breiten Bevölkerungskreisen noch wenig bekannt. Häckel in: LpB, Organentnahme und Transplantation, S. 39; vgl. zu Widerspruchslösung bei der gesetzlichen Vertretungsmacht: Vossler, BtPrax 2003, 6; Gödicke, FamRZ 2003, 1894, S. 1895

453 So die Stellungnahme der Bundesregierung zu dem Gesetzentwurf des Bundesrates – BTDrucks. 15/2494, S. 47; Probst/Knittel, ZRP 2001, 55, S. 59

454 Probst/Knittel, ZRP 2001, 55, S. 59

455 Bühler, FamRZ 2002, 76, S. 77; Probst/Knittel sehen in ihrem Vorschlag diese Problem ebenso, legen sich jedoch nicht fest, wie es gelöst werden soll – ein möglicher

Bei gefährlichen medizinischen Maßnahmen wurde ein Genehmigungserfordernis – ähnlich dem des § 1904 Abs. 1 BGB – vorgeschlagen.[456] Das Betreuungsgericht kann aber nur eine Genehmigung erteilen, wenn ein ausreichender Maßstab zur Überprüfung der Entscheidung des Vertreters geregelt ist. Daher ist eine Regelung der Entscheidungskompetenz des Vertreters erforderlich – hier bietet sich ein Verweis auf die §§ 1901, 1901 a BGB an, die im Gesetzentwurf nicht vorgesehen waren.

Eine Kontrolle durch das Vormundschaftsgericht war nicht vorgesehen, die Vorschriften über die Haftung und Überwachung des Betreuers nach §§ 1833 ff. BGB sollten keine Geltung haben. Auch die Bestellung eines Kontrollbetreuers war nicht vorgesehen. Diese Elemente des Schutzes der betroffenen Person sind hinsichtlich vor allem des automatischen Eintretens der Vertretungsmacht zwingend erforderlich.

Aus dem oben Gesagten ergeben sich erhebliche Zweifel an der Verfassungsmäßigkeit der Einführung einer gesetzlichen Vertretungsmacht für nahe Angehörige.

IV. Eingriff in verfassungsrechtlich geschützte Positionen

1. Allgemeine Handlungsfreiheit, Selbstbestimmung, Persönlichkeitsrecht

Mit der Einführung einer automatischen gesetzlichen Vertretungsmacht für nahe Angehörige wird eine rechtliche Vertretungskompetenz geschaffen, die vom Willen der betroffenen Person unabhängig ist. Damit wird in das Recht der betroffenen Person, seine Rechtsverhältnisse nach seinen Vorstellungen zu gestalten, eingegriffen, sodass das nach Art. 2 Abs. 1 GG grundrechtlich geschützte Selbstbestimmungsrecht und die allgemeine Handlungsfreiheit betroffen sind.[457] Darüber hinaus ist auch das allgemeine Persönlichkeitsrecht, also die engere persönliche Sphäre nach Art. 2 Abs. 1 i. V. m. Art. 1 Abs. 1 GG, berührt.[458]

Ansatz wird auch hier in der Bestellung eines Betreuers gesehen: Probst/Knittel, ZRP 2001, 55, S. 59 Fn. 14

456 Probst/Knittel, ZRP 2001, 55, S. 59

457 Kunz, Gesetzliche Vertretungsbefugnisse von nahen Angehörigen für Volljährige, S. 79 ff.

458 So zur gesetzlichen Vertretungsmacht von Eltern für ihre Kinder – BVerfG 13. 05. 1986 - 1 BvR 1542/84 – BVerfGE 72, 155 (juris Rn. 46 f.)

2. Rechtfertigung

Diese nach dem Verständnis des BVerfG[459] vorliegende Beeinflussung der engeren persönlichen Sphäre der betroffenen Person ist nicht unbeschränkt möglich. Bei einem Eingriff in die Privatsphäre ist nach der Sphärentheorie eine Rechtfertigung nur möglich, wenn ein überwiegendes Interesse der Allgemeinheit besteht und der Verhältnismäßigkeitsgrundsatz gewahrt bleibt.[460] Das mit dem Eingriff verfolgte Ziel muss verfassungslegitim und das zu seiner Erreichung gewählte Mittel, unter Berücksichtigung der Bedeutung des einzuschränkenden Grundrechts, unter Anwendung des Verhältnismäßigkeitsprinzips geeignet, erforderlich und angemessen sein.

Ziel der Einführung einer gesetzlichen Vertretungsmacht ist die Reduzierung der Betreuungen, da diese mit erheblichen Belastungen der betroffenen Person und deren Angehörigen verbunden seien und im Regelfall dazu führten, dass ein Angehöriger zum Betreuer bestellt wird.[461] Durch die Vermeidung der Betreuung sollen eine Stärkung des Selbstbestimmungsrechts und eine Entlastung der Justizhaushalte erreicht werden. Mit der Einführung einer gesetzlichen Vertretungsmacht, die Zahl der Betreuungen und damit die Eingriffe des Staates in das Selbstbestimmungsrecht[462] reduzieren zu wollen, ist ein zulässiges Ziel, das grundsätzlich mit der Einführung einer automatischen gesetzlichen Vertretungsmacht erreicht werden kann, insbesondere dann, wenn die Einrichtung der Betreuung nur aufgrund institutioneller Absicherungsmechanismen erfolgt.[463] Jedoch gibt es auch Befürchtungen, dass durch die bisher vorgesehene Ausgestaltung der gesetzlichen Vertretungsmacht keine Verfahren vermieden werden können, sondern gerade neue provoziert werden.[464] Ob das sekundäre Ziel der tatsächlichen Kostendämpfung für das Betreuungswesen

---

459 BVerfG 13.5.1986 - 1 BvR 1542/84 – BVerfGE 72, 155 (juris Rn. 46 f.)

460 Ausführlich: Kunz, Gesetzliche Vertretungsbefugnisse von nahen Angehörigen für Volljährige, S. 80 ff.

461 BTDrucks. 15/2494, S. 1, 12 ff.

462 Vgl. zum Eingriffscharakter der Betreuung Bienwald: Staudinger § 1896 Rn. 3 ff.; Spickhoff, AcP 208 (2008), 347, S. 350 ff.; Lipp, Freiheit und Fürsorge, S. 131 ff., der jedoch bei fehlender eigener Handlungsfähigkeit keinen Eingriff sieht.

463 Probst, BtPrax 2004, 163

464 Förter-Vondey, Stellungnahme zum Abschlussbericht der Bund - Länder - Arbeitsgruppe „Betreuungsrecht“, BtPrax 2003, 191, S. 7: Gesetzliche Vertreter/innen ermittelt werden müssen. Rücktritte von der Vertretung werden Betreuungsverfahren nach sich ziehen

zu erreichen ist, bleibt angesichts des geringen Anteils (20 – 25 %) der Kosten für ehrenamtliche Betreuungen am Gesamtetat für Betreuungen ungewiss.[465]

Zweifel bestehen hinsichtlich der Erforderlichkeit der Einführung einer gesetzlichen Vertretungsmacht für nahe Angehörige als sogenannte Notordnung. Innerhalb der bestehenden Systematik zwischen Betreuungsrecht und den Möglichkeiten der eigenen Vorsorge kann man das Betreuungsrecht bereits als Notordnung für den Fall fehlender eigener Vorsorge betrachten.[466] Stattdessen kann eine solche Einführung dazu führen, dass das Instrument der Vorsorgevollmacht wieder an Bedeutung verliert, da für viele Menschen der Anreiz eine solche Erklärung zu verfassen, gerade darin liegt, ein Betreuungsverfahren zu vermeiden.[467]

Damit wirkt die automatische gesetzliche Vertretungsmacht antiemanzipativ, da sie nicht die Willensentscheidung[468] stärkt, und führt daher zu einer Konterkarierung des momentanen Stands der gesellschaftlichen Diskussion um die Eigenverantwortlichkeit in der Lebensgestaltung und zu weiterer Verwirrung.[469] Auf eine willentliche Entscheidung der betroffenen Person kommt es gerade nicht an. Damit soll nach der Intention des Gesetzgebers der Vorstellung der Bevölkerung Rechnung getragen werden, dass Ehepartner und Verwandte in solchen Fällen Entscheidungen für die betroffenen Personen fällen können. Ob in jedem oder doch zumindest den meisten Fällen die Einrichtung einer gesetzlichen Vertretungsmacht dem Willen der betroffenen Personen entspricht, bleibt zu bezweifeln. Somit ist fraglich, ob eine solche Regelung dem Willen entspricht und es damit zur Stärkung der Willensdurchsetzung und letztlich auch des Selbstbestimmungsrechts kommen kann oder ob sie nicht gerade zu einer Beschränkung der Selbstbestimmung führt. Durch eine solche Regelung

---

465 Strätling/Strätling-Tölle/Scharf/Schmucker, MedR 2003, 372, S. 375; vgl. dazu ausführlich Paino-Staber, Gesetzliche Stellvertretung naher Angehöriger im Bereich der Gesundheitssorge, S. 48 ff.

466 Diekmann, BtPrax 2003, 200, S. 201

467 Vormundschaftsgerichtstag e. V., Stellungnahme zu den Themen des Abschlussberichts der Bund-Länder-Arbeitsgruppe „Betreuungsrecht“, gekürzt unter: BtPrax 2003, 187, S. 4

468 §§ 1358 Abs. 1 Satz 2, 1358 a, 1618 b BGB-E, besagt zwar, dass die gerichtliche und außergerichtliche Vertretung nicht möglich sind, wenn der Betroffene einen entgegenstehenden Willen geäußert hat, wie sich das jedoch in dem System der Rechtsscheinvollmacht auswirkt, bleibt ungeklärt.

469 Förter-Vondey, Stellungnahme zum Abschlussbericht der Bund - Länder - Arbeitsgruppe „Betreuungsrecht“, BtPrax 2003, 191, S. 7

wird nicht mehr Freiheit vom Staat erreicht, sondern dieser drängt sich in das Privatleben hinein, ohne eine freie Wahl zu lassen, eine Vollmacht zu erteilen.[470]

Zwar sieht der Gesetzentwurf eine Widerspruchslösung vor, jedoch zeigt sich in der Praxis, vor allem bei einem Vergleich mit der Diskussion um die Organspende[471] immer wieder, dass ein solcher Ausschluss der Vertretungsmacht nur selten erteilt wird und damit nicht das geeignete Mittel zum Schutz der Persönlichkeit der betroffenen Personen darstellt. Daraus ergibt sich auch, dass, wenn man von der Erforderlichkeit einer solchen Regelung ausgeht, es ihr doch an der Angemessenheit fehlt.

Mit der Einführung einer automatischen Vertretungsmacht und damit der pauschalen Unterstellung der Zuständigkeit von Verwandten ohne jegliche Absprachen mit den betroffenen Personen wird erheblich in das Selbstbestimmungsrecht eingegriffen.[472] Ein solcher Eingriff ist nur zulässig, wenn ausreichend für den Schutz der betroffenen Personen gesorgt wird, da dies sonst zur Fremdbestimmung führt.[473] Problematisch erscheinen hierbei neben der zu erwartenden Nichtinanspruchnahme der Widerspruchslösung die zeitliche Unbegrenztheit der Vertretungsmacht und die fehlende Überwachung durch das Betreuungsgericht. Noch mehr als bei einem durch eine bewusste Entscheidung selbst bestimmten Vertreter (Vorsorgebevollmächtigten) ist es bei einer automatischen Stellvertretung notwendig, Überwachungsinstrumente zu installieren. Wenn es die Möglichkeit gibt, für einen gewillkürten Stellvertreter einen Kontrollbetreuer zu bestellen, muss dies bei einer automatischen gesetzlichen Vertretungsmacht erst recht gelten. Zwar sieht der Entwurf des Bundesrates bei schwerwiegenden medizinischen Maßnahmen einen Genehmigungsvorbehalt vor, jedoch wurden keine Regelungen zur Bindung des Stellvertreters an den Willen oder das Wohl (z. B. §§ 1901, 1901 a BGB) der betroffenen Personen vorgesehen.[474] Einen so starken Eingriff in das Persönlichkeitsrecht, wie er hier vorliegt, müssen betroffene Personen nur hinnehmen, wenn hinreichend sichergestellt ist, dass ein gesetzlicher Vertreter im Interesse, aber wohl doch nach

470 Bienwald, FamRZ 2002, 1453, 1454

471 Vgl. dazu oben: B III.

472 BGH 09. 12. 1958 - VI ZR 203/57 - BGHZ 29, 46, 52; Strätling/Strätling-Tölle/Scharf/Schmucker, MedR 2003, 372, 376; Gödicke, FamRZ 2003, 1894, 1895

473 Diekmann, FBR 2004, 878, S. 680; Lipp, Betrifft Betreuung 7, 84, S. 85

474 Kritisch dazu: Diekmann, FBR 2004, 878, S. 680; Diekmann, Betrifft Betreuung 7, 88, S. 88; Lipp, Betrifft Betreuung 7, 84, S. 84; Probst, BtPrax 2004, 163, S. 164; Vormundschaftsgerichtstag e. V.; Stellungnahme zu den Themen des Abschlussberichts der Bund-Länder-Arbeitsgruppe „Betreuungsrecht", gekürzt unter: BtPrax 2003, 187, S. 4

dem Willen bzw. mutmaßlichen Willen der betroffenen Person handeln muss. Eine Bindung an den Willen und das Wohl der betreuten Person ist daher zwingende Voraussetzung der Einführung einer solchen Vertretungsmacht.[475]

Im Unterschied zum Betreuungsrecht kann keine Prüfung der Interessen der betroffenen Personen in Bezug auf die Auswahl der Vertretungsperson erfolgen.[476] Dies zeigt sich besonders deutlich, wenn man den nahtlosen Übergang von der elterlichen Sorge zu einer gesetzlichen Vertretungsmacht betrachtet, die sich bei handlungsunfähigen Kindern ergeben kann.[477] Lediglich der Verdacht, durch die Vertretung könnten die Angelegenheiten der betreuten Person nicht ebenso gut wie durch einen Betreuer erledigt werden, ermöglicht die Einleitung eines Betreuungsverfahrens. Verstärkt werden die Bedenken vor allem dadurch, dass ein Widerspruch der betroffenen Personen gegen eine solche Lösung nicht möglich ist, da diese zu keinem Zeitpunkt zu einer solchen Erklärung in der Lage sind.

Nicht vorgesehen war eine Rechenschaftspflicht der Vertreter gegenüber dem damaligen Vormundschaftsgericht, sodass eine Kontrolle nicht möglich ist; hinzu kommt, dass für die Vertreter auch kein Beratungsanspruch vorgesehen war, diese also mit den zum Teil schwerwiegenden Entscheidungen allein gelassen werden.[478]

Zusätzliche Zweifel werden an der Ausgestaltung des Eintritts des Vertretungsfalls geäußert.[479] Ähnlich wie die Betreuung wird bei dem vorliegenden Gesetzentwurf an einen Defekt bei der betroffenen Person angeknüpft. In welchem Verfahren dies festzustellen ist, bleibt ungeklärt. Für das Vorliegen der Rechtsscheinvollmacht ist ein ärztliches Attest ausreichend. Zwar ist ein solch einfaches Verfahren im Hinblick auf die Durchsetzbarkeit der Regelung verständlich, jedoch ist es nicht ausreichend, um einen Eingriff in das Persönlichkeitsrecht zu rechtfertigen. Dazu ist eine Festlegung von Voraussetzungen bezüglich der Feststellung der Handlungsunfähigkeit notwendig, um die not-

---

475 Stolz, BtPrax 2003, 20, S. 21

476 Hoffmann, BtPrax 2003, 94, S. 95 f.; Stolz, BtPrax 2003, 20, S. 21

477 Diekmann, FBR 2004, 878, S. 680; Lipp, Betrifft Betreuung 7, 84, S. 86; Paritätischer Wohlfahrtsverband - Gesamtverband e. V., Stellungnahme - zum Abschlussbericht der Bund-Länder-Arbeitsgruppe „Betreuungsrecht“; Bundesvereinigung Lebenshilfe für Menschen mit geistiger Behinderung e. V., Stellungnahme Abschlussbericht,

478 Vgl. dazu Kunz, Gesetzliche Vertretungsbefugnisse von nahen Angehörigen für Volljährige, S 110 ff.

479 Kunz, Gesetzliche Vertretungsbefugnisse von nahen Angehörigen für Volljährige, S. 84 ff.

wendige Transparenz hinsichtlich der Wahrung des Selbstbestimmungsrechts zu erreichen.[480]

Insgesamt ist damit ein Eingriff in das Persönlichkeitsrecht der betroffenen Personen durch die in dem Gesetzentwurf enthaltenen Vorschläge, nicht zu rechtfertigen.[481] So können die Angehörigen über eine „Notordnung" hinaus, über viele Angelegenheiten der betroffenen Personen entscheiden. Ob ein so weitreichendes Vertretungsrecht von dem Willen betroffener Menschen noch erfasst ist, bleibt fraglich.[482] Der Gesetzvorschlag konnte sich vor allem wegen der bestehenden Missbrauchsgefahr im Gesetzgebungsverfahren nicht durchsetzen.[483]

Notwendig für eine verfassungsgemäße Regelung ist die verfahrensrechtliche Absicherung eines solchen Vertretungsrechts.[484] Zusätzlich sollte es nur im Rahmen einer Notordnung sowohl in inhaltlicher als auch in zeitlicher Hinsicht eingerichtet werden. Daher darf die Handlungskompetenz des Vertreters lediglich die Rechtshandlungen umfassen, die zur Deckung des Unterhaltsbedarfs notwendig sind und im Rahmen der Gesundheitssorge eine strikte Willensbindung z. B. nach § 1901 a BGB vorsehen. In zeitlicher Hinsicht dürfte die gesetzliche Vertretungsmacht angesichts der Möglichkeit von einstweiligen Regelungen im Betreuungsrecht gem. § 300 ff. FamFG beschränkt auf einen sehr kurzen Zeitraum sein.[485] Dieser könnte sich an der Situation des § 1846 BGB orientieren. Jedoch bestehen bereits hier die oben geschilderten Bedenken.[486]

---

480 Kunz, Gesetzliche Vertretungsbefugnisse von nahen Angehörigen für Volljährige, S. 87

481 Ähnlich auch: Paino-Staber, Gesetzliche Stellvertretung naher Angehöriger im Bereich der Gesundheitssorge, S. 119

482 Diekmann, BtPrax 2003, 200, S. 203

483 BTDrucks. 15/4874, S. 26

484 Kunz, Gesetzliche Vertretungsbefugnisse von nahen Angehörigen für Volljährige, S. 153 f.

485 Vgl. dazu die Vorschläge von: Kunz, Gesetzliche Vertretungsbefugnisse von nahen Angehörigen für Volljährige, S. 153 ff., ähnlich auch das dreigliedrige System der Stellvertretung in Gesundheitsangelegenheiten bei: Diekmann, Stellvertretung in gesundheitlichen Angelegenheiten, S. 132.

486 Vgl. dazu oben: Kapitel 2, B II. 3.

C Fazit

Insgesamt bestehen gegen die Einführung einer automatischen gesetzlichen Vertretungsmacht erhebliche Bedenken. Im Rahmen einer Notordnung, als kurzzeitige Vertretungsmacht ausgestaltet, ist eine solche denkbar. Jedoch bietet das bestehende System aus Betreuung, Vorsorgevollmacht und auch Betreuungsverfügung sowie den verfahrensrechtlichen Regelungen ausreichende Möglichkeiten, dem Willen der betroffenen Personen gerecht zu werden, sodass ein so erheblicher Eingriff in das Persönlichkeitsrecht der betroffenen Personen nicht notwendig ist.

Damit dient das Instrument der automatischen gesetzlichen Vertretungsmacht nicht der Stärkung der Patientenautonomie.

Kapitel 3
Private Vorsorge

Die Einrichtung einer Betreuung ist gem. § 1896 Abs. 2 Satz 2 BGB dann nicht erforderlich, wenn die Angelegenheiten der betroffenen Person durch einen Bevollmächtigten ebenso gut wie durch einen Betreuer wahrgenommen werden können.[487] Die praktische Wirksamkeit der Vorsorgevollmacht hängt damit von der Gestaltung im Einzelfall und der Anerkennung im Rechtsverkehr ab. Die betroffene Person kann die Vorsorgevollmacht nach ihren Vorstellungen ausgestalten. Diese bestimmt zunächst eine oder mehrere Personen seines Vertrauens als Stellvertreter. Darüber hinaus kann sie durch Handlungsanweisungen das Vorsorgeverhältnis gestalten und den Bevollmächtigten an die Weisungen binden. Mit diesen Möglichkeiten erscheint die Vollmacht als das das am besten geeignete zur Sicherung der Selbstbestimmung der betroffenen Personen zu sein,[488] sofern der Schutz des Vollmachtgebers ausreichend sichergestellt wird. Das Betreuungsrecht sieht hierzu verschiedene Instrumente vor. Ziel des folgenden Kapitels ist es daher, Wirksamkeitsvoraussetzungen und -hemmnisse ebenso wie Effektivitäts- und Schutzprobleme zu untersuchen, um zunächst die Effektivität der Sicherung der Patientenautonomie zu prüfen und in einem zweiten Schritt Thesen zu erstellen, wie das Instrument der Vorsorgevollmacht gestärkt werden kann.

A Vorsorgevollmacht

Die Möglichkeit der Übertragung von Entscheidungskompetenzen in persönlichen Angelegenheiten, wie der Wahrnehmung der Gesundheitssorge, war lange Zeit umstritten.[489] Erst mit dem 1. Betreuungsrechtsänderungsgesetz

---

487 OLG Celle 29. 07. 2005 – 17 W 68/05 = OLGR Celle 2007, 260; OLG Schleswig 02. 11. 2005 – 2 W 169/05 = OLGR Schleswig 2006, 206; dazu Heitmann, jurisPR-FamR 6/2006 Anm. 3; KG Berlin 20.12.2005 – 1 W 170/03, 1 W 182/03 = RuP 2007, 30; dazu Heitmann, jurisPR-FamR, 8/2006, Anm. 3; OLG Brandenburg 10.3.2005 – 11 Wx 3/05 = NJW 2005, 1587; OLG Celle 29.7.2007 – 17 W 68/05 = OLGR Celle 2007, 260; zur Kritik am Instrument der Vorsorgevollmacht: Dodegge, FPR 2008, 591, 594

488 Bund-Länder-Arbeitsgruppe „Betreuungsrecht", Abschlussbericht, Betrifft Betreuung 6, 2003, S. 22

489 Bereits vor dem 1. Betreuungsrechtsänderungsgesetz (Gesetz zur Änderung des Betreuungsrechts sowie weiterer Vorschriften vom 25. 06. 1998 - BGBl. I vom 29. 06.

1999[490] wurde diese Frage durch den Gesetzgeber geklärt. Die im Betreuungsrecht bestehenden Genehmigungsvorbehalte für die Einwilligung in schwerwiegende medizinische, aber auch freiheitsentziehende Maßnahmen galten nun gem. §§ 1904 Abs. 2 und 1906 Abs. 5 BGB a. F.[491] auch für die Einwilligung durch den Vorsorgebevollmächtigten. Dies bedeutete in der Praxis, dass die Einrichtung einer Betreuung auch für die Wahrnehmung höchstpersönlicher Angelegenheiten durch eine Vorsorgevollmacht verhindert werden konnte.[492]

1998 S. 1580) war die Bevollmächtigung zumindest für Vermögensangelegenheiten zulässig und anerkannt - vgl. dazu die Begründung zur Einführung des Betreuungsrechts GesE der BReg. BTDrucks. 11/4528, S. 59, 121 f.; allgemein: Bienwald in: Staudinger § 1896 Rn. 114; Müller-Freienfels in: FS Coing zum 70. Geburtstag - Band II, S. 395; Müller-Freienfels in: FS Keller zum 65. Geburtstag, S. 35.
Für die Anwendbarkeit auch auf die Gesundheitssorge mit der Einführung der Betreuung mit Übersicht zum Streitstand vor dem 1. Betreuungsrechtsänderungsgesetz BTDrucks. 13/7158, S. 34 mit einem Überblick über neuere Entscheidungen: Uhlenbruck in: FS Deutsch zum 70. Geburtstag, 852; Uhlenbruck, MedR 1992, 134, 139; Uhlenbruck, ZRP 1998, 46 f.; Walter, Die Vorsorgevollmacht, S. 205 ff.; Truong, Vorsorgevollmacht und Vorsorgetreuhand in Gesundheitsangelegenheiten, S. 35 ff., 41 ff.; Schöllhammer, Die Rechtsverbindlichkeit des Patiententestamentes, 1993; Füllmich, Der Tod im Krankenhaus und das Selbstbestimmungsrecht des Patienten, 88 ff.; Hoß, Behandlungsabbruch und Patientenverfügungen - § 1904 BGB analog bei Behandlungsabbruch?, S. 25; Langenfeld, Vorsorgevollmacht, Betreuungsverfügung und Patiententestament nach dem neuen Betreuungsrecht, S. 8 ff., 84 ff; Ohly, Die Einwilligung im Privatrecht, S. 456; Müller-Freienfels, in: FS Helmut Coing zum 70. Geburtstag - Band II, 1982, S. 395, S. 404 ff.; Müller-Freienfels in: FS für Max Keller zum 65. Geburtstag, 1989, S. 35, S. 51 ff.; Lipp in: Handbuch der Vorsorgeverfügungen, § 3 Rn. 10 ff. Lipp, Freiheit und Fürsorge, S. 196; Röver, Einflussmöglichkeiten des Patienten im Vorfeld einer medizinischen Behandlung, 175 ff.; Sachsen-Gessaphe, Der Betreuer als gesetzlicher Vertreter für eingeschränkt Selbstbestimmungsfähige, S. 266 ff.; ablehnend Kohte, AcP 185 (1985), 105, S. 142; Schwab in: FS Gernhuber zum 70. Geburtstag, 1993, S. 815, 820 f., der lediglich eine Vertretung in der Erklärung als zulässig ansieht so auch: Schwab, FamRZ 1992, 493 ff.; differenzierend Diekmann, Stellvertretung in Gesundheitsangelegenheiten, S. 86 ff., 93.

490 BGBl. I vom 29. 06. 1998 S. 1580; so auch: Bienwald in: Staudinger § 1904 Rn. 60; Uhlenbruck in: FS Deutsch zum 70. Geburtstag, S. 852 f.; Hoß, Behandlungsabbruch und Patientenverfügungen - § 1904 BGB analog bei Behandlungsabbruch?, S. 27 f.

491 Jetzt § 1904 Abs. 5 BGB

492 BTDrucks. 13/7158, S. 34; Hoß, Behandlungsabbruch und Patientenverfügungen - § 1904 BGB analog bei Behandlungsabbruch?, S. 27; Bienwald in: Bienwald/Sonnenfeld/Hoffmann, Kommentar Betreuungsrecht, § 1896 Rn. 81, 106; Taupitz, Gutachten A für den 63. Deutschen Juristentag 2000, A 96

Mit der Ausgestaltung der Regelung in § 1904 Abs. 2 BGB a. F. nahm der Gesetzgeber eine vermittelnde Position zwischen den in Rechtsprechung und Literatur vertretenden Meinungen ein. Eine Stellvertretung sollte auch in Gesundheitsangelegenheiten möglich sein, jedoch sollte gleichzeitig dem Bedürfnis nach ausreichendem Schutz des Vollmachtgebers durch die Einrichtung eines Genehmigungsvorbehaltes, die Anforderung der „erweiterten Schriftform"[493] und die - bereits zuvor bestehende - Möglichkeit der Bestellung eines Überwachungsbetreuers genüge getan werden.[494] Ungeklärt geblieben sind die Wirksamkeitsvoraussetzungen der Vollmacht und deren dogmatische Ansiedelung.[495] Inwieweit dies zu Unsicherheiten in Bezug auf die praktische Wirksamkeit der Vorsorgevollmacht führt,[496] ist Gegenstand der folgenden Untersuchung.

I. Dogmatische Einordnung

Als rechtliches Instrument zur Übertragung der Entscheidungsmacht auf den Vollmachtnehmer werden drei verschiedene Modelle diskutiert. Zunächst die (analoge) Anwendung der §§ 164 ff. BGB,[497] des weiteren die Übertragung des

---

493 Jetzt: § 1904 Abs. 5 Satz 2 BGB – die Vollmacht muss schriftlich erteilt sein und die in § 1904 Abs. 1 und 2 BGB genannten Maßnahmen ausdrücklich umfassen. Es handelt sich dabei nicht um ein Schriftformerfordernis im Sinne des § 126 BGB, das es lediglich zu Unwirksamkeit der erteilten Einwilligung kommt.

494 BTDrucks. 13/7158, S. 34; kritisch zur Einführung der Genehmigungsvorbehalte: Sachsen-Gessaphe, Der Betreuer als gesetzlicher Vertreter für eingeschränkt Selbstbestimmungsfähige, S. 272 ff.

495 Vgl. dazu ausführlich Truong, Vorsorgevollmacht und Vorsorgetreuhand in Gesundheitsangelegenheiten, S. 51 ff.; Sachsen-Gessaphe, Der Betreuer als gesetzlicher Vertreter für eingeschränkt Selbstbestimmungsfähige, S. 275 ff.

496 Vgl. dazu Milzer, NJW 2003, 1836

497 Hierbei kommt es darauf an, ob man von einer Gestattung der Vornahme tatsächlicher Handlungen, ausgeht, die in den Rechtskreis des Betroffenen eingreifen – also einer geschäftsähnlichen Handlungen – dann kommt nur die analoge Anwendung in Betracht – so Füllmich, Der Tod im Krankenhaus und das Selbstbestimmungsrecht des Patienten, S. 99; Uhlenbruck, MedR 1992, 134, 140; geht man mit Kohte von einer Einwilligung in ein Rechtsgeschäft aus, kommt konsequenterweise nur die direkte Anwendung der Vorschriften der §§ 164 ff. BGB in Betracht – Kohte lehnt jedoch die Einwilligung in eine ärztliche Heilbehandlung wegen der höchstpersönlichen Natur ab Kohte, AcP 185 (1985), 105, S. 142; ebenso Schwab in: FS Gernhuber zum 70. Geburtstag, 1993, S. 815, 821. Ausführlich zu den Vor- und Nachteilen der Vollmachtserteilung: Truong, Vorsorgevollmacht und Vorsorgetreuhand in Gesundheitsangelegenheiten, S. 57 ff.

allgemeines Persönlichkeitsrechts[498] im Sinne einer Rechtsausübungsübertragung und schließlich das Modell der deutschrechtlichen Treuhand[499]. Die unterschiedlichen Übertragungsmodi führen im Ergebnis jedoch nicht dazu, die generelle Übertragungsmöglichkeit auszuschließen, es geht nur darum, die effektivste Ausübungsübertragung zu bestimmen.[500] Dabei steht neben der Sicherung der Selbstbestimmung der Schutz der betroffenen Person an erster Stelle.

Mit der Gegenüberstellung dieser beiden Ziele zeigt sich bereits das Spannungsfeld, in dem sich die Regelungen um die Vorsorgevollmacht bewegen. Ähnlich hat das auch der Gesetzgeber gesehen. Ohne sich auf die rechtliche Konstruktion der Vorsorgevollmacht festzulegen, hat er sowohl Regelungen in Bezug auf die Wirkung[501] und die Wirksamkeit der Vollmacht in Gesundheitsangelegenheiten[502], als auch Schutzmechanismen[503] in die Vorschriften des Betreuungsrechts eingefügt.

Truong[504] sieht die Lösung der Problemlage in der deutschrechtlichen Treuhand, die sie als ein System mit weitestgehender Handlungsmacht für den Treuhänder beschreibt, bei dem zugleich der Schutzgedanke nicht vernachlässigt wird. Bei der Treuhand werde die Wahrnehmung der Rechte des Treugebers durch die vollkommene und endgültige Übertragung[505] der Befugnisse auf den Treuhänder ermöglicht, die jedoch in der Sonderform der deutschrechtlichen

---

498 Diese Übertragungsform ist dann notwendig, wenn man davon ausgeht, dass das Selbstbestimmungsrecht des Patienten an die Person seines Inhabers gebunden und somit unübertragbar sei: Füllmich, Der Tod im Krankenhaus und das Selbstbestimmungsrecht des Patienten, S. 98 ff., 105 ff.; Langenfeld, Vorsorgevollmacht, Betreuungsverfügung und Patiententestament nach dem neuen Betreuungsrecht, S. 93 ff.; Uhlenbruck, MedR 1992, 134, 140 f.; Ausführlich zu den Voraussetzungen der Rechtsübertragung: Truong, Vorsorgevollmacht und Vorsorgetreuhand in Gesundheitsangelegenheiten, 70 ff.

499 Zu dem Modell der deutschrechtlichen Treuhand: Truong, Vorsorgevollmacht und Vorsorgetreuhand in Gesundheitsangelegenheiten, S. 97 ff., ausführlich zu den Wirksamkeitsvoraussetzungen S. 133 ff.

500 Dazu ausführlich Sachsen-Gessaphe, Der Betreuer als gesetzlicher Vertreter für eingeschränkt Selbstbestimmungsfähige, S. 268 f. m. w. N.

501 § 1896 Abs. 2 Satz 2 BGB, 1901 a BGB

502 § 1904 Abs. 2 BGB a. f. jetzt § 1904 Abs. 5 Satz 2 BGB

503 § 1896 Abs. 3, § 1904 Abs. 5 Satz 1 BGB

504 Truong, Vorsorgevollmacht und Vorsorgetreuhand in Gesundheitsangelegenheiten, S. 97 ff.

505 Für die Übertragung des Rechts am eigenen Körper sieht die Autorin die Abtretung als passendes Rechtsinstrument an, die unter der doppelten Bedingung für den Eintritt des Fürsorgefalls und der auflösenden Bedingung des Rechtsmissbrauchs gestellt wird.

Treuhand unter der auflösenden Bedingung steht, dass die Schranken im Innenverhältnis eingehalten werden. Damit geht zwar eine vollständige Übertragung der Rechtsausübungsbefugnis einher, diese ist jedoch belastet mit der dinglichen Anwartschaft des Treugebers. Bei einer Verletzung des Innenverhältnisses durch den Treuhänder kommt es unmittelbar zu einem Rückfall des Treugutes an den Treugeber und damit zu einer Änderung der Rechtszuständigkeit, so dass der Schutz des Treugebers sichergestellt werden könne. Von Vorteil bei der Ausgestaltung der Treuhand sei weiterhin, dass der Treuhänder durch das Erfordernis des beiderseitigen Erscheinens vor dem Notar bereits bei Abschluss des Abtretungsvertrags in die Diskussion mit einbezogen wird.

Mit dieser rechtlichen Konstruktion, so Truong, wären auch die Verkehrsinteressen des behandelnden Arztes bzw. der behandelnden Ärztin ausreichend geschützt, da diese mit dem Treuhänder immer den richtigen Ansprechpartner finden und lediglich überprüfen müssen, ob die Entscheidung des Treuhänders auch dem Willen des Treugebers entspricht. Mit der Notwendigkeit der Einbeziehung eines Notars, der Verpflichtung des behandelnden Arztes, der behandelnden Ärztin zur Überprüfung der Reichweite der Treuhand und der eventuell darauf folgenden Auflösung der Treuhand werden die Schwächen dieser dogmatischen Konstruktion sichtbar. Dieses aufwendige Verfahren wird dazu führen, dass sich das Modell der deutschrechtlichen Treuhand in der Praxis nicht durchsetzen wird.[506]

Demgegenüber handelt es sich bei der Übertragung des Allgemeinen Persönlichkeitsrechts (Art. 2 Abs. 1 i. V. m. Art. 1 Abs. GG) um eine Überlassung des Rechts zur Ausübung, bei der der Ermächtigende das Vollrecht uneingeschränkt behält[507] und somit eine konkurrierende Rechtszuständigkeit geschaffen wird.[508] Die Übertragung des Allgemeinen Persönlichkeitsrechts be-

---

506 So ähnlich für die Vorsorgevollmacht: Bund-Länder-Arbeitsgruppe zur Beobachtung der Kostenentwicklung im Betreuungsrecht, S. 30; ähnlich bereits Sellin/Engels/Holzhauer, Qualität, Aufgabenverteilung und Verfahrensaufwand bei rechtlicher Betreuung, Hoffmann/Schumacher, BtPrax 2002, 191; Eibach/Schaefer, MedR 2001, 21 ff.; Bund-Länder-Arbeitsgruppe „Betreuungsrecht“, Abschlussbericht, Betrifft Betreuung 6, 2003, S. 22 f.

507 BGH 17. 11. 1955 - II ZR 222/54 - BGHZ 19, 69, 71; vgl. dazu ausführlich m. w. N. Füllmich, Der Tod im Krankenhaus und das Selbstbestimmungsrecht des Patienten, S. 120 ff.

508 Bei der Überlassung des Rechts zu Ausübung ist zunächst ungeklärt geblieben, über welche Rechtsform diese Überlassung erfolgt. Vgl. zur Kritik Walter, Die Vorsorgevollmacht, S. 217; Röver, Einflussmöglichkeiten des Patienten im Vorfeld einer medizinischen Behandlung, S. 181. In Betracht kommt auch hier die Bevoll-

zieht sich lediglich auf die Übertragung der Handlungsmacht in einzelnen Bereichen, sodass die behandelnden Ärzte in jedem Fall dazu gezwungen sind, zu überprüfen, ob sich die Handlungsmacht des Ermächtigten auf die gerade vorliegende Behandlungssituation bezieht.[509] Die behandelnden Ärzte können sich nicht darauf verlassen, dass die Ermächtigung in jedem Fall ausreichend ist, sodass die Praktikabilität dieses Modells nicht gegeben ist.

Bei der Vollmacht handelt es sich um ein Instrument, das dem Bevollmächtigten ermöglicht, die Behandlungsanweisungen des Vollmachtgebers umzusetzen und darüber hinaus dessen Willen in rechtlichen Angelegenheiten, aber auch im Gerichtsverfahren zu repräsentieren.[510] Dabei handelt es sich um eine Willensvertretung, deren Problem vor allem darin besteht, dass die Rechtsmacht des Vertreters im Außenverhältnis aufgrund der Abstraktion zwischen Außen- und Innenverhältnis nicht durch interne Behandlungsanweisungen beschränkt werden kann.[511] Der Vorteil der Anwendung der Regelungen der Vollmacht besteht darin, dass neben der Einwilligung in Behandlungsmaßnahmen, der Vertreter auch die rechtsgeschäftlichen Belange des Vertretenen regeln und somit die bei einer medizinischen Behandlung notwendigen rechtlichen Rahmenbedingungen gestalten kann. Der Schutz des Vollmachtgebers besteht zum einem bereits in der Höchstpersönlichkeit der Einwilligung in Gesundheitsangelegenheiten – der Vertreter kann erst dann für den Vollmachtgeber wirksam Einwilligungen in medizinische Maßnahmen abgeben, wenn dieser einwilligungsunfähig ist. Zusätzlich hat der Gesetzgeber Schutzmaßnahmen vorgesehen, sodass neben der Möglichkeit der individuellen Ausgestaltung des Vorsorgeverhältnisses und der Bestimmung eines Kontrollbevollmächtigten das Schutzsystem des Betreuungsrechts eingreift.[512]

Das Modell der „Vollmacht" wird in der Praxis mittlerweile angewandt,[513] daher hat sich trotz bestehender Probleme in der praktischen Umsetzung die Bezeichnung der Vorsorgevollmacht durchgesetzt,[514] sodass man von der analogen Anwendung der Regelungen der Vollmacht nach §§ 164 ff. BGB ausgehen

---

mächtigung, aber auch die Ermächtigung. Vgl. dazu ausführlich Truong, Vorsorgevollmacht und Vorsorgetreuhand in Gesundheitsangelegenheiten, S. 70 ff.

509 Truong, Vorsorgevollmacht und Vorsorgetreuhand in Gesundheitsangelegenheiten, S. 95

510 Vgl. dazu ausführlich Truong, Vorsorgevollmacht und Vorsorgetreuhand in Gesundheitsangelegenheiten, S. 59 f.

511 Vgl. dazu ausführlich unten B III.

512 §§ 1904 Abs. 5 Sätze 1 und 2, 1896 Abs. 3 BGB - vgl. dazu ausführlich unten B IV.

513 So auch: Burchardt, Vertretung handlungsunfähiger volljähriger Patienten durch Angehörige, S. 56.

514 Taupitz, Gutachten A für den 63. Deutschen Juristentag 2000, S. A 97 m. w. N.

kann.[515] Für die Bearbeitung folgt daraus: Es ist möglich, Entscheidungskompetenzen an „Vertreter" auch im Bereich der Gesundheitssorge im Rahmen einer Vollmacht zu übertragen, sodass die entscheidende Frage darin besteht, diese Übertragung effektiv unter Beachtung des Schutzgedankens auszugestalten.[516]

II. Grundverhältnis der Vollmacht

Bei der Feststellung der Effektivität der Vorsorgevollmacht kommt der Charakterisierung des Grundverhältnisses und damit dem Rechtsverhältnis zwischen dem Bevollmächtigten und dem Vollmachtgeber eine bedeutende Rolle zu. Für den Bevollmächtigten ist es wichtig zu überschauen, nach welchen Richtlinien er seine Aufgaben wahrzunehmen hat, auch als Schutz vor Regressansprüchen des Vollmachtgebers oder seiner Erben.[517] Auf der anderen Seite dient die Präzisierung der Rechte und Pflichten des Bevollmächtigten im Grundverhältnis dazu, dem Sicherungsbedürfnis des Vollmachtgebers gerecht zu werden; also das Dürfen des Vertreters einzuschränken, aber auch den Maßstab der Kontrolle eines Vollmachtsüberwachers bzw. die Genehmigung des Betreuungsgerichts sicherzustellen.[518] Hinzukommt, dass das Betreuungsgericht nach § 1896 BGB prüfen muss, ob die Vollmacht für den jeweilig erforderlichen Aufgabenbereich zur umfassenden Vertretung der betroffenen Person ausreicht. Ist die Vertretung im Innenverhältnis auf bestimmte Aufgabenbereiche beschränkt, kann im Einzelfall die Gefahr bestehen, dass eine Betreuung eingerichtet werden muss, durch den Bevollmächtigten die Angelegenheiten der betroffenen Person nicht ebenso gut wie durch einen Betreuer wahrgenommen werden können.[519]

---

515 Davon ausgehend: Taupitz, Gutachten A für den 63. Deutschen Juristentag 2000, S. A 97 m. w. N.; Schwab in: MK-BGB, § 1896, Rn. 48 ff.; Bienwald in: Staudinger § 1896 Rn. 120 ff. So im Ergebnis auch: Uhlenbruck, MedR 1992, 134, 141; zur Überbewertung des Begriffs der Vorsorgevollmacht: Baumann, MittRhNotK 1998, 1

516 Ähnlich Taupitz, Gutachten A für den 63. Deutschen Juristentag 2000, S. A 96 f.; Langenfeld, Vorsorgevollmacht, Betreuungsverfügung und Patiententestament nach dem neuen Betreuungsrecht, S. 105

517 Langenfeld, Vorsorgevollmacht, Betreuungsverfügung und Patiententestament nach dem neuen Betreuungsrecht, 116 f.

518 Walter, Die Vorsorgevollmacht, 113 f.; Hoß, Behandlungsabbruch und Patientenverfügungen - § 1904 BGB analog bei Behandlungsabbruch?, 30 f.

519 Litzenburger, NotBZ 2007, 1, 5

Ausgehend vom Abstraktionsprinzip ist die Vollmacht im Regelfall vom Grundverhältnis unabhängig.[520] Die Wirksamkeit der Vollmacht hängt insofern nicht von der des zugrundeliegenden Rechtsgeschäftes oder Rechtsverhältnisses ab.[521] Dies bringt für den Bereich der Stellvertretung die Unterscheidung zwischen der dem Vertreter eingeräumten Rechtsmacht (Vertretungsmacht – „das rechtliche Können“) und dem zugrundeliegenden Rechtsverhältnis („das rechtliche Dürfen“) zum Ausdruck, die Vertretungsmacht als das rechtliche Außenverhältnis, ist damit vom Innenverhältnis zu trennen.[522]

Diese Regelung dient vor allem der Sicherheit des Rechtsverkehrs, dem es kaum zumutbar ist, in jedem Fall nachzuprüfen, inwieweit in einem Vertretungsfall das rechtliche Können mit dem rechtlichen Dürfen übereinstimmt. Wird daher der Vertreter innerhalb der Grenzen der Vertretungsmacht tätig, missachtet er aber die ihm im Innenverhältnis auferlegten Grenzen, so ist das Geschäft gegenüber dem Vertretenen uneingeschränkt gültig.[523] Gerade diese Rechtsfolge wird als Nachteil der Anwendung der Vertretungsregeln auf die Vorsorgevollmacht betrachtet,[524] da eine Beschränkung des Bevollmächtigten lediglich im Innenverhältnis möglich ist und keine Wirksamkeit nach außen hat.

Eine Übertragung dieses Grundsatzes des Stellvertretungsrechts auf Entscheidungen des Stellvertreters in persönlichen Angelegenheiten wird dem hohen Rang des Selbstbestimmungsrechts nicht gerecht, sodass Entscheidungen des Vertreters gegen den (mutmaßlichen), nicht von der Krankheit geprägten Willen der betroffenen Person, unwirksam sind und der Schutz des Rechtsverkehrs zurückzutreten hat.[525] Dafür spricht auch die Neuregelung des § 1901 b BGB, wonach der Arzt bzw. die Ärztin den Willen und damit die im Innenverhältnis festgelegten Handlungsrichtlinien, zu erforschen hat. Ebenso hat sich das Betreuungsgericht gem. § 1904 Abs. 4 BGB an den Willen der betroffenen Person zu halten.

---

520 Heinrichs in: Palandt, Einf. Vor § 164 BGB Rn. 2 und § 167 Rn. 4

521 Ausnahmen z. B. bei Verstoß gegen das damalige Rechtberatungsgesetz (jetzt Rechtsdienstleistungsgesetz) im Bauträgermodell: BGH 11.10.2001 - III ZR 182/00 - NJW 2002, 66; BGH 24. 10. 2006 - XI ZR 216/ 05 - NJW-RR 2007, 395

522 Gehrlein/Weinland in: jurisPK-BGB, § 164 Rn. 3

523 Maier-Reimer in: Erman, Vor § 164 Rn. 6; Heinrichs in: Palandt, Einf. Vor § 164 BGB Rn. 2, § 167 Rn. 4

524 Vgl. dazu ausführlich statt vieler: Truong, Vorsorgevollmacht und Vorsorgetreuhand in Gesundheitsangelegenheiten, S. 57 ff.

525 So bereits oben für die Betreuung: Kapitel 1, B I. 6. – vgl. auch Nebe, Selbstbestimmte Organisation komplexer ambulanter Pflegeleistungen, S. 79 ff., Spickhoff, AcP 208 (2008), 347, S. 403; Mayer, Medizinische Maßnahmen an Betreuten, 1995, S. 105 ff.

Damit kommt es zu einem Durchschlagen der im Innenverhältnis bestehenden Beschränkungen auf das Außenverhältnis bei der Einwilligung zu medizinischen Behandlungen. Dies wird zwar sowohl in der Literatur als auch in der Rechts- und Beratungspraxis wegen der nur eingeschränkten Anwendbarkeit in der Praxis als nicht empfehlenswerte Ausgestaltung der Vollmacht betrachtet,[526] jedoch ist ein solches Durchschlagen im eng umgrenzten Bereich der Gesundheitssorge ein wichtiges Schutzelement sowohl für Vollmachtgeber und –nehmer, als auch für das ärztliche Behandlungsteam.

1. Gefälligkeitsverhältnis

Der Vorsorgevollmacht können verschiedene Rechtsverhältnisse zugrunde liegen – nur im Einzelfall ist eine isolierte Vollmacht ohne Grundverhältnis möglich.[527] Auch bestehende familiäre Pflichten[528] machen ein Grundverhältnis nicht obsolet.[529] In der Praxis kommt es im familiären oder freundschaftlichen Bereich häufig zu Bevollmächtigungen, bei denen als Grundverhältnis ein sogenanntes Gefälligkeitsverhältnis des täglichen Lebens vorliegt. Dieses zeichnet sich durch unentgeltliches und uneigennütziges Handeln des Bevollmächtigten aus, dem ein Rechtsbindungswillen für die Übernahme der Haftung bei einer

526 Sauer, RNotZ 2009, 79, 80

527 Schramm in: MK-BGB, § 168 Rn. 2; Sprau in: Palandt, Einf. § 168 BGB Rn. 1, der die Erlöschensgründe des Auftrags heranziehen möchte, Habermeier in: Bamberger/Roth, § 168, Rn. 4 – auf diese ist dann § 168 nicht anwendbar, a. A. Litzenburger, NotBZ 2007, 1, 2, der darauf hinweist, dass die genannten Fälle solche auf Grundlage eines Gefälligkeitsverhältnisses seien.

528 § 1353 BGB - tatsächliche Beistandspflichten könne sowohl die persönliche als auch die finanziellen Beziehungen der Eheleute umfassen. Gerade im persönlichen Bereich ergeben sich auch Pflichten für den Beistand bei Krankheiten oder Schwangerschaft Brudermüller in: Palandt, § 1353 Rn. 9, Hilfe bei Alkohol- und Drogenabhängigkeit (BGH 14. 12. 1966 – IV ZR 245/65 - FamRZ 1967, 324), ggf. auch die Verpflichtung zur Unterbringung bzw. zur Stellung eines Betreuungsantrags für einen geistig erkrankten Ehegatten (Wacke in: MK-BGB, § 1353 Rn. 22). Nicht umfasst ist jedoch die Verpflichtung zur Pflege eines schwerbehinderten Ehegatten - BGH 22. 02. 1995 – XII ZR 80/94 - LM BGB § 1353 Nr. 34 (7/1995)
§ 1618 a BGB ist parallel zu § 1353 BGB entwickelt worden, im familiären Verhältnis (vgl. zu diesem Begriff ausführlich: Schwer in: jurisPK-BGB, § 1618 a Rn. 2 ff.) tritt daher – wie Ehegatten untereinander – eine Verpflichtung zur Unterstützung und Hilfe in allen Lebenslagen ein, das umfasst auch Unterstützung im Krankheitsfall - Diederichsen in Palandt, § 1618 a Rn. 1, 3; Sachsen-Gessaphe in: MK-BGB, § 1618a, Rn. 8

529 Sauer, RNotZ 2009, 79, 80; Litzenburger, NotBZ 2007, 1, 2

eventuell fehlerhaften Durchführung der Vertretung fehlt.[530] Als Indiz für den Rechtsbindungswillen werden vor allem die materielle und ideelle Bedeutung der Angelegenheit für beide Seiten, deren Interessen, die Art der Gefälligkeit und die persönliche Beziehung zueinander angesehen.[531] Das Fehlen eines solchen Rechtsbindungswillens nimmt die Rechtsprechung in neueren Entscheidungen vor allem dann an, wenn zwischen dem Vollmachtgeber und dem Bevollmächtigten eine starke Vertrauensbindung besteht.[532] Innerhalb enger familiärer und quasifamiliärer Strukturen kann diese Form der Ausgestaltung des Grundverhältnisses bei überschaubarem Betreuungs- und Verwaltungsaufwand annehmbar erscheinen, jedoch können vor allem bei einem längeren Zeitraum zwischen der Errichtung der Vollmacht und dem Eintritt des Vollmachtsfalls Differenzen entstehen.[533]

Geht man von der überragenden Bedeutung einer Vorsorgevollmacht und dem Interesse des Vollmachtgebers an einer verlässlichen Gestaltung seiner künftigen Handlungsformen aus, liegt es im beiderseitigen Interesse, dass es sich nicht lediglich um ein Gefälligkeitsverhältnis handelt.[534] Nachteilig ist für die Bevollmächtigten in diesem Fall die fehlende Handlungsanweisung – es kann somit zu Problemen bei der Durchführung der Vollmacht kommen. Wird dem familiären Vertreter eine Patientenverfügung mit detaillierter Wertvorstellung an die Hand gegeben, kann ein solches Grundverhältnis ausreichend sein, da die Patientenverfügung gem. § 1901 a Abs. 1 BGB den Vorsorgebevollmächtigten zur Umsetzung verpflichtet.[535]

2. Auftrag/Geschäftsbesorgungsvertrag/Dienstvertrag

Eine größere Sicherheit für beide Parteien, wie oben dargestellt, bietet der Abschluss eines Dauerschuldverhältnisses im Rahmen der Vertretung. In Betracht kommen hier sowohl der Auftrag (§ 662 BGB), eine entgeltliche Geschäftsbesorgung (§ 675 BGB), ein Dienstvertrag (§ 611 BGB) als auch ein typengemischter Vertrag.

---

530 Litzenburger, NotBZ 2007, 1, 2

531 Seiler in: MK-BGB, § 662, Rn 60 m. w. N.

532 BGH 5. 7. 2000 - XII ZR 26/98 - NJW 2000, 3199 (für Ehegatten); OLG Düsseldorf 28. 03. 2006 – ZEV 2007, 184 (für Partner einer Lebensgemeinschaft); OLG Naumburg 06. 07. 2007 - 10 U 27/07; vgl. dazu Wallkamm, MDR 2008, 1375

533 Vgl. dazu ausführlich Sauer, RNotZ 2009, 79, 80 f.

534 Vgl. Walter, Die Vorsorgevollmacht, 112 f.; Litzenburger, NotBZ 2007, 1, 2; Ahrens, BtPrax 2005, 163, 164

535 Vgl. dazu ausführlich unten: B III. 1. a) und 3. a)

Nach § 662 BGB ist der Auftrag die unentgeltliche Besorgung eines fremden Geschäfts, wohingegen die Geschäftsbesorgung i. S. d. § 675 BGB ein Dienst- oder Werkvertrag ist, der eine vermögensbezogene entgeltliche Geschäftsbesorgung zum Gegenstand hat. Dabei ist Geschäftsbesorgung in diesem Sinne jede selbstständige Tätigkeit wirtschaftlicher Art in fremdem Interesse.[536] Auf sie sind weitgehend die Vorschriften des Auftrags anwendbar – vor allem der für die Durchführung von Weisungen entscheidende § 665 BGB.

Handelt es sich jedoch im Grundverhältnis um Dienste, denen der Vermögensbezug und damit der Schwerpunkt einer wirtschaftlichen Tätigkeit gänzlich fehlt, können diese nicht Gegenstand eines Geschäftsbesorgungsvertrags sein,[537] sodass im Einzelfall zu erwägen ist, ob ein Dienstvertrag in Betracht kommt.[538] Dies wird in der Praxis nur in wenigen Einzelfällen vorkommen, da es sich hier um Bevollmächtigungen handeln müsste, bei denen entgeltlich lediglich die Wahrnehmung von Aufgaben, z. B. im Bereich der Gesundheitssorge übertragen wird, sodass dieser Fall vernachlässigbar ist. Im Regelfall ist das Grundverhältnis einer Vorsorgevollmacht ein Auftrag gem. § 662 BGB.[539]

B Betreuungsvermeidung

Der Vorteil der Vorsorgevollmacht besteht in der Betreuungsvermeidung. Daher kann eine Stärkung nur dann erreicht werden, wenn der Mechanismus der Betreuungsvermeidung unterstützt wird. Ein wichtiger Punkt der Untersuchung ist es daher, die Voraussetzungen für die Betreuungsvermeidung und deren Hemmnisse zu ermitteln.

Nach § 1896 Abs. 2 Satz 2 BGB ist eine Betreuung dann nicht einzurichten, wenn ein Bevollmächtigter die Angelegenheiten der betroffenen Person „ebenso gut, wie ein Betreuer“ wahrnehmen kann. Für die mangelnde Eignung der Vorsorgevollmacht, aber auch des Bevollmächtigten kann es vielfältige Ursachen geben: So können sich Probleme in Bezug auf die Wirksamkeit und den Umfang der Bevollmächtigung, die Möglichkeiten der Rechtsdurchsetzung, Mängel in

536 BGH 17. 10. 1991 – III ZR 352/89 - juris Rn. 15 - WM 1992, 879

537 Str. vgl. zu Streitstand ausführlich: Heermann in: MK-BGB, § 675 Rn. 2 ff.

538 Langenfeld, Vorsorgevollmacht, Betreuungsverfügung und Patiententestament nach dem neuen Betreuungsrecht, 117 f.; so auch Wagenitz, Selbstbestimmung am Lebensende, in: Duttge, Perspektiven des Medizinrechts im 21. Jahrhundert, S. 21

539 So im Ergebnis auch: Lipp, Patientenautonomie und Lebensschutz, 2005, S. 35; Lipp, Stellungnahme für den Rechtsausschuss des Deutschen Bundestags, S. 18

Bezug auf die Akzeptanz der Vollmacht im Rechtsverkehr[540] und Mängel, die aus der Wahl der Vertretungsperson resultieren, ergeben.[541] Nur wenn sich unter Abwägung der genannten Problemkreise eine ebenso gute Vertretung der betroffenen Person ergibt, wirkt die Vorsorgevollmacht betreuungsvermeidend.

I. Wirksamkeit der Vollmacht

An erster Stelle steht die Frage nach der Wirksamkeitsvoraussetzung einer Bevollmächtigung. Dabei ist Grundlage für die Zurechnung von im fremden Namen abgeschlossenen Verträgen, die dem Vertreter als unmittelbar Handelndem erteilte Vertretungsmacht.[542] Diese stellt die Rechtsmacht dar, durch (rechtsgeschäftliche) Handlungen (Rechts-)Wirkungen für und gegen den Vertretenen zu erzeugen. Die Vertretungsmacht stellt kein subjektives Recht dar und wird damit nicht durch ein Verfügungsgeschäft übertragen.[543] Sie ist eine Rechtsmacht eigener Art[544] und wird durch ein Rechtsgeschäft, kraft Gesetzes oder auf organschaftlicher Grundlage begründet. Die rechtsgeschäftliche Erteilung der Vertretungsmacht wird in § 166 Abs. 2 S. 1 BGB als Vollmacht bezeichnet, sie erfolgt durch ein selbstständiges einseitiges Rechtsgeschäft entweder gegenüber dem Vertreter oder dem künftigen Geschäftspartner (§ 167 Abs. 1 BGB).

1. Geschäftsfähigkeit - Einwilligungsfähigkeit

Damit erscheint zunächst klar, dass es sich bei der Erteilung der Vollmacht um ein Rechtsgeschäft handelt, für das Geschäftsfähigkeit notwendig ist.[545] Jedoch wird diskutiert, ob im Fall der vertretungsweisen Einwilligung in

540 Vgl. dazu auch die Ausführungen von Bienwald in: Bienwald/Sonnenfeld/Hoffmann, Kommentar Betreuungsrecht, § 1896 Rn. 85 f. – Bienwald verweist darauf, dass es auch dem Arzt als Vertragspartner nicht zugemutet werden kann, sich zwingend auf eine Vollmacht einzulassen.

541 Vgl. dazu auch: Milzer, NJW 2003, 1836; BGH 28. 03. 2012 - XII ZB 629/11 - FamRZ 2012, 969; BGH 07.03.2012 - XII ZB 583/11 - FamRZ 2012, 868; BGH 13.04.2011 - XII ZB 584/10 - FamRZ 2011, 964; BGH 30.03.2011 - XII ZB 537/10 - NJW 2011, 2137; AG Lübeck - 14.11.2011 - 4 XVII H 23481 - BtPrax 2012, 36

542 Schramm in: MK-BGB, § 164 Rn. 68.

543 Vgl. dazu oben A I. dogmatische Einordnung der Vorsorgevollmacht

544 Heinrichs in: Palandt, Einf. v. § 164 Rn. 5; a. A. Schramm in: MK-BGB, Einf. § 164 Rn. 5.

545 Schwab in: MK-BGB, § 1904 Rn. 71; Taupitz, Gutachten A für den 63. Deutschen Juristentag 2000, A 102

gesundheitliche Maßnahmen ebenfalls Geschäftsfähigkeit notwendig ist oder ob bei einer solch beschränkten Vertretungsmacht die Einwilligungsfähigkeit des Vollmachtgebers als Kriterium ausreicht.[546] Dies ist nicht überzeugend, da es bei der Errichtung der Vollmacht nicht darum geht, zu erkennen, welche Vor- und Nachteile bestimmte Behandlungen haben, sondern es entscheidend darauf ankommt, zu erkennen, welche Bedeutung und Rechtsfolgen eine solche Bevollmächtigung hat.[547] Der Vorsorgende muss erkennen können, dass er die Ausübung der Selbstbestimmung in die (treuen) Hände einer anderen Person legt und welche Risiken damit verbunden sind. Die Vorsorgevollmacht ist als ein Instrument gedacht, durch das im Zeitpunkt noch bestehender Entscheidungsfähigkeit einer Vertrauensperson gezielt für den Zeitpunkt eigener Handlungsunfähigkeit, eine Vollmacht erteilt wird.[548] Die fehlende Möglichkeit in dieser Anwendungssituation die Vollmacht zu widerrufen, macht die besondere Bedeutung der Errichtung der Vollmacht deutlich. Hinzukommt, dass für die Vollmachtserteilung zur Einwilligung in schwerwiegende medizinische Maßnahmen besondere Anforderungen an eine ausreichende Bevollmächtigung gestellt werden.[549] Aus der Gesamtschau dieser Argumente ergibt sich, dass der Vollmachtgeber zum Zeitpunkt der Vollmachtserteilung geschäftsfähig sein muss,[550] darüber hinaus aber auch über die Fähigkeit verfügen muss, die Bedeutung und Tragweite der vom Vertreter in Zukunft möglicherweise vorzunehmenden Entscheidung zu erkennen.[551] Letzteres ergibt sich mittelbar aus den Wertungen des § 1904 Abs. 5 Satz 2 BGB.

Zeigen sich im betreuungsgerichtlichen Verfahren Zweifel an der Geschäftsfähigkeit der betroffenen Person im Zeitpunkt der Vollmachtserteilung, ist das

546 Diederichsen in: Palandt, Einf. § 1896 Rn. 5; Bioethik-Kommission Rheinland-Pfalz, Sterbehilfe und Sterbebegleitung, S. 49 (These 7); Bienwald in: Bienwald/Sonnenfeld/Hoffmann, Kommentar Betreuungsrecht, § 1896 Rn. 90; Martin, Die Betreuung mit dem Aufgabenkreis Gesundheitssorge, S 127; Dodegge/Fritsche, NJ 2001, 176, 180.

547 So auch: Renner in: Müller/Renner, Rn. 246; Schwab in: MK-BGB, § 1904 Rn. 72; so auch: Walter, Die Vorsorgevollmacht, S. 45 ff., 230 f.; Röver, Einflussmöglichkeiten des Patienten im Vorfeld einer medizinischen Behandlung, 196 f.; Keilbach, FamRZ 2003, 969, 979

548 BTDrucks. 11/4528, S. 122

549 Vgl. dazu ausführlich unten: B I. 3. und IV. 1.

550 Dazu reicht auch partielle Geschäftsfähigkeit aus - OLG München 05. 06. 2009 – 33 WX 278/08, 33 WX 279/08 - FamRZ 2009, 2033; Schwab in: MK-BGB, § 1904 Rn. 71

551 Berger, JZ 2000, 797, 803; so auch Sachsen-Gessaphe, Der Betreuer als gesetzlicher Vertreter für eingeschränkt Selbstbestimmungsfähige, S. 276

Gericht von Amts wegen nach § 26 FamFG verpflichtet, entsprechende Ermittlungen anzustellen.[552] Falls gewichtige Zweifel an der Geschäftsfähigkeit bestehen bleiben, kann die Bestellung eines Betreuers erforderlich sein.[553] Dies ist nach der Auffassung des OLG München nur dann der Fall, wenn durch die Zweifel an der Geschäftsfähigkeit zum Zeitpunkt einer Vollmachtserteilung die Eignung der Vollmacht als Alternative zur Betreuung beeinträchtigt wird. Dies sei nur dann der Fall, wenn sie konkrete Schwierigkeiten des Bevollmächtigten im Rechtsverkehr erwarten lassen.[554]

Um die Geschäftsfähigkeit zum Zeitpunkt der Vollmachtserteilung nachzuweisen, empfiehlt es sich daher, die Fähigkeit zur freien Willensbildung durch einen Arzt bzw. eine Ärztin[555] bestätigen oder die Vorsorgevollmacht durch einen Notar beurkunden[556] zu lassen, der die Geschäftsfähigkeit gem. § 11 BUrkG zu prüfen hat.[557]

Die Bestätigung der Geschäftsfähigkeit durch einen Arzt oder eine Ärztin in der Vollmachtsurkunde bietet den Vorteil, dass sich diese – zumeist als Hausarzt – nicht nur ein punktuelles Urteil über die Geschäftsfähigkeit bilden können, da sie den Vollmachtgeber meist schon über längere Zeit behandeln.[558] Die Einbeziehung eines Arztes kann sich auch aus einem anderen Grund empfehlen. Der Arzt oder die Ärztin kann den Vollmachtgeber über die Bevollmächtigung in gesundheitlichen Fragen aufklären, vor allem dann, wenn die Vorsorgevollmacht mit einer Patientenverfügung verknüpft werden soll.

Ist der Bevollmächtigte während eines Verfahrens vor dem Betreuungsgericht noch in der Lage, eine wirksame Vorsorgevollmacht zu erteilen, hat das Betreuungsgericht ihn auf diese Möglichkeit hinzuweisen - § 278 Abs. 2 Satz 2

---

552 Zum Umfang der Amtsermittlung: OLG Hamm 22. 06. 2011 - I-15 Wx 118/11, 15 Wx 118/11 - FamRZ 2011, 1815

553 BayObLG München 25. 11. 1993 - 3Z BR 190/93 - BtPrax 1994, 59.

554 OLG München 5. 6. 2009 – 33 WX 278/08, 33 WX 279/08 - FamRZ 2009, 2033; OLG München 04. 11. 2009 - 33 Wx 285/09 - FamRZ 2010, 756

555 Problematisch erscheint daran, dass oftmals die Kategorien der Geschäfts- bzw. Einwilligungsfähigkeit nur unzulänglich bekannt sind – vgl. dazu Kohte/Weber, jurisPR-ArbR 52/2009 Anm. 1

556 Die Beglaubigung als Überprüfung der Unterschrift reicht nicht aus, da hier die Geschäftsfähigkeit nicht geprüft wird.

557 Der Beweiswert der notariellen Prüfung der Geschäftsfähigkeit wird wesentlich von den Kriterien der Prüfung der Geschäftsfähigkeit abhängen. Im Zweifelsfall kann die Geschäftsfähigkeit im Prozess lediglich ein Sachverständiger prüfen, dem Notar fehlt dazu oftmals der psychologische Sachverstand. Vgl. dazu OLG München 5. 6. 2009 – 33 WX 278/08, 33 WX 279/08; Bienwald, BtPrax 1998, 164, 167

558 Bienwald in: Staudinger § 1896 Rn. 118

FamFG. Eine noch nicht bestehende Vollmacht kann erstellt oder eine bereits bestehende Vollmacht nachgebessert werden. Dabei war streitig, ob es der betroffenen Person, die in einem solchem Fall in der Regel selbst der Antragsteller sein wird, anheimgestellt sein soll, ob er sich einem Betreuungsverfahren unterzieht oder eine Vollmacht erteilt.[559] Durch die Einführung von § 278 Abs. 2 Satz 2 FamFG wurde geklärt, dass in einem solchem Fall, die Eigenhilfe, d. h. die Erteilung einer Vollmacht, Vorrang vor der staatlichen Fürsorge hat. Dies darf aber nicht zu einem Zwang zur Erstellung der Vorsorgevollmacht führen. Für die einzelnen betroffenen Personen kann es gute Gründe geben, z. B. die fehlende Vertrauensperson, warum sie keine Vollmacht erteilen wollen.[560]

2. Form der Vollmacht

Nach § 167 Abs. 2 BGB bedarf die Vollmacht nicht der Form des Rechtsgeschäftes, für die sie erteilt wird.[561] Ausnahmen von dieser Regelung bestehen, wenn es aufgrund des Rechtsgeschäfts oder der geschäftsähnlichen Handlung abweichende Regelungen im Gesetz gibt. Dies trifft für Grundstücksgeschäfte gem. § 311 b Abs. 1 BGB (Schriftlichkeit) bzw. § 29 GBO (öffentliche Beglaubigung) zu.[562] Soll die Vollmacht auch zu einer gerichtlichen Vertretung berechtigen, ist gem. § 51 Abs. 3 ZPO Schriftform nach § 126 Abs. 1 BGB erforderlich. Dazu ist es notwendig, dass die Dokumente eigenhändig durch Namensunterschrift oder mittels notariellen Handzeichens gekennzeichnet sind.[563]

---

559 Bienwald in: Staudinger § 1896 Rn. 116; Bienwald in: Bienwald/Sonnenfeld/Hoffmann, Kommentar Betreuungsrecht, § 1896 Rn. 83, Holzhauer/Reinicke, Betreuungsrecht, § 1896 Rn. 38; Roth in: Erman, § 1896, Rn. 45 f.; Schwab in: MK-BGB, § 1896 Rn. 63; a. A. noch Schwab, FamRZ 1992, 493, 495

560 Holzhauer/Reinicke, Betreuungsrecht, § 1896 Rn. 38; Schwab in: MK-BGB §1896 Rn. 63

561 Roth in: Erman, § 1906 Rn. 62; Walter, Die Vorsorgevollmacht, S. 89; Dieckmann/Jurgeleit, BtPrax 2002, 135, 138

562 Dazu ausführlich: Spalckhaver in: Handbuch der Vorsorgeverfügungen § 13 Rn. 1 - 74

563 Ellenberger in: Palandt, § 126 Rn. 2, 6

a) Besondere Anforderungen des § 1904 Abs. 5 Satz 2 BGB[564]

Soll der Bevollmächtigte auch Einwilligungen im Bereich der Gesundheitssorge erteilen können, sieht der Gesetzgeber die schriftliche Erteilung der Vollmacht in § 1904 Abs. 5 Satz 2 BGB vor. Streitig ist, ob von diesem Schriftformerfordernis alle Einwilligungen in medizinische Maßnahmen erfasst sind oder ob sich das Formerfordernis nur auf die in § 1904 Abs. 5 Satz 2 BGB genannten schwerwiegenden medizinischen Maßnahmen[565] bezieht.[566] Ist die Vollmacht in den umfassten Bereich nicht schriftlich erteilt, führt dies nicht zu ihrer Unwirksamkeit nach § 125 BGB, sondern der Bevollmächtigte kann lediglich keine wirksame Einwilligung in die vom Schriftformerfordernis umfassten Maßnahmen erteilen, es fehlt ihm dann an der Vertretungsmacht für diese Einwilligung.[567] Durch die Einführung dieses Formerfordernisses sollte die Vorsorgevollmacht in ihrer praktischen Bedeutung gestärkt werden, indem nun ausdrücklich eine Bevollmächtigung auch in diesem höchstpersönlichen Bereich möglich ist; gleichzeitig sollte sichergestellt werden, dass solche Vorsorgevollmachten nicht voreilig erteilt werden.[568] Damit handelt es sich um eine Vorschrift, die dem Schutz des Vollmachtgebers dient, sodass die genaue Auslegung unter dem Stichpunkt Schutzmechanismen[569] untersucht wird.

Unabhängig von der Frage, ob die besondere Gefahrenlage durch die medizinischen Maßnahmen ausdrücklich genannt werden muss, umfasste die frühere Regelung in § 1901 BGB lediglich Einwilligungen zur Durchführung von medizinischen Maßnahmen. Streitig war, ob die Nichtdurchführung oder der Abbruch der medizinischen Maßnahmen ausdrücklich in der Vollmacht be-

---

564 Wegen des gesundheitsrechtlichen Bezugs der Arbeit wird im folgenden Teil der Arbeit lediglich § 1904 Abs. 5 Satz 2 BGB untersucht, die freiheitsentziehenden Maßnahmen nach § 1906 BGB werden ausgeklammert – die bei § 1904 Abs. 5 Satz 2 BGB gewonnene Auslegung kann auf § 1906 BGB übertragen werden. Zur Unterbringung: BGH 28. 03. 2012 - XII ZB 629/11 - FamRZ 2012, 969 mit Anmerkung Böhm

565 Davon umfasst sind: Die Einwilligung, die Nichteinwilligung bzw. der Widerruf der Einwilligung in Untersuchungen des Gesundheitszustands, Heilbehandlungen oder ärztliche Eingriffe, wenn durch die Durchführung dieser Eingriffe die begründete Gefahr besteht, dass der Betreute auf Grund der Maßnahme stirbt oder einen schweren und länger dauernden gesundheitlichen Schaden erleidet. § 1904 Abs. 1 und 2 i. V. m. Abs. 5 BGB

566 Vgl. zu diesem Streitpunkt ausführlich die Darstellung unter Kapitel 3, B IV. 1.

567 Dazu ausführlich: Lipp in: Handbuch der Vorsorgeverfügungen, § 16 Rn. 27

568 BTDrucks. 13/7158, S. 34

569 Vgl. Abschnitt: B. IV. 1.; so auch: Bienwald in: Staudinger § 1904 Rn. 72; Schwab in: MK-BGB, § 1904 Rn. 73

nannt werden musste.[570] Mit der Änderung des § 1904 BGB durch das 3. Betreuungsrechtsänderungsgesetz wurden diese Unklarheiten beseitigt.[571] Durch die eindeutige Positionierung des Gesetzgebers zu dieser Frage kam es zu einer Stärkung der Vorsorgevollmacht.

b) Empfehlung der Schriftform

Die Vorsorgevollmacht nimmt innerhalb der sonst rechtsgeschäftlich geprägten Vollmachten eine besondere Stellung ein, da der Vollmachtgeber die Vollmacht für den Fall erteilt, in dem nicht mehr selbst dazu in der Lage sein wird, seine rechtlichen Angelegenheiten wahrzunehmen. Damit sind nachträgliche Genehmigungen von Vertreterentscheidungen oder auch nur die Bestätigung der Vertretungsmacht, vor allem in der Gesundheitssorge, oftmals nicht möglich. Für den Vertreter kann dies im Einzelfall bedeuten, dass die Vorsorgevollmacht nicht anerkannt wird. Daher empfiehlt sich die Schriftlichkeit der Vollmacht auch über die gesetzlich geregelten Fallgruppen hinaus.[572]

c) Hinterlegungsmöglichkeiten

Die Bundesnotarkammer führt seit 2004 das Zentrale Vorsorgeregister,[573] in das Vorsorgevollmachten (und nun auch Betreuungsverfügungen[574]) eingetragen werden können. Damit soll den Betreuungsgerichten die Suche nach einem Bevollmächtigten erleichtert und letztendlich Verfahren zur Bestellung eines Betreuers vermieden werden.[575] Am 30. 09. 2012 waren dort bereits 1.767.584 Vollmachten registriert.[576] Registriert werden können in dieser Datenbank nicht nur die von Notaren beurkundeten Vorsorgevollmachten – auch Privatpersonen

570 3. Gesetz zur Änderung des Betreuungsrechts vom 29. 07. 2009 – BGBl. I, 2286 – in Kraft getreten 1. 09. 2009

571 Vgl. zur bisherigen Rechtslage: Langenfeld, ZEV 2003, 449, 451; befürwortend: Milzer, NJW 2003, 1836, 1837; Albrecht/Albrecht, MittBayNot 2003, 348, 353; Perau, RNotZ 2003, 263, 266

572 Vor allem im Bankverkehr kann es vorkommen, dass Vorsorgevollmachten nicht anerkannt werden, wenn diese der Bank nicht vor Eintritt der Geschäftsunfähigkeit zur Kenntnis gebracht wurde oder durch Eintragung in ein öffentliches Register bekannt gemacht worden ist. Ausführlich zum Problembereich: Tersteegen, NJW 2007, 1717, Zimmermann, BKR 2007, 226, ähnlich auch: Milzer, NJW 2003, 1836

573 § 76 Bundesnotarordnung

574 Änderung der Bundesnotarordnung und der Vorsorgeregisterverordnung durch das Gesetz zur Änderung des Zugewinnausgleichs- und Vormundschaftsrechts vom 6. 07. 2009 BGBl. I Nr. 39 S. 1696

575 Vgl. dazu: Bund, BtPrax 2005, 223; Görk, PR 2007, 82

576 http://www.vorsorgeregister.de/Presse/Statistik/index.php (letzter Aufruf: 15. 10. 2012)

können die Angaben zur jeweiligen Vorsorgevollmacht gegen eine geringe Gebühr hinterlegen.[577] Nach § 278 Abs. 2 Satz 2 FamFG hat das Betreuungsgericht nicht nur die betroffene Person in geeigneten Fällen – im Rahmen der Anhörung – auf die Möglichkeit der Erteilung einer Vorsorgevollmacht hinzuweisen, sondern nun zusätzlich auch darauf, dass er diese beim zentralen Vorsorgeregister hinterlegen kann.[578]

d) Notarielle Beurkundung

In der Praxis bietet die notarielle Beurkundung erhebliche Vorteile – Zweifel an der Identität des Vollmachtgebers, der Geschäftsfähigkeit und der Authentizität seines Willens werden im Regelfall nicht entstehen.[579] Daher empfiehlt es sich, die Vollmacht beurkunden zu lassen.[580] Eine solche Beurkundung kann nur durch den Notar durchgeführt werden – dabei hat dieser den Vollmachtgeber umfassend über die Rechtswirkungen und den Inhalt der Vorsorgevollmacht zu beraten und die Geschäftsfähigkeit des Vollmachtgebers zu prüfen.[581]

e) Kompetenzen der Betreuungsbehörden

Eine Neuerung stellt seit 01. 07. 2005 die Beglaubigungskompetenz der kommunalen Betreuungsbehörden dar. Diese dürfen nun – ebenso wie die Notare – Unterschriften und Handzeichen unter Vorsorgevollmachten (und Betreuungsverfügungen) öffentlich beglaubigen (§ 6 Betreuungsbehördengesetz).[582] Eine solche Unterschriftsbeglaubigung, die eine Gebühr von 10 Euro

---

577 Dabei wurden im Jahr 2008 – ähnlich wie im Vorjahr - mehr als 91 % der Eintragungsanträge von Notarinnen und Notaren gestellt, nur knapp 2 % stammten von Rechtsanwältinnen und Rechtsanwälten. Lediglich 6.7 % der Eintragungsanträge stammten von Privatpersonen. Bundesnotarkammer – Zentrales Vorsorgeregister Jahresbericht 2008: http://www.elrv.info/_downloads/zvr/ZVR_Jahresbericht_2008.pdf - letzter Aufruf: 27. 05. 2009

578 Gesetz über das Verfahren in Familiensachen und in den Angelegenheiten der freiwilligen Gerichtsbarkeit vom 17. 12. 2008 - BGBl. I vom 22. 12. 2008 S. 2586 in Kraft getreten am 1. 9. 2009

579 Der Notar hat den Vollmachtgeber umfassend über die Rechtswirkungen und den Inhalt der Vorsorgevollmacht zu beraten und die Geschäftsfähigkeit des Vollmachtgebers zu prüfen. Dieckmann/Jurgeleit, BtPrax 2002, 135, 138; Meier, BtPrax 2002, 184, 187, vgl. dazu ausführlich: Spanl, RPfleger 2006, 455; zur Belehrungspflicht: Heynitz, MittBayNot 2003, 269

580 Vgl. zu den Kosten: Spalckhaver in: Handbuch der Vorsorgeverfügungen, § 7 Rn. 21 ff.; Renner, NotBZ 2005, 45, Bund, BtPrax 2005, 174

581 § 11 BUrkG

582 BTDrucks. 15/2494 S. 15

kostet, ist oftmals erforderlich, z. B. bei Erklärungen zum Grundbuch (§ 29 Grundbuchordnung)[583], bei der Ausschlagung einer Erbschaft nach § 1945 BGB oder einer An- und Abmeldung des Vollmachtgebers nach § 11 Abs. 7 MRRG.[584] Hier handelt es sich jedoch nur um einen Identitätsabgleich – nicht geprüft werden die Inhalte der Vorsorgevollmacht und die Geschäftsfähigkeit, wobei die Betreuungsbehörden eine kostenlose Beratung zu diesen Fragen anbieten.[585]

3. Besondere Wirksamkeitsvoraussetzung nach § 1904 Abs. 5 BGB

Über das Erfordernis der Schriftform hinaus ist es für eine Einwilligung des Vorsorgebevollmächtigten in die in § 1904 Abs. 1 Satz 1 und Abs. 2 BGB genannten Maßnahmen erforderlich, dass diese ausdrücklich von der Vollmacht umfasst werden.[586] Die Wirksamkeit der Vollmacht ist davon nicht betroffen, es handelt sich um eine Auslegungsregel, nach der festgestellt werden kann, ob die Einwilligung in diese Maßnahmen von der Vollmacht umfasst wird und wann damit der Bevollmächtigte auch in diesem Bereich wirksame Einwilligungen abgeben kann.[587] Damit handelt es sich ebenso wie bei dem Schriftformerfordernis Schutzvorschrift, die unter dem Stichpunkt Schutzmechanismen[588] untersucht wird. Es sei darauf hingewiesen, dass es bei Mängeln der Vollmacht in diesem Bereich zu einer Betreuerbestellung kommen kann.

---

583 Nach der Änderung des Wortlauts durch das Gesetz zur Änderung des Zugewinnausgleichs- und Vormundschaftsrechts vom 06. 07. 2009 in § 6 Abs. 2 BtBG handelt es sich ausdrücklich um öffentliche Beglaubigungen. Müller in: Müller/Renner, Rn. 19. Bisher war dies streitig. Vgl. dazu ausführlich: Spanl, RPfleger 2006, 455. Eine solche Beglaubigung ist ausreichend i. S. d. § 29 GBO - OLG Dresden 04. 08. 2010 - 17 W 0677/10, 17 W 677/10 - NotBZ 2010, 409

584 Spanl, RPfleger 2006, 455, 456

585 Meier, BtPrax 2002, 184, 187

586 §§ 1904 Abs. 2 Satz 2, 1906 Abs. 5 Satz 1 BGB, zur Unterbringung: BGH 28. 03. 2012 - XII ZB 629/11 - FamRZ 2012, 969

587 Dazu ausführlich: Walter, FamRZ 1999, 685, 691, 693

588 Vgl. Abschnitt: B. IV. 1., so auch: Bienwald in: Staudinger § 1904 Rn. 72, Schwab in: MK-BGB, § 1904 Rn. 73

4. Bestimmung des Vorsorgefalls

Bei der Formulierung einer „Vorsorge-“ Vollmacht stellt sich immer wieder die Frage, wie und ob der sogenannte Vorsorgefall ausgestaltet werden soll.[589] Die Charakteristik der Vorsorgevollmacht[590] ist, dass diese erst dann zum Einsatz kommen soll, wenn ein vom Vollmachtgeber definierter Vorsorgefall eintritt.[591] Dieser liegt im Regelfall in der krankheits- oder behinderungsbedingten Geschäfts-, Handlungs- oder Entscheidungsunfähigkeit. Dabei wird diskutiert, ob dieser beschränkte Wirksamkeitseintritt der Vorsorgevollmacht inhärent sei.[592] Diese Auslegung ist zu eng.[593] Entscheidend kann nur sein, wie der niedergelegte Wille des Vollmachtgebers auszulegen ist.[594] Kommt in der Vollmacht zum Ausdruck, dass sie nur dann wirksam sein soll, sobald z. B. die betroffene Person nicht mehr handlungsfähig ist, ist die Vollmacht aufschiebend bedingt erteilt und wird damit erst mit nachgewiesener Handlungsunfähigkeit wirksam.

Gerade daraus ergeben sich die Probleme der aufschiebend bedingten Vollmachten. Unabhängig davon, unter welche aufschiebende Bedingung sie gestellt wurde (Geschäfts-, Handlungs- oder auch Entscheidungsunfähigkeit etc.) entstehen im Rechtsverkehr erhebliche Probleme. Der Bevollmächtigte muss nun den Eintritt der Bedingung nachweisen. Damit kann unter Umständen eine zu hohe Hürde errichtet worden sein. Reicht z. B. eine einmalige Bescheinigung der Geschäftsunfähigkeit der betroffenen Person durch einen Arzt oder eine Ärztin aus oder muss die Untersuchung in regelmäßigen Abständen erneut erfolgen? Es gibt kein einheitliches Verfahren, in dem die Hilfsbedürftigkeit des Vollmachtgebers zuverlässig festgestellt werden kann, hinzukommen die

---

589 Im Falle einer Überprüfung, ob mit der Erteilung der Vollmacht die Angelegenheiten des Betroffenen ebenso gut wie durch eine Betreuung erfüllt werden können, muss das Betreuungsgericht auch prüfen, ob die Modalitäten der Erteilung der Vertretungsmacht geeignet sind - Schwab in: MK-BGB, § 1896 Rn. 55
Vgl. zur Problematik: Walter, Die Vorsorgevollmacht, S. 68 ff.; Müller, DNotZ 1997, 100 ff., Baumann, MittRhNotK 1998, 1, 3.

590 Dieser Begriff hat sich in der Praxis durchgesetzt und wurde auch vom Gesetzgeber in der Begründung des BtÄndG (BTDrucks. 13/7158, S. 34) ausdrücklich verwendet – er findet sich auch in § 68 Abs. 1 Satz 3 FGG und § 1908 f Nr. 2a BGB. Andere Begriffe lauteten Altersvorsorgevollmacht oder Gesundheitsfürsorgevollmacht. Vgl. dazu auch: Taupitz, Gutachten A für den 63. Deutschen Juristentag 2000, A 97

591 Klie/Bauer, FPR 2004, 671, 673 f.

592 Vgl. dazu Diederichsen in: Palandt, Einf. § 1896 Rn. 5, Klie/Bauer, FPR 2004, 671, 673, ablehnend: Müller, DNotZ 1997, 100, 104

593 So auch: Müller, DNotZ 1997, 100, 104

594 Schwab in: MK-BGB, § 1896, Rn. 53

Probleme mit der unterschiedlichen Umschreibung des Eintritts der Hilfsbedürftigkeit. Damit wird eine solche Vollmacht in der Praxis unbrauchbar, da der Bevollmächtigte nicht ebenso gut wie ein Betreuer die Angelegenheiten der betroffenen Person wahrnehmen kann.[595]

Um dieses Problem zu umgehen, wird Folgendes vorgeschlagen: Der Vollmachtgeber errichtet eine notarielle Vollmacht, die er dem Bevollmächtigten aber nicht aushändigt. In dieser Urkunde wird bestimmt, dass die Vollmacht erst in Kraft tritt, wenn der Bevollmächtigte eine Ausfertigung der notariell beurkundeten Vollmacht besitzt. Zugleich wird der Notar angewiesen, eine Ausfertigung der Vollmachtsurkunde nur nach Vorlage einer ärztlichen Bescheinigung über die Geschäftsunfähigkeit des Vollmachtgebers an den Bevollmächtigten zu erteilen.[596] Dieses Vorgehen birgt einen hohen Sicherheitsfaktor, der in der Praxis jedoch wiederum zu Problemen führen könnte. Das vorgesehene Verfahren ist sehr zeitaufwendig und kann durch die Begutachtung, die ein Arzt oder eine Ärztin durchzuführen hat, zu unnötigen Verzögerungen und Kosten führen[597] und durch seine Kompliziertheit das juristische Verständnis der Vollmachtsadressaten überfordern.[598]

Als weniger umständliches Verfahren wird daher empfohlen, eine nicht aufschiebend bedingte Vollmacht von Vertrauenspersonen aufbewahren zu lassen.[599] Dagegen spricht, dass es im Notfall dazu kommen kann, dass die Urkunde nicht aufgefunden wird und sichergestellt werden müsste, dass sie auch wirksam gem. § 130 BGB abgegeben wurde.[600]

Möchte man sichergehen, dass die Wirksamkeit der Vollmacht nicht durch eventuell unnötige Verfahren des Nachweises des Vorsorgefalls behindert wird, bleibt die Möglichkeit eine ebenfalls nicht aufschiebend bedingte Vollmacht mit

---

595 Anschaulich erläutert: AG Lübeck - 14. 11. 2011 - 4 XVII H 23481 - BtPrax 2012, 36; KG Berlin 24. 11. 2009 - 1 W 49/09 - FamRZ 2010, 835; OLG Frankfurt 15. 10. 2010 - 20 W 399/10 - DNotZ 2011, 745 mit Anm. Müller, DNotZ 2011, 747; Milzer, NJW 2003, 1836; Müller, DNotZ 1997, 100, 108, Bauer in: HK-BuR, § 1896 Rn. 184

596 Bühler, BWNotZ 1990, 1 3 f., Klie/Bauer, FPR 2004, 671, 673, der sogar ein amtsärztliches Gutachten empfiehlt, Meier, BtPrax 2002, 184, 188; Langenfeld, Vorsorgevollmacht, Betreuungsverfügung und Patiententestament nach dem neuen Betreuungsrecht, 146; ausführlich Spalckhaver in: Handbuch der Vorsorgeverfügungen, § 13 Rn. 92 ff.

597 Vgl. zu weiteren Bedenken: Müller, DNotZ 1997, 100, 110 f.

598 Milzer, NJW 2003, 1836

599 Meier, BtPrax 2002, 184, 188; mit Bedenken: Müller, DNotZ 1997, 100, S. 109 f.

600 Vgl. dazu ausführlich Müller, DNotZ 1997, 100, S. 109 f.

einer internen Weisung zur Wirksamkeit[601] zu erteilen.[602] In Anbetracht der Tatsache, dass man eine so wichtige Aufgabe wie die Entscheidungskompetenz in Gesundheitsfragen nur Vertrauenspersonen[603] erteilt, scheint das Risiko im Vergleich zum Risiko einer vielleicht praktisch unwirksamen Erteilung der Vollmacht relativ gering. Zur Absicherung des bestehenden Restrisikos, kann ein sogenannter Überwachungsbevollmächtigter bestimmt werden, der die ordnungsgemäße Durchführung der Vorsorgevollmacht überwacht. Für Vorsorgevollmachten im Bereich der Gesundheitssorge tritt noch hinzu, dass eine Doppelzuständigkeit, wie bei einer rechtsgeschäftlichen Bevollmächtigung, nicht existiert, sodass die Missbrauchsgefahr zumindest in diesem Bereich deutlich geringer ist.[604]

5. Wirksamkeit über den Wegfall der Geschäftsfähigkeit hinaus

Die einmal wirksam erteilte (Vorsorge-) Vollmacht bleibt gem. §§ 672, 168 BGB auch nach Eintritt der Geschäftsunfähigkeit des Geschäftsherrn wirksam.[605]

6. Kein Erlöschen

a) Widerruf

Die Vorsorgevollmacht ist zu jeder Zeit widerruflich - § 168 Abs. 2 BGB. Eine Beschränkung der Widerruflichkeit der Vollmacht ist aufgrund des Persönlichkeitsbezugs der von Bevollmächtigten zu tätigenden Entscheidung innerhalb

---

601 Vgl. zur Problematik eines möglichen Durchschlagens des Kausalverhältnis auf die Vollmacht: Walter, Die Vorsorgevollmacht, 84 f.

602 So praktiziert in der Entscheidung AG Lübeck - 14. 11. 2011 - 4 XVII H 23481 - BtPrax 2012, 36; Favorisiert von Müller DNotZ 2011, 747; Müller, DNotZ 1997, 100, 112; Schwab in: MK-BGB, § 1896 Rn. 55; Dieckmann/Jurgeleit, BtPrax 2002, 135, 138; Keilbach, FamRZ 2003, 969, 981

603 Klie/Bauer weisen zutreffend darauf hin, dass nur absolute Vertrauenspersonen ausgewählt werden sollten. Jeder Vollmachtgeber müsse sich des Risikos einer Vorsorgevollmacht bewusst sein, die bloße Hoffnung, es werde schon alles gut gehen, sei ein schlechter Ratgeber. Klie/Bauer, FPR 2004, 671, 672

604 Vgl. dazu die ähnliche Lage bei der Betreuung – siehe oben unter: Sachsen-Gessaphe, Der Betreuer als gesetzlicher Vertreter für eingeschränkt Selbstbestimmungsfähige, S. 277 m. w. N.

605 Meier, BtPrax 2002, 184, 188; Klie/Bauer, FPR 2004, 671, 673; Schwab in: FS Gernhuber zum 70. Geburtstag, 1993, S. 815, 818; vgl. zur dogmatischen Herleitung ausführlich: Müller-Freienfels in: FS für Helmut Coing zum 70. Geburtstag - Band II, 1982, S. 395, 403 ff.

der Gesundheitssorge, auch weil die Vollmacht ausschließlich im Interesse des Vollmachtgebers erteilt wurde, von vornherein unzulässig.[606] Der Widerruf der Gesundheitsvorsorgevollmacht ist formlos zu jeder Zeit möglich, auch wenn die betroffene Person bereits nicht mehr geschäftsfähig ist. Notwendig für den Widerruf ist lediglich, dass die betroffene Person einwilligungsfähig ist.[607] Ebenso ist ein Widerspruch gegen eine konkrete medizinische Maßnahme möglich, da es eine verdrängende Vollmacht nicht gibt.[608]

b) Erlöschen des zugrundeliegenden Rechtsgeschäfts

Die Vorsorgevollmacht geht ebenfalls unter, falls das ihr zugrunde liegende Rechtsverhältnis, z. B. durch Kündigung des Bevollmächtigten beendet wird – diesbezüglich gelten die Regelungen der §§ 170 – 173 BGB.[609]

c) Rechtsfolgen der fehlenden Vollmacht

Schließt ein Vertreter ohne Vertretungsmacht einen Vertrag, gelten die allgemeinen Regelungen des BGB, wonach dieser dann durch den Vertretenen zu genehmigen ist oder zulasten des Vertreters geht. An dieser Stelle geraten die Regelungen der Stellvertretung in Bezug auf Gesundheitsangelegenheiten an ihre Grenze. Eine Genehmigung (i. S. d. § 184 Abs. 1 BGB) ist im Falle der Vertretung ohne Vertretungsmacht bei der Einwilligung in medizinische Maßnahmen nicht denkbar. Es kommt daher unweigerlich zur Unwirksamkeit der Einwilligung, die zulasten des behandelnden Arztes und des Bevollmächtigten geht, die dann unter Umständen eine Haftung aus unerlaubter Handlung und strafrechtliche Konsequenzen zu fürchten hätten.

Anders gestaltet, da nicht zwingend an die Wirksamkeit der Vollmacht gekoppelt, ist die Frage nach der Wirksamkeit der Einwilligung, wenn die Vollmacht die Anforderungen von § 1904 Abs. 5 Satz 2 BGB nicht erfüllt. Hier kann der Vertreter ebenfalls keine wirksame Einwilligung erteilen. Haben dies der Arzt bzw. Ärztin oder auch der Vertreter nicht erkannt, ist zwar die Vollmacht nicht unwirksam, es liegt jedoch ebenfalls die Fallgruppe der Vertretung ohne

---

606 Taupitz, Gutachten A für den 63. Deutschen Juristentag 2000, A 102; Heinrichs in: Palandt, § 168 Rn. 6; Lipp, Freiheit und Fürsorge, S. 208; Röver, Einflussmöglichkeiten des Patienten im Vorfeld einer medizinischen Behandlung, S. 203 f. m. w.N.; OLG Stuttgart 23. 02. 1994 - 8 W 534/93 – FamRZ 1994, 1417 = BtPrax 1994, 99, 100; Kohte, AcP 185 (1985), 105, 137 ff.

607 Walter, Die Vorsorgevollmacht, 232 ff.; Walter, FamRZ 1999, 685, 693; Schwab in: MK-BGB, § 1904 Rn. 80; a. A. Jurgeleit in: Jurgeleit, Betreuungsrecht, § 1896 Rn. 32; Roth in: Dodegge/Roth, Betreuungsrecht, C Rn. 61 m. w. N.

608 Taupitz, Gutachten A für den 63. Deutschen Juristentag 2000, A 103

609 Schwab in: MK-BGB, § 1904 Rn. 81

Vertretungsmacht vor. Da eine Genehmigung nicht erteilt werden kann, kommt es auch nicht zu einer rechtfertigenden Einwilligung.

II. Umfang der Vertretungsmacht

Eine zentrale Rolle bei der Einrichtung einer Vorsorgevollmacht kommt der Ausgestaltung der umfassten „Aufgabenbereiche“ der Vollmacht zu. Eine Vorsorgevollmacht kann ihre betreuungsvermeidende Wirkung nur in solchen Bereichen entfalten, die von der Vollmacht umfasst sind. Bei der Ausgestaltung der Aufgabenbereiche handelt es sich um eine Beschränkung der Vollmacht im Außenverhältnis. Der Vollmachtgeber ist bei der Festlegung des Umfangs der Vertretungsmacht weitgehend frei.[610] Eine solche Beschränkung kann dazu führen, dass der Vorsorgevollmacht die Anerkennung in der Praxis fehlt, da der Vertragspartner prüfen müsste, ob der Vertretungsfall eingetreten ist.[611]

Trotzdem kann es Gründe geben, die Außenvollmacht auf bestimmte Aufgabenbereiche einzuschränken. Zum einem kann der Vollmachtgeber mehrere Personen mit unterschiedlichen Aufgabenbereichen betrauen – so zum Beispiel die in finanziellen Angelegenheiten bewanderte Enkelin mit der Vermögenssorge, jedoch für die Gesundheitssorge lieber die mitfühlende Tochter. Darüber hinaus ist es natürlich auch möglich, nur einzelne Bereiche durch eine Vorsorgevollmacht regeln zu wollen, in anderen Bereichen aber die Einrichtung einer Betreuung zu bevorzugen.

Darüber hinaus ist es denkbar, dass die Vollmacht einen Bereich nicht erfasst, den der Vollmachtgeber aber erfassen wollte. Dies kann sich z. B. aus der schwierig zu interpretierenden Vorschrift des § 1904 Abs. 5 Satz 2 BGB ergeben.[612]

Vor allem der weite Spielraum der Möglichkeiten einer Bevollmächtigung kann in der Praxis zu Anwendungsschwierigkeiten führen und die Verwertbarkeit der Vollmacht im Rechtsverkehr beeinflussen. Daher besteht bei der Erstellung der Vorsorgevollmacht ein erheblicher Beratungsbedarf, wie die verschiedenen Gestaltungsmöglichkeiten genutzt werden können. Vollmachten können für verschiedene Aufgabenbereiche erteilt werden – dabei bietet sich

610 Vgl. mit Beispielen zum Ausschluss der Vertretungsmacht: Sachsen-Gessaphe, Der Betreuer als gesetzlicher Vertreter für eingeschränkt Selbstbestimmungsfähige, S. 259

611 Vgl. dazu die Beispiele bei Milzer, NJW 2003, 1836, 1837

612 Zur Auslegung dieser Norm vgl. unten: B IV 1.

wegen der strukturellen Unterschiede die Unterteilung von Vermögens- und Gesundheitssorge an.[613]

Insgesamt empfiehlt es sich wegen der besseren Nachprüfbarkeit im Rechtsverkehr, die Vorsorgevollmacht als Generalvollmacht zu formulieren und dabei deklaratorisch einzelne Bereiche aufzuzählen und die besondere Gefahrenlage der Maßnahmen von § 1904 Abs. 1 BGB aufzunehmen.

III. Maßstab für Handlungen des Bevollmächtigten

Für die Entscheidung des Bevollmächtigten in der Gesundheitssorge finden nach §§ 1901 a Abs. 5 und 1901 b Abs. 3 BGB die ebenfalls für Betreuer geltenden Vorschriften zum Ablauf der Entscheidung in Gesundheitsfragen entsprechende Anwendung. Mit dieser Ausgestaltung wollte der Gesetzgeber zum Ausdruck bringen, dass sich die Pflichten des Bevollmächtigten vorrangig aus der Vollmacht und dem zugrunde liegenden Rechtsverhältnis ergeben.[614] Dieses soll daher in Bezug auf die Bindung der Entscheidung des Bevollmächtigten im Innenverhältnis zunächst Gegenstand der Untersuchung sein.

1. Regelungen im Innenverhältnis

Die Ausgestaltung des Innenverhältnisses der Vorsorgevollmacht, welches im Regelfall als Auftragsverhältnis zu qualifizieren ist,[615] hat eine erhebliche Bedeutung[616] für die Tätigkeit des Vorsorgebevollmächtigten und die Absicherung des Vollmachtgebers. In diesem Verhältnis ist es möglich, Richtlinien für die Aufgabenwahrnehmung des Bevollmächtigten zu erstellen, um diesem zum einen die mitunter schweren, oftmals auch schwerwiegenden Entscheidungen zu erleichtern.[617] Gleichzeitig wird damit das Sicherungsbedürfnis des Vollmacht-

---

613 Wegen der höchstpersönlichen Festlegungen innerhalb der Gesundheitssorgen sollten dabei auch getrennte Urkunden erstellt werden – dies kann durch getrennte Vollmacht oder durch die getrennte Ausfertigung nach § 49 BUrkG erreicht werden. Vgl. zu diesem Problemkreis ausführlich: Milzer, NJW 2003, 1836, 1837 ff.

614 So ausdrücklich Beschlussempfehlung des Rechtsausschusses BTDrucks. 16/13314 S. 20

615 Vgl. dazu oben: A II.

616 Vgl. zur Außenwirkung ebenfalls: A II.

617 Langenfeld, Vorsorgevollmacht, Betreuungsverfügung und Patiententestament nach dem neuen Betreuungsrecht, 116 f.

gebers befriedigt und ein Maßstab für die Tätigkeit des Überwachungsbetreuers bzw. notwendige Entscheidungen des Betreuungsgerichts gesetzt.[618]

a) Ausdrückliche Weisungen nach § 665 BGB

Die Weisungsgebundenheit des Bevollmächtigten ergibt sich aus dem Grundverhältnis der Vollmacht, dem Auftragsverhältnis. Danach ist der Beauftragte gem. § 665 BGB verpflichtet, den Auftrag nach den Weisungen des Auftraggebers auszuführen. Die Weisungen konkretisieren die Pflichten des Beauftragten im Rahmen des Auftrags und sind von der Vertragsannahme zu unterscheiden.[619] Da aber die Anweisung im Vertrag und die zu einem späteren Zeitpunkt erfolgte Weisung in ihren Rechtsfolgen gleich zu behandeln sind, soll der Begriff der Weisung hier im weiteren Sinn gebraucht werden.[620] Deutlich zu unterscheiden von Weisungen sind Empfehlungen, denen keine solche Rechtskraft zukommt.[621]

Weisungen im Sinne des § 665 BGB sind einseitige empfangsbedürftige Willenserklärungen,[622] für deren Erteilung der Auftraggeber grundsätzlich geschäftsfähig sein muss. Für Weisungen im Bereich der Gesundheitssorge kann nichts anderes gelten, als für die Einwilligung in die Behandlung, sodass der Auftraggeber auch im Krankheitsverlauf solange Weisungen erteilen kann, wie er noch einwilligungsfähig ist. Erst wenn die Einwilligungsfähigkeit nicht mehr vorliegt, können auch keine Weisungen mehr erteilt werden. In einem solchen Fall gelten die zuvor erteilten Weisungen fort.[623]

Von den einmal wirksam erteilten Weisungen kann der Beauftragte gem. § 665 S. 1 BGB nur dann abweichen, wenn er nach den Umständen annehmen darf, dass der Auftraggeber bei Kenntnis der Sachlage die Abweichung billigen würde.[624] Im Regelfall hat er sich dabei mit dem Auftraggeber zu besprechen

---

618 Walter, Die Vorsorgevollmacht, 113; Das Vormundschaftsgericht (Betreuungsgericht) prüft nach § 1896 BGB, ob die Vollmacht für den jeweilig erforderlichen Aufgabenbereich zur umfassenden Vertretung des Betroffenen ausreicht - ist der Vertreter im Innenverhältnis beschränkt kann es im Einzelfall dazu kommen, dass die Bevollmächtigung nicht ausreicht. Litzenburger, NotBZ 2007, 1, 5

619 Ausführlich Seiler in: MK-BGB, § 662 Rn. 42; Hönn in: Junker/Herberger, jurisPK-BGB, § 665 Rn. 4

620 Ähnlich auch: Langenfeld, Vorsorgevollmacht, Betreuungsverfügung und Patiententestament nach dem neuen Betreuungsrecht, S. 116; Seiler in: MK-BGB, § 665 Rn. 11

621 Beuthien in: Soergel/Spickhoff, § 665 Rn. 4.

622 Berger in: Erman, § 665 Rn. 2

623 Antizipierte Weisungen: Lipp in: Handbuch der Vorsorgeverfügungen, § 17 Rn. 64 ff.; Baumann/Hartmann, DNotZ 2000, 594, 609

624 Mansel in: Jauernig, BGB, § 665 Rn. 4

und wenn keine Eilbedürftigkeit vorliegt, dessen Entscheidung abzuwarten. Daher kommt es auf die mutmaßliche Billigung nur dann an, wenn der Beauftragte aufgrund der Eilbedürftigkeit die Entscheidung des Auftraggebers nicht abwarten kann.[625] Damit muss der Beauftragte in diesen Fällen nach den einschlägigen Kriterien des § 677 BGB den mutmaßlichen Willen erforschen, wobei zusätzliche Vorteile oder vermeidbare Nachteile beachtlich sind.[626] Dies hat zur Konsequenz, dass der Beauftragte auch an solche Willensäußerungen des Auftraggebers gebunden ist, die lediglich den natürlichen Willen zum Ausdruck bringen. Er kann jedoch auch, wenn deutlich wird, dass dieser natürliche Wille von Krankheit geprägt ist, von diesem abweichen. Könnte er dies nicht, würde ein erheblicher Nachteil im Vergleich zur Betreuung bestehen.[627] Im Unterschied zum Betreuungsrecht besteht nach § 665 BGB keine Wunschermittlungspflicht des Beauftragten – er ist zunächst lediglich an ausdrückliche Weisungen gebunden.[628]

b) Unzumutbare und unwirksame Weisungen

Der Beauftragte ist nicht verpflichtet, jede Weisung des Auftraggebers auszuführen – ist ihm eine Weisung unzumutbar (§ 242 BGB), kann er die Durchführung verweigern.[629] In diesem Fall ist ein Betreuer zur Umsetzung des Patientenwillens zu bestellen. Ähnlich, wie im Betreuungsrecht ist der Beauftragte aber auch nicht an Weisungen gebunden, die krankheitsbedingt nicht mehr eigenverantwortlich gebildet worden sind und es bei deren Umsetzung zu einer Schädigung des Vollmachtgebers käme – hierbei handelt es sich um eine „immanente Schranke des Selbstbestimmungsrechts“.[630] Bei der Beauftragung zu strafbaren Handlungen ist die Weisung unbeachtlich. Ebenfalls unbeachtlich können sittenwidrige Weisungen sein. Für die Feststellung der Sittenwidrigkeit nach § 138 BGB sind zunächst die Wertmaßstäbe der Verfassung, vor allem der freien Selbstbestimmung des Patienten, der Patientin beachtlich.[631] Die Aus-

---

625 Hönn in: Junker/Herberger, jurisPK-BGB; § 665 Rn. 8; Baumann/Hartmann, DNotZ 2000, 594, 609

626 Baumann/Hartmann, DNotZ 2000, 594, 609 f. m.w.N; Lipp/Klein, FPR 2007, 56, 57 f.; Lipp, Patientenautonomie und Lebensschutz, 2005, S. 36 ff.; Sprau in: Palandt, § 665 BGB Rn. 5 ff.

627 Martiny, Gutachten A für den 64. Deutschen Juristentag 2002, A 104; Lipp, Stellungnahme für den Rechtsausschuss des Deutschen Bundestags, 10

628 Martiny, Gutachten A für den 64. Deutschen Juristentag 2002, A 104; vgl. dazu weiter unten: B III. 3.

629 Seiler in: MK-BGB, § 665 Rn. 13

630 Lipp in: Handbuch der Vorsorgeverfügungen, § 17 Rn. 74

631 BGH 27. 08. 1999 – II ZR 377/98 - LM BGB § 138 (Aa) Nr. 57 (3/2000).

legung der Vorschrift zielt darauf ab, die freie Selbstbestimmung zu wahren, ungleiche Vertragsbeteiligungen auszugleichen und Dritte vor Schäden durch Rechtsgeschäfte zu schützen.[632] Hierbei wird der hohe Wert der Wahrung der freien Selbstbestimmung auch im Zivilrecht deutlich, sodass man davon ausgehen kann, dass die Grenze für das Bestehen eines sittenwidrigen Auftragsverhältnisses ebenfalls nur bei strafrechtlich relevanten Weisungen liegt.

2. Fehlende Weisungen

Gibt der Auftraggeber im konkreten Fall keine Weisungen, stellt sich die Frage, nach welchen Kriterien der Beauftragte sein Auftragsverhältnis zu erfüllen hat. Hierbei wird diskutiert, ob die Grundsätze des § 1901 BGB - zumindest in den Fällen, in denen eine Genehmigung durch das Betreuungsgericht erfolgen muss -[633] entsprechende Anwendung finden soll.[634] Dies ist nicht erforderlich, da die betroffene Person sein Wohl gerade dadurch definiert hat, die Entscheidung einem anderen anzuvertrauen.[635] Der Beauftragte hat unter Berücksichtigung der gesamten Sachlage und der Interessen des Auftraggebers eine Entscheidung zu treffen.[636] Dabei hat dieser, ähnlich wie bei einer Abweichung von den Weisungen des Auftraggebers nach § 665 BGB, den mutmaßlichen Willen des Auftraggebers zu erforschen.[637] Der Handlungsmaßstab entspricht der hier vertretenen Definition des subjektiven Wohls der betreuten Person.[638]

Der fehlende Bezug zum objektiven Wohl nach § 1901 BGB, insbesondere in den Fällen, in denen der mutmaßliche Wille nicht feststellbar ist, erklärt sich

---

632 Nassall in: jurisPK-BGB, § 138 BGB Rn. 7

633 Jürgens in: Jürgens/Lesting/Marschner/Winterstein, Betreuungsrecht kompakt, Rn. 199; Müller, DNotZ 1999, 107, 120

634 Verrel, MedR 1999, 547, 549; Schwab in: MK-BGB, § 1904 Rn. 91; anders Schumann, die bei einer fehlenden Weisung keinerlei Handlungskompetenzen von Vertretern sieht - Schumann, Dignitas - Voluntas - Vita, S. 76 ff, 70 ff.; Der Vormundschaftsgerichtstags e. V. fordert die zwingende Beachtung des Willens des Vollmachtgebers: Vormundschaftsgerichtstag e. V., BtPrax 1997, 144, 147

635 Walter, FamRZ 1999, 685, 689; Uhlenbruck in: FS Deutsch zum 70. Geburtstag, 857

636 Seiler in: MK-BGB, § 662 Rn. 33; Martiny, Gutachten A für den 64. Deutschen Juristentag 2002, A 104; Lipp, Stellungnahme für den Rechtsausschuss des Deutschen Bundestags, S. 11

637 Sprau in: Palandt, § 665 BGB Rn. 5 ff.; Lipp, Patientenautonomie und Lebensschutz, 2005, S. 37

638 Vgl. dazu oben Kapitel 1, B I. 1. und 4. b)

aus dem Wesen der gewillkürten Stellvertretung.[639] Der Vertreter ist vom Willen des Vertretenen abhängig und nicht an dessen objektives Wohl gebunden; seine Befugnisse ergeben sich ausschließlich aus dem zugrundeliegenden Rechtsverhältnis.[640] So obliegt es dem Auftraggeber, Weisungen zu erteilen. Handelt es sich jedoch um komplexere Angelegenheiten, bei denen es dem Auftraggeber nicht möglich ist, Entscheidungen bereits im Voraus zu treffen, muss der Beauftragte nach eigenem Ermessen handeln.[641] Die Kompetenzen eines Vorsorgebevollmächtigten gehen damit über diejenigen eines Betreuers hinaus. Der Vorsorgebevollmächtigte ist nicht an die Konventionen gebunden, die dem Betreuer als Instrument staatliche Fürsorge obliegen.[642] Die Übertragung des grundrechtlichen Schutzes auf das Verhältnis des Vollmachtgebers zum Vollmachtnehmer, wie bei der Betreuung ist nicht erforderlich. Dies ist auch damit zu begründen, dass der Vollmachtgeber dem Bevollmächtigten gerade ein höheres Vertrauen einräumen will, als die Rechtsordnung einem gesetzlichen Vertreter einräumt.[643]

3. Neuregelungen für die Entscheidung in der Gesundheitssorge

Mit dem 3. Betreuungsrechtsänderungsgesetz[644] werden die Vorschriften der §§ 1901 a und b BGB zur Betreuung entsprechend auf Entscheidungen des Vorsorgebevollmächtigten angewandt.[645] Dies hat eine deutliche Stärkung der Vorsorgevollmacht zur Konsequenz, da nunmehr klargestellt ist, dass auch der Bevollmächtigte Behandlungsabbruchentscheidungen treffen darf.[646]

---

639 Röver, Einflussmöglichkeiten des Patienten im Vorfeld einer medizinischen Behandlung, S. 209

640 Bienwald, Betreuungsrecht, 3. Aufl. 1999, § 1904 Rn. 42; Röver, Einflussmöglichkeiten des Patienten im Vorfeld einer medizinischen Behandlung, S. 208 f.; Hufen, NJW 2001, 849, 521; Lipp, Stellungnahme für den Rechtsausschuss des Deutschen Bundestags, 10

641 Seiler in: MK-BGB, § 665 Rn. 15; Roth in: Dodegge/Roth, Betreuungsrecht, C Rn. 60; a. A. Martiny, Gutachten A für den 64. Deutschen Juristentag 2002, A 104, der insbesondere für objektiv interessenwidrige Entscheidungen eine entsprechende Regelung in der Vollmacht fordert.

642 A. A. Diekmann, Stellvertretung in Gesundheitsangelegenheiten, S. 96

643 Dazu Schwab in: FS Gernhuber zum 70. Geburtstag, 1993, S. 815, S. 818

644 3. Gesetz zur Änderung des Betreuungsrechts vom 29. 07. 2009 – BGBl. I, 2286 – in Kraft getreten 1. 09. 2009

645 §§ 1901 a Abs. 5, 1901 b Abs. 3 BGB

646 Kritisch: Stoffers, DNotZ 2003, 855, 860

a) Vorliegen einer Patientenverfügung

Hat der Vollmachtgeber eine wirksame eigene Patientenverfügung[647] erteilt, bleibt für den Bevollmächtigten, ebenso, wie für den Betreuer, zu prüfen, ob die Festlegungen in dieser Verfügung auf die aktuelle Lebens- und Behandlungssituation zutreffen.[648] Relevant ist dann nur die vorweggenommene Einwilligung bzw. Untersagung der ärztlichen Maßnahmen durch die betroffene Person – der Bevollmächtigte hat lediglich diesem Willen Ausdruck und Geltung zu verschaffen.[649] Hierbei handelt es sich nicht um Weisungen im Sinne von § 665 BGB. Erst wenn der Bevollmächtigte nach § 1901 a Abs. 1 BGB feststellt, dass die vorliegende Patientenverfügung unwirksam ist oder nicht auf die aktuelle Lebens- oder Behandlungssituation zutrifft, kann der Bevollmächtigte anstelle der antizipierten Festlegung des Vollmachtgebers entscheiden, vorher bleibt hierfür kein Raum.[650]

Nach der oben skizzierten Rechtsprechung des 2. Strafsenats dem BGH[651], wird auch bei der Beteiligung des Vorsorgebevollmächtigten der Einhaltung des Verfahrens nach § 1901 b BGB eine besondere Bedeutung zukommen (vgl. dazu unten unter 4.).

b) Entscheidungskompetenz des Bevollmächtigten nach § 1901 a Abs. 2 BGB

Auch für den Bevollmächtigten bedeutet die enge Definition des Begriffs der Patientenverfügung,[652] dass dieser in den meisten Anwendungsfällen eine eigene Entscheidung treffen muss. Dabei ist der Bevollmächtigte nach § 1901 a Abs. 2

---

647 Legaldefinition des § 1901 a Abs. 1 BGB: Schriftliche Festlegung eines einwilligungsfähigen Volljährigen für den Fall seiner Einwilligungsunfähigkeit, ob er in bestimmten, zum Zeitpunkt der Festlegung noch nicht unmittelbar bevorstehende Untersuchungen seines Gesundheitszustandes, Heilbehandlungen oder ärztliche Eingriffe einwilligt oder sie untersagt.

648 § 1901 a BGB

649 Vgl. dazu ausführlich oben: Kapitel 1, B II. 1.

650 Jürgens in: Jürgens, Betreuungsrecht, § 1901 a Rn. 15, Müller in: Bamberger/Roth, § 1901 a Rn. 17; Müller, DNotZ 2010, 169, 172 ff.; Renner in: Müller/Renner Rn. 482 f.; Olzen, JR 2009, 354, 358; Spickhoff in: Medizinrecht, § 1901 a BGB Rn. 16; Schwab in: MK-BGB, § 1904 Rn. 19 ff.; Lipp in: Handbuch der Vorsorgeverfügungen, § 16 Rn 51; § 17 Rn. 51; Diederichsen in: Palandt, § 1901 a Rn. 16; a. A. Ihrig, DNotZ 2011, 583; Albrecht/Albrecht, MittBayNot 2009, 426; Diehn/Rebhan, NJW 2010, 326; Roglmeier, FPR 2010, 282, 284 mit Hinweis auf die nicht verzichtbare Aufklärung.

651 Vgl. dazu ausführlich oben: Kapitel 1, B II. 1.

652 Vergleiche dazu ausführlich aus der betreuungsrechtlichen Praxis: Laube, FPR 2010, 255

BGB zunächst an die Behandlungswünsche der betroffenen Person gebunden. Hierzu zählen vor allem, die in der nicht anwendbaren Patientenverfügung festgelegten Wünsche. Für den Bevollmächtigten sind darüber hinaus die innerhalb des Grundverhältnisses der Vollmacht erteilten Weisungen relevant, ebenso wie aktuelle Wünsche, sodass sich insoweit keine Unterschiede zu den Verpflichtungen des Bevollmächtigten aus dem Grundverhältnis ergeben. Nachrangig ist der mutmaßliche Wille des Patienten bzw. der Patientin beachtlich, der anhand früherer mündlicher oder schriftlicher Äußerungen, ethischer, religiöser und sonstiger persönlicher Wertvorstellungen des Vollmachtgebers festzustellen ist. Auf dieser Grundlage hat dann der Bevollmächtigte die Entscheidung über die Durchführung der ärztlichen Maßnahme zu treffen.

4. Allgemeines Verfahren zur Feststellung des Patientenwillens nach § 1901 b BGB

Für die Einwilligung in medizinische Maßnahmen sieht die Neuregelung im BGB den bereits im Bereich des Betreuungsrechts beschriebenen dialogischen Prozess zwischen Arzt bzw. Ärztin und Vorsorgebevollmächtigten vor.[653] In dieser Regelung wird der Ablauf der Entscheidungsfindung bei der Behandlung von einwilligungsunfähigen Personen beschrieben.[654] Damit hat der Bevollmächtigte mit dem Arzt bzw. der Ärztin sowohl die Auslegung der Patientenverfügung als auch die Feststellung der Patientenwünsche bzw. den mutmaßlichen Willen in Bezug auf die jeweilige Behandlungssituation zu beraten. Dieses beratende Konsil dient in der Praxis neben der Sicherung des Patientenwillens vor allem der Unterstützung der Stellvertreter bei der Wahrnehmung ihrer Entscheidungskompetenz in der Gesundheitssorge und führt somit zu einer Stärkung der Vorsorgevollmacht.[655] Der 2. Senat des Bundesgerichtshofs in Strafsachen hat die besondere Bedeutung dieses Verfahrens für Entscheidungen zum Behandlungsabbruch deutlich gemacht. Es diene, wie hier bereits ausgeführt, dem verfassungsrechtlich garantierten Selbstbestimmungsrecht des Patienten bzw. der Patientin und trage dabei gleichzeitig dem verfassungsrechtlich gebotenen Schutz des menschlichen Lebens Rechnung.[656] In diesen Entscheidungen verlangt der Senat, dass zwingend ein legitimierter Stellvertreter an

653 § 1901 b Abs. 1 BGB – eingefügt durch den Rechtsausschuss BTDrucks. 16/13314, Begründung S. 20

654 Vgl. dazu ausführlich oben Kapitel 1, B II. 4.

655 Vgl. dazu ausführlich unten Kapitel 4, B IV. 2.

656 BGH 25.06.2010 - 2 StR 454/09 - NJW 2010, 2963; BGH 10.11.2010 - 2 StR 320/10 - NJW 2011, 161

dem Verfahren mitzuwirken hat– hierbei bezieht sich das Gericht in der Sache zunächst auf den Betreuer als gesetzlichen Vertreter.[657] Aus der Regelung des § 1901 b Abs. 3 BGB ergibt sich, dass auch die Mitwirkung einer bevollmächtigten Person die verfahrensrechtlichen Anforderungen erfüllen kann, sodass die besondere Bedeutung der Vorsorgevollmacht auch an dieser Stelle hervortritt.

5. Fazit - Gestaltungsmöglichkeiten des Vollmachtgebers

Erstmals wurden Regelungen zur Wahrnehmung der Vorsorgevollmacht im Betreuungsrecht getroffen und somit im Rahmen der Gesundheitssorge ein Gleichlauf zwischen den Regelungen im Betreuungsrecht und den für die Vorsorgevollmacht anzuwendenden Vorschriften erreicht. Damit wird die vollständige Anerkennung der Vorsorgevollmacht in den Fragen der Gesundheitssorge, vor allem aber auch bei Behandlungsabbruchentscheidungen deutlich. Diese gesetzgeberische Wertung führt zu einer deutlich stärkeren Gewichtung der Vorsorgevollmacht.

Die Neuregelung in den §§ 1901 a und b BGB beachtet aber auch die Besonderheiten, die in der gewillkürten Stellvertretung liegen, und schreibt daher lediglich eine entsprechende Anwendung vor. Es obliegt damit dem Vollmachtgeber, darüber hinausgehende oder sogar abweichende verbindliche Weisungen in Bezug auf die Entscheidungen in der Gesundheitssorge zu erteilen.[658]

So ist es zum Beispiel denkbar, das Verfahren zur Feststellung des Patientenwillens nach § 1901 b BGB weiter auszugestalten und verbindlich einen – eventuell von § 1901 b Abs. 2 BGB abweichenden – Personenkreis zu bestimmen, der bei der Erörterung zwischen Arzt bzw. Ärztin und Vorsorgebevollmächtigten hinzugezogen werden muss. Darüber hinaus kann der Vollmachtgeber Vertrauenspersonen in Gesundheitsfragen benennen, deren Aufgaben darin bestehen, den Vorsorgebevollmächtigten zu beraten und denen ein eigenes Auskunftsrecht in Bezug auf den Gesundheitszustand des Vollmachtgebers zusteht.[659] Derartige Ausgestaltungen des Vorsorgeverhältnisses ermöglichen es dem Vollmachtgeber, den Bevollmächtigten durch weitere Verfahrensregelungen schwerwiegende Entscheidungen zu erleichtern und ihm Ab-

657 Vgl. dazu die Ausführungen oben Kapitel 1, B II. 1.; Müller in Bamberger/Roth, § 1901 a Rn. 17 f. m. w. N.

658 Dies ergibt sich aus der entsprechenden Anwendung der Vorschriften der §§ 1901 a und b BGB – vgl. dazu auch die Begründung des Rechtsausschusses BTDrucks. 16/13314 S. 20

659 Für die Einrichtung einer Überwachungsvollmacht: Lipp in: Handbuch der Vorsorgeverfügungen, § 3 Rn. 61; Kropp, FPR 2012, 9

sicherung zu bieten. Eine Überwachungsbetreuung wäre in einem solchen Fall nicht erforderlich. Das besondere Vertrauensverhältnis, das zwischen Bevollmächtigtem und Vollmachtgeber bestehen sollte, ermöglicht es auch, die Entscheidungskompetenz in Gesundheitsfragen, z. B. für den Fall, dass kein (mutmaßlicher) Patientenwille in Bezug auf die jeweilige Entscheidung feststellbar ist, allein dem Bevollmächtigten zu überlassen.

IV. Schutzmechanismen

Auch nach der Einführung des Betreuungsrechts im Jahre 1992 wurde über die Möglichkeit der Bevollmächtigung für den Aufgabenbereich der Gesundheitssorge diskutiert.[660] Diese Diskussion hat der Gesetzgeber zum Anlass genommen, diese Frage im 1. Gesetz zur Änderung des Betreuungsrechts ausdrücklich zu regeln.[661] Die Neuregelungen sollten zu einer Stärkung des Instrumentes der Vorsorgevollmacht führen, ohne jedoch den Schutz des Vollmachtgebers außer Acht zu lassen. Dazu hatte der Gesetzgeber die bisher bereits bestehende Möglichkeit der Bestellung eines Überwachungsbetreuers um die Einrichtung eines Genehmigungsvorbehalts und eines Schriftformerfordernisses,[662] das um die Nennung der Maßnahmen nach § 1901 Abs. 1 BGB ergänzt worden ist, erweitert.

1. Anforderungen des § 1904 Abs. 5 Satz 2 BGB an die Vollmachtserteilung

In § 1904 Abs. 5 Satz 2 BGB wird die Möglichkeit des Bevollmächtigten in eine in § 1904 Abs. 1 und 2 BGB genannte Maßnahmen einzuwilligen, nicht einzuwilligen oder die Einwilligung zu widerrufen, auf die Fälle beschränkt, in denen die Vollmacht die in § 1904 Abs. 1 und 2 BGB genannten Maßnahmen ausdrücklich umfasst und schriftlich erteilt wurde.

Diese Regelung unterscheidet sich von der Vorgängerregelung in § 1904 Abs. 2 Satz 2 BGB a. F. lediglich dadurch, dass nunmehr auch die Verweigerung der Erteilung der Einwilligung bzw. der Widerruf der Einwilligung

---

660 Vgl. dazu ausführlich oben: unter A

661 BTDrucks. 13/7158, S. 34
Wegen des gesundheitsrechtlichen Bezugs der Arbeit wird im folgenden Teil der Arbeit lediglich § 1904 Abs. 2 Satz 2 BGB untersucht, die freiheitsentziehenden Maßnahmen nach § 1906 BGB werden ausgeklammert – die bei § 1904 Abs. 2 Satz 2 BGB gewonnene Auslegung kann auf § 1906 BGB übertragen werden.

662 Dieses wurde bereits bei der Wirksamkeit der Vollmacht in Gesundheitsfragen erörtert - vgl. dazu oben: unter A

ausdrücklich benannt wurde. Ungeklärt geblieben ist nach der Gesetzesänderung aber, wie die Regelung des § 1904 Abs. 5 Satz 2 BGB auszulegen ist, an deren Regelungsgehalt der Gesetzgeber durch die inhaltlich unveränderte Ausgestaltung festhalten wollte.

Streitpunkt[663] dabei ist, ob es ausreicht, dass Vollmacht sich auf die Einwilligung in medizinische Maßnahmen[664] bezieht oder ob es erforderlich ist, dass auch die jeweilige Risikolage[665] der in § 1904 Abs. 1 BGB a. F. genannten Maßnahmen in der Vollmacht erwähnt werden muss. Eine Entscheidung in dieser Frage hat verschiedene Konsequenzen. Lässt man zunächst die Benennung von medizinischen Maßnahmen ausreichen, bezieht sich das Schriftformerfordernis auf alle medizinischen Maßnahmen. Hält man die ausdrückliche Benennung der Gefahrensituation für notwendig, bezieht sich das Schriftformerfordernis auch nur auf solche Maßnahmen.

a) Gesetzesbegründung

Mit der primären Klarstellung des Gesetzgebers durch die Einführung des § 1904 Abs. 2 Satz 2 BGB a. F., dass eine gewillkürte Stellvertretung auch in Gesundheitsangelegenheiten möglich sein sollte, wollte dieser gleichzeitig den Befürchtungen einer zu weitreichenden Vertretungsmacht gewillkürter Stellvertreter durch die Ausweitung der bestehenden Schutzvorschriften entgegenwirken.[666] Der Gesetzesbegründung kann man entnehmen, dass der Gesetzgeber sich in seiner Begründung an die Kriterien des OLG Stuttgart[667] orientierte.[668]

---

663 Vgl. zum Streitstand Martiny, Gutachten A für den 64. Deutschen Juristentag 2002, A 100; Diehn, FamRZ 2009, 1958

664 Lipp in: Handbuch der Vorsorgeverfügungen, § 16 Rn. 30; Burchardt, Vertretung handlungsunfähiger volljähriger Patienten durch Angehörige, 2010, 57 ff.; LG Hamburg 12. 07. 1999 - 301 T 222/99 - DNotZ 2000, 220, 221 f. m. Anm. Langenfeld, ZEV 2003, 449; OLG Zweibrücken 29. 04. 2002 - 3 W 59/02 - BtPrax 2002, 171, 172; Zimmermann, in: Soergel/Hohloch/Siebert, § 1904 BGB Rn. 54

665 Bienwald, in: Staudinger, § 1904 BGB Rn. 69; Marschner, in: Jürgens, Betreuungsrecht, § 1904 BGB Rn. 1; Hoffmann, in: Bienwald/Sonnenfeld/Hoffmann, Kommentar Betreuungsrecht, § 1904 BGB Rn. 111 eng an die Formulierung anschließen, sodass die Maßnahmen hinreichend erkennbar sind. Offenbleibend bei: Müller, DNotZ 1999, 107, 112 f.; Schwab in: MK-BGB, § 1904 BGB Rn. 74 f.; Diehn FamRZ 2009, 1958

666 BTDrucks. 13/7158, S. 34. Dabei bezog sich die Gesetzesbegründung auf die Entscheidungen des LG Stuttgart 16. 9. 1993 – 2 T 764/93 – BtPrax 1994, 64; OLG Stuttgart 23. 02. 1994 - 8 W 534/93 – FamRZ 1994, 1417 = BtPrax 1994, 99. Das LG Frankfurt a.M. 12.8.1993 - 2/9 T 506/93 – FamRZ 1994, 125 sah demgegenüber solche Entscheidungen nur durch einen gesetzlichen Vertreter als möglich an. Hinzukomme, dass eine solche Vertretung nicht ohne gerichtliche Kontrolle erfolgen könne.

667 OLG Stuttgart 23. 02. 1994 - 8 W 534/93 – FamRZ 1994, 1417 = BtPrax 1994, 99

Das OLG sah es in seiner Entscheidung als notwendig an, dass sich die betroffene Person bei der Erteilung der Vollmacht über deren Inhalt und deren Tragweite im Klaren gewesen sein müsse und die Vollmacht zu so weit reichenden Maßnahmen - im vorliegenden Fall handelte es sich um sogenannte unterbringungsähnliche Maßnahmen – auch hatte erteilen wollen. Dazu müsse sich dieser Entschluss spezifisch aus der Vollmacht ergeben, bei lediglich allgemeinen Formulierungen[669] lasse es sich nicht ausschließen, dass die betroffene Person die Tragweite und die Folgen der Vollmachtserteilung nicht erfasst und die Entscheidung daher nicht bewusst getroffen habe.

Ziel der Gesetzesregelung war es daher im Anschluss an diese Entscheidung, den Vollmachtgeber durch die Anforderung des ausdrücklichen Erfassens der Maßnahmen nach § 1904 Abs. 1 BGB a. F. auf das Gefährdungspotenzial dieser Entscheidung hinzuweisen. Der betroffenen Person sollte es mit der Regelung ermöglicht werden, „in voller geistiger Klarheit über ihr künftiges Wohl und Wehe zu entscheiden" und dabei sicherzustellen, dass eine solche Vorsorgevollmacht nicht voreilig erteilt wird und dass einschneidende Maßnahmen des Bevollmächtigten kontrolliert werden.[670] Dazu sollte die Einwilligung „von einer Vollmacht nur dann umfasst sein, wenn diese schriftlich erteilt worden ist und sich ausdrücklich – zumindest auch – auf Untersuchungen des Gesundheitszustandes, auf Heilbehandlungen oder ärztliche Eingriffe bezieht."[671]

Die klare Zielsetzung des Gesetzgebers, mit dem erweiterten Schriftformerfordernis eine voreilige Erteilung der Vollmacht zu verhindern, zeigt, und insoweit besteht auch Einigkeit in Literatur und Rechtsprechung, dass ein bloßer Verweis auf die Gesetzesbestimmung in der Vollmacht nicht ausreichend sein kann – ebenso wenig wie eine pauschale Bevollmächtigung zu allen einem Betreuer nach §§ 1896 ff. BGB obliegenden Handlungen.[672] Demnach müsse aus einer Vollmacht, aufgrund derer eine Einwilligung in medizinische Maßnahmen

---

668 So jedenfalls Walter, FamRZ 1999, 685, 691

669 Die Vollmacht im vorliegenden Fall hatte folgenden Wortlaut: „Diese Vollmacht berechtigt im weitestmöglichen Umfang auch zu meiner Vertretung in allen persönlichen Angelegenheiten, auch soweit sie meine Gesundheit oder Erkrankungen betreffen (Altersvorsorgevollmacht). Jeder Bevollmächtigte kann insbesondere beliebige Verträge und sonstige Vereinbarungen mit Kliniken, Alten- oder Pflegeheimen abschließen, einseitige Erklärungen abgeben oder entgegennehmen und sonst meinen Aufenthalt bestimmen".

670 BTDrucks. 13/7158, S. 34

671 BTDrucks. 13/7158, S. 34

672 Müller in: Bamberger/Roth, § 1904 Rn. 16; Müller, DNotZ 1999, 107, 113.; Bühler, FamRZ 2001, 1585, 1589; Keilbach, FamRZ 2003, 969, 980

erteilt werden soll, klar das Bewusstsein der betroffenen Person erkennbar sein, auch mit solchen („gefährlichen“) Maßnahmen einverstanden zu sein.[673] Ausreichend sei danach die folgende Aufzählung: Untersuchungen des Gesundheitszustandes, Heilbehandlungen und ärztliche Eingriffe; ein Hinweis auf die besondere Gefahrenlage oder das Bestehen eines Genehmigungsvorbehaltens sei nicht notwendig ist.[674] Dieser Wille des Gesetzgebers ergibt sich so aber nicht aus dem Wortlaut der Norm.

b) Auslegung

Die grammatikalische Auslegung der Norm führt zu keinem eindeutigen Ergebnis.[675] Danach könne der Bevollmächtigte zu den in Absatz 1 und Absatz 2 genannten Maßnahmen nur dann einwilligen, wenn diese Maßnahmen ausdrücklich umfasst sind. Worauf sich das Wort Maßnahme in der zweiten Satzhälfte bezieht, ist nicht ausgeführt – es können sowohl alle medizinischen Maßnahmen erfasst sein, als auch lediglich solche Maßnahmen, die auch von dem Einwilligungsvorbehalt erfasst sind.

Von einigen Autoren wird vertreten, dass es durch eine solch unklare Formvorschrift und der damit verbundenen Gefahr ablehnender Gerichtsentscheidungen zu einer nicht mehr zu rechtfertigenden Einschränkung der Privatautonomie kommt und somit das Schutzniveau für den Vollmachtgeber zu hoch ist.[676] Sie sprechen daher für die Praxis die Empfehlung aus, die genaue Formulierung aus § 1904 Abs. 1 Satz 1 BGB zu übernehmen. Diese Empfehlung

---

673 Roth in: Erman, § 1904 Rn. 33

674 BTDrucks. 13/7158, S 34; so auch die Auslegung von Schwab in: MK-BGB, § 1904 BGB Rn. 74; Lipp in: Handbuch der Vorsorgeverfügungen, § 16 Rn. 30 f.; Burchardt, Vertretung handlungsunfähiger volljähriger Patienten durch Angehörige, 2010, 57 ff.; Müller in: Bamberger/Roth, § 1904 Rn. 16; Müller, DNotZ 1999, 107, 112 f.; Diederichsen in: Palandt, § 1904 Rn. 26; a. A. LG Hamburg 12. 7. 1999 – 301 T 222/99 - DNotZ 2000, 220, 221 m. Anm. Langenfeld, DNotZ 2000, 222

675 Vgl. dazu z. B. die Auffassung des LG Hamburg, wonach eine Vollmacht im Bereich der Gesundheitssorge auch ausdrücklich anzugeben habe, dass der Arzt von der Schweigepflicht entbunden sein soll (LG Hamburg 12. 7. 1999 – 301 T 222/99 - DNotZ 2000, 220). Zum Teil wird darüber hinaus empfohlen, die explizite Erwähnung von Einzelbefugnissen des Bevollmächtigten in die Urkunde aufzunehmen, etwa in Bezug auf jegliche Heilbehandlungen und Heileingriffe nebst der Entbindung von der Schweigepflicht, die Aufenthaltsbestimmung im Allgemeinen und die Anwendung neuer Medikamente - vgl. dazu die Übersicht bei Milzer, NJW 2003, 1836, 1837 Fn. 18 und Meier, BtPrax 2002, 184, 185 ff.

676 Milzer, FPR 2007, 69, 70 m. w. N.; Schwab in: MK-BGB, § 1904 BGB Rn. 74; Baumann, MittRhNotK 1998, 1, 7; Walter, FamRZ 1999, 685, 692; ähnlich auch Schwab in: FS Gernhuber zum 70. Geburtstag, 1993; S. 815, 818

birgt zwar für diejenigen, die sie befolgen, eine gewisse Sicherheit, dass ihre Vorsorgevollmacht im vollen Umfang anerkannt wird. Für Vollmachtgeber, die nicht den genauen Wortlaut übernommen haben, kann es jedoch zu Schwierigkeiten der Anerkennung der Vollmacht führen. Vor allem bei Nichtjuristen führt die Abweichung von gesetzlich vorgegebenen Formulierungen in der Praxis zu Zweifeln an der Reichweite der Vorsorgevollmacht.[677] Dieses Problem der Akzeptanz der Vorsorgevollmacht kann im Ernstfall der Entscheidungsunfähigkeit zu einer ungewollten Betreuerbestellung führen, worin einige Autoren eine bedenkliche Einschränkung der Privatautonomie sehen.[678] Dem ist nicht zuzustimmen, da es in einem solchen Fall dem Betreuungsgericht obliegt, festzustellen, ob durch den gewillkürten Stellvertreter die Rechte der betroffenen Personen ebenso gut wie durch einen Betreuer gewahrt werden können. Ist der Aufgabenkreis des Bevollmächtigten im oben genannten Sinne ausreichend umschrieben, wird das Gericht die Wirksamkeit der Vollmacht feststellen und somit, wenn keine anderen Bedenken bestehen, keinen Betreuer bestellen. Mit einem klarstellenden Beschluss dieser Art stehen der Verwendung der Vollmacht im Rechtsverkehr keine Einwände entgegen.

Auf der anderen Seite dient die Vorschrift dazu, dem Vollmachtgeber die Tragweite seiner Bevollmächtigung deutlich zu machen. Dabei bezieht sich § 1904 Abs. 2 Satz 2 BGB a. F. gerade nicht nur auf „normale“ ärztliche Behandlungen, sondern auch auf solche, durch die eine begründete Gefahr des Todeseintritts oder eines schweren und länger andauernden gesundheitlichen Schadens besteht. Besonders vor der Verfügung auf solcher gravierender Kompetenzen soll sich der Vollmachtgeber ihrer Relevanz bewusst werden. Dies sei nur möglich, wenn dieser sich die Gefährlichkeit der Maßnahmen vor Augen führt, sodass der Hinweis auf die Gefährlichkeit zur Erfüllung des Gesetzeszwecks zwingend erforderlich sei.[679] Lipp hingegen sieht auch eine Warnfunktion in Bezug auf medizinische Maßnahmen aller Art als notwendig

---

677 Renner in: Müller/Renner, Rn. 542; Milzer, FPR 2007, 69, 70

678 Schwab in: MK-BGB, § 1904 BGB Rn. 75; Baumann, MittRhNotK 1998, 1, 7; Walter, FamRZ 1999, 685, 692; Uhlenbruck in: FS Deutsch zum 70. Geburtstag, 858 ff.; Uhlenbruck, ZRP 1998, 46, 47 f.

679 So auch: Martiny, Gutachten A für den 64. Deutschen Juristentag 2002, A 101; Walter, FamRZ 1999, 685, 694; Meier, BtPrax 2002, 184, 185 f.; dies allein hält das AG Frankfurt a. M. nicht für ausreichend - es verlangte in Extension des Gesetzeswortlautes, dass die Ermächtigung des Bevollmächtigten zu solchen besonders einschneidenden Maßnahmen einer besonderen Bestätigung und der handschriftlichen Ergänzung bedarf: AG Frankfurt a. M. 18. 08. 1999 - 44 XVII KAR 1141/99 - BtPrax 1999, 246 zu Recht ablehnend in Bezug auf diese Forderungen Renner in: Müller/Renner, Rn. 379

an, um so durch ein allgemeines Schriftformerfordernis für medizinische Maßnahmen auf Tragweite dieser Entscheidung hinzuweisen.[680]

Damit zeigt sich das Spannungsfeld zwischen der Autonomie des Vollmachtgebers und dessen gebotenem Schutz, sodass es zu einer schutzzweckbezogenen Auslegung der Regelung kommen muss.

c) Vergleichbare Vorschriften

Dafür soll ein Vergleich zu ähnlichen Vorschriften zum Schutz der Vollmachtgeber gezogen werden. Solche finden sich im gesundheitsrechtlichen Bereich im Rahmen der Arzneimittel- und Medizinprodukteprüfung[681] und bei der Einwilligung in die Organtransplantation.

aa) Arzneimittelgesetz/Medizinproduktegesetz

Bei der Prüfung von Arzneimitteln werden grob zwei Prüfverfahren unterschieden. Zum einen die klinische Prüfung[682] von Arzneimitteln ohne Therapiezweck nach § 40 AMG und zum anderen der so genannte therapeutische Versuch, für den Sonderregelungen in § 41 AMG getroffen worden sind.[683] Zwischen diesen beiden Verfahren sind deutliche Unterschiede zu erkennen. Zur Durchführung von klinischen Studien (Prüfungen) ist es neben anderen Voraussetzungen notwendig, dass der Proband nach § 40 Abs. 1 Nr. 3 AMG volljährig und in der Lage ist, Wesen, Bedeutung und Tragweite der klinischen Prüfung zu erkennen und seine Entscheidung zur Durchführung der Prüfung nach ausführlicher Aufklärung danach auszurichten. Das Gefährdungspotenzial solcher Studien ist erheblich, da es sich um Versuche handelt, bei denen zumindest in dem Fall, in dem es um die Feststellung der Indikation des zu testenden Arzneimittels geht, um Prüfungen an gesunden Menschen handelt. Solche Versuche

680 Lipp in: Handbuch der Vorsorgeverfügungen, § 16 Rn. 30

681 Allgemein zum Schutz nichteinwilligungsfähiger Personen in der medizinischen Forschung: Taupitz/Fröhlich, VersR 1997, 911; Holzhauer, NJW 1992, 2325; Jürgens, KritV 1998, 34; Hoffmann, BtPrax 2004, 216; Eck, Die Zulässigkeit medizinischer Forschung mit einwilligungsunfähigen Personen , 2005; ferner Fegert/Kölch/Lippert, ZRP 2003, 446; Lippert, VersR 2006, 48; auch: Kleine Anfrage BTDrucks. 13/9520, vgl. dazu auch: Richtlinie 2001/20/EG vom 4. 04. 2001, Art. 5

682 Definition vgl. § 4 Abs. 23 AMG

683 Vgl. zu den Prüfmethoden und den Phasen der Arzneimittelprüfung Deutsch/Spickhoff, Medizinrecht, 6. Aufl. 2008, S. 745 ff.
Parallel dazu sind die Prüfungen von Medizinprodukten nach dem Medizinproduktegesetz (MPG) geregelt. Vgl. dort §§ 2, 17, 18 MPG).

sind wegen des gebotenen Schutzes des nicht einwilligungsfähigen Menschen[684] nur bei eigener schriftlicher Einwilligung des Probanden möglich; eine Stellvertretung ist hier generell ausgeschlossen.[685]

Anders jedoch beim therapeutischen Versuch nach § 41 AMG, der dadurch gekennzeichnet ist, dass das zu prüfende Arzneimittel zur Behandlung einer Erkrankung genutzt werden soll, an der der Proband leidet. Bei dieser Art von Versuchen ist unter den Voraussetzungen des § 41 Abs. 3 AMG auch die Prüfung an volljährigen Personen möglich, die nicht in der Lage sind, Wesen, Bedeutung und Tragweite der klinischen Prüfung zu erkennen und ihren Willen hiernach auszurichten. Die Einwilligung in einen solchen Versuch muss dann vom gesetzlichen Vertreter oder Bevollmächtigten abgegeben werden, nachdem dieser entsprechend aufgeklärt worden ist.

Dabei werden in § 41 Abs. 3 Nr. 1 AMG strenge Voraussetzungen an die Nutzen-Risiko-Abwägung[686] für den Patienten, die Patientin gestellt. Für diese Personengruppe ist nur der eigennützige Versuch möglich.[687] Dazu muss nach den Erkenntnissen der medizinischen Wissenschaft die Anwendung des zu prüfenden Arzneimittels angezeigt sein, um das Leben der betroffenen Person zu retten, ihre Gesundheit wiederherzustellen oder ihr Leiden zu erleichtern. Zusätzlich müssen sich derartige Forschungen unmittelbar auf einen lebensbedrohlichen oder sehr geschwächten klinischen Zustand beziehen, in dem sich die betroffene Person befindet. Die Durchführung der klinischen Prüfung muss mit möglichst wenig Belastungen und anderen vorhersehbaren Risiken für die betroffene Person verbunden sein.[688]

Eigenständige Regelungen für die Bevollmächtigung sieht das AMG nicht vor, sodass auch in diesen Fällen § 1904 Abs. 5 BGB Anwendung finden kann, wenn nach § 1904 Abs. 1 BGB die begründete Gefahr besteht, dass der Proband

---

684 Vgl. dazu auch die Sonderregelung für „verwahrte" Personen in § 40 Abs. 1 Nr. 4 AMG – dazu ausführlich m. w. N. Deutsch/Spickhoff, Medizinrecht, 6. Aufl. 2008, S. 759 Rn. 1322

685 Lipp in: FS Deutsch zum 80. Geburtstag, S. 343, 351; Bienwald in: Staudinger § 1904 Rn. 38; Fischer, Medizinische Versuche am Menschen, S. 6; Deutsch, VersR 2005, 1609, 1609; insoweit widersprüchlich: Deutsch/Spickhoff, Medizinrecht, 6. Aufl. 2008, S. 757 Rn. 1319 und S. 761, Rn. 1326

686 Die klinische Prüfung darf nur durchgeführt werden, wenn die begründete Erwartung besteht, dass der Nutzen der Anwendung des Prüfpräparates für die betroffene Person die Risiken überwiegt oder keine Risiken mit sich bringt.

687 Nach § 41 Abs. 1 Nr. 2 AMG ist bei anderen Personengruppen auch der fremdnützige Versuch möglich.

688 Sowohl der Belastungsgrad als auch die Risikoschwelle müssen im Prüfplan eigens definiert und vom Prüfer ständig überprüft werden.

aufgrund der Maßnahmen stirbt oder einen schweren und länger andauernden gesundheitlichen Schaden erleidet.[689] Der Schutz des einwilligungsunfähigen Vollmachtgebers ergibt sich dabei primär nicht aus den (erweiterten) Formvorschriften, sondern aus dem beschränkten Anwendungsbereich für Einwilligungen eines (gewillkürten) Stellvertreters.

bb) Transplantationsgesetz

Im Transplantationsrecht ist eine stellvertretende Einwilligung nur in solchen Fällen möglich, wenn der Gewebe- oder Organspender nicht mehr lebt - § 4 TPG.[690] In diesem Fall sind zunächst Angehörige[691] entscheidungsberechtigt. Hat der mögliche Organ- oder Gewebespender jedoch die Entscheidungskompetenz über eine Organ- oder Gewebeentnahme einer bestimmten Person übertragen, tritt nach § 4 Abs. 3 TPG diese an die Stelle des nächsten Angehörigen. In § 4 Abs. 1 Satz 3 TPG wird der Angehörige verpflichtet, den mutmaßlichen Willen zu beachten.[692] Auch hieraus ergeben sich keine besonderen Formvorschriften; das Erfordernis der Schriftform ergibt sich jedoch bereits aus dem Charakter der Bevollmächtigung als einer Ermächtigung zur Wahrnehmung des Persönlichkeitsrechts[693] über den Tod hinaus. Der notwendige (Integritäts-) Schutz der betroffenen Personen wird auch im Transplantationsrecht über die Beschränkung der Einwilligungsmöglichkeiten eines Stellvertreters erreicht. Liegen massive Eingriffe in das Persönlichkeitsrecht vor, ist eine solche Entscheidung nicht möglich. Ebenso nicht möglich und notwendig ist eine Genehmigung der Organspende durch das Betreuungsgericht.[694]

Eine Besonderheit bietet § 8 c TPG, der es ermöglicht, Personen, die nicht in der Lage sind, Wesen, Bedeutung und Tragweite der vorgesehenen Maßnahme

689 Vgl. dazu ausführlich: Schwarz, Bundesgesundheitsbl. - Gesundheitsforsch - Gesundheitsschutz 2005, 429, 434 f.; Spickhoff, MedR 2006, 707; zu den Voraussetzungen des § 1904 Abs. 1 BGB: Schwab in: MK-BGB, § 1904 BGB Rn. 25 ff.

690 Nach § 8 TPG kann bei lebenden Organ- oder Gewebespendern nur dieser die Einwilligung nach vorheriger Aufklärung erteilen. Nach § 4 TPG dürfen für eine stellvertretende Einwilligung in die Entnahme von Organen und Geweben von toten Spendern, keine schriftliche Einwilligung oder schriftlicher Widerspruch des potenziellen Organ- oder Gewebespenders vorliegen.

691 Vgl. zu diesem Begriff § 1 a Nr. 5 TPG

692 Str., ob hier ein eigenes Entscheidungsrecht des Angehörigen besteht oder ob dieser das fortwirkende Persönlichkeitsrecht wahrnimmt und wie sich ein Wille des potentiellen Organspenders auswirkt. Vgl. dazu mit weiteren Nachweisen: Deutsch/Spickhoff, Medizinrecht, 6. Aufl. 2008, S. 560 Rn. 879

693 Deutsch/Spickhoff, Medizinrecht, 6. Aufl. 2008, S. 560 Rn. 879

694 Diederichsen in: Palandt, § 1904 Rn. 13 mit Hinweis auf Edenhofer in: Palandt, § 1922, Rn. 37

zu erkennen und ihren Willen danach auszurichten, Organe oder Gewebe zum Zweck der Rückübertragung zu entnehmen. Dazu ist es notwendig, dass der gesetzliche Vertreter oder ein Bevollmächtigter nach entsprechender Aufklärung seine Einwilligung erteilt. Für diese Einwilligung gilt § 1901 Abs. 2 und 3 sowie § 1904 BGB. In diesen Fällen ist damit der Bevollmächtigte bei seiner Entscheidung an die Kriterien des § 1901 Abs. 2 und 3 BGB gebunden. Darüber hinaus gelten auch der Genehmigungsvorbehalt und die Formvorschriften des § 1904 BGB, sodass sich keine, von den sonstigen Maßnahmen abweichende Regelung ergibt.

Vergleicht man die zuvor beschriebenen Regelungen im Arzneimittel- und Transplantationsrecht, wird der Unterschied zu der Vorschrift des § 1904 Abs. 5 Satz 2 BGB deutlich. Bei diesen Regelungen wird der Schutz der betroffenen Personen nicht durch Formvorschriften erreicht, sondern durch die Beschränkung der Vertretungsbefugnis. Dies ist bei Heil- und Gesundheitsbehandlungen gerade nicht gewollt. Grundsätzlich sollen solche Einwilligungen möglich sein – dem Schutzgedanken muss somit durch andere rechtliche Instrumente ausreichend Rechnung getragen werden. Auf welche Art dies geschehen müsste, bleibt noch zu untersuchen.

cc) § 492 Abs. 4 BGB

Eine der Einwilligung in medizinische Behandlung auf der Ebene der rechtsgeschäftlichen Vertretung ähnliche Situation findet man vor, wenn man die Verbraucher schützende erweiterte Formvorschrift des § 492 Abs. 4 BGB betrachtet. Danach muss eine Vollmacht für den Abschluss eines Verbraucherkreditvertrages (ausgenommen davon sind die Prozessvollmacht und die notariell beurkundeten Vollmachten) bereits alle Angaben über den abzuschließenden Kreditvertrag nach § 492 Abs. 1 und 2 BGB enthalten.[695] Bei einer Verbraucherdarlehensvollmacht wird damit nicht nur von einer Warn- und Schutzfunktion der Formvorschrift ausgegangen, sondern darüber hinaus auch der Bevollmächtigte in der Ausführung seines Auftrages beschränkt.[696]

Durch die Einführung der Norm sollte sichergestellt werden, dass der Verbraucherschutz beim Abschluss von Kreditverträgen in Vertretungsfällen nicht leer läuft, da hier bis dahin kein Formerfordernis galt (§ 167 Abs. 2 BGB) und nach herrschender Meinung die Vollmacht auch nicht die Mindestinhaltsangaben nach dem damals gültigen § 4 Abs. 1 Nr. 1 VerbrKrG aufweisen

695 Weidenkaff in: Palandt, § 492 Rn. 8
696 Vgl. dazu Derleder, VuR 2000, 155

musste.[697] Trotzdem sollte eine Vertretung beim Abschluss eines Verbraucherkredites möglich sein, auch wenn dieser Fall selten in der Praxis vorkommt und zumeist eine Vertretung durch Unternehmer durchgeführt wird. Zum Schutz des Verbrauchers wird es als notwendig angesehen, dass er zum Zeitpunkt der Vollmachterteilung bereits über die Angaben nach § 492 Abs. 1 BGB verfügt, um so einer „übereilten" Erteilung der Vollmacht vorzubeugen.[698] Dem Gesetzgeber kam es darauf an, den Verbraucher vor der Gefahrenlage zu schützen, die eine Bevollmächtigung zum Abschluss eines Verbraucherkredites beinhaltet. Rechtsfolge des Fehlens dieser Angaben bereits in der Vollmacht bzw. der fehlenden Schriftlichkeit ist die Nichtigkeit der erteilten Vollmacht nach § 494 Abs. 1 BGB. Diese Mängel können nach § 494 Abs. 2 BGB jedoch geheilt werden, wenn der Darlehensnehmer das Darlehen empfängt oder in Anspruch nimmt.

Eine Vergleichbarkeit mit der Vorschrift des § 1904 Abs. 5 Satz 2 BGB ergibt sich vor allem daraus, dass auch die Vollmacht nach § 492 Abs. 4 BGB bestimmte Angaben enthalten muss, um eine wirksame Entscheidung des Bevollmächtigten zu ermöglichen. Hieraus wird erkennbar, dass der Gesetzgeber zur Verdeutlichung einer bestehenden Gefahrenlage ein Benennen der Gefahr in einer Urkunde/Schriftstück als geeignet zum Schutz desjenigen, der das Schriftstück nutzt, ansieht. Dies ist bereits aus dem Zweck der Regelung zur Schriftform erkennbar. Auch die Anforderung bestimmter Rechtsgeschäfte, rechtsgeschäftsähnliche Handlungen lediglich in schriftlicher Form zur Wirksamkeit gelangen zu lassen, dient vor allem der Warnung und damit dem Schutz vor übereilten, aber auch unbedachten Entscheidungen.[699] Dabei geht die Regelung des § 492 Abs. 4 BGB deutlich über das Schriftformerfordernis, aber auch die Anforderungen in § 1904 Abs. 5 Satz 2 BGB hinaus. Diese Vollmacht nach § 492 Abs. 4 BGB zeichnet sich durch ihre Detailliertheit aus, da die zu treffenden Angaben im Einzelnen dem Vertragsinhalt entsprechen müssen und im Ergebnis den Spielraum für eine eigene Entscheidung des Bevollmächtigten erheblich einschränken.

Damit der Verbraucher die Vollmacht zum Abschluss eines Verbraucherkredites ausfertigen kann, muss dieser bereits mit seinem Vertragspartner selbst oder über den zukünftigen Vertreter in Kontakt getreten sein, um die notwendigen Daten zu erhalten. Das charakteristische einer Vorsorgevollmacht ist

697 Beschlussempfehlung und Bericht des Rechtsausschusses zum Schuldrechtsmodernisierungsgesetz BTDrucks. 14/7952, S. 201 m. w. N.

698 BTDrucks. 14/7952, S. 201

699 BTDrucks. 14/4987, S. 16; siehe auch Köhler, AcP (182) 1982, 126, 148; Einsele in: MK-BGB, § 126, Rn. 1; Jauernig in: Jauernig, § 126 Rn. 2

im Regelfall jedoch, dass gerade nicht bekannt ist, wer zukünftig der Adressat der Einwilligung sein wird. Eine der Situation im Verbraucherkreditrecht ähnliche Konstellation kann sich auch bei der Vorsorgevollmacht dann ergeben, wenn der Vollmachtgeber detaillierte Handlungsanweisungen gibt. Dies kann sogar so weit gehen, dass der Bevollmächtigte keinerlei eigenen Entscheidungsspielraum behält, wenn eine wirksame und auf den gerade vorliegenden Fall anwendbare Patientenverfügung vorliegt.[700]

d) Stellungnahme

Dies ist jedoch nicht die Regel, typischerweise ist eine Vorsorgevollmacht nicht für bekannte und typisierbare Einzelfälle ausgestaltet, sondern eine Bevollmächtigung für in der Zukunft liegende, unbekannte Situationen, bei deren Eintreten ein Widerruf der Vollmacht aufgrund des Gesundheitszustandes des Bevollmächtigten oftmals nicht mehr möglich ist. Damit ergibt sich für die Vorsorgevollmacht eine andere Interessen- und Gefahrenlage als bei der für den Abschluss eines Verbraucherkreditvertrages.

Dies hat der Gesetzgeber erkannt und die Entscheidungen des Vorsorgebevollmächtigten zu lebensgefährlichen bzw. die Gesundheit dauerhaft bedrohenden Behandlungen unter Genehmigungsvorbehalt gestellt. Dem erhöhten Schutzbedürfnis bei solchen Entscheidungen wird die Genehmigungspflicht zunächst gerecht,[701] sodass eine weitere Einschränkung der Privatautonomie nicht notwendig ist.[702] Allerdings hat der Gesetzgeber mit der Änderung der Vorschriften über den Genehmigungsvorbehalt in medizinischen Angelegenheiten durch das 3. Betreuungsrechtsänderungsgesetz[703] die Notwendigkeit der Erteilung einer Genehmigung durch das Betreuungsgericht auf solche Fälle reduziert, in denen sich Arzt bzw. Ärztin und Bevollmächtigter über die Auslegung des Patientenwillens nicht einig sind und somit die Intensität des erreichten Schutzniveaus deutlich reduziert ist.[704] Diese Instrumente sind jedoch

700 § 1901 a Abs. 1 BGB

701 Kritisch zur Genehmigungspflicht in der Vermögenssorge bereits Schwab in: FS Gernhuber zum 70. Geburtstag, 1993, S. 815, 818, zustimmend für die persönlichen Angelegenheiten: S. 820; vgl. dazu die Diskussion unten: Kapitel 4, B I.

702 So auch Uhlenbruck, ZRP 1998, 46, 47 f. der die Gefahr des Missbrauchs als alibimäßigen Grund zur Einschränkung der „autonomen Gestaltung durch den Patienten" sieht.

703 3. Gesetz zur Änderung des Betreuungsrechts vom 29. 07. 2009 – BGBl. I, 2286 (31. 07. 2009) – in Kraft getreten 1. 09. 2009

704 Nach § 1904 Abs. 4 BGB ist eine Genehmigung des Betreuungsgerichts nur dann notwendig, wenn zwischen Arzt bzw. Ärztin und Vorsorgebevollmächtigten kein Einvernehmen darüber besteht, dass die Erteilung, die Nichterteilung oder der Widerruf der

nicht isoliert zu betrachten. Vielmehr besteht im Zusammenwirken mit der Möglichkeit einen Überwachungsbetreuer nach § 1896 Abs. 3 BGB zu bestellen,[705] ein differenziertes Schutzmodell, das in seiner Gesamtheit zu untersuchen ist.

Um die Anwendung von Vorsorgevollmachten nicht einzuschränken, ist es notwendig, die Eingangsschwelle für die Wirksamkeit von Vorsorgevollmachten und damit verbunden der Möglichkeit der wirksamen Einwilligung in Maßnahmen nach § 1904 Abs. 1 und 2 BGB, nicht zu hoch anzusetzen, sondern stattdessen weitergehende Schutzmechanismen zu nutzen. Anders behandelt werden die Fälle, in denen eine solche Übertragung nicht gewünscht bzw. auf bestimmte Anwendungsbereiche beschränkt wird, wie etwa die Anforderungen aus dem AMG/MedProdG und dem TPG zeigen. Um dem Schutzgedanken gerecht zu werden, reicht es aus, wenn sich der Vollmachtgeber bei der Erstellung der Vollmacht darüber klar ist, dass der Bevollmächtigte in allen Gesundheitsangelegenheiten entscheiden darf, also auch den schwerwiegenden und dies zweifelsfrei erkennbar ist, wenn dann auf der zweiten Ebene weitere Schutzmechanismen vorhanden sind, die im Anschluss untersucht werden.

2. Genehmigungsvorbehalt nach § 1904 Abs. 5 BGB

Ebenfalls neu geregelt wurde mit dem 3. Betreuungsrechtsänderungsgesetz[706] die Systematik des Genehmigungsvorbehaltes in medizinischen Angelegenheiten.[707] Nach § 1904 Abs. 5 BGB gelten die in § 1904 Abs. 1 bis 4 BGB[708] festgelegten Regelungen auch für den Vorsorgebevollmächtigten. Danach bedarf auch die Einwilligung,[709] Nichteinwilligung und der Widerruf einer Einwilligung[710] des Vorsorgebevollmächtigten zu einer indizierten Untersuchung, einer Heilbehandlung oder eines ärztlichen Eingriffs der Genehmigung des Betreuungsgerichts, wenn die begründete Gefahr besteht, dass die betroffene Person aufgrund der medizinischen Maßnahme oder deren Nichtdurchführung stirbt oder einen länger andauernden gesundheitlichen Schaden erleidet. Damit

---

Einwilligung dem nach § 1901 a BGB festgestellten Willen entspricht. Vgl. dazu ausführlich unten: B IV. 2.

705 Vgl. dazu ausführlich unten: B IV. 3.; so auch: LG Stuttgart 16. 9. 1993 – 2 T 764/93 – BtPrax 1994, 64

706 3. Gesetz zur Änderung des Betreuungsrechts vom 29. 07. 2009 – BGBl. I, 2286 – in Kraft getreten 1. 09. 2009

707 Vgl. dazu die Einzelbegründung im Gesetzentwurf BTDrucks. 16/8442, S. 18 f.

708 Vgl. dazu ausführlich oben: Kapitel 1, C I.

709 § 1904 Abs. 1 BGB

710 § 1904 Abs. 2 BGB

wurde der bereits nach § 1904 Abs. 1 BGB a. F. bestehende Genehmigungsvorbehalt ausdrücklich auch auf die Ablehnung einer Einwilligung und den Widerruf einer einmal erteilten Einwilligung durch den Vorsorgebevollmächtigten erweitert.[711] Eine Genehmigung ist jedoch nicht erforderlich, wenn zwischen Vorsorgebevollmächtigten und behandelndem Arzt bzw. der behandelnden Ärztin Einigkeit darüber besteht, dass die Erteilung, Nichterteilung oder der Widerruf der Einwilligung dem nach § 1901 a BGB festgestellten Willen entspricht.[712]

Eine Genehmigung des Betreuungsgerichts ist ebenfalls dann nicht erforderlich, wenn der Vorsorgebevollmächtigte lediglich die Patientenverfügung der betroffenen Person umsetzt, da der Bevollmächtigte dann keine eigene Entscheidung zu treffen hat und keine Einwilligung erteilt.[713] Damit ist nach dem Wortlaut des § 1904 Abs. 4 BGB der Weg zum Betreuungsgericht in den Fällen versperrt, in denen sich Arzt bzw. Ärztin und Vorsorgebevollmächtigter nicht über die Auslegung der Patientenverfügung einig sind. Zwar sei es wohl möglich, letztendlich die Zuständigkeit des Bevollmächtigten für eine solche Entscheidung gerichtlich klären zu lassen,[714] ein solcher Antrag müsste aber nach dem Wortlaut des § 1904 BGB als unzulässig zurückgewiesen werden.[715] Diese Auslegungsfrage wird sich prozessual lösen lassen – zunächst muss das Betreuungsgericht auf Anregung von Amts wegen tätig werden, sodass es in der Folge zu einer Betreuerbestellung kommen könnte.[716] Darüber hinaus bleibt die Möglichkeit den Weg über eine Unterlassungsklage auf Unterlassung der Be-

---

711 In der bisherigen Regelung war unklar, ob die Grundsätze des BGH zu den Behandlungsabbruchentscheidungen auch für den Vorsorgebevollmächtigten gelten sollten, dies wurde jedoch weitgehend angenommen – kritisch dazu: Blandini, BWNotZ 2007, 129, 133

712 § 1904 Abs. 4 BGB

713 So auch Schwab in: MK-BGB, § 1904 Rn. 22; Diederichsen in: Palandt, § 1904 Rn. 4; Hoffmann in: Bienwald/Sonnenfeld/Hoffmann, Kommentar Betreuungsrecht, § 1904 Rn. 159; Lipp in: Handbuch der Vorsorgeverfügungen, § 16 Rn. 51; a. A. Diehn/Rebhan, NJW 2010, 326, 328, die immer die Notwendigkeit der Entscheidung des Betreuers sehen.

714 Schwab in MK-BGB, § 1904 Rn. 22; in diesem Sinne auch: Reus JZ 2010, 80, 82

715 So in einer ähnlichen Fallkonstellation LG Oldenburg 11. 03. 2010 - 8 T 180/10 – BtPrax 2010, 246

716 Heßler, Schriftliche Stellungnahme zu den dem Deutschen Bundestag vorliegenden Entwürfen zu einer gesetzlichen Regelung der Patientenverfügung, S. 16; so ebenfalls der erstgenannte Entwurfsverfasser: Stünker in: Zypries, Die Renaissance der Rechtspolitik, 2008, 147, 150

handlung zu suchen,[717] dem Arzt bzw. der Ärztin der Weg über die Kontrollbetreuung oder die Bestellung eines Betreuers. Dies ist jedoch unbefriedigend – es muss daher eine erweiterte Auslegung der Genehmigungspflicht, ähnlich des klarstellenden Beschlusses bei der Einkommenspfändung nach § 766 ZPO[718] möglich sein.[719] Die Praxis hat diese Frage zunächst über die Ausstellung eines sogenannten Negativattestes geklärt,[720] ob darüber hinaus ein Bedürfnis besteht, dies prozessual zu klären, wird die weitere Anwendungspraxis zeigen.

Mit der Neuregelung wurde der Anwendungsbereich für die Erteilung einer Genehmigung durch das Betreuungsgericht zwar erheblich eingeschränkt, er umfasst aber noch alle Fälle, in denen solche Genehmigungen zum Schutz der betroffenen Personen erforderlich sind. Der Eingriff in das Selbstbestimmungsrecht des Vollmachtgebers durch das Bestehen des umfassenden Genehmigungsvorbehalts wurde durch die Reduzierung der Anwendung deutlich verringert.[721]

Das Betreuungsgericht hat nach § 1904 Abs. 3 BGB die Genehmigung in Maßnahmen nach § 1904 Abs. 1 und 2 BGB dann zu erteilen, wenn die Einwilligung, Nichteinwilligung oder der Widerruf der Einwilligung dem Willen des Vollmachtgebers entspricht. Zum Schutz der betroffenen Person hat das Betreuungsgericht die Entscheidung dahin gehend zu überprüfen, ob diese tatsächlich dem (individuell-mutmaßlichen) Patientenwillen entspricht – damit sind die in § 1901 a Abs. 2 BGB aufgestellten Kriterien auch für die Entscheidung des Betreuungsgerichts heranzuziehen.[722] Das Gericht ist in seiner Entscheidung an die oben genannten Kriterien des § 1901 a Abs. 2 BGB gebunden. Kein Entscheidungsmaßstab ist das Wohl, auch nicht das begrenzende Wohl nach § 1901 Abs. 3 BGB.[723]

---

717 Vgl. dazu zu dem Vorschlag des Referentenentwurfs für ein 3. Betreuungsrechtsänderungsgesetz, abgedruckt bei: Lipp, Patientenautonomie und Lebensschutz, 2005, S. 65 ff.: Wagenitz, FamRZ 2005, 669, S. 677

718 Vgl. dazu Behr, JurBüro 1997, 291; Bengelsdorf, NZA 1996, 176

719 Vgl. zu dieser Problematik oben Kapitel 1, C I 4 b

720 LG Kleve 31. 05. 2010 - 4 T 77/10 - NJW 2010, 2666; vgl. dazu oben Kapitel 1, C I. 4 a); LG Oldenburg 11. 03. 2010 - 8 T 180/10 - FamRZ 2010, 1470; Lipp in: Handbuch der Vorsorgeverfügungen, § 16 Rn. 51 m. w. N.

721 Vgl. dazu unten Kapitel 4, B I.

722 BTDrucks. 16/8442 S. 18

723 So aber zur alten Rechtslage Schwab in: MK-BGB, § 1904 Rn. 89; ähnlich auch Taupitz, Gutachten A für den 63. Deutschen Juristentag 2000, A 104, der für eine Abweichung eine ausdrückliche Regelung fordert. So auch: Röver, Einflussmöglichkeiten des Patienten im Vorfeld einer medizinischen Behandlung, S. 210

Dies war im Rahmen der Vorsorgevollmacht bereits vor der Neuregelung so anzuwenden, da das Vormundschaftsgericht nur überprüfen konnte, ob die Entscheidung des Vorsorgebevollmächtigten pflichtgemäß erfolgte.[724] Daher konnte und kann der Maßstab nur die in der Vollmacht vorgegebenen Verpflichtungen sein. Sie umreißen die Kompetenz des Vorsorgebevollmächtigten. Sind keine ausdrücklichen Anweisungen seitens des Vollmachtgebers getroffen worden, ist auch hier der mutmaßliche Wille entscheidend.[725] Das Betreuungsgericht kann daher nur nachprüfen, ob sich die Entscheidung des Vorsorgebevollmächtigten an diesen Rahmen hält. Eine Parallelwertung zu § 1901 BGB ist nicht vorzunehmen, auch wenn die Regelungen des Auftragsverhältnisses in weiten Teilen ähnlich sind. Der Bevollmächtigte ist über die der Vollmacht zugrunde liegenden Verpflichtungen lediglich an die allgemeinen Regelungen des Bürgerlichen Rechts (z. B. § 242 BGB) bzw. des Strafrechts gebunden. Eine andere Verfahrensweise würde der Privatautonomie des Vollmachtgebers widersprechen.

3. Kontroll-, Vollmachts- oder Überwachungsbetreuer[726]

Die Vorsorgevollmacht ist zielgerichtet für solche Fallgestaltungen konzipiert, in denen der Vollmachtgeber selbst nicht mehr dazu in der Lage ist, seine Rechte wahrzunehmen und auszugestalten. Damit untrennbar verbunden ist die Situation, dass der Vollmachtgeber den Bevollmächtigten weder überwachen noch Weisungen erteilen oder abändern kann und die Vollmacht auch nicht widerrufen kann.[727] Darin zeigt sich das mit einer Vorsorgevollmacht verbundene Gefahrenpotenzial.[728] Um dies zu umgehen, besteht zunächst die Möglichkeit, privatautonom einen sogenannten Überwachungsbevollmächtigten zu bestimmen, dessen Kompetenz darin besteht, den Bevollmächtigten anhand der Weisungen des Vollmachtgebers zu überwachen und gegebenenfalls das Betreuungsgericht einzuschalten, falls das Handeln des Bevollmächtigten nicht den

724 Lipp in: Handbuch der Vorsorgeverfügungen, § 16 Rn. 54

725 Vgl. dazu oben: zur Entscheidungskompetenz des Vorsorgebevollmächtigten B III. 1. und 2.

726 Alle diese Begriffe werden synonym benutzt – hier wird der Begriff der Überwachungsbetreuung benutzt

727 Zu den Voraussetzungen des Widerrufs vgl. oben: unter B I. 6.

728 Sachsen-Gessaphe, Der Betreuer als gesetzlicher Vertreter für eingeschränkt Selbstbestimmungsfähige, S. 274; ausführlich zum Zweck der Überwachungsbetreuung: Schwab in: MK-BGB, § 1896 Rn. 237; Jürgens, Betreuungsrecht, § 1896 Rn. 36; Walter, ZEV 2000, 353; Kurze, NJW 2007, 2220.

Weisungen des Vollmachtgebers entspricht.[729] Darüber hinaus bestehen die allgemeinen zivilrechtlichen Regelungen in Bezug auf den Missbrauch der Vertretungsmacht gem. §§ 177 ff. BGB i, Rahmen der rechtsgeschäftlichen Vertretung.[730]

Hat der Vollmachtgeber eine privatautonome Regelung zur Überwachung des Bevollmächtigten nicht getroffen, hat das Betreuungsgericht zum Schutz des Vollmachtgebers die Möglichkeit einen Betreuer zur Geltendmachung der Rechte der betreuten Person gegen den Bevollmächtigten gem. § 1897 Abs. 3 BGB zu bestellen (Kontroll-, Vollmachts- oder Überwachungsbetreuer).[731] Dessen Aufgabe besteht darin, den Vorsorgebevollmächtigten zu kontrollieren und die Rechte des Vollmachtgebers, wie sie sich aus dem zugrundeliegenden Rechtsverhältnis ergeben, bis hin zum Widerruf der Vollmacht[732], wahrzunehmen.[733] Wird ein solcher Widerruf erteilt und ist kein Ersatzbevollmächtigter bestimmt, ist ein weiterer Betreuer zu bestellen, da der Aufgabenkreis des Überwachungsbetreuers die Besorgung der Angelegenheiten der betroffenen Person anstelle des ehemaligen Vorsorgebevollmächtigten nicht umfasst.[734]

---

729 Vgl. dazu die Vorschläge bei Walter, ZEV 2000, 353, S. 354 ff.; ausreichend ist auch die Bestimmung mehrerer Bevollmächtigter, um eine gegenseitige Kontrolle zu ermöglichen. Damit wäre eine Überwachungsbetreuung nicht erforderlich – vgl. dazu den Gestaltungsmöglichkeiten: Bühler, FamRZ 2001, 1585, 1590; Renner in: Müller/Renner, Rn. 633; Kurze, NJW 2007, 2220, 2224. Notwendig ist jedoch, dass der Überwachungsbevollmächtigte die Aufgabe auch in hinreichend wahrnehmen kann.

730 Allg. Ansicht - Spickhoff, AcP 208 (2008), 347, S. 401 m. w. N.

731 Streitig ist, ob der Vollmachtgeber bei Erteilung der Vollmacht für das Gericht verbindlich anordnen kann, dass ein Überwachungsbetreuer nicht oder nur unter gegenüber der Gesetzeslage eingeschränkten Voraussetzungen bestellt wird – befürwortend: OLG München 27. 10. 2006 - 33 Wx 159/06 - FamRZ 2007, 582, für den Fall, dass der Vollmachtgeber konkrete Nachweise für den Missbrauch als Voraussetzung festgelegt hat, ablehnend: Schwab in: MK-BGB, § 1896 Rn. 244.

732 Der Widerruf der Vollmacht ist wegen des Subsidiaritätsprinzips und der fehlenden Möglichkeit eine Bevollmächtigung zu erteilen nur aus wichtigen Grund möglich: Rieger, FS für Dieter Schwab, 2005, S. 1043, 1046 ff; vgl. auch BayObLG 03. 06. 1994 - 3Z BR 18/94 - FamRZ 1994, 1550; Müller in: Bamberger/Roth, § 1896 Rn. 45.

733 So z. B. aus § 666 BGB - Auskunft und Rechenschaft, § 665 BGB Erteilung und Abweichung von Weisungen, Geltendmachung von Ersatzansprüchen, das Recht zur Kündigung des Auftrags-/Geschäftsbesorgungsverhältnisses bzw. zum Widerruf der Vollmacht selbst (BayObLG 03. 06. 1994 - 3Z BR 18/94 - FamRZ 1994, 1550; LG Wiesbaden 22. 09. 1993 - 4 T 352/93 - FamRZ 1994, 778).

734 Müller in: Bamberger/Roth, § 1896 Rn. 45

Die Möglichkeit der Bestellung eines Überwachungsbetreuers stellt im Rahmen der Schutzbestimmungen zur Sicherheit des Vollmachtgebers ein wichtiges Element dar, denn sie ermöglicht mittelbar die Überwachung des Bevollmächtigten durch das Betreuungsgericht.[735] Um den damit bestehenden erheblichen Eingriff in die Selbstbestimmung des Vollmachtgebers, der vor allem durch die Möglichkeit des Widerrufs der Vollmacht besteht,[736] rechtfertigen zu können, muss die Erforderlichkeit der Einrichtung einer solchen Betreuung restriktiv ausgelegt werden.[737] Voraussetzungen sind daher die Erteilung einer wirksamen Vollmacht[738] sowie die unzureichende Überwachungsmöglichkeit des Vollmachtgebers aus den in § 1896 Abs. 1 Satz 1 BGB genannten Ursachen[739] und das Bestehen eines konkreten Überwachungsbedarfs[740], etwa auf Grund der Schwierigkeit und des Umfangs des zu besorgenden Geschäfts[741] oder weil das vorangegangene Verhalten des Bevollmächtigten dessen Überwachung angezeigt erscheinen lassen[742].

---

735 So bereits für das Vormundschaftsgericht: Walter, ZEV 2000, 353

736 Vgl. dazu BVerfG 10. 10. 2008 – 1 BvR 1415/08 – BtPrax 2009, 27

737 BVerfG 02. 08. 2001 - 1 BvR 618/93 - NJW 2002, S. 206

738 OLG Schleswig 27. 11. 2002 - 2 W 197/02 - NotBZ 2003, 432; BayObLG 27. 05. 1993 - 3Z BR 78/93 - FamRZ 1993, 1249; vgl. dazu ausführlich Schwab in: MK-BGB, § 1896 Rn. 238 f.

739 LG Augsburg 01. 07. 1994 - 5 T 1471/93 - BtPrax 1994, 176, 177; BayObLG 03. 06. 1994 - 3Z BR 18/94 - FamRZ 1994, 1550; LG München 29. 01. 1998 - 13 T 11339/97 - I FamRZ 1998, 923; BayObLG 27. 05. 1993 - 3Z BR 78/93 - FamRZ 1993, 1249; OLG München 27. 10. 2006 - 33 Wx 159/06 - FamRZ 2007, 582; BayObLG 31. 03. 1999 - 3Z BR 33/99 - FamRZ 1999, 1302; LG München 02. 12. 1997 - 13 T 18460/97 - FamRZ 1998, 700; vgl. auch BayObLG 03. 06. 1994 - 3Z BR 18/94 - FamRZ 1994, 1550, 1551.

740 BTDrucks 11/4528 S 59, 123; vgl. dazu ausführlich: Schwab in: MK-BGB, § 1896 Rn. 241 ff.

741 Ein solcher konkreter Überwachungsbedarf kann sich beispielsweise wegen des Umfangs und der Schwierigkeit der Verwaltung bzw. Veräußerung von Grundbesitz des Vollmachtgebers ergeben, dabei ist jedoch auf den Einzelfall, abzustellen – ausführlich: Kurze, NJW 2007, 2220, 2222 f. m. w. N.

742 Bei einer durch den Vorsorgebevollmächtigten personenbedingt erforderlich erscheinenden Überwachungsbetreuung ist es notwendig, dass konkrete Verdachtsmomente für eine nicht ordnungsgemäße Geschäftsführung des Bevollmächtigten oder ein Vollmachtsmissbrauch vorliegen, bzw. muss es erkennbar sein, dass der Bevollmächtigte die ihm anvertraute Fürsorge nicht leisten kann oder will - OLG Köln 11. 03. 2005 - 16 Wx 34/05 - BtPrax 2005, 236 m. w. N. = FGPrax 2005, 156; BayObLG 09.03.2005 - 3Z BR 271/04 - FamRZ 2005, 1777.
Nicht ausreichend ist lediglich das Vorliegen einer umfassenden Vollmacht (Generalvollmacht) - LG Augsburg 01. 07. 1994 - 5 T 1471/93 - BtPrax 1994, 176, 177; LG

Der Überwachungsbetreuer ist in der Durchführung seiner Aufgaben an die Kriterien des § 1901 BGB gebunden, d. h., er hat zunächst die in der Vollmacht bzw. deren Grundverhältnis festgelegten Weisungen zu beachten, die den Wünschen der betroffenen Person nach § 1901 Abs. 3 Satz 1 BGB entsprechen, soweit diese dessen Wohl nicht zuwiderlaufen.[743]

4. Fazit

Im Rahmen der Gesundheitssorge stellte sich bisher vor allem bei den schwerwiegenden Entscheidungen die Frage der Überwachungsbetreuung selten, da das Betreuungsgericht durch den bestehenden Genehmigungsvorbehalt die Rolle des Überwachungsbetreuers übernimmt.[744] Das galt auch bei der Auslegung der erweiterten Formvorschrift des § 1904 Abs. 2 Satz 2 BGB a. F.

Nach der Neuregelung des Betreuungsrechts durch das 3. Betreuungsrechtsänderungsgesetz[745] stellt sich dies nunmehr anders dar. Der Gesetzgeber hat ein durchgegliedertes Verfahren zur Feststellung des Patientenwillens geschaffen, das ein in sich geschlossenes System darstellt und mit dem Genehmigungsvorbehalt abgeschlossen wird. Die Genehmigungspflicht besteht jedoch nur in Fällen, in denen sich Bevollmächtigter und behandelnder Arzt bzw. behandelnder Ärztin über die Feststellung des Patientenwillens nach § 1901 a BGB uneinig sind. Der Schutz des Patienten bzw. der Patientin wird dabei durch die prozedurale Absicherung der Entscheidungsfindung nach § 1901 b BGB und dem bei Uneinigkeit bestehenden Genehmigungsvorbehalt ausreichend sichergestellt.[746]

Lediglich im Einzelfall kann die Bestellung eines Überwachungsbetreuers sinnvoll sein. Das LG Stuttgart[747] führte dazu bereits vor der Einführung des Genehmigungsvorbehaltes im Jahr 1999 aus, dass ein mündiges Individuum selbst darüber bestimmen könne, wem es sich im Fall des Verlusts der Selbstbestimmungsfähigkeit anvertraue. Daher ist die Bestellung eines Überwachungsbetreuers auf die Fälle beschränkt, in denen ein konkreter Miss-

---

München I 02. 12. 1997 - 13 T 18460/97 - FamRZ 1998, 700; OLG Köln 28. 06. 1999 - 16 Wx 86/99 - OLGR 2000, 91, 92, auch nicht ohne Weiteres bei einer Befreiung des Bevollmächtigten vom Selbstkontrahierungsverbot oder wenn sich die Vollmacht auch auf Angelegenheiten des § 1904 oder des § 1906 erstreckt.

743 Vgl. dazu ausführlich: Walter, ZEV 2000, 353, 353 f.

744 So: Walter, ZEV 2000, 353, 354; kritisch dazu Bienwald, FamRZ 2003, 425

745 Vgl. dazu oben B IV. 2.

746 So auch: Stünker, Selbstbestimmung bis zum Lebensende in: Zypries, Die Renaissance der Rechtspolitik, 2008, 147, 150

747 LG Stuttgart 16. 9. 1993 – 2 T 764/93 – BtPrax 1994, 64

brauchsverdacht besteht, sodass mit der Bestellung eines solchen Betreuers dieser Gefahr entgegengewirkt werden kann. Die Bestellung eines Überwachungsbetreuers führt zu einer mittelbaren Überwachung der Entscheidungen des Vorsorgebevollmächtigten durch das Betreuungsgericht, sodass die Selbstbestimmung erheblich eingeschränkt wird, vor allem, wenn man dessen Befugnis beachtet, die Vollmachtserteilung zu widerrufen. Es muss daher bei der Erforderlichkeitsprüfung zur Bestellung eines Überwachungsbetreuers ebenfalls das gesamte Schutzsystem (§§ 1901 a, 1901 b und 1904 Abs. 5 Satz 1 BGB) bewertet werden.

Die Ausgestaltung der §§ 1901 a, 1901 b und 1904 BGB zeigt, dass der Gesetzgeber die Kompetenzen des Bevollmächtigten in Gesundheitsfragen erweitern und die staatlichen Schutzvorschriften auf das Nötigste reduzieren wollte. Damit führen die Neuregelungen zu einem geringeren Eingriff in die Selbstbestimmungsrechte des Vollmachtgebers.

Zieht man diese gesetzgeberische Wertung zur Auslegung des § 1904 Abs. 5 Satz 2 BGB hinzu, bestätigt sich die oben aufgestellte These, dass die erweiterte Formvorschrift nicht dazu führen darf, dass – trotz der Kompetenzerteilung des Vollmachtgebers für die Einwilligung in medizinische Behandlungen – Entscheidungen durch die Bevollmächtigten unwirksam sind. Es kommt entscheidend auf den Willen des Vollmachtgebers an – es muss erkennbar sein, dass dieser in der Vorsorgevollmacht auch die Einwilligung in schwerwiegende medizinische Maßnahmen erfassen wollte. Dies ist auch dann der Fall, wenn die Vollmacht ausdrücklich auf eine sogenannte negative Patientenverfügung verweist.[748] Allerdings würde eine Auslegung, dass die Benennung lediglich von medizinischen Maßnahmen/Gesundheitssorge ausreichend ist, im Umkehrschluss dazu führen, dass die Benennung auch für die Wirksamkeit erforderlich ist. Eine Generalvollmacht wäre dann nicht mehr für die Einwilligung des Bevollmächtigten in „einfache" medizinische Maßnahmen ausreichend. Eine solche Einschränkung wäre hinsichtlich der Effektivität der Vollmacht in Gesundheitsfragen kontraproduktiv. Auch wenn eine bewusste Erteilung der Vollmacht in Gesundheitsangelegenheiten zwar notwendig ist,[749] erscheint mir diese Begrenzung als zu weitgehend. Ausreichend ist, wie oben bereits ausgeführt, dass durch Auslegung der Vollmacht deutlich wird, dass auch Maßnahmen nach § 1904 Abs. 1 und 2 BGB erfasst sein sollen.

748 Vgl. dazu Hoffmann in: Bienwald/Sonnenfeld/Hoffmann, Kommentar Betreuungsrecht § 1904 Rn. 112; Müller DNotZ 2010, 169; Diehn, FamRZ 2009, 1958

749 So aber Lipp in: Handbuch der Vorsorgeverfügungen, § 16 Rn. 29 ff; Lipp/Brauer in: Höfling, Das neue Patientenverfügungsgesetz in der Praxis, S. 17, 25; Burchardt, Vertretung handlungsunfähiger volljähriger Patienten durch Angehörige, 2010, 57 ff.

V. Rechtsdienstleistung

Der Wirksamkeit der Vollmacht und damit der betreuungsvermeidenden Wirkung kann ein Verstoß gegen das Rechtsdienstleistungsgesetz[750] entgegenstehen. Zwar ist die eigentliche Vollmachtserteilung eine einseitige Rechtserklärung des Vollmachtgebers und die Besorgung einer eigenen, nicht fremden Angelegenheit und somit keine unerlaubte Rechtsdienstleistung, jedoch schlägt die Nichtigkeit des Grundgeschäftes nach § 134 BGB bei einem Verstoß gegen das Rechtsdienstleistungsgesetz nach der bisher für das Rechtsberatungsgesetz herrschenden Meinung auf die Vollmacht durch.[751]

1. Vorliegen einer Rechtsdienstleistung

Eine Rechtsdienstleistung gem. § 2 Abs. 1 RDG liegt dann vor, wenn die Erledigung der fremden Angelegenheit eine rechtliche Prüfung des Einzelfalls erfordert. Wann dies der Fall ist, ist noch nicht hinreichend geklärt. Aus der Gesetzesbegründung ergibt sich, dass die Grenze auf jeden Fall dann überschritten ist, wenn absehbar ist, dass umfangreiche rechtliche Prüfungen und Tätigkeiten erforderlich sein werden, oder der Vollmachtgeber bereits in der Bevollmächtigung zum Ausdruck bringt, dass gerade auch die rechtlich fundierte Prüfung und Erledigung seiner Angelegenheiten im Vorsorgefall zum Aufgabenkreis des Bevollmächtigten gehören sollen.[752]

---

750 BGBl. I 2840 vom 12. 12. 2007 in Kraft getreten am 1. 7. 2008

751 Dazu ausführlich: Sauer, RNotZ 2009, 79, 95 m. w. N.; zur Rechtslage nach dem Rechtsberatungsgesetz: Spalckhaver in: Handbuch der Vorsorgeverfügungen, § 9 Rn. 1 ff.; Ahrens, BtPrax 2005, 163, 166 f.; Jäger, Gesetzliche Regelung von Patientenverfügungen Stellungnahme zur öffentlichen Anhörung des Rechtsausschusses, Knittel, Betreuungsgesetz, § 1896, Rn. 120; Reymann, ZEV 2006, 12, 14; Bühler, FamRZ 2001, 1585, 1594; OLG Saarbrücken 07. 02. 2003 - 347/371 - OLG 200/03 - FamRZ 2003, 1044 (hier Ablehnung der beantragten Erlaubnis nach dem RBerG); BGH 25. 06. 1962 - VII ZR 120/61 - NJW 1962, 2010 f.; BGH 25. 3. 1974 - II ZR 63/72 - NJW 1974, 1201 f.; BGH 18. 3. 2003 - XI ZR 188/02 - NJW 2003, 2088 f. BGH 25. 3. 2003 - XI ZR 227/02 – NJW 2002, 2091 f.; BGH 22. 10. 2003 - IV ZR 398/02 - NJW 2004, 59, 60; BGH 29. 10. 2003 - IV ZR 122/02 - NJW 2004, 841, 843; BGH 26. 04. 1994 - VI ZR 305/93 - NJW-RR 1994, 1081; BGH 28. 9. 2000 - IX ZR 279/99 - DNotZ 2001, 49; KG Berlin 28. 11. 2006 - 1 W 446/05 - BtPrax 2007, 85; OLG Saarbrücken 07. 02. 2003 - 347/371 - OLG 200/03 - FamRZ 2003, 1044; für einen Sozialverein vgl. OLG Kiel 02. 11. 2005 - 2 W 169/05 - FamRZ 2006, 645 (Leitsätze). Zur Erstreckung der Nichtigkeit nach dem Rechtsberatungsgesetz auf die Vollmacht: BGH 11. 10. 2001 - III ZR 182/00 - NJW 2002, 66; BGH, Urteil 24. 10. 2006 - XI ZR 216/05 - NJW-RR 2007, 395

752 Begründung des Gesetzentwurfs der Bundesregierung BTDrucks. 16/3655, S. 42

Ob jedoch die momentan bestehende Tendenz zur „Verrechtlichung des Lebens“ – alle möglichen Tätigkeiten beinhalten rechtliche Aspekte – dazu führt, dass die Wahrnehmung aller rechtlichen Angelegenheiten bereits unter das Rechtsdienstleistungsgesetz fällt,[753] ist unklar.[754] Zumindest unterfallen diese, wenn es sich um Nebenleistungen handelt, dem Erlaubnistatbestand des § 5 RDG. Keine solche Nebenleistung liegt vor, wenn der Bevollmächtigte zur Vertretung in persönlichen Angelegenheiten, in denen regelmäßig eine umfangreiche rechtliche Prüfung, z. B. bei Gesundheits- und Unterbringungsfragen notwendig ist, eingesetzt wird.[755]

Ebenfalls nicht unter den Anwendungsbereich des Rechtsdienstleistungsgesetzes unterfallen solche Tätigkeiten, die nicht als fremd zu charakterisieren sind. Dies wurde von der Rechtsprechung für die Ehe aufgrund der ehelichen Beistandspflicht und dem damit bestehenden Eigeninteresse an der Führung des Rechtsgeschäftes zur Erfüllung der nach § 1353 Abs. 1 Satz 2 BGB gebotenen Hilfeleistung für den Ehegatten uneingeschränkt angenommen.[756] Für verwandtschaftliche und andere Bindungen kommt es für diese Bewertung ebenfalls darauf an, ob der Vorsorgebevollmächtigte aufgrund der engen Bindung oder auch aus sittlichen Gründen ein eigenes Interesse an der Erledigung der Rechtsangelegenheit hat[757] und darüber hinaus gesetzliche Verpflichtungen zur Übernahme bestehen.[758]

2. Unentgeltliche Rechtsdienstleistung

Handelt es sich jedoch um Rechtsdienstleistungen in diesem Sinn, so ist es dann gestattet, diese zu erbringen, wenn sie nicht im Zusammenhang mit einer

---

753 So die bisherige Rechtsprechung zu rechtlichen Angelegenheiten: BGH 11. 11. 2004 - I ZR 182/02 – NJW 2005, 968, 969 f.; BGH 06. 12. 2001 - I ZR 316/98 - 2002, 2877, 2878; BVerfG 27. 09. 2002 - 1 BvR 2251/01 – NJW 2002, 3531, 3532; BVerfG 11. 03. 2004 - 1 BvR 517/99, 1 BvR 313/99 – NJW 2004, 1855, 1856; BGH 25. 02. 1999 - IX ZR 384/97 – NJW 1999, 1715; BGH 30. 03. 2000 - I ZR 289/97 – NJW 2000, 2108

754 Vgl. dazu eine Übersicht bei Sauer, RNotZ 2009, 79, 94

755 Grunewald/Römermann/Franz, Rechtsdienstleistungsgesetz, § 5 RDG Rn. 192; zur Kritik daran: Bauer in: HK-BuR, § 1896 Rn. 208

756 BGH NJW 2001, 3541, 3543; BGH AnwBl. 1964, 52; vgl. dazu ausführlich: Ahrens, BtPrax 2005, 163, 165 f.; Sauer, RNotZ 2009, 79, 93 f.

757 Diese Voraussetzung als ausreichend betrachten: Weth in: Henssler/Prütting, Bundesrechtsanwaltsordnung, Art. 1 § 1 RBerG Rn. 17; Rennen/Caliebe, Rechtsberatungsgesetz, Art. 1 § 1 RBerG Rn. 33; Zimmermann, BtPrax 2001, 192, 193; Bühler, FamRZ 2001, 1585, 1594

758 Ahrens, BtPrax 2005, 163, 166

entgeltlichen Tätigkeit stehen.[759] Wird eine solche unentgeltliche Rechtsdienstleistung außerhalb familiärer, nachbarschaftlicher oder ähnlich enger persönlicher Beziehung erbracht, muss sichergestellt sein, dass diese durch eine Person erfolgt, die entgeltliche Rechtsdienstleistungen erbringen darf oder die selbst zum Richteramt befähigt ist oder eine Anleitung durch jemanden erfolgt, der zum Richteramt befähigt ist.[760]

Daraus ergibt sich, dass innerhalb des familiären Bereichs bzw. im Bereich der persönlichen Beziehungen die Rechtsdienstleistung, als welche die Durchführung einer Geschäftsbesorgung oder eines Auftrags im Regelfall zu werten ist, nun unabhängig von der Anzahl der durchgeführten Vollmachten[761] zulässig ist.[762] Zur Sicherheit könnte nach dem Vorschlag von Spalckhaver ein Hinweis enthalten sein, einen Anwalt bei der Notwendigkeit einer rechtlichen Einzelfallprüfung einschalten zu müssen.[763] Außerhalb des persönlichen Bereichs unterliegt jedoch die Durchführung von Geschäftsbesorgungen im Rahmen eines Vorsorgeverhältnisses dem Vorbehalt für zugelassene Berufsgruppen, sodass bereits die Erste, wenn auch unentgeltlich wahrgenommene Geschäftsbesorgung unter die Beschränkungen des Rechtsdienstleistungsgesetzes fällt.

VI. Prozessuale Rechte des Bevollmächtigten

Ein großes Manko der Bevollmächtigung war bisher, dass ein Bevollmächtigter die Rechte der betroffenen Person zwar wahrnehmen, jedoch nicht im Zivilprozess durchsetzen konnte.[764] Auf Vorschlag der Bund-Länder-Arbeitsgruppe Betreuungsrecht wurde dies mit dem 2. Betreuungsrechtsänderungsgesetz[765] geändert, sodass nun auch Vorsorgebevollmächtigte einem

---

759 § 6 Abs. 1 RDG; zur Unentgeltlichkeit: Sauer, RNotZ 2009, 79, 95; Grunewald/Römermann § 6 RDG Rn. 7-13

760 § 6 Abs. 2 RDG

761 So nach dem bisherigen Recht: Bund-Länder-Arbeitsgruppe „Betreuungsrecht“, Abschlussbericht, Betrifft Betreuung 6, 2003, S. 74; Ahrens, BtPrax 2005, 163

762 Ausführlich dazu: Spalckhaver in: Handbuch der Vorsorgeverfügungen, § 9 Rn. 61 ff.

763 Ausführlich dazu: Spalckhaver in: Handbuch der Vorsorgeverfügungen, § 15 Rn. 96.

764 Vgl. dazu ausführlich Bund-Länder-Arbeitsgruppe „Betreuungsrecht“, Abschlussbericht, Betrifft Betreuung 6, 2003, S. 75 f.; BayObLG 07.05.1997 – 3Z BR 123/97 – NJW-FER 1997, 227; differenzierend Sachsen-Gessaphe, Der Betreuer als gesetzlicher Vertreter für eingeschränkt Selbstbestimmungsfähige, S. 259 ff.; Truong, Vorsorgevollmacht und Vorsorgetreuhand in Gesundheitsangelegenheiten, S. 59 f.; Sachsen-Gessaphe in: FS für Werner Bienwald zum 70. Geburtstag, S. 273

765 GesE: BTDrucks. 15/2494; BGBl. 2005 Teil I Nr. 23, S. 1073. In Kraft getreten: 01. 07. 2005

gesetzlichen Vertreter gleichstehen.[766] Voraussetzung ist, dass sie von einer volljährigen Person, die nicht prozessfähig ist, bereits vor dem Eintritt der Prozessunfähigkeit schriftlich mit ihrer gerichtlichen Vertretung bevollmächtigt wurde und diese Bevollmächtigung geeignet ist, die Erforderlichkeit einer Betreuung gem. § 1896 Abs. 2 Satz 2 BGB entfallen zu lassen. Liegen diese Voraussetzungen vor, nimmt der Bevollmächtigte im Prozess die Stellung des gesetzlichen Vertreters ein.[767]

Im Rahmen des Betreuungs- und Unterbringungsverfahrens ist der Vorsorgebevollmächtigte innerhalb seines Aufgabenkreises als sogenannter „Muss-Beteiligter" hinzuzuziehen.[768] Darüber hinaus ist er auch zur Einlegung der Beschwerde im Namen der betreuten Person gegen die Entscheidungen des Betreuungsgerichts befugt.[769]

VII. Auswahl der Vertretungsperson

Die betreuungsvermeidende Wirkung der Vorsorgevollmacht tritt auch dann nicht ein, wenn die bevollmächtigte Person die Angelegenheiten der betreuten Person nicht ebenso gut wie ein gerichtlich bestellter Betreuer wahrnehmen kann. Dies ist zum einem dann gegeben, wenn die bevollmächtigte Person zu dem nach § 1896 Abs. 2 Satz 2 BGB ausgeschlossenen Personenkreis nach § 1897 Abs. 3 BGB gehört oder zum anderen dann, wenn Defizite in der Person des Bevollmächtigten bestehen.

1. § 1896 Abs. 2 i. V. m. § 1897 Abs. 3 BGB

Eine Betreuung kann trotz einer wirksamen Bevollmächtigung angeordnet werden, wenn die bevollmächtigte Person zu dem in § 1897 Abs. 3 BGB ausgeschlossenen Personenkreis gehört.[770] Sie darf danach nicht zu einer Anstalt,

766 Vgl. dazu Regelungsabsicht des Entwurfs: BTDrucks. 15/2494, 9, 39, 48. Die Prüfung der Frage, ob eine ausreichende Vollmacht vorliegt, obliegt dem jeweiligen Prozessgericht, BTDrucks. 15/4874 S. 28.

767 Weth in: Musielak/Ball, ZPO, § 51 ZPO Rn. 13 a; a. A. Bienwald in Staudinger § 1904 Rn. 65; so wohl auch: Sonnenfeld, FamRZ 2005, 941, 945, trotz dieser Änderung und einer noch so umfassend gestalteten Vorsorgevollmacht die Möglichkeit der Übernahme der Stellung eines gesetzlichen Vertreters sowohl für den Zivilprozess als auch allgemein verneinen, bzw. an der Eignung fehlen lassen.

768 §§ 274 Abs. 1 Nr. 3, 315 Abs. 1 Nr. 3 i. V. m. § 7 Abs. 2 Nr. 2 FamFG

769 §§ 303 Abs. 4 Satz 1, 335 Abs. 3 FamFG – vgl. dazu: Heinemann, DNotZ 2006, 6, 22

770 Eine Anordnung der Betreuung ist nicht in jedem Fall notwendig, es ist lediglich der Vorrang nach § 1896 Abs. 2 Satz 2 BGB beseitigt – Schwab in: MK-BGB, § 1896 Rn.

einem Heim oder einer sonstigen Einrichtung, in der der Vollmachtgeber wohnt oder untergebracht ist und zu der er in einem Abhängigkeitsverhältnis steht, gehören. Das trifft für alle in diesen Einrichtungen Beschäftigten zu. Damit wollte der Gesetzgeber typischen Interessenkollisionen bei der Wahrnehmung der Aufgaben aus der Vollmacht, vor allem gegenüber der betroffenen Institution, vorbeugen.[771] Auch nach der Bestellung eines Betreuers bleibt die Vollmacht zunächst wirksam, wenn kein besonderer Nichtigkeitsgrund gegeben ist. Sie kann durch Widerruf oder gemäß dem zugrunde liegenden Rechtsverhältnis erlöschen; der Betreuer muss gegebenenfalls das Erlöschen der Vollmacht herbeiführen.[772]

2. Persönliche Eignung

Die persönliche Eignung des Bevollmächtigten kann durch Defizite, die in der Person des Bevollmächtigten selbst liegen, ausgeschlossen sein. Zum einem kann es vorkommen, dass die bevollmächtigte Person nicht von der Vollmacht Gebrauch macht,[773] zum anderen kann sich die Person auch als untauglich[774] herausstellen. Von einer solchen Untauglichkeit ist dann auszugehen, wenn die Geschäftsfähigkeit des Bevollmächtigten zweifelhaft ist.[775] Bei der weiteren Bestimmung der Untauglichkeit haben die Fallgruppen des Interessenkonfliktes eine große Bedeutung, zu der sich ein unmittelbarer Zusammenhang feststellen lassen muss. Allein die Zugehörigkeit zu einer bestimmten Gruppe, z. B. der der Erben des Vollmachtgebers, lassen diese Vermutung nicht zu. Notwendig ist daher der Verdacht, der Bevollmächtigte werde die Vollmacht zu eigenen

---

62; Spalckhaver in: Handbuch der Vorsorgeverfügungen, § 11 Rn. 19. Das Gericht kann von der Bestellung eines Betreuers absehen, wenn es eine Interessenkollision im konkreten Fall verneint und davon überzeugt ist, dass der Bevollmächtigte die Aufgaben ebenso gut wahrnehmen kann – so auch: Walter, FamRZ 1999, 685, 688. Es besteht dann die Möglichkeit, einen Überwachungsbetreuer zu bestellen.

771 BTDrucks. 13/7158, S. 33

772 Walter, FamRZ 1999, 685, 688

773 Vgl. den Fall BayObLG 23. 03. 2004 - 3Z BR 265/03 - FamRZ 2004, 1403.

774 Zum Problem der „Tauglichkeit“ Langenfeld, Vorsorgevollmacht, Betreuungsverfügung und Patiententestament nach dem neuen Betreuungsrecht, S. 60 ff. In Bezug auf die Redlichkeit der Person: BGH 07. 03. 2012 - XII ZB 583/11 - FamRZ 2012, 868; BGH 13. 04. 2011 - XII ZB 584/10 - FamRZ 2011, 964. Ungeeignetheit: KG Berlin 15. 12. 2009 - 1 W 213/09, 1 W 214/09 - FamRZ 2010, 924

775 Schwab in: MK-BGB, § 1896 Rn. 61

Zwecken missbrauchen[776] oder aus sonstigen Gründen das Wohl der betroffenen Person gefährden[777].

Darüber hinaus kann auch die persönliche Eignung zur Durchführung der vorgesehenen Aufgaben fehlen.[778] Der bloße Umstand größerer Entfernung zum Aufenthaltsort der betroffenen Person berechtigt nur dann zu Zweifeln an der Eignung des Bevollmächtigten, wenn nach Art der Angelegenheit die örtliche Nähe erforderlich ist.[779] Dann ist für diese speziellen Aufgabenbereiche ein Betreuer zu bestellen. Unter Umständen kann es auch ausreichen, einen Kontrollbetreuer einzusetzen.

C Fazit

Die Vorsorgevollmacht ermöglicht dem Vollmachtgeber individuelle, verbindliche Regelungen für die Stellvertretung zu formulieren. Diese betreffen sowohl die Person(en), die die Vertretung durchführen sollen, als auch Weisungen zur konkreten Wahrnehmung der Rechte des Vollmachtgebers, vor allem in medizinischen Angelegenheiten. Die Vorsorgevollmacht ist durch ihre betreuungsvermeidende Wirkung gekennzeichnet. Können die Interessen des Vollmachtgebers durch den Bevollmächtigten ebenso gut wahrgenommen werden, wie durch einen Betreuer, ist eine Betreuung gem. § 1896 Abs. 2 Satz 2 BGB nicht erforderlich. Die Vorsorgevollmacht bietet damit die Möglichkeit, autonome Regelungen über die Durchsetzung des eigenen Willens in der Situation der Entscheidungsunfähigkeit zu schaffen. Die verschiedenen Elemente – sowohl die Ausgestaltungsmöglichkeiten als auch die Bindung an

---

776 Vgl. BayObLG 09. 04. 2003 - 3Z BR 242/02 - FamRZ 2003, 1219, 1220 (konkrete Verdachtsmomente für nicht plausible Vermögenstransfers und abruptes Herausreißen des Betroffenen aus seiner gewohnten Umgebung); OLG Brandenburg 10. 03. 2005 - 11 Wx 3/05 - FamRZ 2005, 1859; OLG Brandenburg 28. 10. 2003 - 11 Wx 38/03 - OLGR 2005, 587 (Frage, ob öffentliche Berichterstattung der Bevollmächtigten über ihr Leben mit dem Betroffenen einen Missbrauch darstellt); OLG Zweibrücken 03.04.2006 - 3 W 28/06 - FamRZ 2006, 1710; LG Wiesbaden 22.09.1993 - 4 T 352/93 - FamRZ 1994, 778.

777 Vgl. KG Berlin 14. 03. 2006 - 1 W 298 und 340/04, 1 W 134/05, 1 W 298/04, 1 W 340/04, 1 W 134/05 - FamRZ 2006, 1301. Problematisch der Fall KG Berlin 31. 10. 2006 - 1 W 448/04, 1 W 449/04 - FamRZ 2007, 580 m. Anm. Nagel (Bestellung eines Betreuers trotz Vollmacht, die darauf abzielt, psychiatrische Behandlung und Unterbringung zu verhindern)

778 BayObLG 14. 03. 2001 - 3Z BR 28/01 - BtPrax 2001, 163

779 OLG Köln 06. 10. 1995 - 16 Wx 144/95 - FamRZ 1996, 506

den Willen der betroffenen Personen – machen die Vorsorgevollmacht zu dem am besten zur Wahrung der Patientenautonomie geeigneten Instrument.[780]

Gleichzeitig ermöglichen es die gesetzlichen Schutzmechanismen – die Formvorschriften, der Genehmigungsvorbehalt und die Möglichkeit der Bestellung eines Überwachungsbetreuers (vgl. §§ 1904 Abs. 5 Satz 1 und 2, 1896 Abs. 3 BGB) – den Gefahren, die durch die Bevollmächtigung entstehen können, entgegenzuwirken. Der Grund für diese Einschränkung der Privatautonomie resultiert aus der Schutzpflicht des Staates. Durch die Neuregelung des § 1904 BGB wurde die Notwendigkeit der Einholung einer Genehmigung durch das Betreuungsgericht auf die Fälle beschränkt, in denen sich der behandelnde Arzt bzw. die behandelnde Ärztin und der Bevollmächtigte über den Patientenwillen uneinig sind und somit der Eingriff in die Privatautonomie auf Problemfälle beschränkt. Zudem kann, wie oben ausführt, der Vollmachtgeber privatautonome Verfahrensregelungen zur Ermittlung des Patientenwillens aufstellen, um das Genehmigungsverfahren zu vermeiden. Die Bestellung eines Überwachungsbetreuers kann der Vollmachtgeber ebenfalls durch privatautonome Regelungen in der Vollmacht, etwa durch die Benennung eines Überwachungsbevollmächtigten, verhindern, sodass die staatlichen Schutzmaßnahmen auf ein geringes Maß reduziert werden können.

Gerade die individuellen Gestaltungsmöglichkeiten der Vorsorgevollmacht führen in der Praxis jedoch zu Anwendungsproblemen. Nicht alle Teilnehmer des Rechtsverkehrs erkennen jede Form einer Vorsorgevollmacht an. Die Ausgestaltung des Vorsorgefalls, der Aufgabenbereiche, des Innenverhältnisses, aber vor allem die unklare Formschrift des § 1904 Abs. 5 Satz 2 BGB führen dazu, dass der Vorsorgevollmacht die praktische Wirksamkeit noch fehlt. Dies hat sich bei einer Befragung von Vormundschaftsgerichten bestätigt.[781] Als Gründe für die Bestellung eines Betreuers – trotz des Vorliegens einer Vorsorgevollmacht – wurden durch die befragten Gerichte angegeben, dass bei 82 % der Verfahren die Vorsorgevollmacht nicht die erforderlichen Aufgabenbereiche umfasste. In 62 % der Verfahren scheiterte die Anwendung der Vorsorgevollmacht an der fehlenden Akzeptanz im Rechtsverkehr, die in vielen Fällen auf die uneinheitliche Gestaltung der Vollmachten zurückzuführen war, wobei sich dieses Problem vor allem auf die Vermögenssorge bezog. Weitere Gründe ergaben sich vor allem aus der tatsächlichen oder rechtlichen Verhinderung des Bevollmächtigten und in 31 % der Verfahren daraus, dass die Vorsorgevollmacht nicht rechtzeitig vorgelegen hat.

---

780 So überzeugend bereits: Uhlenbruck, Patiententestament, Betreuungsverfügung und Vorsorgevollmacht, Rieger, FS für Dieter Schwab, 2005, S. 1043

781 Vgl. dazu ausführlich Köller/Sellin/Engels, Evaluation des 2. BtÄndG, S. 232 ff., 236

Diese Erfahrungen zeigen, dass trotz einer insgesamt ansteigenden Anzahl von Vorsorgevollmachten, den eingesetzten Vertretern oftmals die personelle Eignung, aber vor allem der Vollmacht die inhaltliche Eignung zur Betreuungsvermeidung fehlt – sodass weitere Aufklärung zur Gestaltung und den Wirkungen der Vorsorgevollmacht erfolgen muss.[782] Für die Vollmachtgeber bedeutet dies, dass sie, um ihre Rechte ausreichend wahrnehmen zu können, gut informiert sein müssen. Es besteht ein erheblicher Beratungsbedarf in Bezug auf die Erstellung einer Vollmacht.

Einen bedeutenden Anteil - neben der Ausgestaltung der Vollmacht - nimmt die Wahrnehmung der Vollmacht ein. Dem Vollmachtgeber obliegt es, dem Bevollmächtigten Weisungen zu erteilen, an die der Bevollmächtigte gebunden ist. Darunter fallen auch Behandlungswünsche. Die Vorsorgevollmacht hat durch die Neuregelung der §§ 1901 a und b BGB eine deutliche Stärkung erfahren. Ursächlich dafür ist sowohl die Anerkennung der Entscheidungskompetenzen des Bevollmächtigten in Fragen des Behandlungsabbruchs als auch die Gleichstellung mit den Kompetenzen des Betreuers.

Damit wird deutlich, dass zur Stärkung der Vorsorgevollmacht Aufklärungs- und Beratungskonzepte, aber auch die Einrichtung von unterstützenden organisatorischen Strukturen notwendig ist.[783] Wie dies möglich umgesetzt werden kann, soll in den folgenden Kapiteln untersucht werden.

Die Entscheidungsfindung ist für bevollmächtigte Personen oft mit besonderen Problemen verbunden.[784] Die Feststellung des Patientenwillens ist nicht immer einfach und dieser Prozess von vielfältigen Zweifeln begleitet. Zur Unterstützung in dieser oftmals schwierigen Situation, aber auch zur Sicherung des Patientenwillens dient das organisatorisch-prozedurale Modell des beratenden Konsils. Es ermöglicht dem Bevollmächtigten innerhalb organisierter Strukturen den Patientenwillen, aber auch Entscheidungsvarianten sowohl mit dem behandelnden Arzt bzw. behandelnde Ärztin als auch mit den Angehörigen zu erörtern, um dann eine eigene Entscheidung treffen zu können. Dieses

---

782 So die Forderung der Bund-Länder-Arbeitsgruppe zur Beobachtung der Kostenentwicklung im Betreuungsrecht, S. 30; ähnlich bereits Sellin/Engels/Holzhauer, Qualität, Aufgabenverteilung und Verfahrensaufwand bei rechtlicher Betreuung, Hoffmann/Schumacher, BtPrax 2002, 191; Eibach/Schaefer, MedR 2001, 21 ff.; Bund-Länder-Arbeitsgruppe „Betreuungsrecht“, Abschlussbericht, Betrifft Betreuung 6, 2003, S. 22 f.

783 Zur Problemlage in Krankenhäusern mit Ethikberatungen: Korsch in: Höfling, Das neue Patientenverfügungsgesetz in der Praxis, 2010, S. 67 ff.

784 Vgl. dazu oben: Kapitel 2, B I. 2. c) die Ausführungen zur automatischen gesetzlichen Vertretung für nahe Angehörige für ehrenamtliche Betreuer

Modell stellt damit einen ersten Ansatz für organisierte prozedurale Beratungsstrukturen bei der Wahrnehmung der gewillkürten Stellvertretung dar. Dieses Modell soll daher in den folgenden Kapiteln untersucht und weiter ausgebaut werden.

Kapitel 4
Zivilrechtliche Stärkung durch organisatorisch-prozedurale Maßnahmen

Nach der Analyse der vorstehenden Kapitel zeigen sich die Schwierigkeiten bei der Vorsorgevollmacht vor allem in zwei Bereichen. Zunächst in der Entstehungsphase der Vollmacht und vor allem bei der Wahrnehmung der Vertretung des Vollmachtgebers.

Ähnlich der Situation bei der Einwilligung in eine medizinische Maßnahme – nur der informierte Patient, die informierte Patientin kann eine eigenständige Entscheidung treffen (informed consent) –[785] kann auch der Vollmachtgeber eine Vollmacht nur dann sinnvoll aufsetzen, wenn er ausreichend informiert und aufgeklärt worden ist. Ein zentraler Punkt zur Wahrnehmung des Selbstbestimmungsrechtes ist daher die Beratung und Aufklärung des Vollmachtgebers.[786]

Auf einer zweiten Ebene ist die jeweilige Anwendungssituation der Vorsorgevollmacht davon geprägt, dass es nicht möglich ist, eine Regelung zu treffen, die alle eventuell eintretenden Fallgestaltungen bereits vorhersieht oder passende Formulierungen findet.[787] Dies ist bei einer Vorsorgevollmacht auch nicht notwendig und macht den Vorteil der Vorsorgevollmacht gegenüber der Patientenverfügung aus.[788] Im Idealfall wird eine Vertrauensperson bestimmt,

---

785 Vgl. dazu ausführlich oben und Truong, Vorsorgevollmacht und Vorsorgetreuhand in Gesundheitsangelegenheiten, S. 16 m. w. N.

786 May, Autonomie und Fremdbestimmung, S. 112. Es ist notwendig, den Betroffenen ganzheitlich bei der Ausgestaltung von Vorsorgeverfügungen zu unterstützen. Dazu gehört insbesondere auch die Ausgestaltung des Innenverhältnisses der Vorsorgevollmacht. Ob dies zwingend in Form einer Patientenverfügung oder aber in Form von Behandlungswünschen erfolgt, obliegt den einzelnen Betroffenen. Zur Forderung nach einer umfassenden länger dauernden Beratung: Simon in: Höfling, Das neue Patientenverfügungsgesetz in der Praxis, 2010, S. 57 ff.; darüber hinaus für ein regional eingebundene interdisziplinäre Beratung in Form des Advanced Care Plannings: in der Schmitten/Rothärmel/Rixen/Marckmann in: Höfling, Das neue Patientenverfügungsgesetz in der Praxis, 2010, S. 81 ff.; Sahm in: Höfling, Das neue Patientenverfügungsgesetz in der Praxis, 2010, S. 123 ff.

787 Vgl. dazu ausführlich Lipp/Brauer in: Höfling, Das neue Patientenverfügungsgesetz in der Praxis, 2010, S. 17 ff.; Tolmein in: Höfling, Das neue Patientenverfügungsgesetz in der Praxis, 2010, S. 47 ff.

788 Bund-Länder-Arbeitsgruppe „Betreuungsrecht“, Abschlussbericht, Betrifft Betreuung 6, 2003, S. 22; vgl. dazu ausführlich oben: Einleitung A II.

die vor allem durch die Kenntnis der Wertvorstellungen der zu vertretenden Person in der Lage ist, notwendige Entscheidungen zu treffen.

Im Rahmen eines langjährigen Vorsorgeverhältnisses kann es aber nicht bei einer einmaligen privatautonomen Aushandlung der Bedingungen bleiben. Darin besteht gerade der Unterschied zum klassischen Vertretungsrecht, in dem oftmals nur ein punktueller Austausch notwendig ist. Bei einem Vorsorgeverhältnis steht der zu Vertretene mit seinen im Laufe des Vorsorgeverhältnisses variablen Wünschen und Vorstellungen im Mittelpunkt. Daher muss immer wieder ein Aushandlungs- und Entwicklungsprozess stattfinden, für den es Organisationsstrukturen[789] geben muss. Die Stärkung der Selbstbestimmung kann nur durch Organisation, die vor allem Beratungs- und Unterstützungselemente enthält, erfolgen.

Ein weiterer Problemkreis ist vor allem aufseiten der Stellvertreter zu sehen. Ein solcher Vertreter ist zwar in der Lage, Entscheidungen für den Vertretenen zu treffen, jedoch stößt dieser immer wieder an seine Grenzen. Studien haben gezeigt, dass oftmals familiale Stellvertreter mit den Entscheidungskompetenzen überfordert sind.[790] Beratungs- und Unterstützungsmöglichkeiten[791] bieten bisher lediglich die Betreuungsvereine und -behörden.[792] Einen ersten neuen Ansatzpunkt bietet das Modell des beratenden Konsils gem. § 1901 b BGB.

Daher sollen in diesem Kapitel zunächst die bisher diskutierten und zum Teil umgesetzten Vorschläge zur Stärkung der Vorsorgevollmacht dargestellt und analysiert werden. In einem zweiten Teil (Kapitel 5) werden dann sozialrechtliche Beratungs- und Informations- und Unterstützungsansprüche daraufhin untersucht, inwieweit die Nutzung der Strukturen des Sozialrechts zur Stärkung des Instruments der Vorsorgevollmacht und damit der Patientenautonomie beitragen kann.

---

789 Ausführlich zu einem regionalen Modell des advanced care Planning: Schmitten/Rothärmel/Rixen/Marckmann in: Höfling, Das neue Patientenverfügungsgesetz in der Praxis, 2010, S. 81 ff.

790 Vgl. dazu die Ausführungen zur gesetzlichen Vertretungsmacht naher Angehöriger Kapitel 2, B I. 2. c); Hoffmann/Ferber, Familienangehörige als vormundschaftsgerichtlich bestellte Betreuer, 1996, S. 182

791 Zur Notwendigkeit auch der Unterstützung des Bevollmächtigten Simon in: Höfling, Das neue Patientenverfügungsgesetz in der Praxis, 2010, S. 57, 61

792 §§ 1908 f Abs. 1 Nr. 2 BGB, 4 BtBG

A Bisherige Maßnahmen zur Stärkung der Vorsorgevollmacht

Die Vorsorgevollmacht ist bereits lange Zeit in der Literatur anerkannt, wobei explizite Regelungen zu den Wirksamkeitsvoraussetzungen und der Anwendung fehlten.[793] Die ausdrückliche Ausgestaltung der betreuungsvermeidenden Wirkung der Vollmacht in § 1896 Abs. 2 Satz 2 BGB im Jahr 1992[794] und die Einführung der Regelung in § 1904 Abs. 2 BGB durch das 1. Betreuungsrechtsänderungsgesetz im Jahr 1999[795] führte zu mehr Rechtssicherheit und damit zur Stärkung des Instruments der Vorsorgevollmacht. Trotz dieser Regelungen nehmen die Vorsorgevollmachten trotz steigender Zahlen nur eine untergeordnete Position ein,[796] die Betreuungszahlen stiegen, und steigen immer weiter an.[797] Daher wurde bereits im Jahr 2001 über die weitere Stärkung der Vorsorgevollmacht diskutiert, die auch dazu dienen sollte, die Justizhaushalte zu entlasten.[798] Die daraufhin eingesetzte Bund-Länder-Arbeitsgruppe Betreuungsrecht hat neben der Einführung einer gesetzlichen Vertretungsmacht für nahe Angehörige[799] auch Maßnahmen zur Stärkung der Vorsorgevollmacht vorgeschlagen, die in den Gesetzentwurf zum 2. Betreuungsrechtsänderungsgesetz aufgenommen wurden.

793 Vgl. dazu oben Kapitel 3, B I

794 Gesetz zur Reform des Rechts der Vormundschaft und Pflegschaft für Volljährige (Betreuungsgesetz – BtG) vom 12. 09. 1990 - BGBl. Teil I, S. 2002. In Kraft getreten: 01. 01. 1992

795 Gesetz zur Änderung des Betreuungsrechts sowie weiterer Vorschriften vom 25. 06. 1998 - BGBl. I vom 29. 06. 1998 S. 1580; Einführung eines erweiterten Schriftformerfordernisses bei schwerwiegenden medizinischen Maßnahmen auf, ein Genehmigungsvorbehalt wurde statuiert. Zu den Voraussetzungen: vgl. ausführlich oben Kapitel 3, B IV.

796 Köller/Engels, Rechtliche Betreuung in Deutschland, 2009, S. 235; Sellin/Engels/Holzhauer, Qualität, Aufgabenverteilung und Verfahrensaufwand bei rechtlicher Betreuung, Tabelle im Anhang zu Frage 2, S. 125

797 Köller/Engels, Rechtliche Betreuung in Deutschland, 2009, S. 69; Bund-Länder-Arbeitsgruppe zur Beobachtung der Kostenentwicklung im Betreuungsrecht, 4.8.2009; Bund-Länder-Arbeitsgruppe „Betreuungsrecht", Abschlussbericht, Betrifft Betreuung 6, 2003

798 Bund-Länder-Arbeitsgruppe „Betreuungsrecht", Abschlussbericht, Betrifft Betreuung 6, 2003; vgl. zu dem Zwischenbericht der Bund-Länder-Arbeitsgruppe: Dieckmann/Jurgeleit, BtPrax 2002, 135; Sunder, NDV 2002, 278; Seichter, BtPrax 2003, 91

799 Vgl. dazu oben Kapitel 2

Die zwischenzeitlich zu einem großen Teil umgesetzten Vorschläge[800] der Arbeitsgruppe betrafen sowohl den Problemkreis der Einrichtung der Vorsorgevollmacht als auch ihre Anerkennung im Rechtsverkehr. Daher bezogen sich die Empfehlungen zunächst darauf, eine eigene Informationsbroschüre durch die Bundesregierung mit Hinweisen zur Vollmacht und einem Vollmachtsmuster zu erstellen.[801] Darüber hinaus wurde die zentrale Registrierung von Vorsorgevollmachten vorgeschlagen[802] und eingeführt.[803] Dies sollte zum einen der Aufklärung über die Möglichkeiten der Betreuung und der Vorsorgevollmacht dienen, zum anderen aber auch zur Vereinheitlichung und damit zu einer größeren Akzeptanz im Rechtsverkehr beitragen.[804]

Diese Regelungen allein wurden nicht als ausreichend angesehen, über die fehlende Akzeptanz im Rechtsverkehr hinwegzuhelfen, die vor allem auf der kaum feststellbaren Authentizität des Vollmachtgebers und des darin wiedergegebenen Willens des Vollmachtgebers beruht. Eine notarielle Beurkundungs-

---

800 Zweites Gesetz zur Änderung des Betreuungsrechts vom 21. 04. 2005 – BGBl. I vom 26. 04. 2005, S. 1073; Gesetz zur Neuregelung des Rechtsberatungsrechts vom 12. 12. 2007, BGBl. I vom 17. 12. 2007, S. 2840; Zweites Gesetzes zur Modernisierung der Justiz (2. Justizmodernisierungsgesetz) vom 22. 12. 2006 BGBl. I vom 30. 12. 2006, S. 3416

801 Die Bund-Länder-Arbeitsgruppe spricht hierbei offen von der schlechten Qualität einiger dieser Formulare Bund-Länder-Arbeitsgruppe „Betreuungsrecht"; Abschlussbericht, Betrifft Betreuung 6, 2003, S. 22 f. Auf dem Markt befindet sich eine Vielzahl von unterschiedlichen Formularen in unterschiedlicher Qualität (vgl. zu den zur Verfügung stehenden Formularen die Übersicht bei May, Verfügungsliste, http://www.medizinethik.de/verfuegungen.htm). Die Erstellung eines solchen Musters war bereits Gegenstand des Gesetzentwurfs zum 1. Betreuungsrechtsänderungsgesetz BTDrucks. 11/4528, 122.

Das Bundesministerium der Justiz gibt regelmäßig Broschüren zu den Voraussetzungen der Vorsorgevollmacht und der Patientenverfügung heraus, in denen sich auch Musterverfügungen befinden.

802 Vgl. dazu ausführlich oben Kapitel 3, B I. 2. c); die Registrierung der Vorsorgevollmachten und nun auch der Patientenverfügungen ist bei der Bundesnotarkammer möglich –http://www.vorsorgeregister.de/

803 Einrichtung des Vorsorgeregisters durch die Bundesnotarkammer gem. § 78 a BNotO: Zweites Gesetz zur Modernisierung der Justiz (2. Justizmodernisierungsgesetz) vom 22. 12. 2006 BGBl. I vom 30. 12. 2006, S. 3416

804 In dem fehlenden Wissen über die Notwendigkeit, die Möglichkeit aber auch die Wirksamkeitsvoraussetzungen von Vollmachten und in der fehlenden Akzeptanz im Geschäftsverkehr wird eine Ursache für die noch geringe Zahl der Nutzung gesehen - Bund-Länder-Arbeitsgruppe Betreuungsrecht, Zwischenbericht, S. 14 ff.; Sellin/Engels/Holzhauer, Qualität, Aufgabenverteilung und Verfahrensaufwand bei rechtlicher Betreuung, S. 125 f. – vgl. dazu ausführlich oben: Kapitel 3, C Fazit

pflicht sollte ebenso wenig eingeführt werden, wie das Erfordernis der handschriftlichen Errichtung der Vollmacht, da dies zu einer erheblichen Erhöhung der „Eingangsschwelle“ bei der Errichtung von Vorsorgevollmachten führen würde.[805] Eine Lösung stellte die Schaffung der Beglaubigungskompetenz der Betreuungsbehörden dar, da durch diese – wie auch bei der notariellen Beglaubigung – eine Authentizitätsprüfung erfolgen würde.[806]

Die zu dieser Zeit bestehenden Probleme mit dem Rechtsberatungsgesetz durch die Übernahme von Vollmachten[807] sollten durch eine Ausnahmeregelung für angehörige Bevollmächtigte im innerfamiliären Kreis und außerhalb des familiären Bereichs durch eine Begrenzung der möglichen Vertretungen auf bis zu drei Vollmachten gelöst werden. Mit der Verabschiedung des Rechtsdienstleistungsgesetzes[808] wurden die Vorschriften zur unentgeltlichen Vertretung erweitert, wonach, wenn die Rechtsdienstleistung außerhalb von familiären, nachbarschaftlichen oder ähnlichen engen persönlichen Beziehungen erbracht wird, sichergestellt werden muss, dass die Rechtsdienstleistung durch eine Person erbracht wird, die über die Befähigung zum Richteramt verfügt oder unter Anleitung einer solchen Person erfolgt - § 6 RDG.

Zusätzlich sollte der Bevollmächtigte die Möglichkeit erhalten, den Vollmachtgeber auch prozessual zu vertreten. Daher wurde - anders als im Vorschlag der Arbeitsgruppe, der vorsah, den Klammerzusatz „gesetzlicher Vertreter“ in § 51 Abs. 1 ZPO zu streichen - eine ausdrückliche Vertretungsmacht in § 51 Abs. 3 ZPO vorgesehen.[809] Weitere Änderungen betrafen das Pass,- Personalausweis- und Melderecht.[810] Eine über die Vorschläge der Arbeitsgruppe hinausgehende Änderung betraf § 1901 a BGB a. F.[811], wonach nun

---

805 Bund-Länder-Arbeitsgruppe „Betreuungsrecht“, Abschlussbericht, Betrifft Betreuung 6, 2003, S. 64

806 Den Notar trifft in diesen Fällen jedoch keine Belehrungs- oder Prüfungspflicht nach §§ 11, 17 BUrkG – die Beglaubigung kann nur verweigert werden, wenn sie erkennbar unredliche Zwecke verfolgt, was in Fällen offensichtlicher Geschäftsunfähigkeit der Fall sein dürfte. Vgl. dazu Walter, Die Vorsorgevollmacht, S. 93; Bühler, FamRZ 2001, 1585, 1590; Roth in: Erman, § 1896 Rn. 43
Die Beglaubigungskompetenz für die Betreuungsbehörden ergibt sich aus § 6 Abs. 2 – 6 BtBG.

807 Vgl. dazu ausführlich oben Kapitel 3, B V.

808 Gesetz zur Neuregelung des Rechtsberatungsrechts vom 12. 12. 2007 BGBl. I vom 17. 12. 2007, S. 2840

809 Vgl. dazu ausführlich oben: Kapitel 3, B V

810 Vgl. dazu ausführlich die Vorschläge der Bund-Länder-Arbeitsgruppe „Betreuungsrecht“, Abschlussbericht, Betrifft Betreuung 6, 2003, S. 76 f.

811 Jetzt § 1901 c BGB

neben den Betreuungsverfügungen auch Vorsorgevollmachten der Ablieferungspflicht unterliegen.

Angesichts der festgestellten fehlenden Beratungsmöglichkeiten hat die Bund-Länder-Arbeitsgruppe vorgeschlagen, die Aufgaben der Betreuungsvereine und -behörden in Bezug auf die Beratung bei der Erstellung von Vorsorgevollmachten aber auch auf die Begleitung von Bevollmächtigten im Vertretungsfall zu erweitern.[812] Mit der Umsetzung dieser Vorschläge im 2. Betreuungsrechtsänderungsgesetz[813] wurde eine deutliche Verbesserung der Beratungsmöglichkeiten für die betroffenen Personen erreicht. Ob diese jedoch bereits ausreichend sind, wird im Folgenden untersucht.

I. Beratungskompetenzen der Betreuungsvereine

In § 1908 f BGB werden Informationspflichten der Betreuungsvereine statuiert. Diese sind zweigleisig formuliert. Zunächst ist es für die Anerkennung des Betreuungsvereines notwendig, dass dieser planmäßig über Vorsorgevollmachten und Betreuungsverfügungen informiert (§ 1908 f Abs. 1 Nr. 2 a BGB) und Vorsorgebevollmächtigte berät - § 1908 f Abs. 1 Nr. 2 BGB. Neu eingeführt mit dem 2. Betreuungsrechtsänderungsgesetz wurde die Möglichkeit im Einzelfall aber auch bei der Erstellung der Vorsorgevollmacht nach § 1908 f Abs. 4 BGB zu beraten.

1. Planmäßige Information über Vorsorgevollmachten und Betreuungsverfügungen - § 1908 f Abs. 1 Nr. 2 a BGB

Mit der Einführung der Verpflichtung der Betreuungsvereine planmäßig über Vorsorgevollmachten und Betreuungsverfügungen zu informieren bereits durch das 1. Betreuungsrechtsänderungsgesetz[814] sollte das Ziel erreicht werden, die Einrichtung von Betreuungen zu vermindern.[815] Dafür haben Betreuungsvereine Informationsmaterialien bereitzuhalten, aber vor allem allgemeine

812 Bund-Länder-Arbeitsgruppe „Betreuungsrecht“, Abschlussbericht, Betrifft Betreuung 6, 2003, S. 70

813 Zweites Gesetz zur Änderung des Betreuungsrechts vom 21. 04. 2005 - BGBl. I vom 26. 04. 2005, S. 1073

814 Erstes Gesetz zur Änderung des Betreuungsrechts vom 25. 06. 1998 - BGBl. I. vom 29. 06. 1998, S. 1580

815 BTDrucks. 13/7158 S. 50 f. – zur Erreichung dieses Zwecks ist jedoch nur die Information über Vorsorgevollmachten förderlich, da Betreuungsverfügungen nicht betreuungsvermeidend wirken – vgl. dazu die Anmerkungen von Bienwald in: Staudinger § 1908 f Rn. 45; Schwab in: MK-BGB, § 1908 f Rn. 8

Informationsveranstaltungen durchzuführen – zu einer (individuellen) Beratung wurden die Vereine nicht verpflichtet.[816] Dieser Regelung entspricht die Aufgabe der Betreuungsbehörde, die Aufklärung und Beratung über Vollmachten und Betreuungsverfügungen zu fördern - § 6 BtBG.

Die Aufgabe der Betreuungsvereine ist als Anerkennungsvoraussetzung ausgestaltet – dies bedeutet, der Verein muss gewährleisten, dass er die oben genannten Informationen planmäßig erteilt.

2. Beratung des Vorsorgebevollmächtigten - § 1908 f Abs. 1 Nr. 2 BGB

Zur Deckung des Beratungsbedarfs der Vorsorgebevollmächtigten[817] wurde in § 1908 f Abs. 1 Nr. 2 BGB ein individueller Beratungsanspruch statuiert.[818] Auch dieser Anspruch ist als Verpflichtung der Vereine ausgestaltet, ein solches Angebot vorzuhalten, um anerkannt zu werden.

Der Umfang der Beratungspflicht der Betreuungsvereine umfasst dabei nicht nur die allgemeine Beratung zu Fragen des Vorsorgebevollmächtigte, sondern erstreckt sich im Einzelfall auf die sozialen, psychologischen, medizinischen und rechtlichen Aspekte der Vorsorgevollmacht.[819] Damit haben die Betreuungsvereine eine kostenfreie Beratung[820] der Vorsorgebevollmächtigten zu leisten, jedoch trifft den Verein keine Unterstützungspflicht[821] wie die Betreuungsbehörde nach § 4 BtBG[822]. Dies wäre eine sinnvolle Ergänzung des An-

---

816 Bienwald in: Staudinger § 1908 f Rn. 46; die Befugnis zur individuellen Beratung wurde in § 1908 f Abs. 4 eingefügt.

817 Gemeint sind hier nicht nur Bevollmächtigte, die aufgrund einer reinen Vorsorgevollmacht bestimmt wurden, erfasst werden auch solche, die aufgrund einer betreuungsvermeidend wirkenden Vollmacht tätig werden – vgl. dazu ausführlich: Vgl. Müller in: Bamberger/Roth,§ 1908 f BGB Rn. 8; Fröschle, Betrifft Betreuung 7, 106, 107

818 Zweites Gesetz zur Änderung des Betreuungsrechts vom 21. 04. 2005 - BGBl. I vom 26. 04. 2005, S. 1073

819 Winterstein in: Jürgens, Betreuungsrecht, § 1908 f Rn. 15; Dodegge in: Dodegge/Roth, Betreuungsrecht, B Rn 17; a. A. Tänzer/Wittrodt, Das neue Betreuungsrecht, B Anm. 6.1

820 Zu Problemen der unberechtigten Rechtsdienstleistung – Betreuungsvereine dürften unter § 7 RDG fallen. Vgl. dazu ausführlich: Müller in: Bamberger/Roth, § 1908 f BGB Rn. 9; sie empfiehlt den Betreuungsvereinen darüber hinaus, in schwierigen Fällen die Vorsorgebevollmächtigten an anwaltliche oder notarielle Beratung zu verweisen.

821 Dies umfasst z. B. Hilfe beim Vollzug von Entscheidungen, das Abfassen von Anträgen, das Helfen bei Abrechnungen.

822 Winterstein in: Jürgens, Betreuungsrecht, § 1908 f Rn. 15

gebots der Betreuungsvereine, ist aber mit dem vorhandenen Budget der Vereine kaum zu realisieren.[823]

3. Beratung bei der Errichtung von Vorsorgevollmachten - § 1908 f Abs. 4 BGB

Zusätzlich zu diesen Beratungs- und Informationspflichten wurde mit dem 2. Betreuungsrechtsänderungsgesetz die Befugnis für anerkannte Betreuungsvereine geschaffen, im Einzelfall Personen bei der Errichtung einer Vorsorgevollmacht zu beraten. Dabei handelt es sich nicht um eine Anerkennungsvoraussetzung und damit keine Pflichtaufgabe der Betreuungsvereine.[824] Diese kann gegen Entgelt angeboten werden.[825] Betreuungsvereine sind nun zu einer konkreten Einzelfallberatung bei Fragen zur Errichtung einer Vorsorgevollmacht berechtigt, dies war vorher lediglich Behörden und rechtsberatenden Berufen vorbehalten.[826] Zweifelhaft ist jedoch, ob die Vereine tatsächlich in der Lage sind, eine qualifizierte Beratung anzubieten, da ihnen das entsprechende Personal in vielen Fällen fehlt.[827] Hier besteht nach den Vorstellungen der Interdisziplinäre Arbeitsgruppe zum Betreuungsrecht (Abschlussbericht vom 20. 10. 2011) weiterer Förderbedarf.[828]

II. Beratung durch die Betreuungsbehörden

Ergänzt werden die Angebote der Betreuungsvereine durch die Beratungs- und Unterstützungspflichten der Betreuungsbehörde. Diese umfassen nach § 4 BtBG zunächst die Beratung und Unterstützung der Vorsorgebevollmächtigten bei der Wahrnehmung ihrer Aufgaben. Im Unterschied zur reinen Beratungspflicht der Betreuungsvereine geht das Element der Unterstützung deutlich darüber hinaus – neben der reinen Beratung ist damit auch die tatsächliche

---

823 Vgl. zum Budget der Betreuungsvereine: Köller/Engels, Rechtliche Betreuung in Deutschland, 2009, S. 182 ff.

824 Die Freiwilligkeit dieser Aufgabe beruht auf der Annahme, dass die Betreuungsvereine nicht unbedingt über ausreichend qualifizierte Mitarbeiter für die Beratung verfügen - BT-Drucks. 15/2494 S 31.

825 BTDrucks. 15/2494 S. 31

826 Winterstein in: Jürgens, Betreuungsrecht, § 1908 f Rn. 15

827 Müller in: Müller/Renner, Rn. 17

828 Interdisziplinäre Arbeitsgruppe zum Betreuungsrecht, Abschlussbericht vom 20. 10. 2011

Hilfestellung sowohl durch Rat als auch durch Tat z. B. bei der Durchsetzung von Sozialleistungsansprüchen gemeint.[829]

Zusätzlich ist die örtliche Betreuungsbehörde verpflichtet, die Aufklärung und Beratung über Vorsorgevollmachten und Betreuungsverfügungen zu fördern - § 6 Satz 2 BtBG. Dabei besteht der Schwerpunkt dieser Regelung nicht lediglich in der finanziellen Förderung von Informationsveranstaltungen, sondern haben die Betreuungsbehörden auch selbst zu informieren und zu beraten.[830] Diese Aufgabe wird oftmals mit der Beglaubigung der Vorsorgevollmachten verbunden. Probleme bestehen vor allem bei der Festlegung von Qualitätsstandards der Beratung.[831] Die Interdisziplinäre Arbeitsgruppe zum Betreuungsrecht empfiehlt, einen Beratungsanspruch der Bevollmächtigten in § 5 BtBG zu schaffen.[832] Nach diesem wurden bisher nur die Betreuer beraten.

III. Wahrnehmung dieser Beratungsangebote

Die Beratungspflichten der Betreuungsvereine und -behörden sind nach dem 2. Betreuungsrechtsänderungsgesetz deutlich gestiegen. Dies spiegelt sich im Rahmen der Arbeitszeitverteilung sowohl der Betreuungsvereine als auch der -behörden nicht wieder. Der Zeitanteil für die Beratung von Vorsorgebevollmächtigten und der Beratung bei der Erstellung von Vorsorgevollmachten ist im Wesentlichen gleich geblieben.[833] Gesunken ist sogar die durchschnittliche Anzahl der Anfragen durch Vollmachtgeber und Bevollmächtigte bei den Betreuungsvereinen, was eventuell auf die Beratungskompetenz der Betreuungsbehörden zurückzuführen ist, die zusätzlich Beglaubigungen der Vollmachten vornehmen können.[834]

---

829 Vgl. dazu ausführlich: Winterstein in: Jürgens, Betreuungsrecht, § 4 BtBG Rn. 4 ff.

830 Winterstein in: Jürgens, Betreuungsrecht, § 6 BtBG Rn. 9 ff.

831 Vgl. dazu: Gutzeit-Löhr/Kersten, Betrifft Betreuung 9, 79

832 Interdisziplinäre Arbeitsgruppe zum Betreuungsrecht, Abschlussbericht vom 20. 10. 2011

833 Bei den Betreuungsvereinen betrug im Jahr 2004 der Zeitaufwand für die Wahrnehmung von Querschnittsaufgaben 32,3 % der Arbeitszeit, davon 28,5 % für die Aufklärung für Vorsorgevollmachten, 2005 betrug der Anteil für die Querschnittsaufgaben lediglich 27,4 %, davon 26.9 % für Vorsorgevollmacht, 2006 wurde ein Zeitanteil von 30,4 % für Querschnittsaufgaben und davon 28,9 % für Vorsorgevollmachten verwendet. Bei den Betreuungsbehörden betrug der Zeitanteil für Beratungen und Unterstützung von Vorsorgebevollmächtigten, aber auch von Betreuern sowohl im Jahr 2004 als auch im Jahr 2006 ca. 10 %. Vgl. dazu ausführlich Köller/Engels, Rechtliche Betreuung in Deutschland, 2009, 187, 199.

834 Köller/Engels, Rechtliche Betreuung in Deutschland, 2009, 188

Der Anteil der Gesamtarbeitszeit der Betreuungsbehörden, der für die Beglaubigung von Betreuungsverfügungen und Vorsorgevollmachten verwendet wird, beträgt 3 %, geringfügig gestiegen ist bei diesen die Anzahl der Bevollmächtigten, die beraten wurden.[835]

Dies zeigt, dass es zwar kostenlose bzw. kostengünstige Beratungsangebote für Vollmachtgeber und Bevollmächtigte bei den Betreuungsvereinen und -behörden vorhanden sind, die jedoch noch wenig genutzt werden.[836] Die Untersuchungen machen deutlich, dass es den Betreuungsbehörden und -vereinen an der finanziellen Ausstattung für die Erfüllung der Querschnittsaufgaben fehlt, sie somit noch weiter unterstützt werden müssen, um die Angebote auch einer breiteren Öffentlichkeit bekannt machen zu können.[837]

B Weitere Überlegungen zur Stärkung der Vorsorgevollmacht

Nach dem Beschluss des XII. Senats des Bundesgerichtshofs vom 17. 03. 2003[838] zur Reichweite von Patientenverfügungen konzentrierte sich die Diskussion auf die Einführung einer gesetzlichen Regelung zur Verbindlichkeit von Patientenverfügungen. In diesem Rahmen wurde auch über die Stärkung der Vorsorgevollmacht debattiert.

An der Debatte beteiligten sich viele Akteure,[839] etwa die Bundestagsfraktionen,[840] die Arbeitsgruppe „Patientenautonomie am Lebensende“ (Kutzer-Kommission),[841] die Enquete-Kommission des Bundestages,[842] die Bioethik-

---

835 Von durchschnittlich 64 beratenden Bevollmächtigten im Jahr 2004 auf 73 pro Jahr - Köller/Engels, Rechtliche Betreuung in Deutschland, 2009, 193 f.

836 Dazu auch Bienwald in: Bienwald/Sonnenfeld/Hoffmann, Kommentar Betreuungsrecht, § 1908 f BGB Rn. 73

837 So auch die Empfehlung der: Bund-Länder-Arbeitsgruppe zur Beobachtung der Kostenentwicklung im Betreuungsrecht

838 BGH 17. 3. 2003 - XII ZB 2/03 - BGHZ 154, 205 = NJW 2003, 1588 ff.

839 Vgl. dazu die Übersicht bei May, http://www.medizinethik.de/patientenautonomie.htm (letzter Aufruf: 27. 04. 2009)

840 Bündnis 90/Die Grünen, Patientenverfügungen – Eine allgemeine Erläuterung zum Thema Patientenverfügung und ein Vergleich verschiedener Stellungnahmen und Regelungsvorschläge, Antrag der FDP-Bundestagsfraktion – BTDrucks. 16/397

841 Unter dem Vorsitz des ehemaligen Richters am Bundesgerichtshof Klaus Kutzer: Arbeitsgruppe „Patientenautonomie am Lebensende“; Bericht, Betrifft Betreuung 7, S. 158. Auf die darin enthaltenen Vorschläge greift der Referentenentwurf des 3. Gesetzes zur Änderung des Betreuungsrechtes zurück. Dieser Entwurf wurde nicht dem Kabinett vorgelegt, sondern sollte von Rechtspolitikern der SPD-Fraktion aus der

Kommission des Landes Rheinland-Pfalz,[843] der Nationale Ethikrat,[844] die Bundesärztekammer,[845] die Kirchen[846] und andere[847]; aber auch die Bundestagsdebatten,[848] die Aushandlungen der Koalitionsverträge[849] und der 66. Deutsche Juristentag[850] wurden von dieser Thematik bestimmt. Die Diskussion um eine gesetzliche Regelung der Verbindlichkeit von Patientenverfügungen wurde im Bundestag weiter geführt. Nachdem bereits 2007 erste Entwürfe aus der Mitte des Bundestages veröffentlicht wurden,[851] wurden diese im Jahr 2008 in den

---

Mitte des Bundestages eingebracht werden. Dazu kam es durch die Auflösung des Bundestages in der 15. Legislaturperiode nicht mehr. Vgl. dazu die Erklärung der Bundesministerin für Justiz Brigitte Zypries am 10. 03. 2005 im Deutschen Bundestag – BTDrucks. 15/15256; der Referentenentwurf ist abgedruckt in: Lipp, Patientenautonomie und Lebensschutz, 2005, S. 65 ff.; vgl. dazu: Bundesverband der Berufsbetreuer/innen, Stellungnahme zum Entwurf des 3. BtÄndG, BtPrax 2005, 63; Vormundschaftsgerichtstag e. V., Stellungnahme VGT zum Referentenentwurf des 3. BtÄndG, BtPrax 2005, 60

842 Enquete-Kommission „Ethik und Recht der modernen Medizin" des Deutschen Bundestages BTDrucks. 15/3700.

843 Bioethik-Kommission Rheinland-Pfalz, Sterbehilfe und Sterbebegleitung, am 23.4.2004

844 Nationaler Ethikrat, Stellungnahme Patientenverfügung, Nationaler Ethikrat, Stellungnahme - Selbstbestimmung und Fürsorge am Lebensende, Neitzke/Charbonnier/Diemer/May/Wernstedt, Ethik Med 2006, 192

845 Bundesärztekammer, Empfehlungen der BÄK zum Umgang mit Vorsorgevollmacht und Patientenverfügung in der ärztlichen Praxis, DÄBl. 2007, A 891

846 Evangelische Kirchen Deutschland (EKD), Sterben hat seine Zeit, Vorsitzender der Deutschen Bischofskonferenz und des Vorsitzenden des Rates der Evangelischen Kirchen, Brief zur gesetzlichen Regelung des Umgangs mit Patientenverfügungen vom 14. 05. 2008; Rat der Evangelischen Kirche in Deutschland, Eckpunkte für eine gesetzliche Regelung von Patientenverfügungen vom 22.6.2007; Informationen der katholischen Kirche: http://www.katholisch.de/21572.html (letzter Aufruf: 27.4.2009)

847 Neitzke/Charbonnier/Diemer/May/Wernstedt, Ethik Med 2006, 192; Schöch/Verrel, Alternativentwurf Sterbebegleitung, GA 2005, 553; vgl. dazu ausführlich: Lautenschläger, Die Gesetzesvorlagen des Arbeitskreises Alternativentwurf zur Sterbehilfe, 2006

848 Beratung des Zwischenberichts der Enquete-Kommission „Ethik und Recht der modernen Medizin": Patientenverfügungen (BTDrucks. 15/3700) – Plenardebatte vom 10. 03. 2005 - Plenarprotokoll 15/163; Bundestagsdebatte vom 29. 03. 2007 – Plenarprotokoll 16/91;

849 Koalitionsvertrag, "Gemeinsam für Deutschland. Mit Mut und Menschlichkeit"

850 66. Deutscher Juristentag, Beschlüsse, vgl. dazu Verrel, Gutachten C zum 66. Deutschen Juristentag - Stuttgart 2006

851 Entwurf der Abgeordneten Bosbach, Röspel, Winkler und Fricke vom 28. 3. 2007 – http://www.ethikzentrum.de/downloads/bundestag-1611360-bosbach.pdf; Entwurf

Bundestag eingereicht[852] und am 18. 06. 2009 der Gesetzentwurf der Abgeordneten Stünker et.al. in der Fassung des Rechtsausschusses verabschiedet.[853] Im Folgenden sollen Überlegungen zur Stärkung der Vorsorgevollmacht vorgestellt und diskutiert werden.

I. Einschränkung des Genehmigungsvorbehaltes

Ein Kernelement der bisherigen Vorschläge bildet die Überlegung, die bestehenden Genehmigungsvorbehalte für Entscheidungen des Vorsorgebevollmächtigten einzuschränken.[854] Durch das Erfordernis Einwilligungen zu schwerwiegende medizinische Maßnahmen, durch das Vormundschaftsgericht bzw. nun durch das Betreuungsgericht genehmigen zu lassen, wird erheblich in das Persönlichkeitsrecht des Vollmachtgebers eingegriffen. Im Unterschied zur Funktion des Genehmigungsvorbehaltes im Betreuungsrecht, wo es gerade dem Schutz des Selbstbestimmungsrechts dient,[855] führt das Bestehen des Genehmigungsvorbehalts für Vorsorgebevollmächtigte dazu, dass die Kompetenzen des privatautonom bestimmten Vertreters eingeschränkt werden und damit zu einem Eingriff in das Selbstbestimmungsrecht des Vollmachtgebers.[856] Die Entscheidung des Vollmachtgebers, den Bevollmächtigten persönlich und ausdrücklich die Entscheidungskompetenz in diesen Fragen zu erteilen, wird durch den obligatorischen Genehmigungsvorbehalt weitgehend entwertet, da die

---

Abgeordneten Stünker, Kauch, Jochimsen, Montag vom 14. 6. 2007 - http://www.ethikzentrum.de/downloads/bundestag-1608442-stuenker.pdf; Entwurf der Abgeordneten Zöller und Faust vom 5. 6. 2007 http://www.ethikzentrum.de/downloads/bundestag-1611493-zoeller.pdf (letzter Aufruf jeweils 10. 09. 2012)

852 BTDrucks. 16/8442 (Stünker-Entwurf), BTDrucks. 16/11360 (Bosbach-Entwurf); BTDrucks. 16/11493 (Zöller-Entwurf), zusätzliche Änderungsanträge: Antrag Kauch et al., BT-Druckrucks. 16/397; Änderungsantrag Göring-Eckardt et al. vom 21. 10. 2008 zum Entwurf Bosbach et al.; Änderungsantrag Volkmer et al., Rechtsausschuss - BRDrucks. 16(6)268 v. 19. 12. 2008

853 BRDrucks. 593/09(B); 3. Gesetz zur Änderung des Betreuungsrechts vom 29. 07. 2009 – BGBl. I, 2286 – in Kraft getreten 1. 09. 2009

854 So bereits der Referentenentwurf zum 3. Betreuungsrechtsänderungsgesetz 2004 - abgedruckt in: Lipp, Patientenautonomie und Lebensschutz, 2005, S. 65 ff. im Anschluss an die Vorschläge der Arbeitsgruppe „Patientenautonomie am Lebensende“, Bericht, Betrifft Betreuung 7, S. 158 S. 12, 42 f., 49 f; so auch: Strätling/Scharf/Eisenbart, Vorausverfügungen von Patienten und Stellvertreterentscheidungen in Gesundheitsfragen, S. 19 f.; Strätling/Scharf/Wedel/Oehmichen/Eisenbart, NDV, S 390

855 Lipp, Stellvertretende Entscheidungen bei "passiver Sterbehilfe", 54

856 Lipp in: FS Deutsch zum 80. Geburtstag, S. 343, S. 12

Letztentscheidung dem Betreuungsrichter obliegt.[857] Auch nach der Abwägung des staatlichen Schutzauftrags zur Wahrung des Lebens bestehen Zweifel, ob der erhebliche Eingriff zu rechtfertigen ist.[858]

Trotzdem bestehen Bedenken gegen die Abschaffung bzw. Einschränkung des Genehmigungsvorbehalts. Diese liegen vor allem darin, dass der Patient bzw. die Patientin bei der Erteilung der Vollmacht das Ausmaß des medizinischen Fortschritts, seiner familiären Situation und der Situation des Bevollmächtigten und sein eigenes Verhältnis zu dem Vorsorgebevollmächtigten nicht abschätzen könne und das Selbstbestimmungsrecht der betroffenen Person nicht hinreichend geschützt sei.[859] Dies ist im Ansatz verständlich, greift jedoch zu kurz, da man das gesamte System der Schutzmechanismen betrachten muss.[860] Dem Vollmachtgeber muss zunächst das Gefahrenpotenzial einer Bevollmächtigung für schwerwiegende gesundheitliche Maßnahmen bewusst sein und dies muss in der Vollmacht hinreichend zum Ausdruck gebracht werden - § 1904 Abs. 5 Satz 2 BGB. Darüber hinaus besteht die Möglichkeit, zur Überwachung des Bevollmächtigten einen Überwachungsbetreuer zu bestellen, der die Rechte der betroffenen Person gegenüber dem Bevollmächtigten vertreten kann - § 1896 Abs. 3 BGB. Durch dieses System aus verschiedenen Elementen wird bei Bestehen eines obligatorischen Genehmigungsvorbehalts zu stark in Rechte der betroffenen Person eingegriffen. Eine gänzliche Abschaffung des Genehmigungsvorbehalts würde jedoch zu einer deutlichen Verschiebung der Wirkweise dieser Schutzmechanismen führen. Daher entwickelte sich die Diskussion[861] – beginnend mit der Entscheidung des XII. Zivilsenats des BGH im

---

857 Strätling/Scharf/Eisenbart, Vorausverfügungen von Patienten und Stellvertreterentscheidungen in Gesundheitsfragen, S. 20 f.

858 Strätling/Scharf/Eisenbart, Vorausverfügungen von Patienten und Stellvertreterentscheidungen in Gesundheitsfragen, S. 19 ff.; ebenso dahin gehend: Arbeitsgruppe „Patientenautonomie am Lebensende“, Bericht, Betrifft Betreuung 7, S. 158; Röver, Einflussmöglichkeiten des Patienten im Vorfeld einer medizinischen Behandlung, S. 194

859 Hollenders, NotBZ 2005, 168, S. 171 f.

860 Vgl. dazu ausführlich oben: Kapitel 3, IV.

861 Zwischenbericht der Enquete-Kommission „Ethik und Recht der modernen Medizin“: Patientenverfügungen (BTDrucks. 15/3700), S. 45; Bioethik-Kommission Rheinland-Pfalz, Sterbehilfe und Sterbebegleitung, These 10, S. 56 ff.; § 1904 Abs. 5 BGB Stünker-Entwurf - BTDrucks. 16/8442; § 1904 Abs. 5 BGB Bosbach-Entwurf - BTDrucks. 16/11360; § 1904 Abs. 3 BGB Zöller-Entwurf - BTDrucks. 16/11493; Vormundschaftsgerichtstag e. V., Eckpunkte für ein Patientenverfügungsgesetz vom 27. 02. 2009, S. 2, der das auf den Fall eines Konfliktes zwischen Arzt und Vertreter beschränken will; a. A. Nationaler Ethikrat, Stellungnahme Patientenverfügung, S. 16

März 2003,[862] der eine Genehmigungspflicht beim Behandlungsabbruch nur dann annahm, wenn der Betreuer eine vom Arzt bzw. von der Ärztin angebotene Behandlung ablehnen wollte – dahin gehend, dass der Genehmigungsvorbehalt lediglich einzuschränken ist. Diese Überlegungen wurden nun realisiert, sodass das Betreuungsgericht nur in den Fällen die Einwilligung bzw. Nichteinwilligung des Bevollmächtigen genehmigen muss, in denen sich Arzt bzw. Ärztin und Bevollmächtigter über die Auslegung des Patientenwillens nach § 1901 a BGB nicht einig sind. Damit werden vor allem die problematischen Fallgruppen erfasst, sodass es durch diese Verringerung des Eingriffs in das Selbstbestimmungsrecht und der damit einhergehenden Ausweitung der Kompetenzen des Bevollmächtigten zu einer Stärkung der Vorsorgevollmacht kommt.

II. Angleichung der Handlungskompetenzen an die des Betreuers

Gleichzeitig mit der Einschränkung des Genehmigungsvorbehalts erfolgte mit dem 3. Betreuungsrechtsänderungsgesetz[863] eine Angleichung der Kompetenzen des Bevollmächtigten an die des Betreuers. In §§ 1901 a und b BGB ist nun geregelt, dass der Bevollmächtigte auch über Behandlungsabbruchmaßnahmen entscheiden darf; zudem hat er bei der Auslegung des Patientenwillens die gleichen Vorschriften zu beachten, wie der Betreuer.[864] Darüber hinaus besteht die Möglichkeit innerhalb des Vorsorgeverhältnisses, diese Regelungen weiter auszugestalten. Durch diese ausdrückliche gesetzliche Klarstellung wurde eine Stärkung der Vorsorgevollmacht erreicht.[865]

III. Wirksamkeit

Einigkeit herrscht darüber, dass die Vorsorgevollmacht im Bereich der Maßnahmen nach § 1904 BGB schriftlich erteilt werden und die dort genannten

862 BGH 17. 3. 2003 – XII ZB 2/03 - BGHZ 154, 205

863 3. Gesetz zur Änderung des Betreuungsrechts vom 29. 07. 2009 – BGBl. I, 2286 – in Kraft getreten 1. 09. 2009

864 § 1901a Abs. 4 BGB Stünker-Entwurf- BTDrucks. 16/8442; § 1901b Abs. 6 S. 1 BGB Bosbach-Entwurf - BTDrucks. 16/11360; §§ 1901b Abs. 3, 1901d Abs. 3 BGB Zöller-Entwurf - BTDrucks. 16/11493

865 Vgl. zu dieser Problematik ausführlich oben: Kapitel 3, B III.

Maßnahmen ausdrücklich umfassen muss.[866] Der Vorschlag der Abgeordneten Bosbach et.al., wonach eine Vorsorgevollmacht nur dann wirksam sein sollte, wenn eine geschäftsfähige volljährige Person für den Fall, dass sie auf Grund einer psychischen Krankheit oder einer körperlichen, geistigen seelischen Behinderung ganz oder teilweise ihre Angelegenheiten nicht selbst besorgen kann, einen Bevollmächtigten bestellt, ist nicht verabschiedet worden.[867] Eine solche Beschränkung würde nicht zu einer Stärkung des Instruments der Vorsorgevollmacht führen, da erhebliche Probleme mit der Feststellung der Wirksamkeit in der Praxis bestehen würden.[868] Eine Beschränkung auf das Vorliegen der Voraussetzungen der Betreuung ist zum Schutz des Patienten, der Patientin nicht notwendig, da eine Doppelvertretung in Gesundheitsfragen nicht möglich ist.[869] Es kam daher zu keiner Umsetzung dieses Vorschlags.

IV. Beratung

Ein deutlicher Schwerpunkt der Überlegungen der Neuregelung der Wirksamkeit von Patientenverfügungen wurde auf die Einführung von Beratungsangeboten bzw. -strukturen gesetzt. Diese betreffen zum einen die Entstehung der Patientenverfügung, aber auch die Unterstützung der entscheidungsbefugten Betreuer und Bevollmächtigten bei der Durchführung der Vertretung.

1. Beratung bei der Errichtung von Vorsorgeverfügungen

Keine Mehrheit im Gesetzgebungsverfahren zur Regulierung der Patientenverfügung fand die im Bosbach-Entwurf vorgesehene zwingende Beratungspflicht bei der Errichtung einer Patientenverfügung.[870] Eine solche Beratung sowohl durch einen Notar als auch durch einen Arzt bzw. Ärztin ist zwar begrüßenswert,[871] kann jedoch, wenn sie, wie hier, zwingend vorgesehen ist, zu

866 § 1904 Abs. 5 BGB Stünker-Entwurf - BTDrucks. 16/8442; §§ 1901b Abs. 6 S. 2, 1904 Abs. 5 BGB Bosbach-Entwurf - BTDrucks. 16/11360; § 1904 Abs. 3 BGB Zöller-Entwurf - BTDrucks. 16/11493

867 § 1901 a Abs. 1 Bosbach-Entwurf – BTDrucks. 16/11360

868 Vgl. dazu ausführlich oben: Kapitel 3, B I. 4.

869 Vgl. dazu oben: Einleitung B und Lipp, Stellungnahme für den Rechtsausschuss des Deutschen Bundestags

870 § 1901 b Abs. 2 BGB Bosbach-Entwurf - BTDrucks. 16/11360; zu den Folgen: Tolmein in: Höfling, Das neue Patientenverfügungsgesetz in der Praxis, S. 47.

871 Zur Absicherung der Finanzierung der ärztlichen Beratung soll § 24 c SGB V geändert werden, sodass ein Anspruch auf ärztliche Beratung bei der Aufsetzung einer Patientenverfügung bestehen solle.

einer Erhöhung der Hemmschwelle bei der Errichtung von vorsorgenden Verfügungen führen.[872] Dies ist auch auf die Vorsorgevollmacht zu übertragen. Die Wahrnehmung einer Beratung bei der Errichtung einer Vorsorgevollmacht sowohl in Form einer rechtlichen als auch einer ärztlichen Beratung ist sehr empfehlenswert,[873] darf jedoch keine Pflichtvoraussetzung sein. Zu begrüßen ist die Überlegung, eine solche Beratung, allerdings nicht nur bei der Errichtung einer Patientenverfügung im Rahmen des Krankenversicherungsrechts als Anspruch der Krankenversicherten zu statuieren.

2. Organisatorisch-prozedurale Beratung der Entscheidungsträger

Als ein zentrales Element der Gesetzentwürfe zur Regulierung der Patientenverfügung wurde die Unterstützung der Entscheidungsträger bei der Feststellung des Willens der betroffenen Personen angesehen.[874] Nach diesen Entwürfen sollte dazu die Organisationsform[875] eines beratenden Konsils genutzt werden. Dabei wird unter einem Konsil im eigentlichen Sinn die patientenbezogene Beratung eines Arztes durch einen anderen ärztlichen Kollegen, meist eines Facharztes, verstanden. Im vorliegenden Kontext geht es allerdings um die patientenbezogene Beratung zwischen Arzt bzw. Ärztin und Vertreter (sowohl Betreuer als auch Vorsorgebevollmächtigter) unter Einbeziehung der nahen Angehörigen und des Behandlungsteams bzw. der Pflegepersonen zur Feststellung des Patientenwillens.[876]

---

872 Vgl. dazu ausführlich Lipp, Stellungnahme für den Rechtsausschuss des Deutschen Bundestags, S. 35 f.

873 Vgl. dazu die obigen Ausführungen unter Kapitel 3, B I. 1; die Notwendigkeit für die Patientenverfügung betont: Tolmein in: Höfling, Das neue Patientenverfügungsgesetz in der Praxis, S. 47, 48.

874 § 1901 d Abs. 1 und 2 BGB-E Zöller-Entwurf; § 1904 Abs. 3 und 4 BGB-E Bosbach-Entwurf

875 Vgl. zum Begriff der Organisation: Kohte, Betrieb und Unternehmen unter dem Leitbild des Organisationsvertrags, unveröffentlichte Habilitationsschrift, 1987, S. 99 f. – Bei der Vertretung von anderen Personen ist es erforderlich, immer wieder neue Entwicklungen zu berücksichtigen, die in organisierten Strukturen besser wahrgenommen werden können. Organisation sei nach der Definition von Kohte eine neue Wirkungseinheit wechselbezügliche Beziehungen, ein Handlungs- und Beziehungsnetz, kurz zusammengefasst: ein dynamisches System von Interaktionen. Ein notwendiges Element dieser Organisationen sei die Entwicklung prozedurale Regelungen, mittels derer die neuen Entscheidungen getroffen werden können.

876 § 1901 d Abs. 1 und 2 BGB-E Zöller-Entwurf, nach dem zunächst der Arzt zu prüfen hat, welche Behandlungsmaßnahme indiziert ist, um dies mit dem Betreuer oder Vor-

Dieser Entwurf von Zöller entspricht in seiner Deutlichkeit am Besten der schwierigen Lage. Die Regelung wurde nach den Beratungen im Rechtsausschuss zu weiten Teilen[877] in den Gesetzentwurf übernommen. In dieser Fassung ist das Gesetz im Bundestag verabschiedet worden.[878] Die Regelung beinhaltet, dass der behandelnde Arzt bzw. die behandelnde Ärztin nach der Feststellung der Indikation mit den Stellvertretern die vorgeschlagenen Maßnahmen unter Hinzuziehung von Angehörigen zu erörtern haben.[879] Der inhaltlich weitergehende Entwurf von Bosbach et.al., nach dem das beratenden Konsil als zwingendes Verfahren zur Ermittlung des Patientenwillens vorgesehen war, konnte im Bundestag keine Mehrheiten finden.[880] Ein entscheidender Nachteil einer solchen verpflichtenden Regelung ist, dass eine Weiterbehandlung auch während der Beratung des Konsils erfolgen müsste, auch wenn dies nicht dem Willen des Patienten bzw. der Patientin entspricht. Eine verpflichtende Regelung stellt damit einen Eingriff in das Selbstbestimmungsrecht des Patienten bzw. der Patientin dar und bedarf der besonderen Rechtfertigung. Eine solche kann in der Einbeziehung weiterer Personen zur Sicherung des Entscheidungsprozesses und zur Unterstützung der Entscheidungsberechtigten gesehen werden. Jedoch muss dies auf den Problemfall oder den ausdrücklichen Wunsch der betroffenen Person bzw. des Vertreters, und damit auf den Einzelfall beschränkt bleiben. Dies gilt vor allem dann, wenn der Wille des Patienten bzw. der Patientin unklar und erst noch festgestellt werden muss. Die Ver-

---

sorgebevollmächtigten zu erörtern und den Patientenwillen zu erforschen. Vgl. die Begründung BTDrucks. 16/11493 S. 11. Dazu sollen auch Mitglieder des Behandlungsteams und dem Patienten nahestehende Personen hinzugezogen werden. So auch BGH 17. 3. 2003 - XII ZB 2/03 - BGHZ 154, 205 = NJW 2003, 1588; Sahm, Stellungnahme zur Anhörung des Rechtsausschusses des Deutschen Bundestages, 04. 03. 2009, S. 3. Der Stünker-Entwurf sieht nur die Einbeziehung der Angehörigen vor und bezieht sich nur auf die Feststellung des mutmaßlichen Willens - Begründung: BTDrucks. 16/8442, S. 15 f.

877 Geändert wurde der Personenkreis, der zu diesem beratenden Konsil hinzuzuziehen ist. So sind nun Mitglieder des Behandlungsteams und Pflegepersonen nicht mehr hinzuziehen. Dies ist bedauerlich, da gerade durch diesen weiten Personenkreis eine gute Beratung erfolgen kann.

878 BRDrucks. 593/09; BTDrucks. 16/13314; Stünker-Entwurf: BTDrucks. 16/8448

879 § 1901 b BGB - 3. Gesetz zur Änderung des Betreuungsrechts vom 29. 07. 2009 – BGBl. I, 2286 – in Kraft getreten 1. 09. 2009

880 § 1904 Abs. 3 und 4 BGB-E Bosbach-Entwurf; zur Kritik: Lipp, Patientenautonomie und Lebensschutz, 2005, S. 47 f. mit Hinweisen auf die Vorschläge der Enquete-Kommission des Deutschen Bundestages „Ethik und Recht in der modernen Medizin'; Patientenverfügung - Zwischenbericht, BTDrucks. 15/3700 - §§ 1901 b VI-VIII BGB-EK

zögerung durch ein regelgerechtes Konsil, das ohne konkrete Anhaltspunkte eingreift, stellt eine erhebliche Belastung dar und kann nur unter den oben genannten Prämissen gerechtfertigt werden.[881]

Das Konsil enthält als Beratungselement, ein organisatorisch prozedurales Verfahren, das neben der Sicherung des Patientenwillens vor allem der Unterstützung und Entlastung des Stellvertreters bei der Wahrnehmung ihrer Entscheidungskompetenz in der Gesundheitssorge dient.[882] Damit werden die Handlungskompetenzen des Vorsorgebevollmächtigten in Fragen der Gesundheitssorge nachvollziehbar abgesteckt, was zu einer Stärkung der Vorsorgevollmacht führt.[883] Der Gesetzgeber hat mit dieser Regelung für den Bereich der Feststellung des Patientenwillens ein dialogisches Konzept geschaffen, das die Wahrnehmung der Aufgaben der Vorsorgebevollmächtigten nachhaltig fördert. Es ist ein erster Ansatz zur Schaffung von organisierten Kommunikationsstrukturen zur Absicherung der Patientenautonomie. Der Entscheidungsträger – hier der Bevollmächtigte – wird in der schweren Entscheidungssituation nicht allein gelassen, sondern nachhaltig unterstützt. Solche Beratungsstrukturen müssten zum einen in Bezug auf die Beteiligten – hier ist vor allem an das Pflegepersonal zu denken, das den Patienten bzw. die Patientin oftmals besser kennt –[884] ausgebaut, aber vor allem auch auf den Bereich außerhalb der unmittelbaren Krankenversorgung im Krankenhaus ausgeweitet werden. Mit der Einführung des beratenden Konsils wurde somit ein erster wichtiger Schritt zu professionsübergreifenden Beratungsstrukturen gemacht.

C Weitergehende, nicht umgesetzte Vorschläge

Während der Beratungen des 66. Deutschen Juristentags in Stuttgart wurde einhellig neben einer zivilrechtlichen Regelung auch eine strafrechtliche (gesetzliche) Regelung der Patientenverfügung und der Befugnisse der Vertreter gefordert.[885] Dies würde erheblich zur Rechtssicherheit beitragen, da Unsicher-

881 Vgl. dazu ausführlich die Lipp, Stellungnahme für den Rechtsausschuss des Deutschen Bundestags, S. 37

882 So auch: Albers, MedR 2009, 138, 144; zur Kritik: Kübler/Kübler, ZRP 2008, 236, 239

883 Vgl. dazu ausführlich oben: Kapitel 3, B III. 4.

884 Ähnlich auch: Tolmein in: Höfling, Das neue Patientenverfügungsgesetz in der Praxis, S. 47, 51

885 66. Deutscher Juristentag, Beschlüsse, S 7 ff.; so zuvor bereits: Schöch/Verrel, Alternativ-Entwurf Sterbebegleitung, GA 2005, 553; vgl. dazu Lautenschläger, Die Gesetzesvorlagen des Arbeitskreises Alternativentwurf zur Sterbehilfe, 2006

heiten in dem Zusammenwirken der damaligen Rechtsprechung des 12. Zivilsenats mit der Sterbehilferechtsprechung der Strafsenate bestanden,[886] die bei konsequenter Auslegung der Rechtsprechung der Strafgerichte nicht auftreten müssten.[887]

Ein andersgearteter Vorschlag von Klie will durch Anfragen von Krankenkassen bzw. privaten Krankenversicherungen an Versicherte Vorsorgevollmachten „provozieren". Diese sollen dann auf den Krankenkassenkarten gespeichert werden und somit jederzeit zur Verfügung stehen.[888] Das könnte jedoch zu einem „gläsernen" Patienten führen, da die Daten nicht nur im Eintrittsfall der Vorsorgevollmacht für das Personal der Ärzte und Kliniken sichtbar werden. Besteht die Möglichkeit solche Daten auf der Karte speziell zu sichern und nur mithilfe eines Passworts abzurufen, könnte eine solche Vorgehensweise eine sinnvolle Ergänzung der Hinterlegung der Vorsorgevollmacht außerhalb des Betreuungsverfahrens bedeuten. Geklärt werden müsste jedoch, unter welchen Voraussetzungen eine Änderung der gespeicherten Daten möglich ist, damit sowohl für die Einrichtung als auch die Änderung bzw. den Widerruf keine zu hohen Schranken aufgebaut werden.

D Fazit

Die bisherigen Überlegungen zur Stärkung der Vorsorgevollmacht setzten an verschiedenen Stellen an. Es gab Überlegungen zur Stärkung der praktischen Akzeptanz der Vorsorgevollmacht, der Normierung rechtlicher Anwendungsvoraussetzungen und vor allem zum Schutz der Vollmachtgeber.

Eine entscheidende Rolle nimmt aber die Stärkung der Beratungsrechte ein. Der fehlenden praktischen Akzeptanz, die sich aus den scheinbar komplizierten Anwendungsvoraussetzungen ergibt,[889] kann mit einem Beratungssystem entgegengewirkt werden. Dies wurde bereits in den Gesetzgebungsverfahren zum Betreuungsrecht erkannt, in denen es regelmäßig auch um die Stärkung der Vor-

---

886 Vgl. zur Problematik die Entscheidung des BGH über die Verpflichtung eines Pflegeheims zum Abbruch von Behandlungen: BGH 08. 06. 2005 - XII ZR 177/03 - BGHZ 163, 195 - JZ 2006, 144 f, mit Anm. Höfling, JZ 2006, 145, und Bienwald, FamRZ 2005, 1476; LG Essen 29. 11. 2007 – 7 T 385/07 - NJW 2008, 1170

887 Vgl. dazu die Lipp, Stellungnahme für den Rechtsausschuss des Deutschen Bundestags, S. 21 f.

888 Klie, BtPrax 2002, 91, S. 95

889 Hoffmann/Schumacher, BtPrax 2002, 191; Eibach/Schaefer, MedR 2001, 21; Köller/Engels, Rechtliche Betreuung in Deutschland, 2009, S. 213 ff.

sorgevollmacht durch Schaffung von Beratungsmöglichkeiten ging.[890] So bestehen Beratungs- und Informationsmöglichkeiten zunächst bei Rechtsanwälten und Notaren, darüber hinaus kann man sich auch an die Betreuungsbehörden wenden, die zu Fragen der Errichtung der Vorsorgevollmacht beraten und die, ebenso wie Notare die Vollmacht beglaubigen, können.[891] Querschnittsaufgaben haben auch die Betreuungsvereine zu erfüllen – sie haben neben der Durchführung von Betreuungen vor allem zur Vermeidung von Betreuungen zu beraten. Die klassischen Beratungsmöglichkeiten durch den Notar bzw. Rechtsanwalt sind mit Kosten für die betroffenen Personen verbunden – lediglich die Beratung durch die Betreuungsvereine und Behörden ist zum großen Teil kostenlos möglich.

Obwohl bereits diese verschiedene Beratungsmöglichkeiten bestehen, weist May zu Recht darauf hin,[892] dass sich bei der Durchführung von Beratungsgesprächen zu Vorsorgemöglichkeiten[893] herausgestellt hat, dass neben rechtlichen und medizinischen Fragen oftmals auch familiäre, psychosoziale, ethische und pflegerische, aber auch religiöse Fragen eine Rolle spielten. Darüber hinaus seien Fragen zur Organspende, der Hirntoddiagnostik, zum Erbrecht oder zu Bestattungen ein wichtiger Bestandteil der Beratung. In der konkreten Beratungssituation kommt es daher nicht nur auf juristischen Fragen an, es stellen sich medizinische Probleme und vor allem Fragen der Organisation der entsprechenden Lebenssituation. Dabei nimmt die Pflegeorganisation, aber auch die Organisation des Lebensumfeldes eine entscheidende Rolle ein. Daraus wird deutlich, dass die Erwartungen an eine Beratung vielschichtig und im Hinblick auf familiäre Gesichtspunkte und andere Fragen der Familiendynamik nicht allein im Bereich von Medizin und Rechtswissenschaft zu verorten sind, was die Notwendigkeit eines umfangreichen und interdisziplinären Beratungsangebots

---

890 Gesetz zur Reform des Rechts der Vormundschaft und Pflegschaft für Volljährige (Betreuungsgesetz – BtG) vom 12. 09. 1990 - BGBl. Teil I, S. 2002. In Kraft getreten: 01. 01. 1992; Erstes Gesetz zur Änderung des Betreuungsrechts vom 25. 06. 1998 - BGBl 1998 I S. 1580. In Kraft getreten: 01.07.1998/01.01.1999; Zweites Gesetz zur Änderung des Betreuungsrechts vom 21. 04. 2005 BGBl. 2005 Teil I Nr. 23, S. 1073. In Kraft getreten: 01. 07. 2005

891 § 6 Abs. 2 – 6 BtBG; §§ 4 und 6 Abs. 1 BtBG

892 May, Zur gesetzlichen Regelung von Patientenverfügungen Stellungnahme zur Anhörung des Rechtsausschusses des Deutschen Bundestages am 04.03.2009, S. 18

893 Innerhalb des „START-Projekt Patientenverfügung in der präklinischen Notfallmedizin" am Klinikum Aachen - http://www.medizinethik.ukaachen.de/ → Forschung (letzter Aufruf: 15. 09. 2012)

unterstreicht.[894] Dabei muss hervorgehoben werden, dass es sich nur um ein Angebot handeln darf – eine Beratungspflicht könnte zur Bevormundung führen.[895]

Ein solches Angebot sollte nicht nur allein auf die Aufklärung in Bezug auf die Errichtung von Vorsorgevollmachten bezogen sein. Als ein erhebliches Problem in dieser Bearbeitung wurde die Beratung im Entscheidungsprozess der Stellvertreter, vor allem der Vorsorgebevollmächtigten angesehen, die sich bisher lediglich durch die Betreuungsbehörden und -vereine beraten lassen konnten.

Dies wurde in den Vorschlägen zur Patientenverfügung aufgenommen.[896] Wie oben dargestellt, wurde ein beratendes Konsil zur Feststellung des Patientenwillens des nicht mehr entscheidungsfähigen Patienten, der Patientin eingerichtet.[897] Ein solches Verfahren entspricht auch den Wünschen der betroffenen Personen, die in vielen Fällen eine Patientenverfügung nicht unmittelbar umgesetzt haben wollen, sondern sie als Grundlage der Kommunikation zwischen den betroffenen Personen, deren Stellvertretern und dem Behandlungsteam sehen, die Stellvertreter sollen in ihrer Entscheidung nicht allein gelassen werden.[898] Damit ist die Entscheidungsfindung im Dialog mit dem Arzt

---

894 May/Grützmann/Brokmann, Patientenverfügungen in der präklinischen Notfallmedizin, Veröffentlichung in Vorbereitung. Ein weiteres von der Stiftung Wohlfahrtspflege des Landes Nordrhein-Westfalen gefördertes Projekt zu Beratung zu Patientenverfügung (Sterbebegleitung in der offenen und ambulanten Altenpflege, 2006-2009) in Langenfeld mit inzwischen knapp 200 durchgeführten Beratungen zeigt ein ähnliches Bild. Projektträger: esCor AWO-Begleitdienste in Abschiedszeiten, siehe http://www.escor-hospizverein.de/projekt.php (letzter Aufruf 15. 09. 2012), zitiert nach May, Zur gesetzlichen Regelung von Patientenverfügungen Stellungnahme zur Anhörung des Rechtsausschusses des Deutschen Bundestages am 04. 03. 2009

895 de Ridder, Positionspapier zur Medizin am Lebensende anlässlich der Anhörung des Rechtsausschusses des Deutschen Bundestages hinsichtlich diverser Gesetzentwürfe, Anträge und Änderungsanträge zur Patientenverfügung am 04. 03. 2009, S. 2 f.; Hufen, Schriftliche Stellungnahme zur Expertenanhörung des Rechtsausschusses am 04. 03. 2009 Patientenverfügung und mutmaßlicher Wille aus verfassungsrechtlicher Sicht, S. 16, der in Bezug auf die Patientenverfügung darauf hinweist, dass bei der Unwirksamkeit der Patientenverfügung wegen fehlender Beratung ein unverhältnismäßiger Eingriff in die verfassungsgemäßen Rechte der Patienten darstellt.

896 Vgl. dazu oben. Ebenso Enquete-Kommission des Deutschen Bundestages „Ethik und Recht in der modernen Medizin", Patientenverfügung - Zwischenbericht, BTDrucks. 15/3700, S. 41 f.

897 § 1901 b BGB - 3. Gesetz zur Änderung des Betreuungsrechts vom 29. 07. 2009 – BGBl. I, 2286 (31. 07. 2009) – in Kraft getreten 1. 09. 2009

898 Sahm, Stellungnahme zur Anhörung des Rechtsausschusses des Deutschen Bundestages, 04. 03. 2009, S. 6 f.; Borasio, Stellungnahme zu den Gesetzentwürfen zur

bzw. der Ärztin, unter Hinzuziehung anderer, dem Patienten bzw. der Patientin nahe stehenden Personen, ein wichtiger Ansatzpunkt zur Stärkung der Patientenautonomie und ein erster Schritt zur Verwirklichung eines prozeduralen, organisatorischen Entscheidungsfindung in Form einer kommunikativen Lösung, die durch entsprechende Formulierungen im Rahmen des Vorsorgeverhältnisses sogar noch erweitert werden können.[899]

Auch an dieser Stelle wird deutlich, dass die Beratung nicht allein den Ärzten obliegen sollte. Bei dieser Art von kommunikativen Lösungen ist es ebenfalls wichtig, andere Professionen und somit interdisziplinärer Beratungsstellen einzubeziehen.[900] Solche Beratungsstellen könnten innerhalb von Krankenhäusern angesiedelt werden, da dort Fachleute unterschiedlicher Professionen (wie Intensivmedizin, Rettungsdienst, Palliativmedizin, Pflege, Rechtswissenschaft, Seelsorge, Sozialdienst, Ethik) zur Einzelberatung zur Verfügung stehen.[901]

Bezogen auf die Versorgung außerhalb von Krankenhäusern ist es zur Sicherstellung der Würde und Selbstbestimmung von Menschen in der letzten Lebensphase notwendig, dass bisher noch insulare Anstrengungen von verschiedenen Organisationen aber auch von unterschiedlichen Professionen zusammengeführt und aufeinander abgestimmt werden.[902] Elemente der interdisziplinären Beratung könnten sich in sozialrechtlichen Regelungen finden. Dies soll im folgenden Teil der Untersuchung geklärt werden.

Patientenverfügung zur Anhörung des Rechtsausschusses des Deutschen Bundestages, 04. 03. 2009, S. 8, der zunächst aber von einem Dialog zwischen Arzt und Stellvertreter ausgeht, ebenso Heßler, Schriftliche Stellungnahme zu den dem Deutschen Bundestag vorliegenden Entwürfen zu einer gesetzlichen Regelung der Patientenverfügung, S. 14; Höfling, Stellungnahme zur Öffentlichen Anhörung des Rechtsausschusses am 04. 03. 2009 zu Gesetzentwürfen zur Regelung von Patientenverfügungen, S. 4, der auf die besondere Rolle des Vorsorgebevollmächtigten hinweist und eine Konkretisierung seiner Stellung und Funktion in einem Patientenverfügungsgesetz fordert.

899 Vgl. dazu ausführlich oben: Kapitel 3, B III. 4.

900 Vgl. oben - „START-Projekt Patientenverfügung in der präklinischen Notfallmedizin" am Klinikum Aachen - http://www.medizinethik.ukaachen.de/ → Forschung (letzter Aufruf: 10. 09. 2012)

901 May, Zur gesetzlichen Regelung von Patientenverfügungen Stellungnahme zur Anhörung des Rechtsausschusses des Deutschen Bundestages am 04. 03. 2009, S. 18; Meran/Birnbacher, Möglichkeiten einer standardisierten Patientenverfügung, 2002, S. 82 f.

902 Schulze in: Klie/Buhl/u.a. Die Zukunft der gesundheitlichen, sozialen und pflegerischen Versorgung älterer Menschen, 2005

Kapitel 5
Sozialrechtliche Unterstützung

Das Sozialrecht als ein komplexes System von sozialen Rechten, Pflichten und Leistungen bietet eine Vielzahl von Beratungsansprüchen, um den betroffenen Personen den Zugang zu den Leistungen im gegliederten System des Sozialrechts zu erleichtern,[903] die individuelle Eigenverantwortung zu ermöglichen, Selbsthilfe- aber auch Helferpotenziale zu aktivieren, Leistungen zu koordinieren und Probleme beim Übergang zwischen den einzelnen Versorgungsbereichen zu bewältigen, also die Wahrnehmung der sich dem Sozialversicherungsrecht ergebenden Gestaltungsvarianten zu ermöglichen.[904] Betrachtet man zum Beispiel die Gestaltungsmöglichkeiten des persönlichen Budgets nach § 17 SGB IX, wird deutlich, dass nur sachkundige betroffene Personen, Angehörige, Betreuer oder Bevollmächtigte in der Lage sind, die notwendigen Organisationsleistungen zu erbringen.

Diese Situation ist mit der Absicherung der Patientenautonomie durch die gewillkürte Stellvertretung gut vergleichbar.[905] Auch bei dieser müssen über die Errichtung der Vorsorgevollmacht hinaus, Organisationsstrukturen geschaffen werden, die die Umsetzung des Willens des Vollmachtgebers ermöglichen, zumindest jedoch erleichtern. Betrachtet man Organisation als ein auf Kontinuität angelegtes, dynamisches und offenes Netz von Beziehungen, so wird deutlich, dass der Aufbau solcher Organisationsstrukturen schrittweise ein organisiertes soziales System schafft.[906] Ein erster Ansatz für eine solche Organisation ist die Neuregelung des § 1901 b BGB, hier wurden organisierte Beratungsstrukturen zur Sicherung des Patientenwillens eingerichtet. Die Wahrnehmung der Privatautonomie erfordert ebenfalls gut informierte Beteiligte. Im System der sozialen Sicherung bieten sich an verschiedenen Stellen neben den reinen Beratungsmöglichkeiten auch organisierte Unterstützungsangebote, sodass die Wahrnehmung der sozialen Rechte, vor allem aber der differenzierten Ausgestaltung ermöglicht wird. Die Stärkung des Privatrechts und damit der Privatautonomie durch die Nutzung von Beratungs- und Informationsstrukturen aus dem Sozial-

903 Vgl. dazu ausführlich Shafaei, Die gemeinsamen Servicestellen für Rehabilitation, 2008, S. 26 f.

904 Nebe, Selbstbestimmte Organisation komplexer ambulanter Pflegeleistungen, S. 181 f.

905 Ähnlich für das Betreuungsrecht: Schulte, ZFSH/SGB 2011, 249

906 Kohte, Betrieb und Unternehmen unter dem Leitbild des Organisationsvertrags, unveröffentlichte Habilitationsschrift, 1987, S. 118 m. w. N.

recht kann zu der von Eichenhofer erläuterten Verwirklichung privatrechtlicher Ziele durch das Sozialrecht führen.[907]

Hinzukommt, dass durch eine solche Verknüpfung der zivil- und sozialrechtlichen Strukturen die Lebenssituation der betroffenen Personen ganzheitlich z. B. bei drohender Pflegebedürftigkeit betrachtet werden kann. Sowohl soziale als auch rechtliche Aspekte könnten erfasst und somit die Selbstbestimmung entscheidend gestärkt werden. Notwendig sind dazu Beratungs- und Unterstützungsstrukturen, die die Komplexität der jeweiligen Lebenssituation abbilden können.

Das ausdifferenzierte Beratungs- und Unterstützungssystem im Sozialrecht hält ausgehend von den allgemeinen Ansprüchen auf Aufklärung, Beratung und Auskunft in den §§ 14, 15 SGB I nach denen die Leistungsträger verpflichtet sind, Antragsteller umfassend zu beraten und über alle sozialen Rechte und die zuständigen Leistungsträger aufzuklären,[908] auch weitere Beratungs- und Unterstützungsstrukturen in den einzelnen Sozialgesetzbüchern bereit. Diese richten sich nicht nur an die betroffenen Personen, sondern auch an deren Angehörige und Pflegepersonen, so z. B. in § 7 Abs. 2 SGB XI. Darüber hinaus bestehen auch komplexere Unterstützungsstrukturen, in denen verschiedene Aspekte der jeweiligen Lebenslagen mit einfließen können und die durch die Zusammenarbeit mehrerer Leistungsträger geprägt sind, wie z. B. die Pflegestützpunkte nach § 92 c SGB XI.

Daher sollen in diesem Kapitel exemplarisch solche Beratungs- und Unterstützungsansprüche untersucht werden, die unmittelbar an gesundheitliche Fragestellungen anknüpfen, um auf die Möglichkeiten der Nutzung dieser Strukturen auch in der Frage der gewillkürten Stellvertretung zu schließen.

A Sozialrechtliche Beratungs-, Informations- und Unterstützungsansprüche

Das nach den abzusichernden Lebensrisiken gegliederte sozialrechtliche System führt zu einer Komplexität von Rechten und Pflichten, die jeden Bürger,

---

907 Eichenhofer, NZS 2004, 169, 171 f., vgl. zum Zusammenwirken von Sozial- und Privatrecht auch: Nebe, Selbstbestimmte Organisation komplexer ambulanter Pflegeleistungen, Zacher, in: Gedächtnisschrift für Constantinesco, S. 943; Deinert, Privatrechtsgestaltung durch Sozialrecht

908 Vgl. dazu ausführlich BSG 30. 10. 2001 – B 3 KR 27/01 R – SGb 2002, 694 m. Anm. Igl, SGb 2002, 700.

der seine Leistungsansprüche optimal realisieren will, vor tatsächliche Hindernisse stellt.[909]

Die Notwendigkeit der Informationserteilung wird noch dadurch verstärkt, dass es innerhalb einzelner Sozialversicherungszweige eine Entwicklung von der Fürsorge zur Teilhabe gibt, die zu einer Stärkung der Selbstbestimmung[910] der betroffenen Personen durch Wahlmöglichkeiten innerhalb des Leistungsrechts führt. Es gibt eine Vielzahl von unterschiedlichen Ansprechpartnern und Leistungsanbieter, was dazu führen kann, dass Leistungen unkoordiniert erbracht werden.[911] Der verstärkte Bedarf an Beratung und Unterstützung soll zur Stimulierung und damit zur Ermöglichung und Abstützung individueller Eigenverantwortung führen.[912]

Dies zeigt sich auch in der betreuungsrechtlichen Praxis. In den letzten Jahren ist eine deutliche Erhöhung des Zeitaufwands für verwaltende Tätigkeiten, vor allem für die Beantragung von Sozialleistungen zu verzeichnen.[913] Gleichzeitig ist zu beobachten, dass die steigende Inanspruchnahme der rechtlichen Betreuung gerade mit der zunehmenden Komplexität der sozialrechtlichen Rechtsvorschriften und Antragsverfahren zu begründen ist.[914] Dieser Effekt wird durch die häufigen, gravierenden Rechtsänderungen, verstärkt.[915]

Der Berechtigte, und damit auch sein Stellvertreter ist, zur optimalen Wahrnehmung seiner sozialrechtlichen Ansprüche, auf gezielte Information und Hilfe angewiesen. So ist die Existenzsicherung der betroffenen Personen durch Sozialleistungen von Kenntnissen abhängig, über die diese im Regelfall nicht verfügen.[916] Eine fehlende Information kann im System der sozialen Sicherung zu

---

909 Terwey, Die rechtliche Betreuung des Bürgers nach dem Sozialgesetzbuch, 1980, S. 1 ff.; Schmidt-De Caluwe, SGb 1992, 487, 488

910 Vgl. dazu Nebe, Selbstbestimmte Organisation komplexer ambulanter Pflegeleistungen, S. 39 f.

911 Michell-Auli/Strunk-Richter/Tebest, Was leisten Pflegestützpunkte?, 2010, S. 27

912 Ausführlich: Nebe, Selbstbestimmte Organisation komplexer ambulanter Pflegeleistungen, S. 169 f.; Hase in: R/K/G/U, BeckOK-SozR, § 13 SGB I Rn. 3; so auch Mönch-Kalina in: Schlegel/Voelzke, jurisPK-SGB I, § 13 Rn. 18

913 Bund-Länder-Arbeitsgruppe zur Beobachtung der Kostenentwicklung im Betreuungsrecht, S. 47 f.

914 Bund-Länder-Arbeitsgruppe zur Beobachtung der Kostenentwicklung im Betreuungsrecht, S. 47 f.

915 Vgl. dazu ausführlich: Shafaei, Die gemeinsamen Servicestellen für Rehabilitation, 2008, S. 26 f., der das Sozialrecht als das Rechtsgebiet mit den meisten Änderungen beschreibt.

916 Schmidt-De Caluwe, SGb 1992, 487, 488. Daher fordert die Bund-Länder-Arbeitsgruppe zur Beobachtung der Kostenentwicklung im Betreuungsrecht, dass

einer Ablehnung des Leistungssystems und damit zu einem nicht gewollten Ausweichverhalten oder zur Verweigerung notwendiger Mitwirkungshandlungen führen, die Informationspolitik hat auch systemsichernde Funktionen.[917] Damit auch der Bevollmächtigte das Sozialrechtsverhältnis im Sinne der betroffenen Person ausgestalten kann, ist es erforderlich, dass dieser an den gleichen Beratungsmöglichkeiten partizipieren kann. Nach § 13 SGB X kann sich ein Beteiligter im sozialrechtlichen Verwaltungsverfahren durch einen Bevollmächtigten vertreten lassen. Aus dem Prinzip der rechtlichen Stellvertretung folgt, dass der Bevollmächtigte in die Beratung einbezogen werden muss, sodass er auch in diesem Punkt die Stellvertretung wahrnehmen kann. Ein solches Recht ist für die gesetzliche Stellvertretung bei den gemeinsamen Servicestellen der Rehabilitation mit dem Verweis auf § 60 SGB IX ausdrücklich ausgestaltet, muss darüber hinaus aber auch allgemein Anwendung finden.

Bei den Beratungsansprüchen handelt es sich um ein heterogenes System, das reine Rechtsberatung bis hin zur umfassenden Lebensberatung umfasst.[918] Im Folgenden sollen daher die allgemeinen und besonderen Informationsansprüche untersucht werden, soweit sie sich auf die besondere Situation der Pflegebedürftigkeit oder der Behinderung beziehen. Im Ergebnis soll dabei die Möglichkeit geklärt werden, ob durch die Sozialversicherungsträger eine Beratung auch zu Vorsorgevollmachten im weitesten Sinne erfolgen kann.

I. Allgemeine sozialrechtliche Beratungs- und Informations-, aber auch Unterstützungspflichten

1. Betreuungspflichten

Bereits frühzeitig, noch vor dem Inkrafttreten des SGB I im Jahr 1976, wurde die Beratung als ungeschriebene Betreuungspflicht der Sozialleistungsträger angenommen.[919] Die zunächst damit befassten Zivilgerichte betonten in diesen Entscheidungen, dass es zu den Amtspflichten des Sozialleistungsträgers gehöre,

---

Sozialgesetze und ebenfalls die Antragsformulare einfacher gestaltet werden sollen, um letztendlich auch Betreuungen zu vermeiden.

917 Mönch-Kalina in: Schlegel/Voelzke, jurisPK-SGB I, § 13 Rn. 17 ff.

918 Shafaei, Die gemeinsamen Servicestellen für Rehabilitation, 2008, 59

919 So bereits RG 13. 11. 1934 - III 112/34 - RGZ 146, 35 (40 f.); RG 03. 04. 1908 - VII 249/07 – RGZ 68, 277, 282 f.; RG 28. 05. 1918 - VII 37/18 – RGZ 93, 56, 62; fortgeführt vom BGH 27. 06. 1955 – III ZR 255/55 - SozSich 1956 RsprNr 558 und BGH 27. 06. 1955 - III ZR 255/53 - BB 1956, 114; eine Übersicht dazu bei Beyer, DVBl. 1962, 613; Schmidt-De Caluwe, SGb 1992, 487, 489

sozial schwachen Bevölkerungskreisen bei der Erlangung der ihnen zustehenden Rechte und Pflichten beizustehen.[920] Mit seiner Rechtsprechung baut der Bundesgerichtshof[921] die Informations- und Betreuungspflichten gegenüber den Bürgern aus, wobei die rechtskonstruktive Grundlage - sei sie am Rechtsstaat- oder Sozialstaatsprinzip orientiert - noch wage bleibt.[922] Ähnlich verhält es sich zunächst auch bei der Rechtsprechung des Bundessozialgerichts,[923] in der von speziellen behördlichen Fürsorgepflichten im sozialen Rechtsstaat ausgegangen wird.[924] Auch innerhalb der weiteren Rechtsprechung bleibt der dogmatische Begründungsansatz wage, jedoch zeichnet sich deutlich eine Tendenz zur Herleitung der Betreuungspflicht als Nebenpflicht aus dem Versicherungsverhältnis ab.[925] Diese Rechtsprechung wurde durch das Bundessozialgericht in Entscheidungen zum sozialrechtlichen Herstellungsanspruch fortgesetzt.

Rechtsgrund für die ungeschriebene Nebenpflicht stellte das Gebot zur Wahrung von Treu und Glauben dar, sodass die inhaltliche Ausgestaltung des Sozialrechtsverhältnisses als eine schuldrechtliche Sonderverbindung beantwortet wurde.[926] Dies wird von einem Teil der Literatur geteilt und auf die nichtversicherungsrechtlichen Leistungen des Sozialgesetzbuches ausgedehnt.[927] Gegner einer schuldrechtlichen Sonderverbindung leiten die Betreuungspflicht aus der Pflicht der Sozialverwaltung her, die Erreichung des Gesetzeszwecks der

---

920 BGH 26. 9. 1957 – III ZR 65/56 – NJW 1957, 1873, 1874 – erstmals mit dem Rückgriff auf den Sozialstaatsgedanken, BGH 23. 01. 1964 - III ZR 12/63 - VersR 1964, 919

921 BGH 5. 4. 1965 – III ZR 11/64 - DVBl. 1965, 479 m. w. N.; ähnlich in der weiteren Entwicklung auch die Rechtsprechung des BVerwG 15. 07. 1959 - V C 80.57 – BVerwGE 9, 89; BVerwG 14. 10. 1959 - IV C 136.58 – BVerwGE 10, 12; BVerwG 19. 06. 1963 - IV C 146.62 – BVerwGE 16, 156; BVerwG 26. 10. 1966 - V C 10.65 – BVerwGE 25, 191; BVerwG 28. 11. 1974 - V C 16.73 – BVerwGE 47, 225

922 So Schmidt-De Caluwe, SGb 1992, 487, 490

923 BSG 30. 05. 1956 - 7 RAr 144/55 - BSGE 3, 112, 114 f.; BSG 12. 02. 1958 - 11/9 RV 948/55 - BSGE 7, 8, 15 f.; Vgl. dazu Schmidt-De Caluwe, SGb 1992, 487, 491

924 BSG 12. 02. 1958 - 11/9 RV 948/55 - BSGE 7, 8, 15 f.

925 Terwey, Die rechtliche Betreuung des Bürgers nach dem Sozialgesetzbuch, 1980, S. 21

926 BSG 12. 11. 1980 – 1 RA 45/79 – SozR 1200 § 14 Nr. 9 (S. 9) mit Übersicht über die umfangreiche Rechtsprechung

927 Terwey, DRV 1980, 161, 163, der zwischen Sozialleistungsverhältnis und in dessen Vorfeld das Verwaltungsverfahrensverhältnis unterscheidet, Krejci, VSSR 3 (1975), 212; Jakumeit/Wilde, SGB 1971, 175 ff.; Maier/Hannemann, DAngVers 1975, 347; Bley/Kreikebohm/Marschner, Sozialrecht, B II 5; Kirchhof in: FS 25 Jahre Bundessozialgericht, 554 ff.; Krause, BlStSozArbR 1979, 145, 151

Sozialgesetzbücher zu fördern und damit aus den durch die §§ 1 – 10 SGB I determinierten Sozialrechtsstatus des Einzelnen.[928]

Unabhängig von der jeweiligen Begründung, sind Betreuungs- oder auch Fürsorgepflichten allgemein anerkannt.[929] Diese werden definiert als die Pflicht der öffentlichen Verwaltung, durch Einsatz verfügbarer Verwaltungskompetenz die Interessen des Bürgers zu wahren und ihm im Einzelfall zur Verwirklichung seiner Rechte zu verhelfen.[930] Dabei ist die Betreuungspflicht der Oberbegriff für alle Informationspflichten.[931] Aus der übergesetzlichen Betreuungspflicht, die Verwirklichung der Rechte der betroffenen Personen zu ermöglichen, ergibt sich die Pflicht, bei einem offenkundigen Beratungsbedürfnis des Bürgers, die notwendige Beratung oder den erforderlichen Hinweis auch ohne dessen Ersuchen zu gewähren.[932] Allerdings wird die Spontanberatungspflicht durch die Rechtsprechung auf bestimmte Fallgruppen begrenzt. So besteht diese Pflicht nur, wenn anlässlich einer konkreten Sachbearbeitung dem jeweiligen Mitarbeiter eine naheliegende Gestaltungsmöglichkeit[933] ersichtlich ist, die ein verständiger Versicherter wahrnehmen würde, wenn sie ihm bekannt wäre. Damit hat die Judikatur flexibel auf die Entwicklung immer komplexerer Rechts-

---

928 Schmidt-De Caluwe, SGb 1992, 487, 497; Meyer, SGb 1985, 57, 61; so jetzt auch LSG Berlin-Brandenburg 18. 7. 2008 – L 3 R 1569/07

929 Vgl. dazu ausführlich Shafaei, Die gemeinsamen Servicestellen für Rehabilitation, 2008, S. 26 ff.; a. A. Hase, SGb 2001, 593

930 Schmidt- De Caluwe, Der sozialrechtliche Herstellungsanspruch, 1992, S. 42; Knecht in: Hauck/Noftz/Becker, SGB I, § 13 Rn. 3, § 14 Rn. 4; BSG 27. 04. 1995 – 11 Rar 69/94 - SozSich 1996, 191, Terwey, DRV 1980, 161, 162 f.

931 Zu deren Herleitung als behördliche Betreuungspflicht: Shafaei, Die gemeinsamen Servicestellen für Rehabilitation, 2008, S. 27 ff.; für die Beratungspflicht bereits vor Einführung von § 14 SGB I – Mönch-Kalina in: Schlegel/Voelzke, jurisPK-SGB I, § 14 Rn. 3 f.

932 St. Rspr. des Bundessozialgerichts vgl. BSG 27. 07. 2004 - B 7 SF 1/03 R - BSG SozR 4-1200 § 14 Nr. 5 S. 8 m. Anm. Münder, SGb 2005, 239; BSG 10. 12. 2003 - B 9 VJ 2/02 R - BSGE 92, 34; BSG 14. 11. 2002 - B 13 RJ 39/01 R - SozR 3-2600 § 115 Nr. 9, S. 59 mit Anm. Köhler, SGb 2003, 407; BSG 05. 04. 2000 - B 5 RJ 50/98 R - SozR 3-1200 § 14 Nr. 29 S. 96 mit verneinender Anm. Hase, SGb 2001, 593; BSG 05. 08. 1999 - B 7 AL 38/98 R - SozR 3-4100 § 110 Nr. 2 S. 9; BSG 26. 10. 1994 - 11 RAr 5/94 - SozR 3-1200, § 14 Nr. 16 S. 49; BSG 06. 05. 1992 - 12 RK 45/91 - SozR 3-1200 § 14 Nr. 6, S. 13; BSG 22. 10. 1998 – B 5 RJ 56/97 R – SGb 1999, 26; BSG 23. 09. 1981 - 11 RA 78/80 – BSGE 52, 145; Meyer, SGb 1985, 57; Maydell, ZFSH/SGB 1985, 361, 370; Krasney, BKK 1985, 337, 339 f.

933 Vgl. dazu BSG 27. 07. 2004 - B 7 SF 1/03 R - SozR 4-1200 § 14 Nr. 5 mit Hinweis auf die Beratungspflicht nur in einem engen sachlichen Zusammenhang mit dem Beratungsgegenstand (Rn. 17)

systeme reagiert und versucht, durch die Betreuungspflicht einen Gegenpol zu schaffen.[934] Dies führte gerade im Bereich des Sozialrechts zu einer Zunahme der Informationspflichten, da hier den Bürgern vermehrte Gestaltungsmöglichkeiten eingeräumt wurden.

Mit der Einführung des Sozialgesetzbuches wurden umfangreiche Informationspflichten kodifiziert (§§ 13 – 15 SGB I). Die allgemeinen Betreuungs- und Fürsorgepflichten sind davon unabhängig, zu betrachten.[935] Die Judikatur hat die Betreuungspflichten der Sozialversicherungsträger über die gesetzlichen Regelungen hinaus ausgestaltet, sodass eine umfassende Beratungspflicht bei einem entsprechenden Beratungs- und Auskunftsbegehren innerhalb des Sozialleistungsverhältnisses besteht.[936] Beratungsdefizite führen zu einem sozialrechtlichen Herstellungsanspruch und damit zur finanziellen Kompensation.[937]

2. Allgemeine Informationsansprüche nach §§ 13 ff. SGB I

Die allgemeinen Informationsansprüche nach dem 1. Sozialgesetzbuch sind auf drei Säulen gestützt – Aufklärung,[938] Beratung[939] und Auskunft[940]. Diese sollen gemeinsam eine umfassende und zuverlässige Information des Bürgers über seine Rechte und Pflichten gewährleisten und somit die Inanspruchnahme von Sozialleistungen zur Verwirklichung der sozialen Rechte dem Einzelnen ermöglichen.[941] Dabei richtet sich die Aufklärung an die Allgemeinheit, während die Beratung eine umfassende, individuelle und persönliche Information über alle für den Bürger bedeutsamen Rechtsfragen beinhaltet. Die Auskunft nimmt eine Art Zwischenstellung ein, die als ein Minimum die „wegweisende" Benennung der zuständigen Leistungsträger enthält, aber auch eine Antwort auf Sach- und Rechtsfragen beinhalten kann, soweit die Auskunftsstelle dazu in der Lage ist.[942]

---

934 Schmidt-De Caluwe, SGb 1992, 487, 495 m. w. N.

935 Knecht in: Hauck/Noftz/Becker, SGB I, § 14 Rn. 4 f.

936 BSG 31.10.2007 – B 14/11b AS 63/06 R - SGb 2008, 610

937 Zum sozialrechtlichen Herstellungsanspruch exemplarisch: Waßer, JA 2001, 137; Schmidt-De Caluwe, Der sozialrechtliche Herstellungsanspruch, 1992; Münder, SGb 2005, 239; Hase, SGb 2001, 593

938 § 13 SGB I

939 § 14 SGB I

940 § 15 SGB I

941 Mönch-Kalina in: Schlegel/Voelzke, jurisPK-SGB I, § 13 Rn. 6

942 Seewald in: Leitherer, KassKomm, § 13 SGB I Rn. 2; Zur Abgrenzung vgl. nur Kamphausen, Brockmeyer, 1983, S. 18; Zur Ablehnung der begrifflichen Abgrenzung

a) Aufklärung gem. § 13 SGB I

Den Sozialleistungsträgern, ihren Verbänden[943] aber auch den sonstigen, öffentlich-rechtlichen Vereinigungen in der Sozialverwaltung, obliegt es, die Bevölkerung im Rahmen ihrer Zuständigkeiten über die Rechte und Pflichten nach diesem Gesetzbuch aufzuklären. Die Pflicht zur Aufklärung ist auf den jeweiligen Zuständigkeitsbereich[944] der Verpflichteten begrenzt, die selbst die Wahl der möglichen Methoden und Instrumenten treffen können.[945] Ein wichtiges Instrument neben der Nutzung elektronischer Medien ist die Herausgabe von Verbands- und Mitgliedszeitschriften. Dieses Medium wird seit einiger Zeit vor allem von Krankenkassen, Unfallversicherungs- und Rententrägern genutzt. Zeitschriften bieten aber auch die Möglichkeit, durch andere Träger bei offensiver und kooperativer Informationspolitik genutzt zu werden.[946] Ein solches Vorgehen – die Öffnung der Informationsmedien für andere, ebenfalls für die jeweils betroffenen Personen wichtigen Informationen - ist ein bedeutender Schritt zur Erweiterung der Informationspolitik der Auskunftsverpflichteten. Sie sind zwar zu einer solchen „Auskunft" nicht nach § 13 SGB I verpflichtet, können jedoch zu einem besseren Verständnis der Gesamtsituation im Hinblick auch auf die Problematik der Betreuung und Vorsorge und damit zu einer Erhöhung der Eigenverantwortung und der Aktivierung der Leistungsberechtigten beitragen.

Über den allgemeinen Aufklärungsanspruch hinaus sind in den untersuchten Bereichen in den §§ 22 Abs. 1 Nr. 1 SGB IX und § 7 Abs. 1 SGB XI spezielle Auskunftsansprüche zu finden. Diese konkretisieren den allgemeinen Anspruch.

b) Beratung gem. § 14 SGB I

Neben dem, an die Allgemeinheit gerichteten Aufklärungsanspruch, besteht ein subjektiver, einklagbarer Anspruch[947] auf individuelle Beratung über die Rechte und Pflichten aus den jeweiligen Sozialgesetzbüchern gegenüber „Jedermann". Die Beratungspflicht trifft gem. § 14 SGB I jeweils die Leistungs-

---

von Beratung und Auskunft Müller-Waack, Die Auskunftspflicht der Verwaltungsbehörden, 1980, S. 8 f.

943 Str. ist, ob diese öffentlich-rechtlich sein müssen – vgl. dazu jeweils m. w. N. Mönch-Kalina in: Schlegel/Voelzke, jurisPK-SGB I, § 13 Rn. 21; Seewald in: Leitherer, KassKomm, § 13 Rn. 5

944 Nach der sachlichen Zuständigkeit gem. §§ 18 – 29 SGB I und den jeweiligen Präzisierungen in den besonderen Sozialgesetzbüchern.

945 Mönch-Kalina in: Schlegel/Voelzke, jurisPK-SGB I, § 13 Rn. 15

946 Vgl. dazu Mönch-Kalina in: Schlegel/Voelzke, jurisPK-SGB I, § 13 Rn. 27

947 Reinhardt in: Krahmer/Berlit, LPK-SGB I, § 14 Rn. 10; Seewald in: Leitherer, KassKomm, § 14 Rn. 28.

träger, denen gegenüber die Rechte und Pflichten gelten gemacht werden müssen. Beratungspflichten lassen sich unterscheiden in allgemeine und besondere Beratungspflichten. Bei allgemeinen Beratungspflichten geht es originär darum, sozialrechtliche Rechte und Pflichten zu vermitteln, d. h. sie sind auf die Erlangung der Sozialleistung gerichtet.[948] Ein solcher Beratungsanspruch wird in § 14 SGB I gewährt und in spezialgesetzlichen Regelungen wie § 7 SGB XI konkretisiert. Im Unterschied dazu bestehen auch besondere Beratungsansprüche, die typischerweise Leistungsinhalt der jeweiligen Sozialgesetzbücher sind, wie z. B. die Beratung der Pflegebedürftigen bei der Inanspruchnahme von Pflegegeld gem. § 37 Abs. 3 SGB XI.

Zum berechtigten Personenkreis der Beratung nach § 14 SGB XI zählen alle, die soziale Rechte in Anspruch nehmen können; dieser ist daher nicht auf Versicherte beschränkt und ein bestehendes Sozialrechtsverhältnis ist keine Voraussetzung.[949] Es ergibt sich jedoch die Begrenzung der Beratung auf die eigenen Rechte und Pflichten – insoweit das Sozialrecht auch Dritten, wie z. B. pflegenden Angehörigen, eigene Rechte zuspricht, bestehen für diese ebenfalls die allgemeinen Beratungsansprüche. Im Unterschied dazu bieten die spezialgesetzlichen Regelungen Beratungsansprüche originär für Angehörige.[950]

Die Erfüllung der Beratungspflicht umfasst den gesamten sozialrechtlichen Status der einzelnen Person und wird im Regelfall durch ein Beratungsgespräch zu erfüllen sein – die Übersendung von Merkblättern ist allein nicht ausreichend,[951] sie ist lediglich ergänzend möglich. Das Ziel der allgemeinen Beratungspflicht ist es, den Bürger über seine individuellen Rechte und Pflichten zu informieren und ihn damit in die Lage zu versetzen, diese zu beurteilen und ihre aktuelle und künftige Bedeutung einzuschätzen, um Entscheidungen treffen zu können.[952] Notwendig ist dies auch, damit die Leistungsberechtigten die Mitwirkungserfordernisse erfüllen können, die in ihrer Disposition liegen. Somit ist die Beratungspflicht eine notwendige Ergänzung des zergliederten und dadurch oftmals unübersichtlichen Sozialleistungssystems, um die soziale Sicherung sicherstellen zu können.

---

948 Vgl. dazu ausführlich Mönch-Kalina in: Schlegel/Voelzke, jurisPK-SGB I, § 14 Rn. 5 ff.

949 Vgl. die Übersicht bei Mönch-Kalina in: Schlegel/Voelzke, jurisPK-SGB I, § 14 Rn. 18 ff.

950 Vgl. dazu unten: A II. 2. und 3. die Ausführungen zu §§ 22 SGB IX und § 7 Abs. 2 SGB XI.

951 Seewald in: Leitherer, KassKomm, § 14 Rn. 2

952 BTDrucks. 7/868, S. 25

Daraus ergibt sich, dass der Gesetzgeber davon ausgeht, dass die Disposition im sozialen System nur möglich sein kann, wenn sie durch die Beratung der Leistungsempfänger ermöglicht wird – Entscheidungen und vor allem die Wahrnehmung der eigenen Rechte sind nur möglich, wenn über die bestehenden Möglichkeiten ein ausreichendes Wissen besteht.[953] Problematisch ist jedoch, dass der Gesetzgeber die mangelnde Beratung nicht mit Sanktionen belegt hat – es müssen daher immer wieder individuelle, gerichtliche Lösungen über den sozialrechtlichen Herstellungsanspruch gefunden werden.[954]

c) *Auskunft gem. § 15 SGB I*

§ 15 SGB I gewährt dem Bürger im Falle eines Betreuungsbedarfs einen Anspruch[955] auf Erteilung von Auskünften im individuell benötigten Umfang durch die nach Landesrecht zuständigen Stellen, die Träger der gesetzlichen Krankenversicherung und die Träger der sozialen Pflegeversicherung. Dabei handelt es sich bei der Auskunft um eine individuelle Tatsachen- oder Rechtsmitteilung, die einem bestimmten Bürger auf dessen Ersuchen mitgeteilt wird – sie ist somit gekennzeichnet durch die Beantwortung gezielter Fragen des Bürgers.[956] Die Auskunftspflicht nach § 15 SGB I wird in dessen Absatz 2 jedoch wesentlich eingeschränkt – so haben die Auskunftsstellen dem Einzelnen in erster Linie den für die Sozialleistung zuständigen Leistungsträger zu benennen – die sogenannte Verweisungsauskunft. Hinzukommt die sogenannte Inhaltsauskunft, wonach die zuständige Stelle über alle Sach- und Rechtsfragen Auskunft erteilen muss, soweit sie für den Auskunftssuchenden von Bedeutung sein könnten und die Auskunftsstelle zur Beantwortung in der Lage ist. Die Auskunft hat jedoch die Rechtsnatur einer unverbindlichen Wissenserklärung und stellt somit keinen Verwaltungsakt dar.[957]

Funktion der Auskunft ist es, den Bürgern als eine Art „Wegweiser“ den Zugang zum vielfach gegliederten und entsprechend unübersichtlichen Netz sozialer Dienste und Leistungen zu ermöglichen.[958]

---

953 BTDrucks. 7/868, S. 25

954 Ein Überblick darüber bei: Knecht in: Hauck/Noftz/Becker, SGB I, § 14 Rn. 28 ff.

955 So die überwiegende Auffassung: Mrozynski, SGB I, § 15 Rn. 2; Schellhorn in: GK-SGB I, § 15 Rn. 29; Seewald in: KassKomm, § 15 Rn. 3, 5 SGB I; a. A. wohl Mönch-Kalina in: jurisPK-SGB I, § 15 Rn. 14 ff., 30

956 Mönch-Kalina in: Schlegel/Voelzke, jurisPK-SGB I, § 15 Rn. 24

957 BSG 8. 12. 1993 - 10 RKg 19/92 - NVwZ 1994, 830 – auch zur Abgrenzung von Auskunft und Zusicherung

958 So auch: Schellhorn in: GK-SGB I, § 15 Rn. 10; BTDrucks. 7/868, 25

3. Zwischenfazit

Bereits aus den richterrechtlich geprägten allgemeinen Betreuungspflichten und deren Normierung lässt sich erkennen, dass der Gesetzgeber und die gerichtliche Praxis der Beratungs- und Informationserteilung eine große Bedeutung zunächst für die Erlangung sozialer Leistungen zurechnen. Darüber hinaus geht es aber auch um die Erhöhung der Eigenverantwortung durch informierte Wahrnehmung der bestehenden Rechte.

Damit lassen sich schon an dieser Stelle Anknüpfungspunkte für die Stärkung der Vorsorgevollmacht erkennen. Die Betreuungspflichten sollen umfassend zur Wahrung der Interessen der Bürger und zur Verwirklichung ihrer Rechte dienen. Die Wahrnehmung der Rechte ist in vielen Fallgestaltungen nur über Stellvertreter möglich, sodass die beratenden Leistungsträger bereits auf die Vorsorgevollmacht verweisen, aber auch den rechtlichen Stellvertretern zur Verfügung stehen müssen, um die Wahrnehmung der Rechte der betroffenen Personen zu sichern. Zudem müssen aus diesem Grund auch bestehende Informationssysteme, wie Mitgliederzeitschriften oder Internetauftritte dazu genutzt werden, Informationen über die Betreuung und deren Vermeidung durch Vorsorgevollmachten zu verbreiten.

II. Besondere sozialrechtliche Beratungs- und Informations-, aber auch Unterstützungspflichten

Ergänzt werden die allgemeinen Beratungs- und Unterstützungspflichten durch spezialgesetzliche Regelungen in den Sozialgesetzbüchern. Dies ist auch notwendig: Die Beratungspflicht nach den §§ 13 – 15 SGB I ist auf die eigene Zuständigkeit der jeweiligen Leistungsbereiche begrenzt, sodass diese gerade bei komplexeren Zusammenhängen zwischen den einzelnen Sozialgesetzbüchern nicht weiterhelfen und das umfassende Beratungs- und Unterstützungsbedürfnis in diesen Fällen nicht sicherstellen können.[959] Im Folgenden wird daher auf die mit der Situation von Betreuungsbedürftigen bzw. zukünftig betreuungsbedürftigen Personen im Zusammenhang stehenden Informations-

959 Dazu Nebe, Selbstbestimmte Organisation komplexer ambulanter Pflegeleistungen, S. 170; abweichend davon sind die Sozialleistungsträger aber dazu verpflichtet, auf andere Gestaltungsmöglichkeiten hinzuweisen, wenn sie mit der eigenen Leistung in Zusammenhang stehen, wie bei der Pflegeorganisation zwischen SGB V und SGB XI der Fall ist – vgl. dazu ausführlich BSG 30. 10. 2001 – B 3 KR 27/01 R – SGb 2002, 694 ff. mit Anm. Igl, SGb 2002, 700.

pflichten in § 11 Abs. 4 SGB V, §§ 22, 26, 33 SGB IX und die §§ 7, 7a, 37 Abs. 3 SGB XI eingegangen.

1. Versorgungsmanagement gem. § 11 Abs. 4 SGB V

Zu Beginn des Jahres 2007 wurde das sogenannte Versorgungsmanagement bei der Entlassung aus dem Krankenhaus eingeführt (§ 11 Abs. 4 SGB V). Mit dieser Regelung ging der Gesetzgeber über die reine Funktion der Beratung und Aufklärung hinaus. Aufgabe des Versorgungsmanagements ist die sachgerechte Gewährleistung der Anschlussversorgung um damit den Krankenversicherten zur Lösung von Problemen beim Übergang zwischen verschiedenen Versorgungsbereichen (Krankenhaus, Rehabilitation und Pflege) zu dienen, um eine stationäre Wiedereinweisung zu vermeiden.[960] Nunmehr ist das Entlassungsmanagement – als Element des Versorgungsmanagements ausdrücklich als Bestandteil der Krankenhausbehandlung geregelt – § 39 Abs. 1 Sätze 4 und 5 SGB V.[961]

Das Versorgungsmanagement knüpft an das reale Problem der Organisation, der auf die Krankenhausversorgung folgenden Behandlungs- und Unterstützungsformen an.[962] Dabei konzentriert sich das Versorgungsmanagement auf die Organisation des Übergangs zwischen den verschiedenen Versorgungsbereichen.[963] Gemeint ist damit, dass der gesamte Behandlungsbedarf in seinem Ablauf verwaltet, organisiert bzw. geleitet wird. Dies kann im Zusammenhang mit der Patientenautonomie nur bedeuten, dass die Versicherten über die medizinisch und pflegerisch gebotenen Interventionen und Schritte informiert und anschließend innerhalb dieser geleitet, geführt und begleitet zu werden.[964]

---

960 BTDrucks. 16/3100, S. 96 f.; im Leistungserbringerrecht findet sich in § 112 SGB V das Gegenstück zu diesem leistungsrechtlichen Anspruch. Danach müssen Krankenhäuser sowohl die soziale Betreuung als auch die Beratung der Versicherten im Krankenhaus als auch den nahtlosen Übergang von der Krankenhausbehandlung zur Rehabilitation oder Pflege sicherstellen - § 112 Abs. 2 Nr. 4 und 5 SGB V. Spezielle Regelungen dazu finden sich ebenfalls in den Landeskrankenhausgesetzen. Vgl. dazu ausführlich mit weiteren Nachweisen: Nebe, Selbstbestimmte Organisation komplexer ambulanter Pflegeleistungen, S. 171.

961 GKV-Versorgungsstrukturgesetz – GKV-VStG vom 22. 12. 2011 (BGBl I 2011, 2983); vgl. dazu München, PflR 2012, 211 ff.

962 Vgl. dazu Fuchs, SozSich 2007, 338

963 Höfler in: Leitherer, KassKomm, § 11 SGB V Rn. 24; Die auftretenden Probleme bestehen vor allem in der fehlenden finanziellen Absicherung der Anschlussversorgung – vgl. dazu ausführlich: Fuchs, SozSich 2007, 338

964 Noftz in: Hauck/Noftz, SGB V, § 11 SGB V Rn. 60

Dabei zielt der Anspruch auf das Versorgungsmanagement darauf ab, die gebotenen Behandlungsschritte und -inhalte auf der Grundlage von Behandlungspfaden zu koordinieren.[965] Dies soll zunächst durch die Information der Versicherten und die Hilfe der Leistungserbringer erfolgen. Damit ist der Schwerpunkt der Norm nicht nur in der sachgerechten Anschlussversorgung zu sehen (dieser Anwendungsbereich wird nur beispielhaft genannt), das Versorgungsmanagement ist nach seinem Wortlaut ein umfassender Rechtsanspruch, in dessen Fokus die Information und Beratung der Versicherten steht,[966] der durch die geforderte Zusammenarbeit mit den Pflegeberatern nach § 7 a SGB XI verstärkt wird.[967] Dieser Anspruch auf Information und Beratung direkt durch die Leistungserbringer besteht neben der Beratungspflicht der Krankenkassen nach § 13 ff. SGB I.[968]

Die rechtlichen Stellvertreter können stellvertretend die Rechte der betroffenen Personen wahrnehmen. Durch das Versorgungsmanagement erfolgt eine deutliche Entlastung der Vorsorgebevollmächtigten und damit zu einer Stärkung der Vorsorgevollmacht, da diese bisher maßgeblich die Anschlussversorgung der betroffenen Personen zu organisieren hatten.

2. Beratung und Unterstützung bei der Rehabilitation

a) *Beratung und Unterstützung durch die Gemeinsamen Servicestellen - § 22 SGB IX*

Die gemeinsamen örtlichen Servicestellen (§ 23 SGB IX) der Rehabilitationsträger haben die Aufgabe, behinderten bzw. von Behinderung bedrohten Menschen,[969] Beratung und Unterstützung anzubieten. Gegenpol der Beratungs- und Unterstützungspflicht nach § 22 SGB IX ist der Anspruch behinderter und von Behinderung bedrohter Menschen auf Beratung und Unterstützung.[970] Durch diesen Anspruch werden die Regelungen der §§ 14 und 15 SGB I inhaltlich ergänzt und präzisiert, um qualifizierte Beratung und Unterstützung unver-

965 Plagemann in: Schlegel/Voelzke, jurisPK-SGB V, § 11 Rn. 28 ff.

966 Joussen in: R/K/G/U, BeckOK-SozR, § 11 SGB V Rn. 14 a, was sich in dieser Intensität nicht aus dem Gesetzeswortlaut ergibt.

967 Roters in Leitherer, KassKomm, SGB V § 11 Rn. 24.

968 Noftz in: Hauck/Noftz, SGB V, § 11 Rn. 60 j

969 Ausführlich Shafaei, Die gemeinsamen Servicestellen für Rehabilitation, 2008, S. 185 ff.

970 Gesetzesbegründung Bundesregierung BRDrucks. 49/01, S. 312 a. E.; ausführlich dazu Shafaei, Die gemeinsamen Servicestellen für Rehabilitation, 2008, S. 181 ff.; Löschau in: GK-SGB IX § 22 Rn. 21 und Majerski-Pahlen in: Neumann/Pahlen/Majerski-Pahlen, SGB IX, § 22 Rn. 3

züglich und trägerübergreifend, anbieterneutral und zugleich verbindlich zu realisieren.[971] Dabei geht der Begriff der Unterstützung deutlich über die allgemeine Beratung hinaus; darunter ist die umfassende Hilfe und Förderung einer Person oder ihres Anliegens mit allem möglichen Mitteln zu verstehen.[972] Durch die Wahl des Begriffspaares „Hilfe und Förderung" drückt sich aus, dass die Servicestellen nicht nur alle Informationsleistungen zu erbringen, sondern darüber hinaus der betroffenen Person auch aktive Unterstützung zu gewähren haben.[973] Mit der Verwendung des Aufgabenelements der Unterstützung wird eine Entwicklung von nur reaktiv tätig werdenden Sozialleistungsträgern hin zu Beratungsstellen, die im Sinne eines konkreten Fall-Managements, die Anfragen nach Rehabilitationsleistungen aktiv begleiten und die Entscheidungsfindung im Sinne der betroffenen Personen fördern, deutlich.[974]

Besonders deutlich wird diese Entwicklung, wenn man die exemplarischen Aufgaben der Servicestellen betrachtet. Dort sind neben klassischen Beratungsaufgaben auch die Klärung der Rehabilitationsbedürftigkeit und der sich daraus ergebenden Ansprüche vorgesehen; die Entscheidung der Träger soll dabei umfassend vorbereitet werden, sodass sie unverzüglich erfolgen kann.[975] Durch die Einrichtung der Gemeinsamen Servicestellen soll den Nachteilen des gegliederten Sozialsystems entgegengewirkt werden, indem es nur noch eine Auflaufstelle für die betroffenen Personen gibt, die dabei vor allem wohnortnah und zuständigkeitsübergreifend ein umfassendes Beratungs- und Hilfsangebot zur Verfügung stellt.[976] Dies dient vor allem auch der Verfahrensbeschleunigung, der Sicherung des Vorrangs der Rehabilitation vor der Rente und Pflege und der möglichst umfassenden Erbringung der Leistung durch einen Rehabilitationsträger.[977]

Die umfassende Beratung, Auskunft und Unterstützung der betroffenen Personen wird von dem Gesetzgeber, den Leistungsberechtigten und den Rehabilitationsträgern als ein wichtiges Element erachtet, um den behinderten oder von Behinderung bedrohten Menschen die Leistungen zur Teilhabe und Rehabilitation zu ermöglichen und ihnen damit eine selbstbestimmte und gleichberechtigte Teilnahme am Leben in der Gesellschaft zu ermöglichen.[978] Dabei

---

971 BRDrucks. 49/01, S. 312

972 Shafaei, Die gemeinsamen Servicestellen für Rehabilitation, 2008, S. 63

973 Schütze in: Hauck/Noftz/Masuch, SGB IX § 22 Rn. 8

974 Schütze in: Hauck/Noftz/Masuch, SGB IX, § 22 Rn. 8

975 BRDrucks. 49/01, S. 313

976 Majerski-Pahlen in: Neumann/Pahlen/Majerski-Pahlen, SGB IX, § 22 Rn. 3

977 BRDrucks. 49/01, S. 313

978 Löschau in: GK-SGB IX, § 22 Rn. 20

zeichnet es sich als eine Besonderheit der Leistungen der Rehabilitation aus, dass zumeist mehrere medizinische Leistungen oder Hilfsmittel benötigt und diese als Komplexleistung (§ 10 SGB IX) erbracht werden.[979]

Neben den betroffenen Personen stehen ihren Vertrauenspersonen und Personensorgeberechtigten nach § 60 SGB IX eigene Beratungs- und Unterstützungsansprüche zu. Personensorgeberechtigt sind nach dieser Definition Eltern, Vormünder, Pfleger und der Betreuer der behinderten oder von Behinderung bedrohten Menschen. Die Umschreibung als Personensorgeberechtigter ist für den Betreuer nicht passend. Die Personensorgeberechtigung stellt als Unterfall der elterlichen Sorge keine im Betreuungsrecht verwendete Kategorie dar.[980] Die Vorschrift kann daher nur so verstanden werden, dass der Gesetzgeber dem gesetzlichen Vertreter, der auch in persönlichen Angelegenheiten bestellt wurde und damit auch innerhalb der Organisation der Rehabilitation die Aufgaben der betroffenen Personen wahrnehmen kann, ein Beratungs- und Unterstützungsangebot zugestehen wollte.

Nichts anderes kann für den zur Wahrnehmung dieser Aufgaben eingesetzten gewillkürten Vertreter gelten. Er verfügt zwar nicht über eine gesetzliche Vertretungsmacht, nimmt aber die Interessen der betroffenen Person ebenso wahr. An dieser Stelle sollten daher die Beratungsrechte ebenfalls für den Vorsorgebevollmächtigten bestehen, um auch hier eine Betreuung effektiv vermeiden zu können. Unabhängig von der Zuordnung als Personensorgeberechtigter könnte man den Vorsorgebevollmächtigten unter den Begriff der Vertrauensperson[981] fassen, der ebenfalls ein Beratungs- und Unterstützungsanspruch der Gemeinsamen Servicestellen zusteht. Wichtig ist daher, dass der behinderte und von Behinderung bedrohte Mensch die Vertrauenspersonen als solche legitimiert.[982] Durch das konkrete Fallmanagement wird ebenso wie bei dem zuvor vorgestellten Versorgungsmanagement die Wahrnehmung der Aufgaben des Vorsorgebevollmächtigten zur Organisation der Rehabilitation unterstützt und erleichtert.

---

979 Zu diesem Begriff: Nebe in: Feldes/Kohte/Stevens-Bartol, SGB IX, § 26 Rn. 8, § 27 Rn. 3

980 Vgl. dazu ausführlich Shafaei, Die gemeinsamen Servicestellen für Rehabilitation, 2008, S. 199 f.

981 Der Begriff der Vertrauensperson ist nicht auf solche nach § 94 Abs. 1 Satz 1 beschränkt, der Begriff ist daher in einem offenen, umfassenden und untechnischen Sinne zu verstehen. Es kommt daher auf das faktische Vertrauen an, das jedoch nachweisbar sein muss, z.B. durch eine Vollmacht - Shafaei, Die gemeinsamen Servicestellen für Rehabilitation, 2008, S. 189 f., Löschau in: GK-SGB IX § 22 Rn. 21

982 Nürnberger in: Feldes/Kohte/Stevens-Bartol, SGB IX, § 22 Rn. 8

b) Beratung bei der Inanspruchnahme eines persönlichen Budgets (Budgetassistenz)

Durch die Neuregelung des § 17 Abs. 2 SGB IX wird es den zuständigen Rehabilitationsträgern ermöglicht, Leistungen zur Teilhabe, die sie allein oder gemeinsam mit anderen Leistungsträgern, durch andere Leistungsträger oder unter Inanspruchnahme von geeigneten Rehabilitationsdiensten und -einrichtungen ausführen können, als „Persönliches Budget" auszuführen. Mit der Einführung der Leistungsgewährung durch ein Persönliches Budget wird die Entwicklung in den neueren Zweigen des Sozialrechtes von der – bisher im Vordergrund stehenden Fürsorge – zur Teilhabe und damit zur eigenen Organisation von Leistungen und zu einem selbstbestimmteren Leben, deutlich.[983]

Abweichend vom Sachleistungsprinzip wird der gesamte Bedarf[984] des Leistungsberechtigten an Teilhabeleistungen in einem Budget zusammengefasst, das von den beteiligten Leistungsträgern trägerübergreifend als Komplexleistung zur Verfügung gestellt wird.[985] Damit wird die eher „statische Dreiecksbeziehung" zwischen Kostenträger, behinderten Menschen und Leistungserbringern durchbrochen und das Sozialrechtsverhältnis, durch Instrumente wie der Zielvereinbarung, dem Schuldrechtsverhältnis angenähert.[986] Die Leistungsberechtigten können „als Experten in eigener Sache"[987] mit diesem Gesamtbudget selbst entscheiden, welche Hilfen sie in Anspruch nehmen, sowie wie

---

983 Vgl. dazu Metzler/Meyer/Rauscher/Schäfers/Wansing, Begleitung und Auswertung der Erprobung trägerübergreifender Persönlicher Budgets, S. 21; Plagemann in: FS Peter Krause zum 70. Geburtstag, 171, S. 172 ff.; Neumann, ZfSH/SGB 2003, 392, 398 ff.; zu den Zielen des Persönlichen Budget BTDrucks. 15/1514 S. 6, 7, 72

984 Das Persönliche Budget wird nach § 17 Abs. 3 Satz 2 SGB IX so bemessen, dass der individuell festgestellte Bedarf gedeckt wird und die erforderliche Beratung und Unterstützung erfolgen kann. Dazu: Fuchs in: Bihr/Fuchs/Krauskopf/Lewering (Hrsg.) SGB IX, § 17 Rn. 26 f. Dies ist in vielen Fällen nicht realisierbar, da nach § 17 Abs. 3 Satz 4 SGB IX die Höhe des persönlichen Budgets auf die Kosten aller bisher ohne das persönliche Budget zu erbringende Leistungen begrenzt, sodass die Kosten der Beratung und Unterstützung kaum zu erbringen sind. Vgl. dazu Plagemann in: FS Peter Krause zum 70. Geburtstag, 171, 179 f.

985 Shafaei, Die gemeinsamen Servicestellen für Rehabilitation, 2008, S. 102 f. Bei einem persönlichen Budget handelt es sich daher um Geldbetrag oder einen Gutschein, der einem behinderten Menschen zur Deckung seines gesetzlich gewährten Hilfebedarfs bereitgestellt wird. Vgl. dazu auch Neumann, ZfSH/SGB 2003, 392, 398; Neumann in: Deinert/Neumann, Rehabilitation und Teilhabe behinderter Menschen, § 6 Rn. 33 ff.

986 Plagemann in: FS Peter Krause zum 70. Geburtstag, 171, 173

987 So der immer wieder in der Literatur verwendete Begriff: Fuchs in: Bihr/Fuchs/Krauskopf/Lewering (Hrsg.) SGB IX, § 17 Rn. 13; Shafaei, Die gemeinsamen Servicestellen für Rehabilitation, 2008, S. 104

und durch wen.[988] Diese Entwicklung, die zu mehr Eigeninitiative, mehr Selbstbestimmung und mehr Verantwortung der behinderten Menschen, aber auch zu einer engeren Kooperation der Sozialleistungsträger führen soll, macht die Veränderungen im sozialen System deutlich.

Für die Leistungsberechtigten bedeutet dieses Modell, dass der gesamte Bedarf an Teilhabeleistungen (budgetfähige Leistungen[989]) vor der Beschaffung berechnet und bewilligt werden muss. Es handelt sich beim Persönlichen Budget nicht um eine Kostenerstattung selbstbeschaffter Leistungen, die lediglich ein Surrogat der Sachleistung darstellen, sondern ein für die Zukunft pauschalierter Betrag zur Deckung des notwendigen Bedarfs.[990] Zur Durchführung des Persönlichen Budgets müssen die Leistungsberechtigten zunächst Angebote verschiedener Leistungserbringer einholen, auf Grund derer dann das Budget kalkuliert und eine Zielvereinbarung[991] zwischen den Leistungsträgern und Leistungsberechtigten (Budget-Nehmer) geschlossen wird. Diese enthält zusammen mit dem Bewilligungsbescheid Pflichten des Budget-Nehmers.[992]

Der Budget-Nehmer muss danach z. B. die Verwendung der Geldmittel nachweisen. Nach der Bewilligung des Persönlichen Budgets obliegt es den Budget-Nehmern, sich die notwendigen Leistungen zu beschaffen und in Anspruch zu nehmen.[993] Dabei obliegt ihnen auch die Organisation der Leistungen indem sie mit den Anbietern Kauf-, Dienst-, Miet- und andere Verträge aushandeln und abschließen. Dies bedeutet für den Budget-Nehmer vor allem, dass er alle aus diesen Verträgen entstehenden Verpflichtungen – z. B. als Arbeit-

---

988 BTDrucks. 15/1514, S. 72

989 § 17 Abs. 2 Satz 4 SGB IX - Leistungen der Krankenkassen, der Pflegekassen, sowie die Leistungen der Unfallversicherungsträger bei Pflegebedürftigkeit und der Hilfe zur Pflege der Sozialhilfeträger, die sich auf alltägliche, regelmäßig wiederkehrende Bedarfe beziehen und als Geldleistung oder durch Gutscheine erbracht werden können – ausführlich Fuchs in: Bihr/Fuchs/Krauskopf/Lewering (Hrsg.) SGB IX, 17 Rn. 19 ff., die jedoch die Leistungen der stationären Rehabilitation ausschließen a. A. Schneider in: Hauck/Noftz/Masuch, SGB IX, § 17 Rn. 15; Welti, SGb 2003, 379, 387; Welti in: Lachwitz/Schellhorn/Welti, HK-SGB IX, § 17 Rn. 43 ff.

990 Dazu ausführlich Shafaei, Die gemeinsamen Servicestellen für Rehabilitation, 2008, S. 103 f.; kritisch zur Bedarfsfeststellung: Fuchs, Integrierte Versorgung, medizinische Versorgungszentren, persönliche Budgets - neue Versorgungsformen für die Altenhilfe, S. 9 f.

991 §§ 3, 4 BudgetVO; Vgl. dazu Stevens-Bartol in: Feldes/Kohte/Stevens-Bartol, SGB IX, § 17 Rn. 18

992 Vgl. dazu ausführlich: Plagemann in: FS Peter Krause zum 70. Geburtstag, 171, S. 180 ff.; Schneider in: Hauck/Noftz/Masuch, SGB IX, § 17 Rn. 21.

993 Vgl. zu diesem Themenbereich: Fuchs in: Bihr/Fuchs/Krauskopf/Lewering (Hrsg.) SGB IX, § 17 Rn. 16

geber die sozialversicherungs-, steuer- und arbeitsrechtliche Absicherung der Arbeitnehmer – zu erfüllen hat. Hinzukommt die Verwaltung der Mittel. Dies macht deutlich, dass „der mit dem persönlichen Budget verbundene Zuwachs an Entscheidungsfreiheit zugleich ein Mehr an Verantwortung bei der Organisation und Steuerung der eigenen Teilhabe“[994] bedeutet. Die Angebote der Gemeinsamen Servicestellen sind für die behinderten Menschen daher von besonderer Bedeutung – eine effektive Wahrnehmung des Persönlichen Budgets ist nur möglich, wenn eine umfassende Beratungs- und Aufklärungsstruktur besteht.[995]

Das hat auch der Gesetzgeber erkannt und durch die Erweiterung der Aufgaben der gemeinsamen Servicestellen in § 22 Abs. 1 Satz 2 Nr. 2 SGB IX reagiert.[996] Die Beratungstätigkeit umfasst in der Praxis die Information über das Bestehen und die Voraussetzungen des Persönlichen Budgets, Hilfe und Beratung bei der Beantragung und bei der Durchführung des Persönlichen Budgets und kann bis zu dessen Steuerung reichen, um dem Budget-Nehmer die Teilnahme auf dem Markt[997] der Sach- und Dienstleistungen der Teilhabe zu ermöglichen.[998]

Mit den Gemeinsamen Servicestellen hat der Gesetzgeber eine Beratungsstruktur geschaffen, die nicht nur den behinderten Menschen oder von Behinderung bedrohten Menschen zur Verfügung steht, sondern auch deren Vertrauenspersonen und Personensorgeberechtigten. Damit wird Ihnen ermöglicht, alle auftretenden Probleme in Bezug auf die Rehabilitation bei nur einem Ansprechpartner vor Ort zu klären. Gleichfalls wird auch Unterstützung im Sinne eines Case-Managements angeboten, so z. B. bei der Verwaltung des Persönlichen Budgets (Budgetassistenz), wobei ihnen keine Entscheidungskompetenz zusteht.[999] In der Praxis bestehen noch erhebliche Defizite – die Gemeinsamen

---

994 Shafaei, Die gemeinsamen Servicestellen für Rehabilitation, 2008, S. 104

995 So auch: Metzler/Meyer/Rauscher/Schäfers/Wansing, Begleitung und Auswertung der Erprobung trägerübergreifender Persönlicher Budgets, S. 157 ff.; Welti/Rummel, Rechtsfragen des Persönlichen Budgets nach § 17 SGB IX, S. 70 ff.; Welti in: Lachwitz/Schellhorn/Welti, HK-SGB IX, § 17 Rn. 44a; Nürnberger in: Feldes/Kohte/Stevens-Bartol, SGB IX, § 22 Rn. 11

996 BTDrucks. 15/1514, S. 72 f.; Zur Kritik an der strukturellen Ansiedelung der Servicestellen: Welti, SGb 2008, 321, S. 329

997 Zu den Problemen des Marktmodells: Neumann in: Deinert/Neumann, Rehabilitation und Teilhabe behinderter Menschen, § 6 Rn. 42

998 Vgl. dazu Plagemann in: FS Peter Krause zum 70. Geburtstag, 171, S. 181 f.

999 Vgl. dazu ausführlich: Welti/Rummel, Rechtsfragen des Persönlichen Budgets nach § 17 SGB IX, S. 72 ff.; Stähler/Welti in: Lachwitz/Schellhorn/Welti, HK-SGB IX, § 22 Rn. 16 m. w. N.

Servicestellen können zurzeit nicht alle an sie gestellten Aufgaben bewältigen. Insbesondere die Budgetassistenz, aber auch die Budgetunterstützung können sie zwar rechtlich, aber in tatsächlicher Hinsicht nicht leisten. Vor allem der vertiefte Beratungsbedarf gerade zu arbeits-, steuer- und sozialversicherungsrechtlichen Fragen bei der Wahl des Arbeitgebermodells kann wegen mangelnder Fachkenntnis nicht gewährleistet werden.[1000]

Im Bereich der Budgetassistenz ergibt sich ein größerer Bedarf an Unterstützung. Es wird daher überlegt, ob dieser durch Betreuer erfüllt werden kann. In der Auswertung der Erprobung des Persönlichen Budgets hat sich gezeigt, dass Betreuer eine große Rolle bei der Budgetassistenz spielen.[1001] Dies ist jedoch nicht unproblematisch. Insbesondere bei der erstmaligen Bestellung von Betreuern zur Verwaltung eines Persönlichen Budgets können Konflikte auftreten, da die Betreuung einen erheblichen Eingriff in das Selbstbestimmungsrecht darstellt, der im Widerspruch zu den Zielen des Persönlichen Budgets steht.[1002] Anders als bei der Neueinrichtung von Betreuungen, besteht bei bereits bestehenden Betreuungsverhältnissen die Gefahr des In-Sich-Geschäfts. Hinzukommt, dass die Vergütung bei Berufsbetreuern nicht hinreichend gesichert ist, da die Verwaltung eines Persönlichen Budgets in dem pauschalierten Vergütungsmodell für Berufsbetreuer nicht hinreichend abgebildet werden kann.[1003]

1000 Bei der Evaluation der „Gemeinsamen Servicestellen" hat sich herausgestellt, dass dieses Instrument in der Praxis noch nicht hinreichend funktioniert, dazu Nürnberger in: Feldes/Kohte/Stevens-Bartol, SGB IX, 2. Aufl. 2011, § 23 Rn. 16 ff. Ursachen werden dabei vor allem in organisatorischen Problemen der Servicestellen gesehen – von fehlender Förderung der Arbeit durch die Führungsebene bis zur Blockierung, Doppeltätigkeiten der MitarbeiterInnen etc. Das Ziel der integrierten Beratung, insbesondere der trägerübergreifenden Beratung kann oft nicht erfüllt werden, da die Kompetenzen der BeraterInnen sich in vielen Fällen nur auf den jeweils eigenen Leistungsbereich des Reha-Trägers beziehen, ihnen fehlt es zudem auch immer wieder an der entsprechenden Qualifikation (Bundesarbeitsgemeinschaft für Rehabilitation, Zweiter Bericht über die Gemeinsamen Servicestellen 2007, S. 23 ff.). Trotz dieser und anderer Probleme der Gemeinsamen Servicestellen handelt es sich um ein gutes Konzept, an dem festzuhalten ist. Dies zeigt sich auch in der Einrichtung von Pflegestützpunkten nach § 92 c SGB XI.

1001 Vgl. dazu: Metzler/Meyer/Rauscher/Schäfers/Wansing, Begleitung und Auswertung der Erprobung trägerübergreifender Persönlicher Budgets, S. 169 ff.

1002 Welti/Rummel, Rechtsfragen des Persönlichen Budgets nach § 17 SGB IX, S. 81

1003 Vgl. dazu auch Kleine Anfrage des Abgeordneten Ilja Seifert u. a. und der Fraktion DIE LINKE BTDrucks. 16/8858; Welti/Rummel, Rechtsfragen des Persönlichen Budgets nach § 17 SGB IX, S. 89 ff.

Es muss demzufolge nach anderen Lösungen gesucht werden. Daher überlegt die Bundesregierung, wie Vorsorgebevollmächtigte für diese Aufgabenbereiche gewonnen und unterstützt werden können.[1004] Hier würde in vielen Fällen die Nutzung einer Vollmacht für die Verwaltung des Persönlichen Budgets helfen. Darin besteht jedoch ein Zirkelschluss. Ebenso wie die Budget-Nehmer selbst, benötigen auch ehrenamtlichen Bevollmächtigten eine erweiterte Beratung und Unterstützung bei der Durchführung des Persönlichen Budgets, so dass auch für sie eine Beratungsmöglichkeit bei den Gemeinsamen Servicestellen von erheblicher Bedeutung ist, die die Gemeinsamen Servicestellen ohne ausreichende Schulungsmaßnahmen[1005] nicht bewältigen können.

c) Beratung nach § 26 Abs. 3/§ 33 Abs. 6 SGB IX

Weitere Beratungspflichten sind im SGB IX als Teil der eigentlichen Versicherungsleistung normiert.[1006] So haben die für die medizinische Rehabilitation zuständigen Leistungsträger zur Realisierung der medizinischen Rehabilitation nach § 26 Abs. 1 SGB IX neben medizinischer auch psychologische und pädagogische Hilfen zu leisten. Dies umfasst zum einen die Anleitung und Motivierung zur Inanspruchnahme von Leistungen des Teilhabeberechtigten, zum anderen die Information und Beratung von Partnern und Angehörigen, Vorgesetzten und Kollegen.[1007] Eine deckungsgleiche Regelung besteht nach § 33 Abs. 6 SGB IX für Leistungen zur Teilhabe am Arbeitsleben. Hierbei handelt es sich um eigene Beratungsansprüche für den umfassten Personenkreis, bei dem es um Hilfen beim Umgang mit der besonderen Situation für diejenigen Personen geht, die enger mit den betroffenen Personen zusammenleben und -arbeiten. Notwendig ist dazu das Einverständnis der betroffenen Personen.

1004 Diese noch unkonkrete Ankündigung enthielt die Antwort auf die Kleine Anfrage (BTDrucks. 16/8858 – vgl. Fn. 9) durch Klaus Brandner, den damaligen Parlamentarischen Staatssekretär im Bundesministerium für Arbeit und Soziales

1005 Dies zeigt auch die Untersuchung der Optimierung der Gemeinsamen Servicestellen durch Slesina, Abschlussbericht - Wissenschaftliche Begleitung des Modellprojekts zur Optimierung der Arbeit der Gemeinsamen Servicestellen in Sachsen-Anhalt, S. 73 ff., wonach Schulungen und Qualifikationsmaßnahmen eine erhöhte Wichtigkeit zugeschrieben wird

1006 Vgl. dazu Nebe, Selbstbestimmte Organisation komplexer ambulanter Pflegeleistungen, S. 175

1007 Hierfür ist die Zustimmung des Leistungsberechtigten notwendig.

3. Beratung und Unterstützung bei Pflegebedarf

a) *Pflegeberatung nach § 7 SGB XI*

Innerhalb der Pflegeversicherung werden die Vorschriften der §§ 13 – 15 SGB I durch die Regelung in § 7 SGB XI ergänzt. § 7 SGB XI enthält zunächst in Abs. 1 die Verpflichtung der Pflegekassen, die Eigenverantwortung der Versicherten (§ 6 SGB XI) durch Aufklärung und Beratung über eine gesunde, der Pflegebedürftigkeit vorbeugende Lebensführung zu unterstützen und auf die Teilnahme an gesundheitsfördernden Maßnahmen hinzuwirken. Insoweit haben die Pflegekassen die gleichen Aufgaben wie die Krankenkassen nach § 1 Satz 3 SGB V.[1008] Die eigentliche Aufklärungs- und Beratungspflicht der Pflegekassen wurde in § 7 Abs. 2 Satz 1 SGB XI geregelt.[1009] Diese Regelung umfasst die Pflicht, zu den mit der Pflegebedürftigkeit zusammenhängenden Fragen zu beraten. Dabei soll insbesondere auf die Leistungen der Pflegekassen sowie auf die Leistungen und Hilfen anderer Träger eingegangen werden.

aa) Inhalt der Beratungspflicht

Mit dieser Regelung geht der Gesetzgeber deutlich über die Beratungspflicht in § 14 SGB I hinaus.[1010] Inhalt sind nicht nur die Rechte und Pflichten der Versicherten, sondern alle mit der Pflegebedürftigkeit zusammenhängenden Fragen – sowohl in rechtlicher als auch in tatsächlicher Hinsicht. Dabei hebt der Gesetzgeber vor allem die Leistungen der sozialen Pflegeversicherung, aber auch die Leistungen und Hilfen anderer Träger für den Fall der Pflegebedürftigkeit hervor. Davon umfasst sind in der Regel andere Leistungen und Hilfen zur Pflege, z. B. nach dem SGB XII. Hinzukommen als Beratungsgegenstand Fragen der Rehabilitation, vgl. dazu auch die präziser gefassten §§ 94 Abs. 1 Nr. 7, § 31 Abs. 4 SGB XI.

Über die reine Beratung hinaus sieht § 7 Abs. 2 Satz 2 SGB XI vor, dass die behandelnden Ärzte, Krankenhäuser, Rehabilitations- und Vorsorgeeinrichtungen und die Sozialleistungsträger, die Pflegekasse unverzüglich über sich abzeichnende oder festgestellte Pflegebedarfe zu informieren sind. Ziel dieser Regelung ist es, Verzögerungen in der Leistungsgewährung durch die Pflegekasse zu vermeiden und somit Schnittstellenprobleme zwischen verschiedenen Sozialversicherungszweigen zu lösen.[1011] Eine Weiterführung dieser Ideen ist in der Einführung der Regelung des § 7 a SGB XI zu sehen, was den Rückschluss

---

1008 Wagner in: Hauck/Noftz/Schlegel, SGB XI, § 7 Rn. 7; Udsching, SGB XI, § 7 Rn. 2

1009 Zur Kritik dazu: Krahmer, ZFSH/SGB 2003, 271, 271

1010 So auch Wagner in: Hauck/Noftz/Schlegel, SGB XI, § 7 Rn. 18

1011 Vgl. dazu auch Nebe, Selbstbestimmte Organisation komplexer ambulanter Pflegeleistungen, S. 177

zulässt, dass die Regelung des § 7 Abs. 2 Satz 2 SGB XI die bestehenden Probleme nicht ausreichend lösen konnte.

bb) Berechtigter Personenkreis

Eine deutliche Erweiterung im Vergleich zu den allgemeinen Beratungsansprüchen ergibt sich, wenn man den berechtigten Personenkreis betrachtet. Es werden zum einen nicht nur Versicherte erfasst, bei denen bereits Pflegebedürftigkeit eingetreten ist, sondern auch solche Personen, bei denen sich der Eintritt der Pflegebedürftigkeit erst abzeichnet.[1012] Ziel der Ausweitung auf die sich abzeichnende Pflegebedürftigkeit ist die Sicherstellung des nahtlosen Übergangs zur Pflege, insbesondere im häuslichen Bereich.[1013]

Zum anderen kommen Beratungsansprüche für Angehörige hinzu. Gemeint sind hier, neben solchen Personen, die mit den betroffenen Personen verheiratet[1014], verwandt oder verschwägert sind, auch alle Personen, die die häusliche Pflege nicht aus wirtschaftlichen Gründen, sondern wegen persönlicher Bindungen zum Pflegebedürftigen verrichten.[1015] Der Personenkreis der „Angehörigen" ist daher nicht eng an die sonstige Auslegung dieses Begriffs z. B. in § 16 Abs. 5 SGB X anzulehnen, sondern erweiternd auszulegen. Der Grund für diese Ausdehnung ist darin zu sehen, dass dieser Personenkreis den gleichen Beratungsbedarf wie pflegende „Angehörige" hat – ein Grund gerade nicht verwandte Personen vom Beratungsrecht auszuschließen ist nicht ersichtlich – insofern ist der Terminus der „Angehörigen" nicht günstig gewählt.[1016]

Diese weite Auslegung sowohl des Beratungsgegenstandes als auch des beratungsberechtigten Personenkreises führt zu guten Anknüpfungsmöglichkeiten für eine Beratungspflicht für Vorsorgebevollmächtigte. Vor allem bei Fragen der Pflegeorganisation, aber auch in Bezug auf Pflegeleistungen – nicht nur für die betroffene Person – [1017] ist die Beratung der Pflegekassen ein wichtiger Anlaufpunkt für Vorsorgebevollmächtigte.

Darüber hinaus sind die Pflegekassen auch bei sich abzeichnender Pflegebedürftigkeit verpflichtet, die betroffenen Personen, aber auch deren „An-

1012 Gesetzesbegründung: BTDrucks. 12/5262, S. 91

1013 BTDrucks. 12/5262, S. 91

1014 Gemeint ist hier auch die Lebenspartnerschaft.

1015 Wagner in: Hauck/Noftz/Schlegel, SGB XI, § 7 Rn. 14; Trenk-Hinterberger in Kreßel/Wannagat, SGB XI, § 7 Rn. 11 und § 3 Rn. 8

1016 Wagner in: Hauck/Noftz/Schlegel, SGB XI, § 7 Rn. 14

1017 Gemeint sind hier auch Ansprüche der Pflegepersonen z. B. nach §§ 44, 44a SGB XI und 65 SGB XII und damit verbunden auch der Pflegezeit – vgl. dazu ausführlich Beetz in: Düwell/Göhle-Sander/Kohte, jurisPK-FuB, Kap. 24 und 25

gehörige“ auf die Möglichkeit einer Vorsorgevollmacht hinzuweisen und über mögliche Inhalte vor allem in Bezug auf die Pflegeorganisation zu beraten.

b) Pflegeberater nach § 7 a SGB XI

Neben diesem klassischen Beratungsanspruch nach § 7 SGB XI, hat der Gesetzgeber im Pflege-Weiterentwicklungsgesetz[1018] im Jahr 2008 neue Beratungsstrukturen eingeführt. Nach § 7 a SGB XI haben Personen, die Leistungen nach dem SGB XI erhalten bzw. einen Antrag auf Leistungen gestellt haben und erkennbar ein Hilfe- und Beratungsbedarf besteht,[1019] einen einklagbaren Anspruch auf individuelle Beratung und Hilfestellung durch einen Pflegeberater im Sinne eines Fallmanagements.[1020] Damit soll der erhöhte Beratungs- und Unterstützungsbedarf im Pflegefall aufgefangen werden.[1021] Der Gesetzgeber hat im Pflegefall einen erheblichen Beratungs- und Unterstützungsbedarf gesehen, der im konkreten Einzelfall über die bisher gewährleisteten Beratungen und Auskünfte deutlich hinausgeht.[1022]

aa) Aufgaben der Pflegeberater

Mit der Einführung der Pflegeberatung wird ein Anspruch auf individuelle Beratung und Hilfestellung durch einen Pflegeberater begründet. Dabei bleibt die Tätigkeit des Pflegeberaters nicht auf die Beratung im engeren Sinne beschränkt, sondern geht deutlich darüber hinaus. Der Pflegeberater ist dazu verpflichtet, im Einzelfall den Hilfebedarf des Ratsuchenden systematisch zu erfassen und zu analysieren. Auf die gewonnenen Erkenntnisse aufbauend, hat er gemeinsam mit dem Hilfebedürftigen und dessen Angehörigen einen individuellen Versorgungsplan mit allen im Einzelfall erforderlichen Sozialleistungen und Hilfen zu erstellen. Zusätzlich hat er die Durchführung dieses

---

1018 Gesetz zur strukturellen Weiterentwicklung der Pflegeversicherung (Pflege-Weiterentwicklungsgesetz), ausgefertigt am 28. 5. 2008 – BGBl. I 2008, 874. Vgl. dazu ausführlich: Igl, NJW 2008, 2214

1019 Vgl. zu diesem Begriff: Udsching, SGB XI § 7 a Rn. 4. Der Anspruch besteht originär nicht für Angehörige und beschränkt sich damit auf die Leistungsempfänger – Philipp in: KSW, § 7 a SGB XI Rn. 2; Fahlbusch in: Hauck/Wilde SGB XI Rn. 25 geht davon aus, da auch Pflegepersonen i.S.v. § 19 SGB XI Leistungen erhalten können, dass auch diese einen Anspruch haben

1020 Fahlbusch in: Hauck/Wilde, SGB XI § 7a Rn. 10; Gebhardt in: Krauskopf, Soziale Krankenversicherung, Pflegeversicherung - SGB XI, § 7 a Rn. 3

1021 BTDrucks. 16/7439

1022 BTDrucks. 16/7439, dazu ausführlich: Schubert/Schaumberg, NZS 2009, 353, 353

Versorgungsplans zu fördern[1023] und zu überwachen und gegebenenfalls, den Versorgungsplan an geänderte Umstände anzupassen und damit die betroffene Person in seiner Situation zu begleiten und unter Förderung der Selbsthilfepotentiale zu unterstützen.[1024]

Dabei ist darauf zu achten, dass die Pflegeberatung freiwillig zu erfolgen hat – für die betroffene Person besteht kein Beratungs- und vor allem kein Betreuungszwang.[1025] Dies gilt auch bei einer bereits vorliegenden Betreuung oder Vorsorgevollmacht – die Entscheidungskompetenz in Bezug auf die Beratung geht dann auf die Stellvertreter über.

bb) Umfang der Pflegeberatung

Die Beratung beschränkt sich dabei nicht auf die möglichen Ansprüche nach dem SGB XI, sondern richtet sich vielmehr auf alle für den Pflegebedürftigen in Betracht kommenden, bundes- oder landesrechtlich vorgesehenen, Sozialleistungen sowie auf alle sonstigen Hilfsangebote, die auf die Unterstützung von Menschen mit Pflege-, Versorgungs- oder Betreuungsbedarf ausgerichtet sind.[1026] Es soll die gesamte Bedarfs- und Lebenssituation erfasst werden.[1027] Nach der Aufnahme des Hilfebedarfs muss daraus ein individueller Versorgungsplan entwickelt, dessen Durchführung und gegebenenfalls Fortschreibung überwacht werden.[1028]

cc) Umsetzung

§ 7 a Abs. 1 Satz 4 SGB XI hebt hervor, dass bei der Erstellung und Umsetzung des Versorgungsplanes Einvernehmen mit allen an der Pflege, Versorgung und Betreuung Beteiligten anzustreben ist. Dabei ist darauf zu achten, dass durch dieses anzustrebende Einvernehmen nicht das Selbstbestimmungsrecht des Pflegebedürftigen verletzt bzw. die erstrebte Stärkung der Selbstbestimmung, wie sie in der Gesetzesbegründung hervorgehoben wird,[1029] nicht zunichte gemacht wird. Nicht für jede betroffene Person ist es notwendig, einen

---

1023 Davon nicht erfasst ist die Pflicht zur Veranlassung der Sozialleistung, da der Pflegeberater im Regelfall keine abschließende Entscheidungsbefugnis hinsichtlich der Leistung hat. Schubert/Schaumberg, NZS 2009, 353, 354

1024 Krahmer, Sozialrecht aktuell, 2008, 127, 127; so auch die Forderung des Runden Tisch Pflege - Arbeitsgruppe I, Runder Tisch Pflege - Empfehlungen und Forderungen zur Verbesserung der Qualität und der Versorgungsstrukturen in der häuslichen Betreuung und Pflege, S. 22

1025 Pfitzner in: R/K/G/U, BeckOK-SozR, § 7a SGB XI

1026 Pfitzner in: R/K/G/U, BeckOK-SozR, § 7a SGB XI

1027 Udsching, SGB XI, § 7a Rn. 3

1028 Philipp in: KSW, § 7 a SGB XI Rn. 5

1029 BTDrucks. 16/7439, S. 47

Versorgungsplan zu erstellen – es kann vielmehr bereits ausreichen, Informationen weiterzugeben oder aber den Hilfebedarf zu klären und die Koordination der Hilfen den Pflegebedürftigen zu überlassen. Als ein Manko der Organisation der Pflegeberatung kann man die fehlende Neutralität der Pflegeberater ansehen, da diese bei den Kranken- und Pflegekassen, den Kostenträger angesiedelt wurden.[1030] Im Gesetzgebungsverfahren wurde darauf verwiesen, dass Pflegeberater als Mitarbeiter der Pflegekassen an die Vorgaben des § 14 gebunden seien und die Leistungsträger gem. § 17 SGB I verpflichtet seien, darauf hinzuwirken, dass Leistungen zügig und umfassend verbraucht werden.[1031]

Für die Organisation der Pflege der betroffenen Personen ist die enge Zusammenarbeit mit allen Personen von großer Bedeutung, die mit der Pflege des Pflegebedürftigen im weitesten Sinn befasst sind. Stellt etwa gerade der Versorgungsplan auf die Einbeziehung ehrenamtlicher Pflege ab, ist dieser lediglich Makulatur, wenn die ehrenamtlichen Pflegekräfte nicht bereit sind, die Pflegearbeit auch durchzuführen.[1032] In welcher Form dieses Einvernehmen erreicht werden kann, ist nicht endgültig geklärt. In Betracht kommt eine Art „Versorgungsplankonferenz“, wie sie in der Begründung des Regierungsentwurfes vorgeschlagen worden ist.[1033] Diese hat ein Vorbild in den sogenannten Hilfeplankonferenzen und ihrer Ausgestaltung nach § 19 Abs. 4 BSHG a. F.; § 58 SGB XII; § 36 SGB VIII.[1034]

Solche Konferenzen sind nicht nur in Bezug auf die Aufstellung des Versorgungsplanes selbst hilfreich. Darüber hinaus könnten sie als eine Art Forum für die Organisation der Pflege der betroffenen Personen eingerichtet werden. Dabei würde die Ansiedlung bei den Pflegeberatern den institutionellen Rahmen bieten. Darüber hinaus bieten solche Besprechungen aber auch die Möglichkeit, den Hilfebedarf zu überprüfen und gegebenenfalls anzupassen. An dieser Stellen vermischen sich Elemente des Case- und des Care-Managements – dies ist vom Gesetzgeber gewollt, da er den Pflegekassen die Möglichkeit bietet, die Pflegeberatung bei den Pflegestützpunkten nach § 92 c SGB XI anzusiedeln und so die dort vorhandenen Strukturen zu nutzen.

Damit geht die Pflegeberatung deutlich über einen reinen Beratungsanspruch hinaus und unterstützt die Aufgabenwahrnehmung der Vorsorge-

---

1030 Michell-Auli/Strunk-Richter/Tebest, Was leisten Pflegestützpunkte?, 2010, S. 31; Fahlbusch in: Hauck/Wilde, SGB XI § 7 a Rn. 11

1031 BTDrucks. 16/7439 S 46

1032 Vgl. dazu ausführlich: Krahmer, Sozialrecht aktuell, 2008, 127, 133

1033 BTDrucks. 16/7439, S. 47

1034 Mit Zweifeln an der Durchführbarkeit: Krahmer, Sozialrecht aktuell, 2008, 127, 133

bevollmächtigten nachhaltig, da ein großer Teil der bisherigen Aufgaben der Stellvertreter in der Organisation der Pflegeleistungen lag.

c) Beratungsgutscheine zur Absicherung der Pflegeerstberatung

Erste Studien[1035] haben gezeigt, dass die Beratung, in Form des Fallmanagements, aber auch die Pflegeberatung im Allgemeinen gut angenommen wird. Kritikpunkte ergaben sich daraus, dass die Betroffenen nicht hinreichend über die Beratungsmöglichkeiten informiert wurden. Dadurch ist nicht in jedem Fall eine frühzeitige Beratung gewährleistet. Das frühzeitige Ansetzen des Fallmanagements ist damit gefährdet. Dem soll nun mit der Neuregelung im Pflege-Neuausrichtungsgesetz[1036] Rechnung getragen werden. Danach werden die Pflegekassen dazu verpflichtet, unmittelbar nach Eingang eines erstmaligen Antrags auf Leistungen entweder einen konkreten Beratungstermin anzubieten oder einen Beratungsgutschein auszustellen (§ 7 b SGB XI). Diese Beratung soll grundsätzlich innerhalb von zwei Wochen nach Eingang erfolgen. Auf Wunsch der Versicherten kann die Beratung auch in der häuslichen Umgebung oder in der Einrichtung, in der der Versicherte lebt, erfolgen. Darüber ist dem Versicherten es auch mitzuteilen, dass auf seinen Wunsch hin die Beratung per Termin auch nach Ablauf der 2-Wochenfrist erfolgen kann. Diese neue Regelung führt dazu, dass die Betroffenen die bestehenden Beratungsmöglichkeiten intensiver wahrnehmen können.

d) Pflegeberatung bei Inanspruchnahme von Pflegegeld - § 37 SGB XI

Abweichend von den klassischen Beratungsansprüchen statuiert § 37 Abs. 3 SGB XI als einen originären Leistungsanspruch zur Sicherung der Qualität der Pflege bei der Inanspruchnahme von Pflegegeld, Beratungen der zu pflegenden Person über die Durchführung der Pflege. Damit soll Entlastung, Beratung und Unterstützung der pflegenden Familienangehörigen (Pflegepersonen nach § 19 SGB XI[1037]) erreicht und die Qualität der häuslichen Pflege gesichert werden, in dem frühzeitig etwaige Defizite erkannt und ihnen entgegengewirkt werden kann.[1038] Die Beratungen finden je nach Pflegestufe viertel- oder halbjährlich im Haushalt der zu pflegenden Person statt.

1035 Schmidt/Schneekloth, Abschlussbericht zur Infratest-Studie: Wirkungen des Pflege-weiterentwicklungsgesetz, Bericht des GKV-Spitzenverbandes, Evaluation der Pflegeberatung nach § 7 a Abs. 7 Satz 1 SGB XI

1036 Gesetzentwurf: BTDrucks. 17/9369, S. 34 ff. vom BR im September 2012 beschlossen – BRDrucks. 488/12 (B)

1037 Vgl. zu diesem Begriff: Beetz in: Düwell/Göhle-Sander/Kohte, jurisPK-FuB, Kap. 24 - § 19 SGB XI

1038 Reimer in: Hauck/Noftz/Schlegel, SGB XI, § 37 SGB XI Rn. 14

4. Zwischenfazit

Die besonderen sozialrechtlichen Beratungs-, Informations- und Unterstützungspflichten, die bis 2012 Schritt für Schritt weiter ausgebaut worden sind, beinhalten eigene Ansprüche für die Vorsorgebevollmächtigten, sodass in Bezug auf die Fragen der Pflege- oder Rehabilitationsorganisation die Vorsorgebevollmächtigten auf ein funktionierendes System zurückgreifen können. Durch die Instrumente des Versorgungsmanagements und der Pflegeberatung erfolgt eine Stärkung der Vorsorgevollmacht durch Unterstützung bei der Wahrnehmung der Aufgaben des Bevollmächtigten. Die Institution der Pflegeberatung kann darüber hinaus in Zusammenarbeit mit den Pflegestützpunkten Organisationsstrukturen zur Beratung aller an der Pflege der betroffenen Personen Beteiligten bieten. Auch in diesem Kontext haben die Berater auf die Möglichkeit der Vorsorgevollmacht hinzuweisen, wenn sich Geschäftsunfähigkeit in naher Zukunft abzeichnet. Dies zeigt, dass das sozialrechtliche System ein stützendes Element für eine sinnvolle Durchführung der Vorsorgevollmacht sein kann.

III. Organisationsformen der Beratungs- und Unterstützungspflichten

Die bestehenden umfangreichen Fürsorge- und Betreuungspflichten hat der Gesetzgeber an vielen Stellen in die Sozialgesetzbücher aufgenommen. Darüber hinaus wird in der Pflegeforschung darauf hingewiesen, dass reine Beratungsangebote nicht ausreichend sind. Dabei wies der „Runde Tisch Pflege" darauf hin, dass oftmals nur einzelne Teilprobleme der Pflegebedürftigen „behandelt" werden, der Mensch wird dabei nicht ganzheitlich betrachtet.[1039] Helferinnen und Helfer konzentrieren sich oft nur einseitig auf körperliche Probleme oder einzelne Episoden im Krankheitsverlauf, wohingegen die psychischen und sozialen Belange, wie auch die Dauerhaftigkeit der Versorgungsprobleme aus dem Blick geraten.[1040] Die Arbeitsgruppe 1 des „Runden Tischs Pflege" empfiehlt aufgrund dieser Feststellung, dass die Versorgungsangebote in Form eines Care-Managements besser vernetzt werden können und die bisherigen An-

1039 Runder Tisch Pflege - Arbeitsgruppe I, Runder Tisch Pflege - Empfehlungen und Forderungen zur Verbesserung der Qualität und der Versorgungsstrukturen in der häuslichen Betreuung und Pflege, S. 20

1040 Runder Tisch Pflege - Arbeitsgruppe I, Runder Tisch Pflege - Empfehlungen und Forderungen zur Verbesserung der Qualität und der Versorgungsstrukturen in der häuslichen Betreuung und Pflege, S. 20

gebote durch die Einführung von individuellen Case-Management-Angeboten besser nutzbar gemacht werden.[1041] Diesen Empfehlungen ist der Gesetzgeber im Bereich der Pflege mit dem Pflege-Weiterentwicklungsgesetz gefolgt. Es wurden sowohl Elemente des Case- als auch des Care-Managements eingeführt und durch das Pflege-Neuausrichtungsgesetz bestätigt und ausgebaut. Diese Elemente finden sich aber auch in den bisherigen Regelungen.

Mit Care-Management ist im klassischen Sinn vor allem die Versorgungssteuerung gemeint, d. h. die Leistungsoptimierung aus der Sicht der Organisation. Es geht dabei um die strukturelle Weiterentwicklung bedarfsgerechter Dienstleistungen von unterschiedlichen Organisationen auf der System- und auf der Fallebene, also um einen möglichst bedarfs- bzw. diagnoserelevanten Leistungsmix, der am effizientesten ein definiertes Ziel erreicht.[1042] Betrachtet man die Organisation als ein auf Kontinuität angelegtes, dynamisches und offenes Netz von Beziehungen, so wird deutlich, dass der Aufbau solcher Organisationsstrukturen schrittweise ein organisiertes soziales System schafft.[1043]

Demgegenüber ist beim Case-Management ein deutlicher Individualbezug erkennbar - zu Beginn der Beratung liegt eine klar definierte Problemlage oder Diagnose vor. Es geht daher um die individuelle Organisation eines Unterstützungssystems aus informellen und formellen Hilfen und die Überwachung der in diesem Zusammenhang ausgehandelten Vereinbarungen – also um einen Unterstützungsprozess zur Bewältigung komplexer Problemlagen.[1044]

Diese Elemente sind in den Sozialgesetzen nicht unbekannt; bereits mit der Einführung des Versorgungsmanagements, aber auch mit der Einrichtung der Gemeinsamen Servicestellen wurden solche in das Sozialrecht integriert.

Im folgenden Teil soll untersucht werden, wie mit der Umsetzung der Beratungs- und Unterstützungsansprüche die Vorsorgevollmacht, insbesondere durch die Nutzung der bestehenden Strukturen gestärkt werden kann.

1041 Runder Tisch Pflege - Arbeitsgruppe I, Runder Tisch Pflege - Empfehlungen und Forderungen zur Verbesserung der Qualität und der Versorgungsstrukturen in der häuslichen Betreuung und Pflege, S. 20 ff.

1042 Frommelt/Klie/Lörcherbach/Mennemann/Monzer/Wendt, Pflegeberatung, Pflegestützpunkte und das Case-Management, 53 f.; Michell-Auli/Strunk-Richter/Tebest, Was leisten Pflegestützpunkte?, 2010, S. 31 ff.; vgl. dazu auch: Hoffmann, BtPrax 2011, 3

1043 So zum Organisationsbegriff Kohte, Betrieb und Unternehmen unter dem Leitbild des Organisationsvertrags, unveröffentlichte Habilitationsschrift, 1987, S. 118

1044 Frommelt/Klie/Lörcherbach/Mennemann/Monzer/Wendt, Pflegeberatung, Pflegestützpunkte und das Case-Management, 54

1. Elemente des Case-Managements

a) Versorgungsmanagement

Eine Form des Case-Managements findet sich innerhalb der Regelung des SGB V. Wie oben dargestellt,[1045] verwirklicht das Versorgungsmanagement - als fallbezogene Organisation der Anschlussversorgung - Elemente des Case-Managements.[1046] Für den einzelnen Patienten bzw. die einzelne Patientin wird der gesamte Behandlungsbedarf in seinem Ablauf organisiert und verwaltet.[1047] Dabei sollen nicht nur Leistungen im Bereich der Krankenversicherung beachtet werden, sondern es werden Versorgungsleistungen aus allen Bereichen des individuellen Versorgungskontinuums des Versicherten integriert.[1048] Dieser umfasst auch die Beratung im Hinblick auf die Absicherung einer eventuell eintretenden Einwilligungs- und/oder Geschäftsunfähigkeit des Versicherten.

Mithilfe des Versorgungsmanagements soll nach Ansicht des Sachverständigenrates durch den Einsatz von multi-professionellen ambulanten Teams die Versorgung nach folgenden Grundsätzen sichergestellt werden: Beteiligung lokaler Strukturen des Sozialsystems, prospektive Herangehensweise, Koordination von präventiven, kurativen aber auch rehabilitativen Behandlungsprozessen, Stärkung des Selbstmanagements der Patientinnen und Patienten, Orientierung an evidenzbasierten Behandlungsleitlinien und schließlich wohnortnahe Versorgung mit Gewährleistung der Versorgung in der Fläche.[1049] Um dies zu erreichen, sollten z. B. Krankenhäuser das Entlassungsmanagement institutionell absichern, darüber hinaus kann das Versorgungsmanagement aber auch von Fall zu Fall organisiert werden oder die Leistungsträger können feste Versorgungsnetze einrichten.[1050]

In der Zusammenarbeit mit den Pflegeberatern nach § 7 a SGB XI kann eine deutliche Erweiterung der Beratungskompetenzen erreicht werden. Insbesondere können die Leistungsträger auch auf die Organisationsstrukturen der Pflege-

---

1045 Siehe Kapitel 5, A II. 1.

1046 Plagemann in: Schlegel/Voelzke, jurisPK-SGB V, § 11 Rn. 31; Es kann aber auch je nach Organisationsstruktur von der Fallebene abgelöst, auf der Einrichtungsebene generell organisiert werden und somit auch Elemente des Care-Managements enthalten.

1047 Noftz in: Hauck/Noftz, SGB V, § 11 Rn. 60 ff.

1048 BTDrucks. 16/8525 – B zu Art. 6 Nr. 3 S. 104 f.

1049 Gutachten des Sachverständigenrates zur Begutachtung der Entwicklung im Gesundheitswesen, BTDrucks. 16/6339, S. 77 ff., 89 ff.

1050 Noftz in: Hauck/Noftz, SGB V, § 11 SGB V Rn. 60 f.

stützpunkte, mit denen die Pflegeberater zusammenarbeiten, genutzt werden.[1051] Die gesetzliche Ausgestaltung der Verpflichtungen der Leistungserbringer ist vor allem bezogen auf die Beratungspflichten undifferenziert; der Gesetzgeber lässt hier den Leistungserbringern und Leistungsträgern einen weiten Spielraum der Ausgestaltung.[1052]

b) Gemeinsame Servicestellen der Rehabilitation

Betrachtet man die Aufgaben der Gemeinsamen Servicestellen der Rehabilitationsträger, lässt sich vermuten, dass der Gesetzgeber bei der Schaffung das Case-Management vor Augen hatte. Um eine Fallsteuerung zu erreichen, fehlen den Gemeinsamen Servicestellen jedoch die Entscheidungskompetenzen und Sanktionsmöglichkeiten.[1053] Neben den klassischen Beratungsaufgaben steht die Klärung der Rehabilitationsbedürftigkeit aber auch des Rehabilitationsbedarfs im Vordergrund; Entscheidungen der Träger sollen dabei umfassend vorbereitet werden, sodass sie unverzüglich erfolgen können.[1054] Bei den Gemeinsamen Servicestellen als Institut des Case-Managements besteht die Besonderheit, dass neben den eigentlich betroffenen Personen auch deren Betreuer und Vorsorgebevollmächtigte anspruchsberechtigt sind. Zudem können Verbände behinderter Menschen, Verbände der freien Wohlfahrtspflege, Selbsthilfegruppen und Interessenvertreter behinderter Frauen an der Beratung beteiligt werden, wenn die betroffenen Personen einverstanden sind. Damit kann mit der Unterstützung der Gemeinsamen Servicestellen ein Netzwerk von Kompetenzträgern entwickelt und aufgebaut werden, das den betroffenen Personen, aber vor allem auch ihren „Personensorgeberechtigten" und Vertrauenspersonen bei Bedarf zur Verfügung steht.[1055]

Daher ergeben sich unterschiedliche Ansatzmöglichkeiten zur Stärkung der Vorsorgevollmacht. Zunächst können und müssen auch die Servicestellen ein Ort der Beratung für die Vorsorgebevollmächtigten sein. Dies ermöglicht vor allem der nicht abschließende Kanon der Aufgaben der Servicestellen. In vielen Fällen können die Servicestellen, die auch den Auftrag zur weitergehenden Be-

---

1051 Vgl. dazu ausführlich die Begründung des Entwurfes zum Pflege-Weiterentwicklungsgesetz – BTDrucks. 16/7439, S. 95 f., wonach es eines frühzeitig einsetzenden sektorenübergreifenden Entlassungsmanagements bedarf.

1052 Zur Kritik daran ausführlich: Nebe, Selbstbestimmte Organisation komplexer ambulanter Pflegeleistungen, S. 179

1053 Vgl. dazu Nürnberger in: Feldes/Kohte/Stevens-Bartol, SGB IX, § 22 Rn. 11 m. w. N.; Welti in: Lachwitz/Schellhorn/Welti, HK-SGB IX, § 17 Rn. 44a; Mrozynski/Jabben, SGB XI § 22 Rn. 14

1054 BRDrucks. 49/01, S. 313

1055 Ähnlich Nürnberger in: Feldes/Kohte/Stevens-Bartol, SGB IX, § 22 Rn. 18.

gleitung der betroffenen Personen, deren Personensorgeberechtigten und Vertrauenspersonen haben, ein Ort der Beratung in Bezug auf die Durchführung der Vollmacht und deren inhaltlicher Ausgestaltung und damit Anlaufpunkt für Bevollmächtigte bei schwerwiegenden Entscheidungen sein. Die Trennung der Beratungsstellen nach Pflege und Rehabilitation zeigt sich hier als deutlicher Nachteil. Diesem könnte in Zukunft mit einer strukturellen Zusammenarbeit zwischen den Pflegestützpunkten und dem Versorgungsmanagement, die sich über das Case-Management hinaus mit dem Care-Management beschäftigen sollen, und den dort anzusiedelnden Pflegeberatern abgeholfen werden.

c) Pflegeberatung nach § 7 a SGB XI

Eine ähnliche Organisations- und Aufgabenstruktur wie das Versorgungsmanagement hat der Gesetzgeber mit der Pflegeberatung in § 7 a SGB XI geschaffen.[1056] Durch die Pflegeberater soll der Hilfebedarf der betroffenen Personen systematisch erfasst und analysiert und aus dem gefundenen Bedarf ein individueller Versorgungsplan erstellt werden. In diesem sind die im Einzelfall erforderlichen Sozialleistungen und gesundheitsfördernden, präventiven, kurativen, rehabilitativen oder sonstigen medizinischen sowie pflegerischen und sozialen Leistungen unabhängig vom Zweig der Sozialversicherung aufzuführen.

Diese deutliche Erweiterung des Beratungsgegenstandes gegenüber § 14 SGB I zeigt, dass der Gesetzgeber bei Fragen der Pflege einem umfassenderen Beratungsbedarf sieht. Dazu gehört es auch, die betroffenen Personen, insbesondere im Fall der sich abzeichnenden Pflegebedürftigkeit, auf mögliche Durchsetzungsprobleme bei der Organisation der Pflege hinzuweisen, wenn Geschäftsunfähigkeit oder auch nur Einwilligungsunfähigkeit eintreten sollte. Daher sollten die Pflegekassen, in einem solchen Fall die betroffenen Personen über Möglichkeiten der privaten Vorsorge beraten.

In Bezug auf die Leistungen von Betreuern und Vorsorgebevollmächtigten kann die Pflegeberatung entlastend wirken. Bisher wurde die Organisation der Pflege durch die Angehörigen, die oftmals ebenfalls die gesetzliche oder gewillkürte Vertretungsmacht innehatten, übernommen. Gerade diese organisatorischen Aufgaben können und sollen rechtliche Betreuer nicht leisten. Ähnlich verhält es sich bei Vorsorgebevollmächtigten.

Im Rahmen der Begleitung der Pflegebedürftigen zeigt sich, ebenso wie bei den Gemeinsamen Servicestellen der Rehabilitation und dem Versorgungsmanagement, dass Anknüpfungspunkte der organisierten Verlaufsberatung be-

---

1056 Als organisationsstrukturierendes Handlungskonzept bezeichnet Fahlbusch in: Hauck/Wilde, SGB XI, § 7 a Rn. 10.

stehen. Darauf wird im Rahmen der Zusammenarbeit mit den Pflegestützpunkten ausführlich eingegangen. Durch das Pflege-Neuausrichtungs-Gesetz, das 2012 beschlossen worden ist, ist die Notwendigkeit einer frühen Beratung, die durch die Pflegekassen bzw. durch unabhängige Beratungsstellen erfolgen kann, weiter verdeutlicht und gefördert worden.[1057]

2. Care-Management

Auf der Organisationsebene finden sich mit dem Versorgungsmanagement - in Form des Entlassungsmanagements und den neu einzurichtenden Pflegestützpunkten - Ansätze, die Versorgung von jeweils betroffenen Personenkreisen bei einer Anlaufstelle zu organisieren.

a) Versorgungsmanagement und Gemeinsame Servicestellen der Rehabilitation

Ziel des Versorgungsmanagements ist es, die strukturellen Voraussetzungen für ein funktionierendes Entlassungssystem zu schaffen – daher sind hier auf der Organisationsebene Elemente des Care-Managements erkennbar. Von Nachteil dabei ist, dass jeder Leistungserbringer für ein entsprechendes Entlassungsmanagement zu sorgen hat. Dies ist unwirtschaftlich. Eine Zusammenarbeit auf der Organisationsebene mit anderen Leistungserbringern, die sich dann mit den Leistungsträgern auch nach den anderen Sozialgesetzbüchern in Verbindung setzen können, ist empfehlenswert. Ein erster Ansatz ist auch hier in der Einrichtung der Pflegestützpunkte zu sehen, deren Aufgaben somit deutlich über die bisherigen Aufgaben der Einrichtungen hinausgehen können.

Ähnlich ist die Situation auch bei den Gemeinsamen Servicestellen der Rehabilitation zu bewerten. Diese bezwecken zwar nicht originär Elemente des Care-Managements zu verwirklichen, jedoch sollen diese auch nach § 22 Abs. 1 Nr. 8 SGB IX zwischen den unterschiedlichen Rehabilitationsträgern vermitteln und vernetzte Strukturen aufbauen. Damit bieten auch diese ein Angebot übergreifender Kommunikationsstrukturen zwischen den Beteiligten.

b) Pflegestützpunkte

Neben der Einrichtung der Pflegeberatung nach § 7 a SGB XI als Case-Management-Modell wurden neu Pflegestützpunkte als ein Care-Management-Modell in die Pflegeversicherung integriert. Nach § 92 c SGB XI haben die Pflege- und Krankenkassen zur wohnortnahen Beratung, Versorgung und Betreuung der Versicherten solche Stützpunkte einzurichten. Diese Pflicht trifft die

1057 BTDrucks. 17/9369, S. 21, 35 f.

Kassen jedoch nur, sofern die zuständige oberste Landesbehörde dies bestimmt.[1058]

Die Aufgaben dieser Stützpunkte liegen in der umfassenden und unabhängigen Auskunft und Beratung zu Rechten und Pflichten nach dem Sozialgesetzbuch und zur Auswahl und Inanspruchnahme vorgesehener Sozialleistungen und sonstigen Hilfsangeboten.[1059] Darüber hinaus soll durch die Pflegestützpunkte die wohnortnahe Versorgung koordiniert und die in Betracht kommenden Hilfs- und Unterstützungsangebote betreut und Versorgungs- und Betreuungsangebote, die aufeinander abgestimmt sind, vernetzt werden.[1060] Dies setzt an dem Konzept an, dass soziale Dienstleistungen nur effektiv und in effizienter Weise erbracht werden können, wenn die Organisation wohnortnah erfolgt.[1061] An den Pflegestützpunkten sollen die nach § 7 a SGB XI vorzuhaltenden Pflegeberater angesiedelt werden, um innerhalb der Pflegeberatung Doppelstrukturen zu vermeiden.

Um den Unterschied zur Pflegeberatung deutlich herauszustellen, muss man sich bewusst machen, dass die Pflegeberatung Leistungen zur individuellen Versorgungssteuerung erbringt und die Durchführung begleitet. Auf der anderen Seite soll in Pflegestützpunkten neben persönliche Beratung auch die Koordination der Leistungen, vor allem der vor Ort vorhandenen Hilfsangebote auf

---

1058 Die Einrichtung der Pflegestützpunkte erfolgt danach entgegen dem ursprünglichen Vorschlag nur dann, wenn die Bundesländer dies bestimmen (Änderungen des Ausschusses für Gesundheit – BTDrucks. 16/8525, S. 101). Sollen dann aus Sicht des Landes Pflegestützpunkte gebildet werden, haben die Pflegekassen diese zu errichten. Mit dieser Regelung soll klargestellt werden, dass Pflegestützpunkte eine unabhängige und umfassende Beratung sowie ein Fallmanagement anbieten müssen.
Vgl. zur verfassungsrechtlichen Kritik an der Einrichtung der Pflegestützpunkte Igl, NJW 2008, 2214, 2216

1059 Wilcken in: R/K/G/U, BeckOK-SozR, § 92 c SGB XI Rn. 1, 5.

1060 Befürchtet werden durch dieses, den Gemeinsamen Servicestellen strukturell ähnliches Beratungssystem eine teure Doppelstruktur, durch die es zu Aufgabenüberschneidungen kommen kann – daher werden gemeinsame Beratungsstellen zu Fragen der Pflege, Teilhabe und Rehabilitation gefordert (BAR, Zweiter Bericht über die Gemeinsamen Servicestellen vom 14.12.2007, S. 23 ff.). Dass dies ein denkbares Modell ist, zeigt sich in dem Aufsatz von Schwanenflügel, ZRP 2008, 4. Hierauf kann im Rahmen der Bearbeitung nur Bezug genommen werden, soweit die sozialrechtliche Stärkung der Vorsorgevollmacht betroffen ist. Es hat sich herausgestellt, dass nunmehr eine Zusammenarbeit zwischen den Pflegestützpunkten und den Gemeinsamen Servicestellen unter Vermittlung der BAR stattfindet: BAR, Dritter Bericht über die Gemeinsamen Servicestellen vom 16.02.2011, S. 6, 40; Doppelstrukturen sind zunächst trotzdem entstanden – Mrozynski/Jabben, SGB IX, § 22 Rn. 10a.

1061 Michell-Auli/Strunk-Richter/Tebest, Was leisten Pflegestützpunkte?, 2010, S. 29

den verschiedenen Versorgungsebenen erfolgen. Damit geht das Instrument deutlich über das als reine Pflegeberatung konzipierte Angebot des Case-Managements hinaus.[1062] Bei den Pflegestützpunkten handelt es sich um Stellen, bei denen Informationen über alle Dienstleistungen und Angebote zusammenlaufen und regelmäßig aktualisiert werden, damit die eigentliche Pflegeberatung effizienter gestaltet werden kann. Die Pflegeberatung kann sich so gezielt auf die fallbezogene individuelle Beratungstätigkeit konzentrieren, da die vor Ort vorhandenen Hilfsangebote bereits koordiniert und deren Qualität transparent gemacht worden sind.[1063]

Ziel dieser Regelungen ist es, wie durch den „Runden Tisch Pflege“[1064] gefordert, den Menschen in seiner Gesamtheit wahrzunehmen, und sich damit nicht singulär auf die körperlichen Probleme oder nur einzelne Episoden des Krankheitsverlaufs zu konzentrieren. Im Mittelpunkt sollen neben diesen eben auch die psychischen und sozialen Belange der betroffenen Personen stehen und eine ganzheitliche und auf Dauer angelegte Versorgungsstruktur bieten.[1065] Der Schwerpunkt der Arbeit der Pflegestützpunkte muss daher im Überwinden der starren Grenzen zwischen den Versorgungsbereichen – vor allem der sozialen und privaten Pflegeversicherung, der offenen örtlichen Altenhilfe, Träger der Hilfe zur Pflege nach dem SGB XII sowie der gesetzlichen und privaten Krankenversicherung – und damit im Aufbau eines umfassenden Versorgungs- und Betreuungskonzepts liegen.[1066]

Damit wurde hier erstmals eine Möglichkeit zur gemeinsamen Koordinierung und Steuerung von Leistungen unterschiedlicher Versorgungsbereiche und unterschiedlicher Träger der Sozialversicherung, der öffentlichen Hand einschließlich der Kommunen, der medizinischen, pflegerischen und sozialen Leistungserbringer, unter Einbindung sozialer sowie bürgerschaftlicher Initiativen und Selbsthilfevereinigungen bzw. Selbsthilfeorganisationen durch gleichzeitige strukturelle Vernetzungen der unterschiedlichen Einrichtungen auf der wohnortnahen Ebene ausdrücklich gesetzlich geregelt.[1067]

1062 Michell-Auli/Strunk-Richter/Tebest, Was leisten Pflegestützpunkte? 2010, S. 31 ff.

1063 Michell-Auli/Strunk-Richter/Tebest, Was leisten Pflegestützpunkte?, 2010, S. 33

1064 Vgl. dazu ausführlich oben Kapitel 5, A III; Runder Tisch Pflege - Arbeitsgruppe I, Runder Tisch Pflege - Empfehlungen und Forderungen zur Verbesserung der Qualität und der Versorgungsstrukturen in der häuslichen Betreuung und Pflege, vgl. dazu auch die Situationsanalyse bei Lang, SozSich 2007, 330

1065 BTDrucks. 16/7439, S. 74

1066 Enquete-Kommission, BTDrucks. 14/8800, Teil F Nr. 4.4, S. 266

1067 BTDrucks. 16/7439, S. 74; so auch: Michell-Auli/Strunk-Richter/Tebest, Was leisten Pflegestützpunkte? 2010, S. 99 ff.

Im Ergebnis sollen an einem Anlaufpunkt den von Pflege betroffenen Menschen alle notwendigen Informationen und Hilfestellungen zur Verfügung gestellt werden. Dabei sollten die Pflegestützpunkte in der Praxis nicht nur den betroffenen Personen als Anlaufstelle dienen, sondern eine Einrichtung zur Beratung und Unterstützung aller mit den Problemen der betroffenen Personen betrauten Personen und Einrichtungen sein.[1068] Die Gemeinsamen Servicestellen koordinieren die Leistungen der einzelnen Anbieter, bieten jedoch auch anderen, nicht leistungsrechtlich verbundenen Organisationen einen Anlaufpunkt. Dies kann sich sowohl auf die Vernetzung mit Leistungserbringern, mit anderen Beratungsstellen und mit dem bürgerschaftlichen Engagement beziehen.[1069]

Dabei zeigt sich, dass hier zwar ehrenamtliche Angebote eine bedeutende Rolle wahrnehmen, jedoch die Verknüpfung zu den Betreuungsvereinen und -behörden nicht bedacht wurde. Für die betroffene Person stellt dies eine erhebliche Lücke dar, da pflegebedürftige Personen in mehrfacher Hinsicht nicht nur in Bezug auf die sozialen Angelegenheiten betreuungsbedürftig sind.[1070]

In vielen Fällen kommt die Notwendigkeit der Unterstützung in rechtlichen Angelegenheiten hinzu. Dies zeigt sich auch in der bisherigen Beratungspraxis während der Modellprojektphase zur Einrichtung von Pflegestützpunkten. Innerhalb der Beratungstätigkeit dieser Modellstützpunkte war die Beratung über die Möglichkeiten einer rechtlichen Stellvertretung und der Vorsorge ein wichtiges Thema.[1071] Die Beratungstätigkeit zu diesen Fragen wurde als positiv innerhalb der Studie bewertet, als ein Mangel wurde lediglich die fehlende Beteiligung der niedergelassenen Ärzteschaft hervorgehoben, wohingegen die Zusammenarbeit mit Krankenhäusern als wichtiges Element angesehen wird.[1072] Dies zeigt in diesem Bereich, dass die Vernetzung als ein wichtiger Bestandteil der Arbeit der Pflegestützpunkte auch in der Praxis bereits etabliert ist – über die genannten Anbieter hinaus erfolgt eine Vernetzung auch mit ambulanten Pflegediensten, stationären und teilstationären Pflegeeinrichtungen, aber auch dem bürgerschaftlichen Engagement und der Selbsthilfe. Nunmehr wird in allen Bundesländern der Vernetzungsauftrag besonders hervorgehoben, als wichtiges Element wird auch die Vernetzung mit Beratungsstellen, die sich auch mit den

---

1068 Michell-Auli/Strunk-Richter/Tebest, Was leisten Pflegestützpunkte?, 2010, S. 31 ff.; Lang, SozSich 2007, 330

1069 Michell-Auli/Strunk-Richter/Tebest, Was leisten Pflegestützpunkte?, 2010, S. 103 ff

1070 Vgl. dazu Nebe, Selbstbestimmte Organisation komplexer ambulanter Pflegeleistungen, S. 77 ff.

1071 Michell-Auli/Strunk-Richter/Tebest, Was leisten Pflegestützpunkte? 2010, S. 103 ff.

1072 Michell-Auli/Strunk-Richter/Tebest, Was leisten Pflegestützpunkte? 2010, S. 114 f.

Themen der rechtlichen Stellvertretung befassen.[1073] Als problematisch wird die Intransparenz und Unsicherheit bezüglich der Aufgabenbereiche und des Umfangs der zu leistenden Beratung gesehen, sodass eine Aufgabenteilung und Schnittstellendefinition zwischen den möglichen Kooperationspartnern nur schwer zu erreichen ist.[1074]

3. Zwischenfazit

Mit den Elementen des Case-Managements wird eine bedürfnisgerechte ganzheitliche Einzelfallanalyse, nach der die individuellen Handlungsoptionen aufgezeigt, ausgehandelt und koordiniert werden, ermöglicht. Die gewillkürten Stellvertreter können durch diese bei der Bewältigung komplexer Problemlagen während der Organisation der Anschlussversorgung nach einer Krankenhausbehandlung, der Organisation von Rehabilitationsleistungen und der Organisation von Pflegearrangements unterstützt werden.[1075] Das Case-Management bietet folglich für die betroffenen Personen aber auch für deren Stellvertretung ein organisationsstrukturierendes Handlungskonzept, das eine Hilfestellung aus einer Hand ermöglicht.[1076] Darüber hinaus können diese Beratungsstellen Anlaufpunkte zur individuellen Beratung der Bevollmächtigten mit anderen z. B. an der Pflege beteiligten Personen, wie Pflegekräfte, Heimleitung, Hausarzt etc. sein.

Die Möglichkeiten der organisierten Beratungs- und Unterstützungsangebote können auch durch die Care-Management-Elemente verwirklicht werden. Die Institutionen des Care-Managements ermöglichen durch ihre Organisationsstruktur die vernetzte Zusammenarbeit der verschiedenen mit den betroffenen Personen beschäftigten Professionen aber auch der Leistungserbringer, so dass diese als Anlaufstelle für alle Problemgestaltungen genutzt werden können.

1073 Michell-Auli/Strunk-Richter/Tebest, Was leisten Pflegestützpunkte? 2010, S. 39; 103 ff.

1074 Michell-Auli/Strunk-Richter/Tebest, Was leisten Pflegestützpunkte?, 2010, S. 111

1075 Dies zeigen auch Untersuchungen, wonach in vielen Fällen die Betreuerbestellung aufgrund der Organisation von Pflegeleistungen und Krankenbehandlungen/Rehabilitation, aber auch der Beantragung von Sozialleistungen. Vgl. dazu: Köller/Engels, Rechtliche Betreuung in Deutschland, 2009, S. 82, Tabelle 5-12 und S. 125 Tabelle 7-4

1076 So auch Nebe, Selbstbestimmte Organisation komplexer ambulanter Pflegeleistungen, S. 178

B Fazit

Durch die im Sozialrecht zu beobachtende Veränderung von der Fürsorge zur Teilhabe soll es vor allem, ähnlich wie bei der Nutzung der Vorsorgevollmacht, zu einer Stärkung des selbstbestimmten Lebens in der Gesellschaft kommen.

In der Praxis zeigt sich, dass die Rechte der betroffenen Personen in vielen Fällen durch ihre rechtlichen Vertreter wahrgenommen werden. Wenn die bestehenden Gestaltungsmöglichkeiten auch in diesen Fällen effektiv ausgeschöpft werden sollen, müssen die Vertreter, vor allem aber die Bevollmächtigten in die Beratung mit einbezogen werden. Mit der Übertragung der Entscheidungsbefugnis muss der Beratungsanspruch der Vertreter gewährleistet sein, um die Rechte und Pflichten der betroffenen Personen gestalten zu können.

Der Schwerpunkt der sich aus den Betreuungspflichten ergebenden Beratungsansprüche, aber auch der allgemeinen Beratungsansprüche des SGB I, liegt in der Beratung der betroffenen Personen über die bestehenden Rechte und Pflichten. Dabei finden sich bereits erste Anknüpfungspunkte für die Stärkung der Vorsorgevollmacht. So müssen beratende Leistungsträger, die auch zur Sicherung der Wahrnehmung der Rechte aus den Sozialgesetzbüchern beraten, auch auf die Möglichkeiten der Vorsorgevollmacht hinweisen, wenn die Gefahr besteht, dass in naher Zukunft Geschäftsunfähigkeit eintritt. Im Rahmen der Informationspflichten sollte durch die Nutzung der Informationssysteme, wie Mitgliederzeitschriften oder Internetauftritte, zu einer weiteren Verbreitung der Vorsorgevollmacht beigetragen werden.

Ähnlich ist die Situation, wenn man die besonderen Beratungsansprüche betrachtet. Zunächst haben die Berater auch in diesem Zusammenhang auf die Möglichkeiten der Vorsorgevollmacht hinzuweisen, wenn erkennbar ist, dass die Wahrnehmung der Rechte der betroffenen Personen durch den Eintritt der Geschäftsunfähigkeit gefährdet ist.

Durch die angebotenen Elemente des Case-Managements wird die Aufgabenwahrnehmung der gewillkürten Vertreter deutlich erleichtert. Ein bedeutender Aufgabenkomplex bestand bisher in der Organisation der Krankenbehandlung, der Pflege sowie der Rehabilitation. Somit führt die Wahrnehmung des Versorgungsmanagements, der Pflegeberatung nach § 7a SGB XI, aber auch der Angebote der Gemeinsamen Servicestellen zu einer Entlastung der Bevollmächtigten.

Darüber hinaus bietet die Pflegeberatung ein Forum zur Beratung aller an der Pflege der betroffenen Person Beteiligten und es bestehen eigene Beratungsansprüche für Vorsorgebevollmächtigte in Fragen der Pflege und Rehabilitation. So können im Bereich der Pflegeberatung Beratungsansprüche zu allen Fragen, die zur Pflege gehören, vor allem aber der Pflegeorganisation und -durchführung, in Anspruch genommen werden.

Um eine höhere Effizienz der Pflegeberatung auch für die Vorsorgebevollmächtigten zu erreichen, schlägt der Bundesverband der BerufsbetreuerInnen vor, dass neben der Pflegeberatung auch in anderen Bereichen der Sozial- und Gesundheitsversorgung ein umfassendes Beratungs- und Unterstützungsangebot organisiert werden muss. Im Ergebnis soll sich so ein fachlich enger Zusammenhang mit bereits bestehenden Formen von Unterstützungsdienstleistungen, wie z. B. der rechtlichen Betreuung oder bei der Budgetassistenz, ergeben.

In der Gesetzesbegründung zum Pflege-Weiterentwicklungsgesetz (2008) wird deutlich, dass der Gesetzgeber und zuvor die beratenden Institutionen den Bedarf an Beratungs- und Unterstützung ganzheitlich sehen und starre Grenzen vor allem zwischen den Versorgungsbereichen aber auch anderen – vor allem ehrenamtlichen Angeboten – überwunden werden sollen. Daher sind an dieser Stelle der Mensch und die Problemsituation als Ganzes in den Vordergrund der Beratung zu stellen und somit auch die Probleme der rechtlichen Vertretung als wichtiger Punkt der Beratungstätigkeit zu werten.

Damit ist ein erster Ansatz zur Nutzung der sozialrechtlichen Beratungs- und Unterstützungsangebote aufgezeichnet. Nach der hier diskutierten These kann eine Stärkung von privatautonomen Vorsorgemodellen nur erfolgen, wenn es Organisationsstrukturen gibt, die den Wünschen und Vorstellungen, aber vor allem auch den Bedürfnissen der betroffenen Personen gerecht werden können. Dazu ist jedoch ein ganzheitliches Konzept notwendig, mit dem nicht nur punktuell auf die Probleme der betroffenen Personen eingegangen werden kann. Dies trifft sowohl auf die Organisation der Vertretung als auch auf die Organisation von sozialen Leistungen zu. Mit dem Eintritt von Hilfe- oder Pflegebedürftigkeit stellen sich eine Reihe von Fragen, die sich selten nur durch eine Beratungsstelle allein lösen lassen. Dabei ist die Situation der betroffenen Personen sehr unterschiedlich. Fragen können sich in allen Lebensphasen stellen, sodass das hier vorliegende Konzept der Pflegeberatung im Pflege-Weiterentwicklungsgesetz zunächst zu kurz greift. Zwar ist das Ziel dem stetig wachsenden Angebot an Leistungen für pflegebedürftige Menschen gerecht zu werden und letztendlich ein sinnvolles Pflege- und Betreuungsarrangement zu erstellen und somit je nach individuellem Bedarf eine ganzheitliche Versorgungsstruktur sicherzustellen, zu begrüßen. In Anbetracht der darüber hinaus bestehenden Probleme ist dies allein jedoch nicht ausreichend.

Auch durch die Pilotprojekte wurde deutlich, dass innerhalb von sozialrechtlichen Beratungsstrukturen ein Bedarf an ganzheitlicher Beratung besteht. Ein besonderes Problem stellt dabei die Einbeziehung anderer Professionen, besonders aber der Ärzteschaft dar. Mit der Forderung nach einer solchen komplexen Beratung kann man anknüpfend an das von Sahm entwickelte Konzept des „Advanced Care Planning",[1077] feststellen, dass innerhalb der Beratungsstrukturen des Sozialrechts Bedarfe und aber auch Möglichkeiten bestehen, neue Unterstützungsstrukturen zu etablieren.

Vor allem die geforderten kommunikativen Strukturen, die eine Beratung zwischen betroffenen Personen, Angehörigen, Stellvertretern und an der Betreuung beteiligten Professionen ermöglicht, sind im Sozialrecht bisher nur vereinzelt zu finden. Die Beratungsstruktur ist meist nur bezogen auf wenige Versicherungszweige. Daher ist eine Vereinfachung und Effektivierung des sozialrechtlichen Systems durch einen trägerübergreifenden und unabhängigen Ansatz notwendig. Ein Beispiel für einen solchen Ansatz bieten die in den §§ 22 ff. SGB IX geregelten Gemeinsamen Servicestellen, an denen verschiedene Leistungsträger, so auch die Renten- und Pflegeversicherung beteiligt sind. Diese bieten den betroffenen Personen aber auch kommunikative Strukturen ebenso wie die Pflegestützpunkte, da es sich dabei um Einrichtungen handelt, die mit allen mit der Versorgung der betroffenen Personen befassten Einrichtungen, Personen, aber auch mit den Sozialleistungsträgern zusammenarbeiten, die aber auch Angehörigen und Vertretern ein entsprechendes Forum bieten. Damit wurde die zunächst singulär bestehende Pflegeberatung durch die strukturelle Verankerung bei den Pflegestützpunkten erweitert und damit ein ganzheitlicher organisierter Beratungsansatz möglich.

Darüber hinaus ist auch eine Beteiligung der kommunalen Sozialleistungsträger zu fordern, um das Leistungsspektrum allein im Bereich der Pflege abzubilden. Daneben fehlt es an der Zusammenarbeit vor allem mit den einzelnen Leistungserbringern – die diskutierten Hilfen greifen meist nur im Bereich der Sozialleistungsträger.

Ähnlich sieht die Bilanz bei der Untersuchung der Einführung des Versorgungsmanagements und nunmehr auch den Entlassungsmangements bei der Entlassung aus dem Krankenhaus aus. Aufgabe des Versorgungsmanagements ist es, den Krankenversicherten bei der Lösung von Problemen beim Übergang in verschiedene Versorgungsbereiche (innerhalb und außerhalb des Krankenhauses, der Rehabilitation und der Pflege) zu unterstützen. Dies war nur ein erster wichtiger Schritt des Gesetzgebers in diese Richtung, der jedoch noch der Fortentwicklung bedarf, wie die Tatsache zeigt, dass bereits nach einem halben Jahr Änderungen vorgenommen wurden. Mit der dadurch eingeleiteten Zusammenarbeit mit den Pflegeberatern und Pflegestützpunkten, aber auch den

---

1077 Vgl. dazu ausführlich oben Kapitel 4, D Fazit

Gemeinsamen Servicestellen kann ein deutlicher Ausbau der Versorgung über den jeweiligen Versicherungszweig hinaus erreicht werden.

Darüber hinaus müssen solche Einrichtungen mit Betreuungsvereinen und -behörden zusammenarbeiten und dabei Querschnittsarbeit – auch in den Gebieten der Betreuungsvermeidung und der Unterstützung der Vorsorgebevollmächtigten – leisten, damit nicht nur Probleme der Pflege-, Renten-, Rehabilitationsorganisation etc., sondern ganzheitlich die Probleme der betroffenen Personen beim Eintritt z. B. eines Pflegefalls im Vordergrund stehen.[1078] Wenn eine solche Einrichtung in einem größeren Zusammenhang tätig wird, kann dies zu einer erheblichen Verbesserung der Lage führen, damit nicht nur Probleme der Pflegeorganisation, sondern auch sonstige Probleme der medizinischen Versorgung in einer engen Zusammenarbeit mit den betroffenen Personen selbst, deren Vertretern, Angehörigen und Pflegepersonen, ebenso wie der behandelnden Ärzte gelöst werden können. Damit zeigt sich, dass noch nicht alle Fragen beantwortet sind, aber ein Beitrag zur Stärkung der Situation der Stellvertreter durch das Sozialrecht geleistet werden kann.

Im Vordergrund darf dabei aber nicht stehen, den betroffenen Personen die Organisationsarbeit „abzunehmen". Es soll sich hierbei um eine Organisation handeln, die je nach Bedarf die notwendige Stärkung der Selbstbestimmung unterstützt. Dies kann durch das umfangreiche Beratungssystem bisher nur zum Teil geleistet werden – es kann aber auch in der jetzigen Form bereits ein wichtiges Element der Stärkung der Vorsorgevollmacht sein – bestehende Beratungsstrukturen können genutzt werden, sodass eine Beratung „aus einer Hand" unter Beteiligung aller an der Pflege und Behandlung der betroffenen Personen beteiligten Personen möglich ist. Zu empfehlen ist daher eine Erweiterung der Beratungskompetenzen im Hinblick auf die Stärkung der Vorsorgevollmacht und die Nutzung aber vor allem auch der Ausbau bestehender Strukturen.

1078 Ähnlich auch: Marschner, Betrifft Betreuung 7, 122, 128

Zusammenfassung

Ziel der Arbeit war es, zu untersuchen, wie die Patientenautonomie in der Situation konkreter Entscheidungsunfähigkeit nachhaltig, vor allem bei stellvertretenden Entscheidungen, gesichert und gestärkt werden kann. Die antizipierte Entscheidung des Patienten bzw. der Patientin in Form einer Patientenverfügung führt zwar ebenfalls zur Sicherung der Autonomie, kann aber nicht alle denkbaren Lebenssituationen umfassen, sodass dieses Instrument nicht allein ausreichend ist, um die Patientenrechte zu verwirklichen. Empfehlenswert ist daher eine Verbindung mit einer Vorsorgevollmacht.

In einem ersten Schritt wurden in der vorliegenden Arbeit die Instrumente der Betreuung, der automatischen gesetzlichen Vertretungsmacht für nahe Angehörige und der Vorsorgevollmacht daraufhin untersucht, ob sie geeignet sind, die Patientenautonomie zu wahren.

1. Die Einrichtung der Betreuung bedeutet für die betroffenen Personen einen erheblichen Eingriff in das Selbstbestimmungsrecht, der mit der Fürsorgepflicht des Staates gerechtfertigt wird. Den betroffenen Personen wird, soweit sie unfähig sind, ihre eigenen Angelegenheiten wahrzunehmen, ein rechtlicher Betreuer als gesetzlicher Vertreter zur Seite gestellt. Sowohl die Einrichtung als auch die Durchführung der Betreuung hat sich streng am Erforderlichkeitsgrundsatz zu orientieren, dabei ist die Achtung des Willens der betroffenen Personen ein wichtiges Ziel. Innerhalb der Wahrnehmung der Gesundheitssorge nimmt die Willensbeachtung eine besondere Stellung ein: Die Regelung des § 1901 a BGB verpflichtet den Betreuer den (mutmaßlichen) Patientenwillen umzusetzen. Trotz dieser strikten Pflicht, den Willen der betreuten Person zu achten und damit auch seiner Patientenautonomie gerecht zu werden, stellt die fremdbestimmte Bestellung eines gesetzlichen Vertreters eine Einmischung des Staates in die Sphäre der betroffenen Personen dar. Auch wenn die Betreuung im Rahmen eines Auffangtatbestands für fehlende eigene Vorsorge sinnvoll ist, kann die Autonomie des Patienten bzw. der Patientin allein durch dieses Instrument nicht ausreichend gesichert werden. (Kapitel 1)

2. Die Einrichtung einer automatischen gesetzlichen Vertretungsmacht für nahe Angehörige versprach auf den ersten Blick, den Forderungen in der Gesellschaft nach Entscheidungskompetenzen von Angehörigen in der Gesundheitssorge gerecht zu werden. Ob solche Vorstellungen tatsächlich existieren, ist statistisch nicht nachweisbar und allein zur Rechtfertigung des mit der Einführung einer solchen Vertretungsmacht verbundenen Eingriffs in das Selbstbestimmungsrecht der betroffenen Personen nicht geeignet. Auch die ebenfalls mit der Etablierung einer solchen Vertretungsbefugnis bezweckte Reduzierung

der Betreuungskosten kann keine ausreichende Rechtfertigung sein. Vor allem der Automatismus der Vertretungsmacht führt zu einer erheblichen Beschränkung der Patientenautonomie. Denkbar wäre daher eine solche Vertretungsmacht lediglich im Rahmen einer kurzfristigen Notordnung, wobei Zweifel daran bestehen, ob eine solche Notordnung angesichts des bestehenden Systems aus Betreuung, Vorsorgevollmacht, aber auch der Betreuungsverfügung notwendig ist. Die gesetzliche Vertretungsmacht für nahe Angehörige führt daher nicht zu einer Stärkung der Patientenautonomie. (Kapitel 2)

3. Die Vorsorgevollmacht ermöglicht es dem Vollmachtgeber seinen individuellen Vorstellungen und Ansichten für den Fall der Einwilligungs- oder Geschäftsunfähigkeit Geltung zu verschaffen und gleichzeitig ein Betreuungsverfahren und damit die fremdbestimmte Fürsorge zu vermeiden. Der Vorsorgebevollmächtigte wird durch die Regelungen im Innenverhältnis der Vollmacht – entgegen dem allgemeinen Stellvertretungsrecht - an den Patientenwillen gebunden. Durch die neu eingeführten Bestimmungen der §§ 1901 a und b BGB, aber auch durch den besonderen Charakter der Vertretung in Gesundheitsangelegenheiten kommt es zu einer Wirkung des Patientenwillens über das Innenverhältnis hinaus. Die Feststellung und Umsetzung dieses Willens wird durch die organisatorischen und prozeduralen Strukturen des § 1901 b BGB gesichert. Mit diesen Neuregelungen wurden Entscheidungskompetenzen des Bevollmächtigten zur Durchführung eines Behandlungsabbruchs gesetzlich geregelt und erfolgte somit eine Gleichstellung mit den Kompetenzen des Betreuers. Damit handelt es sich bei der Vorsorgevollmacht um ein Instrument, mit dem die Patientenautonomie nachhaltig wahrgenommen und gesichert werden kann, ohne dass es einer Betreuerbestellung bedarf.

4. Die noch geringe Nutzung dieses Instruments machte es erforderlich, die Ursachen dafür zu untersuchen und Modelle der Stärkung der Vorsorgevollmacht zu erörtern. Ziel der vorliegenden Bearbeitung war es daher in einem zweiten Schritt, die Möglichkeiten der weiteren Stärkung der Vorsorgevollmacht zu untersuchen, indem zunächst auf die bestehenden Probleme der Rechtsdurchsetzung durch einen gewillkürten Stellvertreter eingegangen wurde (Kapitel 3). Anschließend wurden Instrumente der Stärkung sowohl im Zivil- als auch im Sozialrecht (Kapitel 4 und 5) in Bezug auf zwei grundlegende Problemkreise der Bevollmächtigung diskutiert: Zunächst wurden die Ausgestaltung und damit die Wirksamkeit der Vollmacht und deren Anerkennung im Rechtsverkehr und danach die Unterstützung des Bevollmächtigten bei der Handhabung seiner Vertretungskompetenzen erörtert.

5. Mit den individuellen Gestaltungsmöglichkeiten der Vollmacht sind Anwendungsprobleme verbunden. Nicht alle Teilnehmer am Rechtsverkehr erkennen jede Form einer Vorsorgevollmacht an. Die Ausgestaltung des Vor-

sorgefalls, der Aufgabenbereiche, des Innenverhältnisses, aber vor allem die unklare Formschrift des § 1904 Abs. 5 Satz 2 BGB führen dazu, dass es der Vorsorgevollmacht an der praktischen Wirksamkeit fehlen kann. Für eine effektive und im Rechtsverkehr anerkannte Ausgestaltung der Vollmacht und damit der Wahrnehmung der Privatautonomie ist es notwendig, dass Beratungsstrukturen bestehen.

6. Bei der Ausgestaltung der Vorsorgevollmacht kann der Vollmachtgeber, um die Wahrnehmung seiner Rechte abzusichern, Schutzbestimmungen formulieren. So ist es empfehlenswert, z. B. einen Überwachungsbevollmächtigten zu bestimmen oder das Verfahren zur Ermittlung des Patientenwillens auszugestalten. Wegen dieser speziellen Gestaltungsmöglichkeiten besteht ebenfalls ein hoher Beratungsbedarf.

7. Neben den privatautonom auszugestaltenden Schutzbestimmungen besteht, um dem staatlichen Schutzauftrag gerecht zu werden, ein System gesetzlicher Schutzmechanismen. Zunächst sollen Formvorschriften sichern, dass sich der Vollmachtgeber über den Umfang, aber vor allem der Gefahren der Bevollmächtigung bewusst wird (§ 1904 Abs. 5 Satz 2 BGB). Die Kontrolle der Ausübung der Stellvertretung erfolgt zum einen über die Pflicht zur Genehmigung von schwerwiegenden Entscheidungen des Bevollmächtigten durch das Betreuungsgericht und zum anderen die Möglichkeit der Bestellung eines Überwachungsbetreuers (vgl. §§ 1904 Abs. 5 Satz 1, 1896 Abs. 3 BGB).

Durch die Neuregelung des § 1904 BGB wurde die Genehmigungspflicht von Entscheidungen des Bevollmächtigten auf die Fälle reduziert, in denen sich der behandelnde Arzt bzw. die behandelnde Ärztin und der Bevollmächtigte über den Patientenwillen uneinig sind (§ 1904 Abs. 3 BGB). Der Eingriff in die Privatautonomie des Vollmachtgebers wurde mit dieser Gesetzesänderung auf die bestehenden Problemfälle reduziert, sodass es zu einer Stärkung der Autonomie des Vollmachtgebers gekommen ist.

8. Neben den klassischen Beratungsangeboten der Rechtsanwälte und Notare beraten und unterstützen die Betreuungsvereine und -behörden den Vollmachtgeber. Studien haben gezeigt, dass bei der Durchführung von Beratungsgesprächen zu Vorsorgemöglichkeiten neben rechtlichen und medizinischen Fragen auch familiäre, psychosoziale, ethische und pflegerische, aber auch religiöse Fragen, sowie Fragen zur Organspende, der Hirntoddiagnostik, zum Erbrecht oder zu Bestattungen von Bedeutung sein können. Daher erweisen sich die bestehenden Beratungsmöglichkeiten in der Praxis als nicht ausreichend, da sie dem bestehenden Bedarf interdisziplinärer Beratungsangebote nicht gerecht werden.

9. Ein hoher Beratungs- und Unterstützungsbedarf besteht auch für die Bevollmächtigten, bei der Wahrnehmung der Stellvertretung. Beratungsangebote

bestehen für diese bei den Betreuungsbehörden und -vereinen. Bei vielen Fragestellungen, wie z. B. der Feststellung des Willens des Vollmachtgebers in Gesundheitsfragen standen die Bevollmächtigten bisher allein. Der Entscheidungsprozess war von Fragen und Zweifeln begleitet.

10. An dieser Stelle setzt das neu eingeführte organisatorisch-prozedurale Modell des beratenden Konsils nach § 1901 b BGB an. Innerhalb dieser organisierten Strukturen muss der Bevollmächtigte mit dem Arzt bzw. der Ärztin, aber auch mit den Angehörigen Behandlungsmöglichkeiten, vor allem aber den Patientenwillen erörtern. Er kann sich bei schwerwiegenden Entscheidungen durch die Beratung absichern. Dieses Modell stellt damit einen ersten Ansatz für organisierte prozedurale Beratungsstrukturen zur Wahrnehmung der gewillkürten Stellvertretung dar und führt zur Stärkung des Modells der Vorsorgevollmacht.

11. Auch diese Beratung sollte nicht allein Ärzten oder Juristen obliegen, sondern multi-professionell erfolgen. Beratungsstellen sollten daher im Kontext zu § 1901 b BGB in Krankenhäuser integriert werden, da dort Fachleute aus unterschiedlichen Perspektiven (wie Intensivmedizin, Rettungsdienst, Palliativmedizin, Pflege, Rechtswissenschaft, Seelsorge, Sozialdienst, Ethik) zur Einzelberatung zur Verfügung stehen. Außerhalb von Krankenhäusern ist es notwendig, bisher bestehende insulare Anstrengungen unterschiedlicher Organisationen und Professionen zusammenzuführen und die Leistungen miteinander abzustimmen. Dazu wurden Anknüpfungsmöglichkeiten an sozialrechtliche Strukturen untersucht.

12. Im Sozialrecht bestehen weitreichende Beratungs- und Unterstützungspflichten, die eine strukturelle Verankerung im Rahmen des Care-Managements (Organisation durch vernetzte Versorgungsstrukturen) finden, aber auch im Rahmen des Case-Managements (Fall-Management), sowohl Einzelfallberatungen als auch Hilfe bei der Organisation von Leistungen und deren Überwachung beinhalten. Die in der Entwicklung des Sozialrechts immer deutlich werdende Hinwendung zur eigenständigen Ausgestaltung des Sozialrechtsverhältnisses macht es, zur effektiven Nutzung der bestehenden Rechte erforderlich, dass hinreichende Beratungs- und Unterstützungsmöglichkeiten zur Verfügung stehen. In der Praxis hat sich gezeigt, dass die Wahrnehmung dieser Rechte in vielen Fällen durch Stellvertreter erfolgt, sodass diese ebenfalls an Beratungs- und Unterstützungsmöglichkeiten partizipieren können und sollen.

Durch die Nutzung der bestehenden Strukturen des Sozialrechts kann es daher zu einer nachhaltigen Verwirklichung privatrechtlicher Ziele durch das Sozialrecht kommen, sodass die Lebenssituation der betroffenen Personen ganzheitlich durch vernetzte Beratung abgedeckt werden kann. Die mit der aufgezeigten Entwicklung im Sozialrecht bestehenden Ziele – der Stärkung der

Selbstbestimmung – sind mit den Zielen der Nutzung der Vorsorgevollmacht vergleichbar. Die Wahrnehmung der Privatautonomie durch die Ausgestaltung einer Vorsorgevollmacht bedarf ebenfalls gut informierter Beteiligter.

13. Erste Anknüpfungspunkte für die Stärkung der Vorsorgevollmacht ergaben sich dabei bereits in den allgemeinen Beratungsansprüchen, die aus den allgemeinen Betreuungspflichten bzw. aus den §§ 13-15 SGB I hergeleitet werden, aber auch aus einzelnen besonderen Beratungspflichten. Nach diesen haben die Leistungsträger über die Rechte und Pflichten aus den Sozialgesetzbüchern und deren Wahrnehmung zu beraten. Dazu gehört es auch, die betroffenen Personen auf die Möglichkeiten der Vorsorgevollmacht hinzuweisen, vor allem dann, wenn die Gefahr besteht, dass diese durch den Eintritt der Geschäftsunfähigkeit ihre Rechte nicht mehr eigenständig wahrnehmen können.

14. Im Rahmen der Informationspflichten der Sozialleistungsträger können bereits bestehende Informationssysteme, wie Mitgliederzeitschriften oder Internetauftritte, zu einer weiteren Verbreitung der Vorsorgevollmacht genutzt werden.

15. Einzelne in den verschiedenen Sozialgesetzbüchern geregelte Beratungs- und Unterstützungsansprüche (Versorgungsmanagement, Pflegeberatung nach § 7 a SGB XI, Pflegegutschein nach § 7 b SGB XI, die Angebote der Gemeinsamen Servicestellen der Rehabilitation) knüpfen an das Modell des Case-Managements und damit des individuellen Fallmanagements an. Dies beinhaltet die Feststellung eines Pflege- oder Hilfebedarfs und die Organisation der sich daraus ergebenden individuellen Behandlungs-, Rehabilitations- und Unterstützungsangebote, aber auch die Überwachung der in diesem Zusammenhang ausgehandelten Vereinbarungen. Durch die Nutzung der Modelle des Case-Managements wird die Handhabung der Aufgaben der rechtlichen Vertreter spürbar erleichtert, da es bisher eine ihrer Hauptaufgaben war, Krankenbehandlungen, Pflege bzw. Rehabilitation zu organisieren.

16. Darüber hinaus bestehen für Vorsorgebevollmächtigte eigene Beratungsansprüche bei den Gemeinsamen Servicestellen, den Leistungsträgern der Rehabilitation, aber auch der Pflegeberatung nach § 7 SGB XI.

17. Eine effektive Beratung und damit Stärkung der privatautonomen Vorsorge benötigt Organisationsstrukturen, die den Beteiligten neben der reinen, wenn auch fächerübergreifenden Beratung, ein Forum für Fragen, aber auch die professionsübergreifende Erörterung von Problemlagen ermöglicht. Daher sind ganzheitliche Konzepte notwendig, mit denen nicht nur punktuell auf einzelne Probleme der betroffenen Personen eingegangen werden kann, sondern der „ganze Mensch“ im Mittelpunkt steht. Diese Anforderung besteht nicht nur für die Organisation der rechtlichen Vertretung, sondern umfasst auch die Organisation sozialer Leistungen. Mit dem Eintritt von Hilfe- oder Pflege-

bedürftigkeit stellt sich eine Reihe von Problemen, die sich selten nur durch eine Beratungsstelle allein lösen lassen.

18. Im Sozialrecht finden sich bereits Modelle, die diesen Ansatz im Sinne eines Care-Managements stützen. Zu diesen gehören die Gemeinsamen Servicestellen der Rehabilitation nach §§ 22 ff. SGB XI, das Versorgungsmanagement nach § 11 Abs. 4 SGB V und die Pflegestützpunkte nach § 92 c SGB XI.

Bei den Pflegestützpunkten handelt es sich um Einrichtungen der Pflege- und Krankenkassen, die neben der Beratung und Unterstützung der einzelnen betroffenen Personen vor allem die wohnortnahe Versorgung koordiniert, die in Betracht kommenden Hilfs- und Unterstützungsangebote betreut und Versorgungs- und Betreuungsangebote, die aufeinander abgestimmt sind, vernetzt (§ 92 c Abs. 2 Nr. 2 und 3 SGB XI). In den Pflegestützpunkten wird damit das Ziel verfolgt, eine Anlaufstelle für ganzheitliche Beratung, zu sein. Dabei soll neben der Koordination der Leistungen der einzelnen Anbieter, auch nicht leistungsrechtlich verbundenen Organisationen ein Anlaufpunkt geboten werden.

Damit bieten die Pflegestützpunkte kommunikative Strukturen für die betroffenen Personen und ihre Stellvertreter, da diese mit allen mit der Versorgung der betroffenen Personen befassten Einrichtungen, Personen, aber auch mit den Sozialleistungsträgern zusammenarbeiten.

Ähnliche Angebote kann auch das Versorgungsmanagement leisten, wobei es sich dabei primär um ein Element des Case-Managements handelt. Bei der Organisation der Anschlussversorgung können jedoch die einzelnen Leistungserbringer zusammenarbeiten und ein vernetztes System zur Erfüllung dieser Aufgaben nutzen und den betroffenen Personen und ihren Vertretern eine ganzheitliche Beratung zur Organisation der Anschlussversorgung bieten. Mit der gesetzlich geforderten Zusammenarbeit mit den Pflegeberatern und den Pflegestützpunkten, aber auch den Gemeinsamen Servicestellen wird ein deutlicher Ausbau der Versorgung über den jeweiligen Versicherungszweig hinaus, erreicht.

Die Gemeinsamen Servicestellen der Rehabilitation bieten zwar zunächst ebenfalls nur Elemente des Case-Managements, es obliegt aber auch ihnen, vernetzte Strukturen zwischen den einzelnen Rehabilitationsträgern aufzubauen, so dass auch bei diesen Anbietern eine ganzheitliche Beratung und Kommunikation ermöglicht wird.

Damit wird deutlich, dass für unterschiedliche Bereiche des Sozialversicherungsrechts bereits Organisationsstrukturen zur vernetzen Zusammenarbeit bestehen. Diese sind verpflichtet zusammenzuarbeiten und somit den betroffenen Personen und deren rechtlichen Stellvertretern die Vernetzung mit allen an der Versorgung der betroffenen Person Beteiligten zu ermöglichen. Um dies effektiv zu ermöglichen, sollten die Anlaufstellen zunächst räumlich zusammenarbeiten. In einem zweiten Schritt ist die Abschaffung der Mehrfachstrukturen wünschenswert.

19. Innerhalb dieses Care-Management-Systems sollten auch kommunale Sozialleistungsträger beteiligt werden, um das gesamte Leistungsspektrum abzubilden. Daneben fehlt es an der Zusammenarbeit vor allem mit den einzelnen Leistungserbringern – die diskutierten Hilfen greifen meist nur im Bereich der Sozialleistungsträger. Zwingend ist die Beteiligung der Ärzteschaft.

Darüber hinaus muss die Vernetzung auf die Betreuungsvereinen und -behörden ausgedehnt werden, sodass an einer Beratungsstelle auch Angebote zur Betreuungsvermeidung und der Unterstützung der Vorsorgebevollmächtigten installiert werden und damit nicht nur Probleme der Pflege-, Renten-, Rehabilitationsorganisation etc., sondern ganzheitlich die Probleme der betroffenen Person beim Eintritt z. B. eines Pflegefalls im Vordergrund stehen.

Eine solche Zusammenarbeit kann zu einer erheblichen Verbesserung der Versorgung und Unterstützung der betroffenen Personen aber auch deren Vertretern und Angehörigen führen. Da an einer Stelle ein Forum geschaffen wurde, um neben den eigentlichen Problemen z. B. der Pflegeorganisation, auch sonstige Probleme der medizinischen Versorgung in einer engen Zusammenarbeit mit den betroffenen Personen selbst, deren Vertretern, Angehörigen und Pflegepersonen, ebenso wie der behandelnden Ärzte zu lösen.

20. Das Sozialrecht kann durch die in letzter Zeit verstärkten Beratungs- und Unterstützungsansprüche einen deutlichen Beitrag zur Stärkung des Instruments der Vorsorgevollmacht und damit der Patientenautonomie leisten.

Über die bereits bestehenden Angebote hinaus kann eine Stärkung der Vorsorgevollmacht, aber vor allem der Rechte der betroffenen Personen durch einen Ausbau der sozialrechtlichen Angebote mit den kommunalen Sozialleistungsträgern, durch die Erweiterung der Zusammenarbeit mit den Betreuungsvereinen und -behörden, aber auch einer stärkeren innersozialrechtlichen Kooperation erreicht werden, sodass sich auch insoweit eine Komplementarität zwischen Privatrecht und Sozialrecht nachweisen lässt.

Literaturverzeichnis

66. Deutscher Juristentag; Beschlüsse: Patientenautonomie und Strafrecht bei der Sterbebegleitung ; http://www.djt.de/fileadmin/downloads/66/66_DJT_Beschluesse.pdf; letzter Aufruf: 10. 9. 2012.

Ahrens, Martin; Autonomie in Fesseln - Vorsorgevollmacht und Vorsorgeverhältnis an den Schranken des Rechtsberatungsgesetzes; BtPrax 2005, 163.

Aichele, Valentin/von Bernstoff, Jochen, Das Menschenrecht auf Ankerkennung vor dem Recht: Zur Auslegung von Art. 12 der UN-Behindertenrechtskonvention, BtPrax 2010, 199.

Albers, Marion; Zur rechtlichen Ausgestaltung von Patientenverfügungen; MedR 2009, 138.

Alberts, Hermann; Sterben mit Genehmigungsvorbehalt?; BtPrax 2003, 139.

Albrecht, Elisabeth/Albrecht, Andreas; Die Patientenverfügung – jetzt gesetzlich geregelt; MittBayNot 2009, 426.

Albrecht, Elisabeth/Albrecht, Andreas; Änderungen im Recht der Patientenverfügung - zugleich Besprechung der Entscheidung des BGH vom 17. 3. 2003, XII ZB 2/03; MittBayNot 2003, 348.

Ankermann, Ernst; Verlängerung sinnlos gewordenen Lebens?; Medizinrecht 1999, 387.

Arbeitsgruppe „Patientenautonomie am Lebensende"; Bericht - Patientenautonomie am Lebensende - Ethische, rechtliche und medizinische Aspekte zur Bewertung von Patientenverfügungen, in: Vormundschaftsgerichtstag e. V. (Hrsg.); Betrifft Betreuung 7; Bundesanzeiger-Verl.-Ges. Köln; 2004; S. 158.

Baden-Württemberger Betreuungsvereine; Vorläufige Stellungnahme der Interessengemeinschaft der Betreuungsvereine Baden-Württemberg zum Abschlussbericht der Bund-Länder-Arbeitsgruppe „Betreuungsrecht" zur Reform des Betreuungsrechts; http://www.betreuung-mit-zukunft.de/9191/27334.html; 2003; letzter Aufruf: 14. 03. 2006.

Bamberger, Heinz Georg/Roth, Herbert; BGB; Beck München; 3. Auflage 2012.

Bauer, Axel/Klie, Thomas/Lütgens, Kay; HK-BUR: Heidelberger Kommentar - Betreuungs- und Unterbringungsrecht; Müller Heidelberg; Loseblattsammlung Stand Juni 2012.

Bauer, Axel; Juristische Argumentationslinien und die Funktion der Justiz im Rahmen der Sterbehilfedebatte; BtPrax 2002, 60.

Baumann, Wolfgang/Hartmann, Christian; Die zivilrechtliche Absicherung der Patientenautonomie am Ende des Lebens aus der Sicht der notariellen Praxis; DNotZ 2000, 594.

Baumann, Wolfgang; Generalvollmachten als Vorsorgevollmachten; MittRhNotK 1998, 1.

Behr, Johannes; Serie "Vollstreckungsblitzlichter", Folge 41: Der "Klarstellende Beschluß" bei der Einkommenspfändung - Möglichkeiten und Grenzen -; JurBüro 1997, 291.

Bengelsdorf, Peter; Probleme bei der Ermittlung des pfändbaren Teils des Arbeitseinkommens; NZA 1996, 176.

Berger, Christian; Begleitaufsätze zum 63. Deutschen Juristentag - Abteilung Zivilrecht - Privatrechtliche Gestaltungsmöglichkeiten zur Sicherung der Patientenautonomie am Ende des Lebens; JZ 2000, 797.

Bernsmann, Klaus; Der Umgang mit irreversibel bewusstlosen Personen und das Strafrecht; ZRP 1996, 87.

Beyer, Helmut; Die Rechtsprechung des Reichsgerichts und des Bundesgerichtshofs zur Amtshaftung für behördliche Auskunft; DVBl. 1962, 613.

Bienwald, Werner/Sonnenfeld, Susanne/Hoffmann, Birgit; Kommentar Betreuungsrecht; Gieseking Bielefeld; 5. Aufl. 2011.

Bienwald, Werner; Anmerkung zu BGH vom 08. 06. 2005 - XII ZR 177/03; FamRZ 2005, 1476.

Bienwald, Werner; Kommentar Betreuungsrecht: Gesetz zur Reform des Rechts der Vormundschaft und Pflegschaft für Volljährige (Betreuungsgesetz - BtG) und Gesetz über die Wahrnehmung behördlicher Aufgaben bei der Betreuung Volljähriger (Betreuungsbehördengesetz - BtBG); 3. Aufl. 1999; Bielefeld.

Bienwald, Werner; Die Vorsorgevollmacht - ein gleichwertiger Ersatz der Betreuerbestellung?; BtPrax 1998, 164.

Bienwald, Werner; Fehlplatzierung der Bevollmächtigtenkontrolle gemäß §§ 1904 II, 1906 V BGB; FamRZ 2003, 425.

Bienwald, Werner; gesetzliche Vertretung von Partnern und nahen Angehörigen zur Vermeidung rechtlicher Betreuung?; FamRZ 2002, 1453.

Bienwald, Werner; Über die Entscheidung bezüglich eines Betreuers - Anmerkung zu OLG Frankfurt vom 20. 11. 2001 – 20 W 419/01 - FamRZ 2002, 575; FamRZ 2002, 577.

Bienwald, Werner; Zur Rolle des Betreuers bei der Entscheidung über den Abbruch lebenserhaltender Maßnahmen bei dem Betreuten - Anmerkung zu OLG Frankfurt/M. vom 15. 07. 1998 - 20 W 224/98; FamRZ 1998, 1138.

Bienwald, Werner; Zur Umsetzung des Betreuungsgesetzes in der Praxis; FamRZ 1992, 1125.

Bihr, Dietrich/Fuchs, Harry/Krauskopf, Dieter/Lewering, Eckhart; Sozialgesetzbuch - neuntes Buch (SGB IX); Rehabilitation und Teilhabe behinderter Menschen; 2003; München.

Bioethik-Kommission Rheinland-Pfalz; Sterbehilfe und Sterbebegleitung; http://www.mjv.rlp.de/Ministerium/Bioethik/; 2004; letzter Aufruf: 10.09.2012.

Blandini, Mirjam; Betreuungsrechtliche Aspekte von Entscheidungen zwischen Leben und Tod; BWNotZ 2007, 129.

Bley, Helmar/Kreikebohm, Ralf/Marschner, Andreas; Sozialrecht; Luchterhand Neuwied; 9., neu bearb. Aufl. 2007.

Bockelmann, Paul; Rechtliche Grundlagen und rechtliche Grenzen der ärztlichen Aufklärungspflicht; NJW 1961, 945.

Boecken, Winfried/Klattenhoff, Roland; Der Elternunterhalt bei Pflegebedürftigkeit zwischen sozialstaatlicher Verantwortung und individueller Einstandspflicht; JZ 2006, 285.

Borasio, Gian Domenico; Stellungnahme zu den Gesetzentwürfen zur Patientenverfügung zur Anhörung des Rechtsausschusses des Deutschen Bundestages, 04. 03. 2009; http://webarchiv.bundestag.de/archive/2010/0427/bundestag/ausschuesse/a06/anhoerungen/Archiv/45_Patientenverf__gung/04_Stellungnahmen/Stellungnahme_Borasio.pdf ; 2009; letzter Aufruf: 10. 09. 2012.

Born, Winfried; Das neue Unterhaltsrecht; NJW 2008, 1.

Brill, Karl-Ernst; Begleitung betreuender Familienangehöriger; BtPrax 1992, 89.

Bühler, Ernst/Stolz, Konrad; Wann hat ein 'Grundleiden' einen 'irreversiblen tödlichen Verlauf' angenommen? - Zur Entscheidung des BGH vom 17. 3. 2003; FamRZ 2003, 1622.

Bühler, Martin; Einführung einer gesetzlichen Vertretung durch Angehörige als Alternative zur Betreuung und zur Vorsorgevollmacht; FamRZ 2002, 76.

Bühler, Martin; Vollmachtserteilung zur Vermeidung einer Betreuerbestellung (Möglichkeiten und Grenzen der Vorsorgevollmacht); FamRZ 2001, 1585.

Bühler, Martin; Vorsorgevollmacht zur Vermeidung einer Gebrechlichkeitspflegschaft oder Betreuung; BWNotZ 1990, 1.

Bund, Norbert; Automatisiertes Register über Vorsorgevollmachten - und seine Kosten; BtPrax 2005, 223.

Bund, Norbert; Die General- und Vorsorgevollmacht mit Betreuungs- und Patientenverfügung als Vorsorgemaßnahmen und ihre Kosten; BtPrax 2005, 174.

Bund-Länder-Arbeitsgruppe „Betreuungsrecht"; Abschlussbericht der Bund-Länder-Arbeitsgruppe „Betreuungsrecht"; Betrifft Betreuung 6, 2003,

Bund-Länder-Arbeitsgruppe zur Beobachtung der Kostenentwicklung im Betreuungsrecht; Ergebnisse mit Handlungsempfehlungen zur Optimierung des Betreuungsrechts; http://www.justiz.sachsen.de/smj/download/Ergebnisse_B-L-AG_Betreuungsrecht.pdf; 2009; letzter Aufruf: 10. 09. 2012.

Bund-Länder-Arbeitsgruppe; Zwischenbericht der Bund-Länder-Arbeitsgruppe „Betreuungsrecht"; http://www.justiz.nrw.de/JM/justizpolitik/schwerpunkte/betreuung/pdf/zwischenbericht.pdf; 2002; letzter Aufruf: 16. 12. 2006.

Bundesärztekammer; Empfehlungen der Bundesärztekammer und der Zentralen Ethikkommission bei der Bundesärztekammer zum Umgang mit Vorsorgevollmacht und Patientenverfügung in der ärztlichen Praxis; Deutsches Ärzteblatt 2007, A 891.

Bundesärztekammer; Grundsätze der Bundesärztekammer zur ärztlichen Sterbebegleitung, 2011, http://www.bundesaerztekammer.de/downloads/Sterbebegleitung_17022011.pdf (letzter Aufruf: 10. 9. 2012)

Bundesärztekammer; Grundsätze der Bundesärztekammer zur ärztlichen Sterbebegleitung, 2004; DÄBl 2004, A 1298

Bundesarbeitsgemeinschaft für Rehabilitation; Dritter Bericht über die Gemeinsamen Servicestellen nach § 24 Abs. 2 SGB IX vom 16. 02. 2011 für den Zeitraum vom 01. 07. 2007 bis 30. 06. 2010; http://www.bar-frankfurt.de/117.html, 2011; letzter Aufruf: 07.09.2012.

Bundesarbeitsgemeinschaft für Rehabilitation; Zweiter Bericht über die Gemeinsamen Servicestellen vom 14. 12. 2007; http://www.bar-frankfurt.de/117.html; 2007; letzter Aufruf: 07. 09. 2012.

Bundesministerium für Familie, Senioren, Frauen und Jugend; Fünfter Bericht zur Lage der älteren Generation in der Bundesrepublik Deutschland. Potenziale des Alters in Wirtschaft und Gesellschaft. Der Beitrag älterer Menschen zum Zusammenhalt der Generationen: Stellungnahme; Berlin; 2006.

Bundesverband der Berufsbetreuer/innen; Stellungnahme des BdB zu dem Entwurf für ein so genanntes 3. Betreuungsrechtsänderungsgesetz; BtPrax 2005, 63.

Bundesverband Lebenshilfe; Breite Diskussion zu Patientenverfügungen; http://www.lebenshilfe.de/content/stories/index.cfm/key.1950/secid.90/secid2.100; 2005; letzter Aufruf: 13. 03. 2006.

Bundesvereinigung Lebenshilfe für Menschen mit geistiger Behinderung e. V.; Stellungnahme zum Entwurf eines Gesetzes zur Änderung des Betreuungsrechts;

http://www.lebenshilfe.de/content/stories/index.cfm/key.1622/secid.9/secid2.56; 2004; letzter Aufruf: 20. 03. 2006.
Bundesvereinigung Lebenshilfe für Menschen mit geistiger Behinderung e. V.; Vorläufige Stellungnahme zum Abschlussbericht der Bund-Länder-Arbeitsgruppe „Betreuungsrecht" vom 11./12. 06. 2003; http://www.lebenshilfe.de/content/stories/index.cfm?key=911; 2003; letzter Aufruf: 13.3.2006.
Bündnis 90/Die Grünen; Patientenverfügungen – Eine allgemeine Erläuterung zum Thema Patientenverfügung und ein Vergleich verschiedener Stellungnahmen und Regelungsvorschläge; http://www.medizinethik.de/2005-gruene-patientenverfuegungen.pdf; 2005; letzter Aufruf: 27.4.2009.
Burchardt, Monika; Vertretung handlungsunfähiger volljähriger Patienten durch Angehörige, Universitätsverlag Göttingen, 2010.
Chiusi, Tiziana J.; Gesetzliche Vertretungsmacht für nahe Angehörige?; ZRP 2004, 119.
Coeppicus, Rolf; Aktive und passive Sterbehilfe - Abbruch von Behandlungen und Ernährung aus vormundschaftsgerichtlicher Sicht; FPR 2007, 63.
Coeppicus, Rolf; Die christliche Patientenvorsorge; NJW 2011, 3749.
Cypionka, Bertram; Fortfall der Entmündigung Volljähriger - Auswirkungen auf den Rechtsverkehr; NJW 1992, 207.
Damm, Reinhard; Imperfekte Autonomie und Neopaternalismus; Medizinrecht 2002, 375.
Damrau, Jürgen/Zimmermann, Walter; Betreuungsrecht - Kommentar zum materiellen und formellen Betreuungsrecht; Verlag W. Kohlhammer Stuttgart, Berlin, Köln; 4. Aufl. 2011.
de Ridder, Michael; Positionspapier zur Medizin am Lebensende anlässlich der Anhörung des Rechtsausschusses des Deutschen Bundestages hinsichtlich diverser Gesetzentwürfe, Anträge und Änderungsanträge zur Patientenverfügung am 04. 03. 2009; http://webarchiv.bundestag.de/archive/2010/0427/bundestag/ausschuesse/a06/anhoerungen/Archiv/45_Patientenverf__gung/04_Stellungnahmen/Stellungnahme_de_Ridder.pdf; letzter Aufruf: 10. 09. 2012.
Deinert, Horst; Änderungsvorschläge zum 2. BtÄndG (Stand 19.12.03) – Bereich Vertretung und Vorsorge; http://www.betreuung-mit-zukunft.de/; 2003; letzter Aufruf: 20. 03. 2006.
Deinert, Horst; Betreuungszahlen 2006 - 2007 - Amtliche Erhebungen des Bundesamtes für Justiz, der Sozialministerien der Bundesländer, der überörtlichen Betreuungsbehörden, der Bundesnotarkammer sowie des Statistischen Bundesamtes Ausgewertet und grafisch aufbereitet;

http://www.bt-portal.de/fileadmin/BT-Prax/downloads/Statistik_Betreungszahlen/Betreuungszahlen2006-2007.pdf; 2008; letzter Aufruf: 10. 09. 2012.

Deinert, Olaf/Neumann, Volker; Rehabilitation und Teilhabe behinderter Menschen: Handbuch SGB IX; Nomos-Verl.-Ges. Baden-Baden; 2. Aufl. 2009.

Deinert, Olaf; Privatrechtsgestaltung durch Sozialrecht: Begrenzungen des Akzeptanz- und Vermögenswertprinzips durch sozialrechtliche Regelungen; Nomos Baden-Baden; 1. Aufl. 2007.

Derleder, Peter; Der Kapitalanlegerschutz durch verbraucherkreditrechtliche Formanforderungen an die Vollmachten für Kapitalsammelgesellschaften; VuR 2000, 155.

Dettbarn-Reggentin, Jürgen/Reggentin, Heike; Freiwilliges Engagement in der Pflege und Solidarpotenziale innerhalb der Familie - Expertise – vorgelegt der Enquetekommission „Situation und Zukunft der Pflege in NRW" des Landtags Nordrhein-Westfalen; http://www.landtag.nrw.de/portal/WWW/GB_I/I.1/EK/EKALT/13_EK3/Gutachten/Gutachten.jsp; 2004; letzter Aufruf: 10. 09. 2012.

Deutsch, Erwin/Spickhoff, Andreas; Medizinrecht: Arztrecht, Arzneimittelrecht, Medizinprodukterecht und Transfusionsrecht; Springer Berlin [u. a.]; 6. Aufl. 2008.

Deutsch, Erwin; Das Persönlichkeitsrecht des Patienten; AcP (192) 1992, 161.

Deutsch, Erwin; Das Vertragsrecht des Probanden; VersR 2005, 1609.

Deutsch, Erwin; Der Zeitpunkt der ärztlichen Aufklärung und die antezipierte Einwilligung des Patienten; NJW 1979, 1905.

Deutsch, Erwin; Reform des Arztrechts - Ergänzende Regelungen für das ärztliche Vertrags-(Standes-) und Haftungsrecht?; 1978, 1657.

Deutsch, Erwin; Schutzbereich und Tatbestand des unerlaubten Heileingriffs im Zivilrecht; NJW 1965, 1985.

Deutscher Verein für öffentliche und Private Fürsorge; Stellungnahme des Deutschen Vereins zu den gesetzgeberisch umzusetzenden Vorschlägen der Bund-Länder-Arbeitsgruppe „Betreuungsrecht" im Abschlussbericht vom 11. 06. 2003; NDV 2003, 409.

Dieckmann, Jochen/Jurgeleit, Andreas; Die Reform des Betreuungsrechts - Zum Zwischenbericht der Bund-Länder-Arbeitsgruppe „Betreuungsrecht"; BtPrax 2002, 135.

Dieckmann, Jochen/Jurgeleit, Andreas; Die Reform des Betreuungsrechts - Zum Zwischenbericht der Bund-Länder-Arbeitsgruppe „Betreuungsrecht"; BtPrax 2002, 197.

Diekmann, Andrea; Stellvertretung in Gesundheitsangelegenheiten – Modell eines dreigliedrigen Vertretungssystems; Universitätsverlag Göttingen, 2009.
Diekmann, Andrea; Gesetzliche Vertretungsbefugnis für Angehörige? In: Vormundschaftsgerichtstag e. V. (Hrsg.); Betrifft: Betreuung 4; Bundesanzeiger Verlag Recklinghausen; 2002; S. 102.
Diekmann, Andrea; Gesetzliches Vertretungsrecht für Angehörige in den Bereichen Vermögens- und Gesundheitssorge, In: Brill, Karl-Ernst (Hrsg.); Betrifft Betreuung 7: Betreuungsrecht in Bedrängnis: Diskussionsbeiträge zum Entwurf eines 2. BtÄndG; VormundschaftsGerichtsTag Recklinghausen, Westf; 2004; S. 88.
Diekmann, Andrea; Gesetzliche Vertretungsbefugnis für Angehörige?; BtPrax 2003, 200.
Diekmann, Andrea; Reformdiskussion zur Änderung des Betreuungsrechts; FBR 2004, 678.
Diehn, Thomas/Rebhan, Ralf; Vorsorgevollmacht und Patientenverfügung; NJW 2010, 326
Diehn, Thomas; Das Ausdrücklichkeitsgebot des neuen § 1904 Abs. 5 Satz 2 BGB; FamRZ 2009, 1958.
Dodegge, Georg/Fritsche, Ingo; Zur Rechtslage bei der Entscheidung über den Abbruch medizinischer Behandlungen; NJ 2001, 176.
Dodegge, Georg/Roth, Andreas; Betreuungsrecht, Systematischer Praxiskommentar; Köln; 1. Aufl. 2003.
Dodegge, Georg; Der Schutz des freien Willens durch die Rechtsinstitute Betreuung, Vorsorgevollmacht, Betreuungs- und Patientenverfügung; FPR 2008, 591.
Dörr, Günter; Lassen sich neue Gesetze zu Ende denken. Gedanken eines Betroffenen zum 3. Vormundschaftsgerichtstag; BtPrax 1992, 46.
Düwell, Franz Josef/Göhle-Sander, Kristina/Kohte, Wolfhard; juris PraxisKommentar Vereinbarkeit von Familie und Beruf; juris, 1. Aufl. 2009.
Duttge, Gunnar; Preis der Freiheit: Reichweite und Grenzen individueller Selbstbestimmung zwischen Leben und Tod; *Thüngersheim/Frankfurt am Main*; 2. Aufl. 2006.
Eck, Barbara; Die Zulässigkeit medizinischer Forschung mit einwilligungsunfähigen Personen und ihre verfassungsrechtlichen Grenzen - eine Untersuchung der Rechtslage in Deutschland mit rechtsvergleichenden Elementen; Lang Frankfurt am Main [u. a.]; 2005.
Eibach, Ulrich/Schaefer, Klaus; Patientenautonomie und Patientenwünsche; Medizinrecht 2001, 21.

Eichhofer, Eberhard; Sozialrecht und Privatrecht - wechselseitig unvereinbar oder aufeinander bezogen?; NZS 2004, 169.

Eisenbart, Bettina; Patienten-Testament und Stellvertretung in Gesundheitsangelegenheiten: Alternativen zur Verwirklichung der Selbstbestimmung im Vorfeld des Todes; Nomos-Verl.-Ges. Baden-Baden; 2. Aufl. 2000.

Enquete-Kommission des Landtags von Nordrhein-Westfalen; Situation und Zukunft der Pflege in NRW; http://www.landtag.nrw.de/portal/WWW/GB_I/I.1/EK/EKALT/13_EK3/Abschlussbericht.jsp; 2005; letzter Aufruf: 10. 09. 2012.

Enquete-Kommission des Deutschen Bundestages „Ethik und Recht in der modernen Medizin'; Patientenverfügungen - Zwischenbericht; BTDrucks. 15/3700; 2005.

Enquete-Kommission des Deutschen Bundestages „Ethik und Recht in der modernen Medizin'; Verbesserung der Versorgung Schwerstkranker und Sterbender in Deutschland durch Palliativmedizin und Hospizarbeit; BTDrucks. 15/5858; 2005.

Enquete-Kommission; „Demografischer Wandel – Herausforderungen unserer älter werdenden Gesellschaft an den Einzelnen und die Politik"; BTDrs. 14/8800, 266.

Erman, Walter/Westermann, Harm Peter; Bürgerliches Gesetzbuch: Handkommentar mit EGBGB, ErbbauVO, HausratsVO, LPartG, ProdHaftG, UKlaG, VAHRG und WEG; Aschendorff [u. a.] Münster; 12. Aufl. 2008.

Erman, Walter/Westermann, Harm Peter/Grunewald, Barbara/Maier-Reimer, Georg; Bürgerliches Gesetzbuch: Handkommentar mit EGBGB, ErbbauVO, HausratsVO, LPartG, ProdHaftG, UKlaG, VAHRG und WEG; Aschendorff [u. a.] Münster; 13. Aufl. 2011.

Evangelische Kirchen Deutschland (EKD); Sterben hat seine Zeit - Überlegungen zum Umgang mit Patientenverfügungen aus evangelischer Sicht!; http://www.ekd.de/download/ekd_texte_80.pdf; 2005; letzter Aufruf: 10. 09. 2012.

Fakhr Shafaei, Reza; Die gemeinsamen Servicestellen für Rehabilitation: Beratung und Unterstützung behinderter Menschen nach dem SGB IX; Nomos Baden-Baden; 2008.

Fegert, Jörg M./Kölch, Michael/Lippert, Hans-Dieter; Sichere und wirksame Arzneimittel auch für Kinder Eine Herausforderung für die 12 Novelle zum Arzneimittelgesetz; ZRP 2003, 446.

Feldes, Werner/Kohte, Wolfhard/Stevens-Bartol, Eckart; SGB IX: Sozialgesetzbuch Neuntes Buch; Bund-Verl. Frankfurt am Main; 2. Aufl. 2011.

Felmberg, Bernhard; Patientenverfügung greift kurz zu; BKK 2009, 263.

Fischer, Gerfried; Medizinische Versuche am Menschen; Martin-Luther-Universität Halle-Wittenberg, Interdisziplinäres Zentrum Medizin - Ethik - Recht Halle (Saale); 2006.

Förter-Vondey, Klaus Vorsitzender des Bundesverband der Berufsbetreuer/Innen; Stellungnahme des BDB e. V. zum Abschlussbericht der Bund - Länder - Arbeitsgruppe „Betreuungsrecht"; BtPrax 2003, 191.

Francke, Robert; Ärztliche Berufsfreiheit und Patientenrechte: eine Untersuchung zu den verfassungsrechtlichen Grundlagen des ärztlichen Berufsrechts und des Patientenschutzes; Enke Stuttgart; 1994.

Fröschle, Tobias; Beratung von Bevollmächtigten und bei der Errichtung von Vorsorgevollmachten - Zur vorgeschlagenen Erweiterung der Aufgaben von Betreuungsvereinen; Betrifft Betreuung 7, 2004.

Fröschle, Tobias; Maximen des Betreuerhandelns und die Beendigung lebenserhaltender Eingriffe; JZ 2000, 72.

Frommelt, Mona/Klie, Thomas/Lörcherbach, Peter/Mennemann, Hugo/Monzer, Michael/Wendt, Wolf-Rainer; Pflegeberatung, Pflegestützpunkte und das Case-Management: die Aufgabe personen- und familienbezogener Unterstützung bei Pflegebedürftigkeit und ihre Realisierung in der Reform der Pflegeversicherung; FEL Freiburg, Br.; 2008.

Fuchs, Harry; Anspruch auf Versorgungsmanagement für Menschen mit Pflegebedarf - Der neue Rechtsanspruch im SGB V hilft vielen Betroffenen nicht wirklich; Soziale Sicherheit 2007, 338.

Fuchs, Harry; Integrierte Versorgung, medizinische Versorgungszentren, persönliche Budgets - neue Versorgungsformen für die Altenhilfe - unveröffentlichter Beitrag; http://www.harry-fuchs.de/docs/beitragpgb.pdf; 2005; letzter Aufruf: 10.09.2012.

Füllmich, Reiner; Der Tod im Krankenhaus und das Selbstbestimmungsrecht des Patienten: über das Recht der nicht entscheidungsfähigen Patienten, künstliche lebensverlängernde Maßnahmen abzulehnen; Lang Frankfurt a.M. u.a.; 1990.

Ganner, Michael; Selbstbestimmung im Alter; BtPrax 2007, 62.

Ganner, Michael; Selbstbestimmung im Alter; Springer-Verlag/Wien Vienna; 2005.

Giesen, Dieter; Ethische und rechtliche Probleme am Ende des Lebens; JZ 1990, 929.

Giesen, Dieter; Zwischen Patientenwohl und Patientenwille - Aufklärungsrechtliche Entwicklungen in der höchstrichterlichen Rechtsprechung Deutschlands, Österreichs und der Schweiz in rechtsvergleichender Sicht. Eine Bestandsaufnahme; JZ 1987, 282.

GKV-Spitzenverband der Pflegekassen; Evaluation der Pflegeberatung nach § 7a Abs. 7 SGB XI; Dezember 2011; Zusammenfassung der zentralen Ergebnisse und ergänzende Anmerkungen des GKV-Spitzenverbands zum Evaluationsbericht des AGP Institut für angewandte Sozialforschung, Hans Weinberger-Akademie, TNS Infratest; http://www.gkv-spitzenverband.de/media/dokumente/pflegeversicherung/beratung_und_betreuung/pflegeberatung/Evaluation_der_Pflegeberatung_Dezember_2011__7a_Abs_SGB_XI.pdf (letzter Aufruf: 15. 09. 2012).

Gödicke, Patrick; Gesetzliche Vertretungsmacht für nahe Angehörige? Zu dem Gesetzesvorschlag der Bund-Länder-Arbeitsgruppe „Betreuungsrecht" und dem nunmehr verfolgten Entwurf eines 2. Betreuungsrechtsänderungsgesetzes; FamRZ 2003, 1894.

Görk, Stefan; Das Zentrale Vorsorgeregister der Bundesnotarkammer - ein zentraler Baustein bei der Durchsetzung des Selbstbestimmungsrechts; FPR 2007, 82.

Greuel, Heinrich-Walter/Probst, Martin/Raack, Wolfgang; Betreuungsvermeidung - Geschäftsführung ohne Auftrag - Gesetzliche Vertretungsbefugnis durch Angehörige - Vorsorgevollmachten, In: Vormundschaftsgerichtstag e. V. (Hrsg.); Betrifft: Betreuung 5; Bundesanzeiger Verlag Recklinghausen; 2003; S. 80.

Großmann, Ruprecht; Gemeinschaftskommentar zum Sozialgesetzbuch: Rehabilitation und Teilhabe behinderter Menschen; Luchterhand Neuwied [u. a.]; Loseblatt Stand: Juni 2012.

Grunewald, Barbara/Römermann, Volker/Franz, Kurt; Rechtsdienstleistungsgesetz; Otto Schmidt Köln; 2008.

Gutzeit-Löhr, Konny/Kersten, Holger; Beratung und Information durch die Betreuungsbehörde; Betrifft Betreuung 9, 2007, 79.

Häckel, Horst: Organtransplantation am Fallbeispiel Österreich, in: Landeszentrale für politische Bildung in Baden-Württemberg (LpB) (Hrsg.): Organentnahme und Transplantation - eine Dokumentation einer Fachtagung im Spannungsfeld zwischen Ethik und Gesetz, 1997, S. 39.

Hahne, Meo-Michaela; Zwischen Fürsorge und Selbstbestimmung - Über die Grenzen von Patientenautonomie und Patientenverfügung - Vortrag, gehalten vor dem Nationalen Ethikrecht in Berlin am 11.6.2003; FamRZ 2003, 1619.

Hase, Friedhelm; Der Herstellungsanspruch bei pflichtwidrig unterlassener Beratung - Zum Urteil des 5. Senats des BSG vom 5.4.2000 (B 5 RJ 50/98 R); SGb 2001, 593.

Hauck, Karl/Noftz, Wolfgang/Becker, Ulrich; Kommentar zum SGB I; Losebl.-Ausg. Stand Juli 2012; Berlin.

Hauck, Karl/Noftz, Wolfgang/Voelzke, Thomas; Kommentar zum SGB II: Grundsicherung für Arbeitsuchende; Losebl.-Ausg. Stand August 2012; Berlin.

Hauck, Karl/Noftz, Wolfgang; Kommentar zum SGB V; Losebl.-Ausg. Stand Juni 2012; Berlin.

Hauck, Karl/Noftz, Wolfgang/Masuch, Peter; Sozialgesetzbuch (SGB) IX: Rehabilitation und Teilhabe behinderter Menschen -; Losebl.-Ausg. Stand: März 2012; Berlin.

Hauck, Karl/Noftz, Wolfgang/Schlegel, Rainer; Sozialgesetzbuch (SGB) XI: Soziale Pflegeversicherung; Losebl.-Ausg. August 2012; Berlin.

Heinemann, Jörn; Die Reform der freiwilligen Gerichtsbarkeit durch das FamFG und ihre Auswirkungen auf die notarielle Praxis; DNotZ 2009, 6.

Heitmann, Ernst; Anmerkung zu KG Berlin Beschluss vom 20. 12. 2005 - 1 W 182/03; jurisPR-FamR 2006, Ausgabe 8, Anm. 3.

Heitmann, Ernst; Anmerkung zu OLG Schleswig, Beschluss vom 02. 11. 2005 - 2 W 169/05; jurisPR-FamR 2006, Ausgabe 6, Anm. 3.

Hennies, Günter; Risikoreiche ärztliche Maßnahmen - betreuungsrechtliche Eingriffe; Medizinrecht 1999, 341.

Henssler, Martin/Prütting, Hanns; Bundesrechtsanwaltsordnung: mit Rechtsanwaltsprüfungsgesetz, EuRAG, Eignungsprüfungsverordnung, Berufs- und Fachanwaltsordnung, Rechtsberatungsgesetz, Partnerschaftsgesellschaftsgesetz und CCBE-Berufsregeln; Beck München; 2. Aufl. 2004.

Hess, Rainer: Das Arztbild im 21. Jahrhundert, in: Katzenmeier, Christian/Bergdolt, Klaus (Hrsg.): Das Bild des Arztes im 21. Jahrhundert, Berlin Heidelberg 2009, S. 117.

Heßler, Hans-Joachim; Schriftliche Stellungnahme zu den dem Deutschen Bundestag vorliegenden Entwürfen zu einer gesetzlichen Regelung der Patientenverfügung; http://webarchiv.bundestag.de/archive/2010/0427/bundestag/ausschuesse/a06/anhoerungen/Archiv/45_Patientenverf__gung/04_Stellungnahmen/Stellungnahme_He__ler.pdf; 2009; letzter Aufruf: 10. 09. 2012.

Heyers, Johannes; Vormundschaftsgerichtliche genehmigte Sterbehilfe - BGH, NJW 2003, 1588; JuS 2004, 100.

Heynitz, Jobst von; Belehrungen bei Vollmachten - auch für Bevollmächtigte?; MittBayNot 2003, 269.

Höfling, Wolfram (Hrsg.); Das neue Patientenverfügungsgesetz in der Praxis – eine erste kritische Zwischenbilanz, Nomos-Verl.-Ges. Baden-Baden, 2010.

Höfling, Wolfram; Das neue Patientenverfügungsgesetz, NJW 2009, 2849.

Höfling, Wolfram; Patientenautonomie und Patientenverfügungen aus der Sicht der deutschen Vormundschaftsrichter/innen; FPR 2007, 67.

Höfling, Wolfram/Lang, Heinrich: Das Selbstbestimmungsrecht - Normativer Bezugspunkt im Arzt-Patienten-Verhältnis, in: Feuerstein, Günter/Kuhlmann, Ellen (Hrsg.): Neoparternalistische Medizin: der Mythos der Selbstbestimmung im Arzt-Patienten-Verhältnis, Bern, Göttingen, Toronto, Seattle 1999, S. 17.

Höfling, Wolfram/Rixen, Stephan; Vormundschaftsgerichtliche Sterbeherrschaft?; JZ 2003, 884.

Höfling, Wolfram/Schäfer, Anne; Leben und Sterben in Richterhand?: Ergebnisse einer bundesweiten Richterbefragung zu Patientenverfügung und Sterbehilfe; Mohr Siebeck Tübingen; 2006.

Höfling, Wolfram; Anmerkung zu BGH vom 08. 06. 2005 - XII ZR 177/03; JZ 2006, 145.

Höfling, Wolfram; Forum 'Sterbehilfe' zwischen Selbstbestimmung und Integrationsschutz; JuS 2000, 111.

Höfling, Wolfram; Schriftliche Stellungnahme zu den dem Deutschen Bundestag Stellungnahme zur Öffentlichen Anhörung des Rechtsausschusses am 04. 03. 2009 zu Gesetzentwürfen zur Regelung von Patientenverfügungen; http://www.bundestag.de/ausschuesse/a06/anhoerungen/45_Patientenverf__gung/04_Stellungnahmen/Stellungnahme_H__fling.pdf; 2009; letzter Aufruf: 30. 04. 2009.

Hoffmann, Birgit; Fehlt eine Vertretungsbefugnis im Familienrecht?; BtPrax 2003, 94.

Hoffmann, Birgit; Forschung mit und an betreuten Menschen; BtPrax 2004, 216.

Hoffmann, Michael; Demenzkranke zu Hause pflegen – Leben im Quartier. Neue Hilfe- und Strukturkonzepte bei der Versorgung psychisch kranker, alter Menschen; BtPrax 2011, 3.

Hoffmann, Peter Michael/Ferber, Christian von; Familienangehörige als vormundschaftsgerichtlich bestellte Betreuer: der Einfluss primärer Netzwerke und sozialer Unterstützung im Betreuungswesen; Bundesanzeiger-Verl.-Ges. Köln; 1996.

Hoffmann, Peter Michael/Korte, Miguel Tamayo; Die Lebenslage älterer Menschen mit rechtlicher Betreuung - Abschlussbericht zum Forschungs- und Praxisbericht; Bundesanzeiger-Verl.-Ges. Köln; 2005.

Hoffmann, Peter Michael/Schumacher, Bettina; Vorsorgevollmachten und Betreuungsverfügungen: Handhabung in der Praxis; BtPrax 2002, 191.

Hollenders, Christoph; Die Vorsorgevollmacht im Spannungsfeld zwischen Autonomie und Kontrolle - Zum 'Entwurf eines 3. Gesetzes zur Änderung des Betreuungsrechts'; NotBZ 2005, 168.

Holzhauer, Heinz/Reinicke, Michael; Betreuungsrecht: eine Kommentierung der bürgerlich-rechtlichen und der verfahrensrechtlichen Vorschriften des neuen Betreuungsrechts; Aschendorff Münster; 1993.

Holzhauer, Heinz: Patientenautonomie und ihre vertretungsweise Wahrnehmung durch einen Betreuer, in: Ratajczak, Thomas/Bernasowski, Alexander (Hrsg.): Ärztliche Behandlung an der Grenze des Lebens: Heilauftrag zwischen Patientenautonomie und Kostenverantwortung, Berlin [u.a.] 2004, S. 28.

Holzhauer, Heinz; Justizverwaltung in Schicksalsdingen - Anmerkungen zum Beschluss des BGH v. 17. 3. 2003 - XII ZB 2/03; FamRZ 2003, 992.

Holzhauer, Heinz; Zur Anwendbarkeit des BGB § 1357 auf einen Arztbehandlungsvertrag; JZ 1985, 684.

Holzhauer, Heinz; Zur klinischen Prüfung von Medikamenten an Betreuten; NJW 1992, 2325.

Hoß, Andrea; Behandlungsabbruch und Patientenverfügungen - § 1904 BGB analog bei Behandlungsabbruch?; 2003.

Hufen, Friedhelm; In dubio pro dignitate - Selbstbestimmung und Grundrechtsschutz am Ende des Lebens; NJW 2001, 849.

Hufen, Friedhelm; Schriftliche Stellungnahme Zur Expertenanhörung des Rechtsausschusses am 4.3. 2009 Patientenverfügung und mutmaßlicher Wille aus verfassungsrechtlicher Sicht; http://webarchiv.bundestag.de/archive/2010/0427/bundestag/ausschuesse/a06/anhoerungen/Archiv/45_Patientenverf__gung/04_Stellungnahmen/Stellungnahme_Hufen.pdf; 2009; letzter Aufruf: 10. 09. 2012.

Hufen, Friedhelm; Verfassungsrechtliche Grenzen des Richterrechts; ZRP 2003, 248.

Igl, Gerhard; Anmerkung zu dem Urteil des BSG vom 30. 10. 2001 - B 3 KR 27/01 R; SGb 2002, 700.

Igl, Gerhard; Das Gesetz zur strukturellen Weiterentwicklung der Pflegeversicherung; NJW 2008, 2214.

Ihrig, Thomas; Leitlinien zur Ermittlung und Durchführung des Patientenwillens – Zugleich Anmerkungen zum Beschluss des BGH v. 10. 11. 2010 - 2 StR 320/10 – DNotZ 2011, 583

Interdisziplinäre Arbeitsgruppe zum Betreuungsrecht; Abschlussbericht vom 20. 10. 2011, 2012, Bundesanzeiger Verlag, Köln.

Infratest Sozialforschung; Hilfe- und Pflegebedürftige in Privathaushalten in Deutschland 2002;
http://www.bmfsfj.de/RedaktionBMFSFJ/Abteilung3/Pdf-Anlagen/hilfe-und-pflegebeduerftige-in-

privathaushalten,property=pdf,bereich=bmfsfj,sprache=de,rwb=true.pdf; 2003; letzter Aufruf 10. 09. 2012.

Jäger, Christian; Gesetzliche Regelung von Patientenverfügungen Stellungnahme zur öffentlichen Anhörung des Rechtsausschusses des Bundestages am 04. 03. 2009; http://webarchiv.bundestag.de/archive/2010/0427/bundestag/ausschuesse/a06/anhoerungen/Archiv/45_Patientenverf__gung/04_Stellungnahmen/Stellungnahme_J__ger.pdf; 2009; letzter Aufruf: 10. 09. 2012.

Jakumeit, Walter/Wilde, Klaus; Die behördliche Betreuungspflicht in der Rechtsprechung des Bundessozialgerichts, insbesondere die damit verbundenen Rechtswegfragen; 1971, 375.

Jauernig, Othmar/Berger, Christian; Bürgerliches Gesetzbuch: [Kommentar]; 14. Aufl. 2011; München.

Jürgens, Andreas/Lesting, Wolfgang/Marschner, Rolf/Winterstein, Peter; Betreuungsrecht kompakt: systematische Darstellung des gesamten Betreuungsrechts; Beck München; 7. Aufl. 2011.

Jürgens, Andreas; Anmerkung zum Beschluss des LG Koblenz vom 18. 01. 1999; BtPrax 1999, 99.

Jürgens, Andreas; Betreuungsrecht: Kommentar zum materiellen Betreuungsrecht, zum Verfahrensrecht und zum Betreuungsbehördengesetz; Beck München; 4. Aufl. 2010.

Jürgens, Andreas; Fremdnützige Forschung an einwilligungsunfähigen Personen nach deutschem Recht und nach dem Menschenrechtsübereinkommen für Biomedizin; KritV 1998, 34.

Junker, Markus/Herberger, Maximilian u. a.; Juris Praxiskommentar BGB - Buch 2 - Schuldrecht; Juris Saarbrücken; 6. Aufl. 2012.

Jurgeleit, Andreas/Bucic, Roberto; Betreuungsrecht: Handkommentar; Nomos-Verl.-Ges. Baden-Baden; 2. Aufl. 2010.

Kämpfer, Ulf; Die Selbstbestimmung Sterbewilliger; Duncker und Humblot Berlin; 2005.

Kamphausen, Peter Wilhelm; Rechtsprobleme bei Auskünften von Verwaltungsbehörden an den Bürger; Brockmeyer Bochum; 1983.

Karliczek, Ernst; Über die Entscheidung bezüglich eines Betreuers - Anmerkung zu 0.11.2001 - 20W 419/01 - FamRZ 2002, 575; FamRZ 2002, 578.

Keilbach, Heinz; Vorsorgeregelungen zur Wahrung der Selbstbestimmung bei Krankheit im Alter und am Lebensende; FamRZ 2003, 969.

Kern, Bernd-Rüdiger; Arzt und Betreuungsrecht; MedR 1993, 245.

Kirchhof, Paul: Allgemeines Verwaltungsrecht, in: Deutscher Sozialgerichtsverband; Zacher, /Zacher, Hans F. (Hrsg.): Sozialrechtsprechung - Verantwortung für den sozialen Rechtsstaat; Festschrift zum 25-jährigen Bestehen des Bundessozialgerichts, Köln u. a 1979, S. 537.

Klie, Thomas/Bauer, Axel; Wie ist eine Betreuung vermeidbar?; FPR 2004, 671.

Klie, Thomas; Gesetzliches Vertretungsrecht für Angehörige; BtPrax 2002, 91.

Knittel, Bernhard/Probst, Martin/Winterstein, Peter; Ist es sinnvoll, eine gesetzliche Vertretungsbefugnis für Angehörige einzuführen, In: Vormundschaftsgerichtstag e. V. (Hrsg.); Betrifft: Betreuung 3; Bundesanzeiger Verlag Recklinghausen; 2001.

Knittel, Bernhard; Betreuungsrecht: Kommentar und Rechtssammlung; Loseblattsamml; Stand: Juni 2012.

Koalitionsvertrag; "Gemeinsam für Deutschland. Mit Mut und Menschlichkeit" zwischen CDU, CSU und SPD für die 16. Wahlperiode des Deutschen Bundestages vom 18.11.2005;
http://www.cdu.de/doc/pdf/05_11_11_Koalitionsvertrag.pdf; 2005; letzter Aufruf: 10. 09. 2012.

Koch, Hans-Georg/Meran, Johannes Gobertus/Sass, Hans-Martin: Patientenverfügung und stellvertretende Entscheidung in rechtlicher, medizinischer und ethischer Sicht, Bochum 1996,.

Köhler, Helmut; Die Problematik automatisierter Rechtsvorgänge, insbesondere von Willenserklärungen; AcP (182) 1982, 126.

Köhler, Karl-Friedrich; Beratungs- und Hinweispflicht des Rentenversicherungsträgers - Erfassung des Versicherten im Datenbestand - Angaben zu eigenen Versicherungsbeiträgen im Witwenrentenantrag - sozialrechtlicher Herstellungsanspruch; SGb 2003, 407.

Köller, Regine/Engels, Dietrich; Rechtliche Betreuung in Deutschland - Evaluation des Zweiten Betreuungsrechtsänderungsgesetzes; Bundesanzeiger-Verl Köln; 2009.

Kohlhaas, Max; Das Recht auf den eigenen Tod; NJW 1973, 548.

Kohte, Wolfhard; Die rechtfertigende Einwilligung; 1985 (185), 105.

Kohte, Wolfhard/Weber, Christian; Zweifel an der Prozessfähigkeit des Klägers – Anmerkung zu BAG 28. 05. 2009 – 6 AZN 17/09; jurisPR-ArbR 52/2009, Anm. 1.

Kohte, Hans-Wolfhard; Betrieb und Unternehmen unter dem Leitbild des Organisationsvertrags, unveröffentlichte Habilitationsschrift, Bochum 1987.

Kollmer, Nobert; Die Durchführung der Betreuung, § 1901 BGB; FuR 1993, 325.

Kollmer, Norbert; Selbstbestimmung im Betreuungsrecht; VVF München; 1992.

Korsch, Eckhard; Patientenverfügung und Ethikberatung im Krankenhaus. In: *Höfling, Wolfram (Hrsg.*); Das neue Patientenverfügungsgesetz in der Praxis

– eine erste kritische Zwischenbilanz, Nomos-Verl.-Ges. Baden-Baden, 2010, S. 67.

Krahmer, Utz, Schiffer-Werneburg, Marie-Luise; Die neue Pflegeberatung nach § 7 a SGB XI - Fallmanagement nach der Novelle zur Pflegeversicherung; Sozialrecht aktuell 2008, 127.

Krahmer, Utz/Berlit, Uwe-Dietmar; Sozialgesetzbuch I; 2. Aufl. 2008; Baden-Baden.

Krahmer, Utz; Die Beratungspflicht der Pflegekassen nach § 7 SGB XI - Ein vernachlässigter Gesetzesauftrag; 2003, 271.

Krasney, Otto Ernst; Zur Auskunft und Beratung nach dem Sozialgesetzbuch; BKK 1985, 337.

Krause, Peter/Kretschmer, Hans-Jürgen/Maydell, Bernd Baron v./Schellhorn, Walter; Gemeinschaftskommentar zum Sozialgesetzbuch - Allgemeiner Teil (GK-SGB I); Luchterhand Neuwied; 3. Aufl. 1996.

Krause, Peter; Das öffentlich-rechtliche Schuldverhältnis in der Rechtsprechung des Bundessozialgerichts; BlStSozArbR 1979, 145.

Krejci, Heinz; Nebenpflichten der Sozialversicherungsträger gegenüber den Versicherten (unter besonderer Berücksichtigung der Betreuungspflichten); VSSR 1975, 212.

Kreßel, Eckhard/Wannagat, Georg; Sozialgesetzbuch: Kommentar zum Recht des Sozialgesetzbuchs SGB 11: Soziale Pflegeversicherung; Heymann Köln [u.a.]; 1995-2009

Kropp, Gabriele; Vorsorgevollmacht, FPR 2012, 9

Kübler, Friedrich/Kübler, Wolfgang; Selbstbestimmung am Lebensende? - Die Patientenverfügung im Gesetzgebungsverfahren; ZRP 2008, 236.

Kuhlmann, Jens-Michael; Einwilligung in die Heilbehandlung alter Menschen; Lang Frankfurt am Main [u.a.]; 1996.

Kunz, Melanie; Gesetzliche Vertretungsbefugnis von nahen Angehörigen für Volljährige: eine Auseinandersetzung mit den aktuellen Gesetzesvorschlägen zur Änderung des Betreuungsrechts; Lang Frankfurt am Main [u.a.]; 2006.

Kurze, Dietmar; Die Kontrollbetreuung; NJW 2007, 2220.

Kutzer, Klaus; Der Vormundschaftsrichter als „Schicksalsbeamter"? – Der BGH schränkt das Selbstbestimmungsrecht des Patienten ein; ZRP-Rechtsgespräch 2003, 213.

Lachwitz, Klaus/Schellhorn, Helmut/Welti, Felix; Handkommentar zum Sozialgesetzbuch IX (HK-SGB IX): Rehabilitation und Teilhabe behinderter Menschen; Luchterhand in Wolters Kluwer Deutschland Köln; 3. Aufl. 2010.

Lang, Armin; Eine neue Form der wohnortnahen Betreuung und Versorgung - Vorschläge zur Umsetzung und Finanzierung des integrierten Konzepts; Soziale Sicherheit 2007, 330.

Lange, Wolfgang; Das Patientenverfügungsgesetz –Überblick und kritische Würdigung -; ZEV 2009, 537.

Lange, Wolfgang; Beim Sterben kann man sich (noch) nicht vertreten lassen - Das österreichische Patientenverfügungs-Gesetz weist in die richtige Richtung; NotBZ 2006, 185.

Langenfeld, Andrea/Langenfeld, Gerrit; Die Vorsorgevollmacht in der notariellen Praxis; ZEV 1996, 339.

Langenfeld, Andrea; Vorsorgevollmacht, Betreuungsverfügung und Patienten-testament nach dem neuen Betreuungsrecht; Hartung-Gorre Konstanz; 1. Aufl. 1994.

Langenfeld, Gerrit; Anforderungen an die Bestimmtheit der Vorsorgevollmacht - Anmerkung zu LG Hamburg vom 12. 07. 1999 - 301 T 222/99; DNotZ 2000, 222.

Langenfeld, Gerrit; Vorsorgevollmacht und Patientenverfügung: Weniger Freiheit, mehr Rechtssicherheit?; ZEV 2003, 449.

Laube, Thomas; Die Patientenverfügung – Betrachtungen aus der betreuungsgerichtlichen Praxis; FPR 2010, 255

Laufs, Adolf/Uhlenbruck, Wilhelm; Handbuch des Arztrechts; Beck München; 4. Aufl. 2010.

Lautenschläger, Dunja; Die Gesetzesvorlagen des Arbeitskreises Alternativentwurf zur Sterbehilfe aus den Jahren 1986 und 2005; 2006.

Leitherer, Stefan; Kasseler Kommentar zum Sozialversicherungsrecht; 73. Ergänzungslieferung 2012; München.

Lilie, Hans: Hilfe zum Sterben, in: Deutsch, Erwin/Klingmüller, Ernst/Kullmann, Hans Josef (Hrsg.): Festschrift Erich Steffen zum 65. Geburtstag, Berlin [u.a.] 1995, S. 273.

Lilie, Hans: Strafrechtliche Gesichtspunkte, in: Wienke, Albrecht (Hrsg.): Der Wille des Menschen zwischen Leben und Sterben: Patientenverfügung und Vorsorgevollmacht, Berlin [u.a.] 2001, S. 75.

Lipp, Volker, UN-Behindertenrechtskonvention und Betreuungsrecht, FamRZ 2012, 669.

Lipp, Volker; UN-Behindertenrechtskonvention und Betreuungsrecht, BtPrax 2010, 263.

Lipp, Volker/Brauer, Daniel; Patientenvertreter, Betreuungsgericht und Patientenwille in: *Höfling, Wolfram (Hrsg.*); Das neue Patientenverfügungsgesetz in der Praxis – eine erste kritische Zwischenbilanz, Nomos-Verl.-Ges. Baden-Baden, 2010, S. 17.

Lipp, Volker (Hrsg.); Handbuch der Vorsorgeverfügungen: Vorsorgevollmacht - Patientenverfügung – Betreuungsverfügung; Franz Vahlen: München 2009.

Lipp, Volker/Klein, Frederike C. A.; Patientenautonomie und "Sterbehilfe" - Stand der aktuellen Debatte; FPR 2007, 56.

Lipp, Volker; Betreuung: Rechtsfürsorge im Sozialstaat aus betreuungsrechtlicher Perspektive, In: Zander, Karl-Heinz (Hrsg.); Betrifft Betreuung 8: Rechtsfürsorge im Sozialstaat - Was ist Aufgabe des Betreuungsrechts; VormundschaftsGerichtsTag Recklinghausen, Westf; 2005; S. 15.

Lipp, Volker; Gesetzliches Vertretungsrecht für Angehörige in den Bereichen Vermögens- und Gesundheitssorge, In: Brill, Karl-Ernst (Hrsg.); Betrifft Betreuung 7: Betreuungsrecht in Bedrängnis: Diskussionsbeiträge zum Entwurf eines 2. BtÄndG; VormundschaftsGerichtsTag Recklinghausen, Westf; 2004; S. 84.

Lipp, Volker; Selbstbestimmung am Ende des Lebens, In: Wolter, Jürgen/Riedel, Eibe/Taupitz, Jochen (Hrsg.); Einwirkungen der Grundrechte auf das Zivilrecht, öffentliche Recht und Strafrecht: Mannheimer Fakultätstagung über 50 Jahre Grundgesetz; Müller Heidelberg; 1999; S. 75.

Lipp, Volker: Medizinische Forschung am Menschen: Legitimation und Probandenschutz, in: Ahrens, Hans-Jürgen/Bar, Christian von/Fischer, Gerfried/Spickhoff, Andreas/Taupitz, Jochen (Hrsg.): Festschrift für Erwin Deutsch zum 80. Geburtstag, 2009, S. 343.

Lipp, Volker Stellvertretende Entscheidungen bei 'passiver' Sterbehilfe, in: May, Arnd T./Geißendörfer, Sylke E./Simon, Alfred/Strätling, Meinolfus (Hrsg.): Passive Sterbehilfe: besteht gesetzlicher Regelungsbedarf?: Impulse aus einem Expertengespräch der Akademie für Ethik in der Medizin e. V., Münster [u.a.] 2002, S. 37.

Lipp, Volker; "Sterbehilfe" und Patientenverfügung; FamRZ 2004, 317.

Lipp, Volker; Anmerkung zu BGH vom 17. 3. 2003 - XII ZB 2/03; LMK 2003, 104.

Lipp, Volker; Betreuung und Zwangsbehandlung; JZ 2006, 661.

Lipp, Volker; Die Entscheidung des BGH zur 'Sterbehilfe' - Konsequenzen und Bedeutung für die Praxis; BtPrax 2004, 18.

Lipp, Volker; Freiheit und Fürsorge: der Mensch als Rechtsperson: zu Funktion und Stellung der rechtlichen Betreuung im Privatrecht; Mohr Siebeck Tübingen; 2000.

Lipp, Volker; Patientenautonomie und Lebensschutz: zur Diskussion um eine gesetzliche Regelung der Sterbehilfe; Universitätsverlag Göttingen, Göttingen; 2005.

Lipp, Volker; Patientenautonomie und Sterbehilfe; BtPrax 2002, 47.

Lipp, Volker; Zur gesetzlichen Regelung der Patientenverfügung - Stellungnahme für den Rechtsausschuss des Deutschen Bundestags zur Vorbereitung der Anhörung am 04. 03. 2009; http://webarchiv.bundestag.de/archive/2010/0427/bundestag/ausschuesse/a06/anhoerungen/Archiv/45_Patientenverf__gung/04_Stellungnahmen/Stellungnahme_Lipp.pdf; 2009; letzter Aufruf: 10. 09. 2012.

Lippert, Hans-Dieter; Die klinische Prüfung von Arzneimitteln nach der 12. Novelle zum AMG - eine erste Bestandsaufnahme; VersR 2006, 48.

Litzenburger, Wolfgang; Vorsorgevollmacht ohne Auftrag; NotBZ 2007, 1.

Ludyga, Hannes; Der Abbruch lebensverlängernder oder -erhaltender Maßnahmen auf Grund von Patientenverfügungen und die Genehmigung durch das Betreuungsgericht; FPR 2010, 266.

Maier, Kurt/Hannemann, Klaus; Schadensersatz aus dem Versicherungsverhältnis; DAngVers 1975, 347.

Marschner, Rolf; Betreuungsrecht und Sozialgesetzbuch - Möglichkeiten der Koordination und Kooperation - Ein Beitrag zur Reform des Betreuungsrechts; Betrifft Betreuung 7 2004, 122.

Martin, Anja M.; Die Betreuung mit dem Aufgabenkreis Gesundheitssorge; Lang Frankfurt am Main [u.a.]; 2002.

Martiny, Dieter; Empfiehlt es sich, die rechtliche Ordnung finanzieller Solidarität zwischen Verwandten in den Bereichen des Unterhaltsrechts, des Pflichtteilsrechts, des Sozialhilferechts und des Sozialversicherungsrechts neu zu gestalten?; Beck München; 2002.

May, Arnd T./Grützmann, Tatjana/Brokmann, Jörg Ch.; Patientenverfügungen in der präklinischen Notfallmedizin, Veröffentlichung in Vorbereitung; 2009.

May, Arnd T.; Verfügungsliste. Liste Vorsorglicher Verfügungen wie Patientenverfügung, Vorsorgevollmacht und Betreuungsverfügung, Stand: 14.04.2009; http://www.ethikzentrum.de/patientenverfuegung/verfuegungsliste/verfuegungen.htm; letzter Aufruf: 10.09.2012.

May, Arnd T.; Zur gesetzlichen Regelung von Patientenverfügungen Stellungnahme zur Anhörung des Rechtsausschusses des Deutschen Bundestages am 04.03.2009; http://webarchiv.bundestag.de/archive/2010/0427/bundestag/ausschuesse/a06/anhoerungen/Archiv/45_Patientenverf__gung/04_Stellungnahmen/Stellungnahme_May.pdf; 2009; letzter Aufruf: 10. 09. 2012.

May, Arnd T; Autonomie und Fremdbestimmung bei medizinischen Entscheidungen für Nichteinwilligungsfähige; Lit Münster [u.a.]; 2. überarb. Aufl. 2001.

May, Arndt T./Kettner, Matthias; Gesetzliche Vertretungsmacht für Angehörige; BtPrax 2003, 96.

Maydell, Bernd v; Das Informationsrecht der Bürger im Allgemeinen Teil des Sozialgesetzbuchs; ZFSH/SGB 1986, 361.

Mayer, Karl-Georg; Medizinische Maßnahmen an Betreuten - §§ 1904, 1905 BGB - Eine Untersuchung aus zivilrechtlicher Sicht; ERGON-Verl. Würzburg; 1995.

Meier, Sybille; Inhalt und Reichweite einer Vorsorgevollmacht; BtPrax 2002, 184.

Meran, Johannes G./Birnbacher, Dieter; Möglichkeiten einer standardisierten Patientenverfügung: Gutachten im Auftrag des Bundesministeriums der Gesundheit; Lit Verl. Münster [u.a.]; 2002.

Metzler, Heidrun/Meyer, Thomas/Rauscher, Christine/Schäfers, Markus/Wansing, Gudrun; Begleitung und Auswertung der Erprobung trägerübergreifender Persönlicher Budgets: Abschlussbericht, In: Bundesministerium für Arbeit und Soziales; Band (Hrsg.) 366; Bonn; 2007.

Meyer, Martha; Pflegende Angehörige in Deutschland: ein Überblick über den derzeitigen Stand und zukünftige Entwicklungen; Lit Hamburg [u.a.]; 2006.

Meyer, Wolfgang; Behördliche Betreuungspflichten im Sozialverwaltungsrecht - Anmerkung zur Typik und zur rechtsdogmatischen Grundlegung; SGb 1985, 57.

Michell-Auli, Peter/Strunk-Richter, Gerlinde/Tebest, Ralf; Was leisten Pflegestützpunkte? Konzeption und Umsetzung – Ergebnisse aus der „Werkstatt Pflegestützpunkte; 2010.

Milzer, Lutz; Delegierte Patientenautonomie - Wahrnehmung von Patientenrechten durch Vorsorgebevollmächtigte; FPR 2007, 69.

Milzer, Lutz; Die adressatengerechte Vorsorgevollmacht; NJW 2003, 1836.

Mrozynski, Peter; Sozialgesetzbuch - allgemeiner Teil (SGB I); Kommentar; Beck München; 4. Aufl. 2010.

Mrozynski, Peter/Jabben, Jürgen; SGB IX Teil 1 – Regelungen für behinderte und von Behinderung bedrohte Menschen - Kommentar, Beck München; 2. Aufl. 2011

Müller, Gabriele; Gestaltung der Vorsorgevollmacht – Anmerkung zu OLG Frankfurt, Beschluss vom 15. 10. 2010 - 20 W 399/10; DNotZ 2011, 747

Müller, Gabriele; Die Patientenverfügung nach dem 3. Betreuungsrechtsänderungsgesetz: alles geregelt und vieles ungeklärt; DNotZ 2010, 169.

Müller, Gabriele/Renner, Thomas; Betreuungsrecht und Vorsorgeverfügungen in der Praxis; ZAP-Verlag Münster, Westf; 3. Aufl. 2011.

Müller, Gabriele; Die Patientenverfügung nach dem 3. Betreuungsrechtsänderungsgesetz: alles geregelt und vieles ungeklärt; DNotZ 2010, 169.

Müller, Gabriele; Altersvorsorgevollmacht - Gestaltung ihres Inkrafttretens; DNotZ 1997, 100.

Müller, Gabriele; Auswirkungen des Betreuungsrechtsänderungsgesetzes (BtÄndG) auf die Vorsorgevollmacht in Angelegenheiten der Gesundheitssorge; DNotZ 1999, 107.

Müller, Gabriele; Verbindlichkeit und Grenzen der Patientenverfügung - Zur Rechtslage de lege lata et de lege ferenda; ZEV 2008, 583.

Müller, Gerhard A./Knöbl, Jan: Der ärztliche Behandlungsabbruch, Änderung der Therapieziele am Lebensende - Rechtssicherheit für den Arzt? in: Ahrens, Hans-Jürgen/Bar, Christian von/Fischer, Gerfried/Spickhoff, Andreas/Taupitz, Jochen (Hrsg.): Festschrift für Erwin Deutsch zum 80. Geburtstag, 2009, S. 371.

Müller-Busch, Christof; Zwischen Fürsorge und Selbstbestimmung - Über die Grenzen von Patientenautonomie und Patientenverfügung - Nationaler Ethikrat, 11. 06. 2003 - Kommentar aus medizinischer Sicht; http://www.ethikrat.org; 2003; letzter Aufruf: 23.3.2006.

Müller-Freienfels, Wolfram; Die Altersvorsorge-Vollmacht - Studie zur Vollmachtserteilung über Minderungen der Geschäftsfähigkeit hinaus, In: Horn, Norbert/Luig, Klaus/Söllner, Alfred (Hrsg.); Europäisches Rechtsdenken in Geschichte und Gegenwart - Festschrift für Helmut Coing zum 70. Geburtstag - Band II; Beck-Verlag München; 1982; S. 395.

Müller-Freienfels, Wolfram: Privatfürsorge und Staatsfürsorge im Alter - Zu den Gesetzgebungsvorhaben über die 'Betreuung' Gebrechlicher, die Erteilung von Alters-Vorsorgevollmachten (sog. "enduring powers of attorny"), in: Forstmoser, Peter/Giger, Hans/Heini, Anton/Schluep, Walter R. (Hrsg.): Festschrift für Max Keller zum 65. Geburtstag - Beträge zum Familien- und Vormundschaftsrecht, Internationalen Privatrecht, Verfahrens-, Banken-, Gesellschafts- und Unternehmensrecht, zur Rechtsgeschichte und zum Steuerrecht, Zürich 1989, S.

Müller-Freienfels, Wolfram; Anmerkung zu OLG Frankfurt-M., 15. 07. 1998 - 20 W 224-98; JZ 1998, 1122.

Müller-Waack, Gerhard; Die Auskunftspflicht der Verwaltungsbehörden im Zusammenhang mit Verwaltungsverfahren; Lang Frankfurt a. M. [u.a.]; 1980.

München, Friedrich; Gesetzliche Ansprüche der Versicherten auf Versorgungs-, Entlassungsmanagement; PflR 2012, 211.

Münder, Johannes; Sozialrechtlicher Herstellungsanspruch - Pflichtverletzung - Spontanberatung - Gesetzesänderung - Beratungspflicht des Jugendamtes im Rahmen der Erstellung eines Hilfeplanes nach § 36 SGB 8; SGb 2005, 239.

Musielak, Hans-Joachim/Ball, Wolfgang; Kommentar zur Zivilprozessordnung: mit Gerichtsverfassungsgesetz; 9. Aufl. 2012.

Nationaler Ethikrat; Selbstbestimmung und Fürsorge am Lebensende - Stellungnahme; http://www.ethikrat.org/archiv/nationaler-ethikrat/stellungnahmen/pdf/Stellungnahme_Selbstbestimmung_und_Fuersorge_am_Lebensende.pdf; 2006; letzter Aufruf: 10. 09. 2012.

Nationaler Ethikrat; Stellungnahme Patientenverfügungen; http://www.nationalerethikrat.de/stellungnahmen/pdf/Stellungnahme_Patientenverfuegung.pdf; 2005; letzter Aufruf: 10. 09. 2012.

Nebe, Katja; Unterhaltsverbände im Familien- und Sozialrecht - Neue Grenzlinien zwischen familiären Beistandspflichten und dem sozialhilferechtlichen Nachranggrundsatz, in: Selbständigkeit und Abhängigkeit der Dogmatik des Sozialrechts, Schriftenreihe des Deutschen Sozialrechtsverbandes (SDSRV), Band 62, S. 29.

Nebe, Katja; Selbstbestimmte Organisation komplexer ambulanter Pflegeleistungen - zur Komplementarität privat- und sozialrechtlicher Regelungen; Habilitationsschrift Halle (Saale); unveröffentlichte Aufl. 2009.

Neitzke, Gerald/Charbonnier, Ralph/Diemer, Wolf/May, Arnd T./Wernstedt, Thela; Göttinger Thesen zur gesetzlichen Regelung des Umgangs mit Patientenverfügung und Vorsorgevollmacht; Ethik in der Medizin 2006, 192.

Neumann, Dirk/Pahlen, Ronald/Majerski-Pahlen, Monika/Wilrodt, Hermann/Gotzen, Otfried; Sozialgesetzbuch IX - Rehabilitation und Teilhabe behinderter Menschen; Beck München; 12. Aufl. 2010.

Neumann, Volker; Selbstbestimmte Leistungsgestaltung im SGB IX: Wunsch- und Wahlrecht, Geldleistungsoption und persönliches Budget; ZfSH/SGB 2003, 392.

Ohly, Ansgar: Einwilligung und "Einheit der Rechtsordnung", in: Pawlik, Michael/Zaczyk, Rainer (Hrsg.): Festschrift für Günther Jakobs zum 70. Geburtstag, 2007, S. 451.

Ohly, Ansgar; 'Volenti non fit iniuria': die Einwilligung im Privatrecht; Mohr-Siebeck Tübingen; 2002.

Otto, Harro; Patientenautonomie und Strafrecht bei der Sterbebegleitung; NJW 2006, 2217.

Olzen, Dirk; Die gesetzliche Neuregelung der Patientenverfügung; JZ 2009, 354.

Paino-Staber, Angela; Gesetzliche Stellvertretung naher Angehöriger im Bereich der Gesundheitssorge; Leipziger Univ.-Verl. Leipzig; 1. Aufl. 2007.

Palandt, Otto; Bürgerliches Gesetzbuch: mit Einführungsgesetz (Auszug), BGB-Informationspflichten-Verordnung, Unterlassungsklagengesetz, Produkthaftungsgesetz, Erbbaurechtsverordnung, Wohnungseigentumsgesetz, Hausratsverordnung, Lebenspartnerschaftsgesetz, Gewaltschutz; Beck München; 71. Aufl. 2012.

Paritätischer Wohlfahrtsverband - Gesamtverband e. V.; Paritätische Stellungnahme - zum Abschlussbericht der Bund-Länder-Arbeitsgruppe „Betreuungsrecht“; http://www.infothek.paritaet.org/pid/fachinfos.nsf/c228f58ee316fe8dc12569f900724568/b5623038d594bb7ec1256d7c0034e051/$FILE/betreu-pariste.pdf; 2003; letzter Aufruf: 10.09.2012.

Pawlowski, Hans-Martin: Probleme der Einwilligung zu Eingriffen in personenbezogene Rechte, in: Brambring, Günter/Medicus, Dieter/Vogt, Max (Hrsg.): Festschrift für Horst Hagen, 1999, S. 5.

Perau, Guido; Anmerkung zu: BGH vom 17. 03. 2003 - XII ZB 2/03; RNotZ 2003, 263.

Peter, Jürgen; "Schlüsselgewalt“ bei Arzt- und Krankenhausverträgen - Ein Beitrag zum Anwendungsbereich des § 1357 BGB im Arztrecht; NJW 1993, 1949.

Petsch, Uwe/Sowarka, Doris/Kotsch, Lakshmi; Die Umsetzung des Betreuungsrechts in der Praxis: Ergebnisse aus der gegenwärtigen Fachliteratur; Transfer-Verl. Regensburg; 2002.

Pitschas, Rainer; Für ein neues Konzept des Betreuungsrechts - Abschied vom Familienrecht und Transformation der Betreuungsbehörden; FPR 2012, 61.

Plagemann, Herrmann: Persönliches Budget - Chance für mehr Teilhabe, in: Wallerath, Maximilian (Hrsg.): Fiat iustitia - Recht als Aufgabe der Vernunft - Festschrift für Peter Krause zum 70. Geburtstag, Berlin 2006, S. 171.

Probst, Martin/Knittel, Bernhard; Gesetzliche Vertretung durch Angehörige - Alternativen zur Betreuung?; ZRP 2001, 55.

Probst, Martin/Winterstein, Peter; Zur Einführung einer gesetzlichen Vertretungsbefugnis durch Angehörige - Diskussionsvorschläge, In: Vormundschaftsgerichtstag e. V. (Hrsg.); Betrifft: Betreuung 3; Bundesanzeiger Verlag Recklinghausen; 2001; S. 54.

Probst, Martin; Gesetzliche Vertretung durch Angehörige; BtPrax 2004, 163.

Rat der Evangelischen Kirche in Deutschland; Eckpunkte für eine gesetzliche Regelung von Patientenverfügungen vom 22.6.2007; http://www.medizinethik.de/EKD-2007-eckpunkte.pdf; 2007; letzter Aufruf: 27. 04. 2009.

Rebmann, Kurt/Säcker, Franz Jürgen; Münchener Kommentar zum Bürgerlichen Gesetzbuch Band 1/Teilband 1: Allgemeiner Teil: §§ 1-240. ProstG; 6. Aufl. 2012; München.

Rebmann, Kurt/Henssler, Martin; Münchener Kommentar zum Bürgerlichen Gesetzbuch - Band 4 - Schuldrecht/Besonderer Teil II, §§ 611 – 704 BGB, EFZG, TzBfG, KSchG; 6. Aufl. 2012; München.

Rebmann, Kurt/Ulmer, Peter; Münchener Kommentar zum Bürgerlichen Gesetzbuch Band 5: Schuldrecht, Besonderer Teil III, §§ 705 - 853 Partnerschaftsgesellschaftsgesetz, Produkthaftungsgesetz; 5. Aufl. 2009; München.

Rebmann, Kurt; Münchener Kommentar zum Bürgerlichen Gesetzbuch - Band 7/Teilband 1: Familienrecht I, §§ 1297-1588, HausratsV, GewSchG; 5. Aufl. 2010; München.

Rebmann, Kurt/Schwab, Dieter; Münchener Kommentar zum Bürgerlichen Gesetzbuch Band 8: Familienrecht II, §§ 1589-1921, SGB VIII; 6. Aufl. 2012; München.

Rennen, Günter/Caliebe, Gabriele; Rechtsberatungsgesetz: mit Ausführungsverordnungen und Erläuterungen; Beck München; 3. Aufl. 2001.

Renner, Thomas; Vorsorgevollmacht, Betreuungsverfügung und Patientenverfügung - die kostenrechtliche Behandlung; NotBZ 2005, 45.

Renner, Thomas; Zur Beachtlichkeit von Patientenverfügungen - gleichzeitig Anmerkung zur BGH-Entscheidung vom 17.3.2003 - XII ZB 2/03 -; NotBZ 2003, 245.

Reus, Katharina; Die neue gesetzliche Regelung der Patientenverfügung und die Strafbarkeit des Arztes, JZ 2010, 80.

Reymann, Christoph; Vorsorgevollmachten von Berufsträgern: Bestandssicherung, Dritteinflussabwehr und Kontrolle; ZEV 2006, 12.

Rieger, Gregor: Machtlos trotz Vollmacht? Materiell- und verfahrensrechtlicher Schutz von Vorsorgevollmacht und Betreuungsverfügung, in: Hofer, Sibylle/Klippel, Diethelm/Walter, Ute (Hrsg.): Perspektiven des Familienrechts: Festschrift für Dieter Schwab zum 70. Geburtstag, Bielefeld 2005, S. 1043.

Roglmeier, Julia; Der Bevollmächtigte oder der gerichtlich bestellte Betreuer als zentraler Kompetenzträger im Rahmen der gesetzlichen Neuregelung zur Patientenverfügung; FPR 2010, 282.

Röver, Julia; Einflußmöglichkeiten des Patienten im Vorfeld einer medizinischen Behandlung: antezipierte Erklärung und Stellvertretung in Gesundheitsangelegenheiten; Lang Frankfurt am Main [u.a.]; 1997.

Rolfs, Christan/Kreikebohm, Ralf/Giesen, Richard/Udsching, Peter; Beck'scher Online-Kommentar Sozialrecht; Stand: 1. 06. 2012; München.

Runder Tisch Pflege - Arbeitsgruppe I; Empfehlungen und Forderungen zur Verbesserung der Qualität und der Versorgungsstrukturen in der häuslichen Betreuung und Pflege; 2005.

Sachsen-Gessaphe, Karl August von: Vorsorgevollmacht im Zivilprozess, in: Sonnenfeld, Susanne (Hrsg.): Nichtalltägliche Fragen aus dem Alltag des Betreuungsrechts Festschrift für Werner Bienwald zum 70. Geburtstag, Bielefeld 2006, S. 273.

Sachsen-Gessaphe, Karl August von; Der Betreuer als gesetzlicher Vertreter für eingeschränkt Selbstbestimmungsfähige: Modell einer mehrstufigen Eingangsschwelle der Betreuung und des Einwilligungsvorbehalts; Mohr Siebeck Tübingen; 1999.

Sahm, Stephan; Patientenverfügung oder advanced care planning? In: *Höfling, Wolfram (Hrsg.*); Das neue Patientenverfügungsgesetz in der Praxis – eine erste kritische Zwischenbilanz, Nomos-Verl.-Ges. Baden-Baden, 2010, S. 123.

Sahm, Stephan; Zur Verbindlichkeit von Patientenverfügungen - Stellungnahme zur Anhörung des Rechtsausschusses des Deutschen Bundestages, 04.03.2009;
http://webarchiv.bundestag.de/archive/2010/0427/bundestag/ausschuesse/a06/anhoerungen/Archiv/45_Patientenverf__gung/04_Stellungnahmen/Stellungnahme_Sahm.pdf; 2009; letzter Aufruf: 10.09.2012.

Saliger, Frank; Sterbehilfe nach Verfahren - betreuungs- und strafrechtliche Überlegungen im Anschluss an BGHSt 40, 257; KritV 1998, 131.

Saliger, Frank; Sterbehilfe und Betreuungsrecht; MedR 2004, 237.

Sauer, Ulrich; Die Gestaltung des Innenverhältnisses von General- und Vorsorgevollmacht; RNotZ 2009, 79.

Schlegel, Rainer/Voelzke, Thomas; juris-PraxisKommentar SGB I; 2. Aufl. 2011; Saarbrücken.

Schlegel, Rainer/Voelzke, Thomas; Juris Praxiskommentar SGB - Sozialgesetzbuch Fünftes Buch (SGB V) Gesetzliche Krankenversicherung; Juris Saarbrücken; 2. Aufl. 2012.

Schlund, Gerhard H; Die ärztliche Aufklärungspflicht im Spannungsfeld der Gerichte und der Ärzteschaft; VersR 1977, 496.

Schmidt, Manuela/Schneekloth, Ulrich; Abschlussbericht zur TNS Infratest-Sozialforschung-Studie im Auftrag des Bundesministeriums für Gesundheit: Wirkungen des Pflege-Weiterentwicklungsgesetzes; Juni 2011:
https://www.bundesgesundheitsministerium.de/fileadmin/dateien/Publikationen/Pflege/Berichte/Abschlussbericht_zur_Studie_Wirkungen_des_Pflege-Weiterentwicklungsgesetzes.pdf (letzter Aufruf: 15. 09. 2012).

Schmidt- De Caluwe, Reimund; Der sozialrechtliche Herstellungsanspruch - eine Untersuchung der Entstehung und Entwicklung eines besonderen Haftungstatbestandes im Sozialrecht, seines Verhältnisses zum Sozialverfahrens- und zum Staatshaftungsrecht sowie eine Kritik seiner bisherigen; Duncker und Humblot Berlin; 1992.

Schmidt-De Caluwe, Reimund; Zur Entwicklung und Ausgestaltung der sozialbehördlichen Betreuungspflichten durch die höchstrichterliche Rechtsprechung; SGb 1992, 487.

Schmitten, Jürgen in der/Rothärmel, Sonja/Rixen, Stephan/ Marckmann, Georg; beizeiten begleiten ® - Modellprojekt in den Senioreneinrichtungen einer Region zur Entwicklung aussagekräftiger, valider und wirksamer Patientenverfügungen. In: *Höfling, Wolfram (Hrsg.*); Das neue Patientenverfügungsgesetz in der Praxis – eine erste kritische Zwischenbilanz, Nomos-Verl.-Ges. Baden-Baden, 2010, S. 81

Schneekloth, Ulrich/Müller, Udo; Wirkungen der Pflegeversicherung: Forschungsprojekt im Auftrag des Bundesministeriums für Gesundheit; Nomos-Verl.-Ges Baden-Baden; 2000.

Schneekloth, Ulrich: Entwicklungstrends beim Hilfe- und Pflegebedarf in Privathaushalten – Ergebnisse der Infratest-Repräsentativerhebung, in: Schneekloth, Ulrich/Wahl, Hans Werner (Hrsg.): Möglichkeiten und Grenzen selbstständiger Lebensführung in privaten Haushalten (MuG III) Repräsentativbefunde und Vertiefungsstudien zu häuslichen Pflegearrangements, Demenz und professionellen Versorgungsangeboten - Integrierter Abschlussbericht im Auftrag des Bundesministeriums für Familie, Senioren, Frauen und Jugend, München 2005, S. 55.

Schöch, Heinz/Verrel, Torsten; Alternativ-Entwurf Sterbebegleitung (AE-StB); Goltdammer's Archiv für Strafrecht (GA) 2005, 553.

Schöllhammer, Lutz; Die Rechtsverbindlichkeit des Patiententestaments: eine Untersuchung aus zivilrechtlicher Sicht; Duncker Humblot Berlin; 1993.

Schreiber, Hans-Ludwig: Patientenverfügung als Lösung des Problems der Sterbehilfe, in: Ahrens, Hans-Jürgen/Bar, Christian von/Fischer, Gerfried/Spickhoff, Andreas/Taupitz, Jochen (Hrsg.): Festschrift für Erwin Deutsch zum 80. Geburtstag, 2009, S. 493.

Schubert, Jens M./Schaumberg, Torsten; Pflegeberater und zusätzliche Betreuungskräfte - Neue Dienstleister im SGB XI -; NZS 2009, 353.

Schulte, Bernd; Pflege und Betreuung - Plädoyer für eine wechselseitige Annäherung und Kooperation; ZFSH/SGB 2011, 249.

Schulte, Bernd; Betreuung: Rechtsfürsorge im Sozialstaat aus sozialrechtlicher Perspektive, In: Zander, Karl-Heinz (Hrsg.); Betrifft Betreuung 8: Rechtsfürsorge im Sozialstaat - Was ist Aufgabe des Betreuungsrechts; VormundschaftsGerichtsTag Recklinghausen, Westf; 2005; S. 29.

Schulze, Ulrike: Selbstbestimmt in der letzten Lebensphase - im Spannungsfeld zwischen Autonomie und Fürsorge. Ergebnisse aus dem kommunalen Forschungsprojekt LIMITS Münster, in: Klie, Thomas/Buhl, Anke/Entzian, Hildegard/Hedtke-Becker, Astrid/Wallrafen-Dreisow, Helmut (Hrsg.): Die Zukunft der gesundheitlichen, sozialen und pflegerischen Versorgung älterer Menschen - Beiträge zur Sozialen Gerontologie und Altenarbeit, Frankfurt am Main 2005, S. 122.

Schumann, Eva; Dignitas - Voluntas - Vita: Überlegungen zur Sterbehilfe aus rechtshistorischer, interdisziplinärer und rechtsvergleichender Sicht; Universitätsverl. Göttingen, Göttingen; 2006.

Schwab, Dieter/Wagenitz, Thomas; Betreuungsrechtliche Aspekte der Sterbehilfe - Zugleich Anmerkung zur Entscheidung des Bundesgerichtshofs vom 17. 03. 2003, In: Lilie, Ulrich/Zwierlein, Eduard (Hrsg.); Handbuch integrierte Sterbebegleitung; Gütersloher Verl.-Haus Gütersloh; 2004; S. 374.

Schwab, Dieter; Betreuung und private Fürsorge, In: Lange, Herrmann/Nörr, Knutz Wolfgang/Westermann, Harm Peter (Hrsg.); Festschrift für Joachim Gernhuber zum 70. Geburtstag; J. C. B. Mohr Tübingen; 1993; S. 815.

Schwab, Dieter: Stellvertretung bei der Einwilligung in die medizinische Behandlung – ein Aufriss der Probleme, in: Gottwald, Peter/Jayme, Erik/Schwab, Dieter (Hrsg.): Festschrift für Dieter Henrich zum 70. Geburtstag – 01. 12. 2000 -, Bielefeld 2000, S. 512.

Schwab, Dieter; Probleme des materiellen Betreuungsrechts; FamRZ 1992, 493.

Schwanenflügel, Matthias von: Die Zukunft der Pflegeversicherung: Kernelemente des Entwurfs eines Pflege-Weiterentwicklungsgesetzes, 2008, S. 4.

Schwarz, J. A.; Patienteninformation und Einwilligung bei Geschäftsfähigen, Geschäftsunfähigen und Minderjährigen vor der Teilnahme an klinischen Prüfungen; Bundesgesundheitsbl - Gesundheitsforsch - Gesundheitsschutz 2005, 429.

Seichter, Jürgen; Stellungnahme zu dem Zwischenbericht der Bund-Länder-Arbeitsgruppe - Auszug aus: Seichter, Einführung in das Betreuungsrecht, 2. Aufl. 2003; BtPrax 2003, 91.

Seitz, Walter; Das OLG Frankfurt a. M. und die Sterbehilfe; ZRP 1998, 417.

Sellin, Christine/Engels, Dietrich/Holzhauer, Heinz; Qualität, Aufgabenverteilung und Verfahrensaufwand bei rechtlicher Betreuung: eine rechtstatsächliche Untersuchung; Bundesanzeiger-Verl. Köln; 2003.

Simon, Alfred/Lipp, Volker/Tietze, Andrea/Nickel, Nicole/Oorschot, Birgitt van; Einstellungen deutscher Vormundschaftsrichterinnen und -richter zu medizinischen Entscheidungen und Maßnahmen am Lebensende: erste Ergebnisse einer bundesweiten Befragung; MedR 2004, 303.

Simon, Elke; Die Patientenverfügung in der Beratungspraxis – Zur Erstellung von Patientenverfügungen, in: *Höfling, Wolfram (Hrsg.)*; Das neue Patientenverfügungsgesetz in der Praxis – eine erste kritische Zwischenbilanz, Nomos-Verl.-Ges. Baden-Baden, 2010, S. 57.

Slesina, Wolfgang, Knerr, Astrid; Wissenschaftliche Begleitung des Modellprojekts zur Optimierung der Arbeit der Gemeinsamen Servicestellen im Bundesland Sachsen-Anhalt einschließlich der Vorbereitung und Durchführung einer Kundenbefragung - Abschlussbericht; Halle; 2007.

Soergel, Hans Theodor/Spickhoff, Andreas; Bürgerliches Gesetzbuch: mit Einführungsgesetz und Nebengesetzen; Band 5/2 Schuldrecht IV/2 §§ 823 - 853 BGB; Produkthaftungsgesetz, Umwelthaftungsgesetz; Kohlhammer Stuttgart [u.a.]; 13. Aufl. 2005.

Soergel, Hans Theodor/Benicke, Christoph; Bürgerliches Gesetzbuch: mit Einführungsgesetz und Nebengesetzen; Band 10 Schuldrecht 8 §§ 652 – 704 BGB, Kohlhammer Stuttgart [u.a.]; 13. Aufl. 2011.

Soergel, Hans Theodor/Hohloch, Gerhard/Siebert, Wolfgang; Bürgerliches Gesetzbuch: mit Einführungsgesetz und Nebengesetzen; Band 4 Familienrecht §§ 1741 - 1921 BGB; Kohlhammer Stuttgart [u.a.]; 13. Aufl. 2000.

Sonnenfeld, Susanne; Das 2. BtRÄndG Überblick über die wesentlichen zum 1. 7. 2005 in Kraft tretenden Änderungen; FamRZ 2005, 941.

Spanl, Reinhold; Zur Formbedürftigkeit einer Vorsorgevollmacht; RPfleger 2006, 455.

Spickhoff, Andreas; Medizinrecht, Beck-Verlag, München, 1. Aufl. 2011.

Spickhoff, Andreas; Rechtssicherheit kraft Gesetzes durch sogenannte Patientenverfügungen? – Zum Dritten Gesetz zur Änderung des Betreuungsrechts; FamRZ 2009, 1949

Spickhoff, Andreas; Anmerkung zum BGH-Beschluss v. 17. 03. 2003 – XII ZB 2/03; JZ 2003, 739.

Spickhoff, Andreas; Autonomie und Heteronomie im Alter; Archiv für die civilistische Praxis (Band 208) 2008, 347.

Spickhoff, Andreas; Die Patientenautonomie am Lebensende: Ende der Patientenautonomie? - Zur Feststellbarkeit und Durchsetzbarkeit des realen oder hypothetischen Willens des Patienten; NJW 2000, 2297.

Spickhoff, Andreas; Forschung an nicht-einwilligungsfähigen Notfallpatienten; MedR 2006, 707.

Statistisches Bundesamt (Hrsg.); Leben in Deutschland – Haushalte, Familien und Gesundheit, Ergebnisse des Mikrozensus 2011; Destatis Wiesbaden; 2012.

Statistisches Bundesamt; Pflegestatistik 2009 - Pflege im Rahmen der Pflegeversicherung Deutschlandergebnisse; 2012.

Staudinger, Julius von, Hager, Johannes; J. von Staudingers Kommentar zum Bürgerlichen Gesetzbuch: mit Einführungsgesetz und Nebengesetzen; Unerlaubte Handlungen 1 Teilband 2 - §§ 823 E-I, 824, 825 BGB; Neubearbeitung 2009; Berlin.

Staudinger, Julius von; J. von Staudingers Kommentar zum Bürgerlichen Gesetzbuch: mit Einführungsgesetz und Nebengesetzen Viertes Buch Familienrecht §§ 1297 - 1362; Neubearbeitung 2012; Berlin.

Staudinger, Julius von/Bienwald, Werner/Engler, Helmut/Albrecht, Karl-Dieter; J. von Staudingers Kommentar zum Bürgerlichen Gesetzbuch: mit Einführungsgesetz und Nebengesetzen - Viertes Buch - Familienrecht §§ 1896-1921 (Rechtliche Betreuung und Pflegschaft); Neubearb. Aufl. 2006; Berlin.

Stoffers, Kristian F.; Anmerkung zu BGH vom. 17. 03. 2003 - XII ZB 2/03 - BGHZ 154, 205; DNotZ 2003, 855.

Stolz, Konrad; Anmerkungen zum geplanten Vertretungsrecht naher Angehöriger in Gesundheitsangelegenheiten; BtPrax 2003, 20.

Strätling, Meinolfus/Scharf, Volker Edwin/Eisenbart, Bettina; Vorausverfügungen von Patienten und Stellvertreterentscheidungen in Gesundheitsfragen, In: Akademie für Ethik in der Medizin e. V. (Hrsg.) Göttingen; 2000.

Strätling, Meinolfus/Scharf, Volker Edwin/Wedel, Claudia/Oehmichen, Frank/Eisenbart, Bettina; Möglichkeiten zur Verminderung rechtlicher und ethischer Probleme bei der Behandlung nicht einwilligungsfähiger oder von Entscheidungsunfähigkeit bedrohter Patienten; MedR 2001, 409.

Strätling, Meinolfus/Strätling-Tölle, Helge/Scharf, Volker E./Schmucker, Peter; 'Automatische' gesetzliche Stellvertretung nicht entscheidungsfähiger Patienten durch 'nahe Angehörige'?; MedR 2003, 372.

Stünker, Joachim: Selbstbestimmung bis zum Lebensende - Die Kodifikation der Patientenverfügung, in: Brigitte Zypries (Hrsg.): Die Renaissance der Rechtspolitik - Zehn Jahre Politik für den sozialen Rechtsstaat, München 2008, S. 147.

Sunder, Ellen; Reform des Betreuungsrechts - Zwischenbericht der Bund-Länder-Arbeitsgruppe; NDV 2002, 278.

Tamm, Marina; Patientenverfügung: Selbstbestimmung am Lebensende – Die neue Rechtslage; VuR 2009, 449.

Tänzer, Jörg/Wittrodt, Helge; Das neue Betreuungsrecht: Vorsorgevollmacht, Vergütung, Verfahren; Haufe Freiburg [u.a.]; 2005.

Taupitz, Jochen/Fröhlich, Uwe; Medizinische Forschung mit nichteinwilligungsfähigen Personen - Stellungnahme der Zentralen Ethikkommission; VersR 1997, 911.

Taupitz, Jochen; Empfehlen sich zivilrechtliche Regelungen zur Absicherung der Patientenautonomie am Ende des Lebens?: Gutachten A für den 63. Deutschen Juristentag; Beck München; 2000.

Tersteegen, Jens; Bankgeschäfte mittels Vorsorgevollmacht - Verpflichtung der Banken zur Anerkennung von Vorsorgevollmachten?; NJW 2007, 1717.

Terwey, Franz-Josef; Das Sozialrechtsverhältnis aus der Perspektive der Betreuungspflichten des Leistungsträgers; 1980, 161.

Terwey, Franz-Josef; Die rechtliche Betreuung des Bürgers nach dem Sozialgesetzbuch: zugleich eine Betrachtung der sozialrechtlichen Leistungsbeziehungen unter Obligationsgesichtspunkten; Hochschulverl. Freiburg i.Br.; 1980.

Tolmein, Oliver; Patientenautonomie und Patientenverfügung – Das 3. Betreuungsrechtsänderungsgesetz in der anwaltlichen Praxis, in: *Höfling, Wolfram (Hrsg.*); Das neue Patientenverfügungsgesetz in der Praxis – eine erste kritische Zwischenbilanz, Nomos-Verl.-Ges. Baden-Baden, 2010, S. 47.

Truong, Thu-Ly; Vorsorgevollmacht und Vorsorgetreuhand in Gesundheitsangelegenheiten: Hilfe zur Selbsthilfe?; online veröffentlicht: http://opus.bibliothek.uni-wuerzburg.de/volltexte/2006/1746/pdf/Endversion_Diss.pdf; 2006 letzter Aufruf 10. 09. 2012.

Udsching, Peter; Sozialgesetzbuch XI; Beck-Verlag München, 3. Aufl. 2010

Uhlenbruck, Wilhelm: Die endlose Geschichte der Patientenverfügung, in: Ahrens, Hans-Jürgen/Bar, Christian von/Fischer, Gerfried/Spickhoff, Andreas/Taupitz, Jochen (Hrsg.): Festschrift für Erwin Deutsch zum 80. Geburtstag, 2009, S. 663.

Uhlenbruck, Wilhelm: Die Stellvertretung in Gesundheitsangelegenheiten - Zu einem wichtigen, aber verkannten Rechtsinstitut in Deutschland, in: Ahrens, Hans-Jürgen/Bar, Christian von/Fischer, Gerfried/Spickhoff, Andreas/ Taupitz, Jochen (Hrsg.): Festschrift für Erwin Deutsch zum 70. Geburtstag, Köln [u.a.] 1999, S. 849.

Uhlenbruck, Wilhelm; Entmündigung des Patienten durch den Gesetzgeber?; ZRP 1998, 46.

Uhlenbruck, Wilhelm; Patiententestament, Betreuungsverfügung und Vorsorgevollmacht: zur Selbstbestimmung im Vorfeld des Todes; Humanitas-Verl. Dortmund; 3. Aufl. 1998.

Uhlenbruck, Wilhelm; Vorab-Einwilligung und Stellvertretung bei der Einwilligung in einen Heileingriff; MedR 1992, 134.

Verrel, Torsten; Anmerkung zu BGH, Beschluss vom 10. 11. 2010 – 2 StR 320/10 (LG Köln); NStZ 2011, 274.

Verrel, Torsten; Mehr Fragen als Antworten - Besprechung der Entscheidung des XII. Zivilsenats des BGH vom 17.3.2003 über die Einstellung lebenserhaltender Maßnahmen bei einwilligungsunfähigen Patienten -; NStZ 2003, 449.

Verrel, Torsten; Patientenautonomie und Strafrecht bei der Sterbebegleitung - Gutachten C zum 66. Deutschen Juristentag - Stuttgart 2006; C.H.Beck München; 2006.

Verrel, Torsten; Zivilrechtliche Vorsorge ist besser als strafrechtliche Kontrolle - Zum Stellenwert von Patientenverfügung, Betreuungsverfügung, Vorsorgevollmacht und vormundschaftsgerichtlicher Genehmigung; MedR 1999, 547.

Viefhues, Wolfram/Herberger, Maximilian; Juris Praxiskommentar BGB - Buch 4 - Familienrecht; Juris Saarbrücken; 6. Aufl. 2012.

Vieweg, Klaus/Herberger, Maximilian; Juris Praxiskommentar BGB - Buch 1 - Allgemeiner Teil; Juris Saarbrücken; 6. Aufl. 2012.

Voigt, Thomas E.; Die Pflichten des Betreuers; Hamburg; 1994.

Vormundschaftsgerichtstag e. V.; Eckpunkte für ein Patientenverfügungsgesetz Stellungnahme des Vormundschaftsgerichtstags e. V. vom 27. 02. 2009; http://www.vgt-ev.de/fileadmin/Mediendatenbank/_Stellungnahmen/VGT_Stellungnahme_2009_Patientenverfuegungsgesetze.pdf; 2009; letzter Aufruf: 30. 04. 2009.

Vormundschaftsgerichtstag e. V.; Positionen zur Weiterentwicklung des Betreuungsrechts Stellungnahme des Vormundschaftsgerichtstag eV zu den Vorschlägen der Bundesregierung und des Bundesrats zur Änderung des Betreuungsrechts; BtPrax 1997, 144.

Vormundschaftsgerichtstag e. V.; Stellungnahme des VGT zum Referentenentwurf eines 3. Betreuungsrechtsänderungsgesetzes (BTÄndG); BtPrax 2005, 60.

Vormundschaftsgerichtstag e. V.; Stellungnahme zu den Themen des Abschlussberichts der Bund-Länder-Arbeitsgruppe „Betreuungsrecht“; www.vgt-ev.de; 2003; letzter Aufruf: 13. 05. 2009.

Vormundschaftsgerichtstag e. V.; Stellungnahme zum Entwurf eines Gesetzes zur Änderung des Betreuungsrechts - Bundesrats-Drucksache 865/03, Bundestags-Drucksache 15/2494; http://www.vgt-ev.de/; 2004; letzter Aufruf: 20. 03. 2009.

Vorsitzender der Deutschen Bischofskonferenz und des Vorsitzenden des Rates der Evangelischen Kirchen; Brief zur gesetzlichen Regelung des Umgangs mit Patientenverfügungen vom 14. 05. 2008; http://www.medizinethik.de/EKD-DBK-PV-2008.pdf; 2008; letzter Aufruf: 27. 04. 2009.

Vossler, Norbert; Gesetzliche Vertretungsmacht für Angehörige - eine Alternative zur Betreuung? - Eine Erwiderung auf Probst/Knittel, ZRP 2001, 55 -; BtPrax 2003, 6.

Wagenitz, Thomas: Selbstbestimmung am Lebensende - Zu den Möglichkeiten und Grenzen privatautonomer Vorsorge de lege lata et ferenda, in: Duttge, Gunnar (Hrsg.): Perspektiven des Medizinrechts im 21. Jahrhundert, 2007, S. 21.

Wagenitz, Thomas; Abhandlungen - Finale Selbstbestimmung? Zu den Möglichkeiten und Grenzen der Patientenverfügung im geltenden und künftigen Recht.; FamRZ 2005, 669.

Wallkamm, Andreas; Pflichten des Bevollmächtigten eines Erblassers gegenüber den Erben- Ein Überblick über die aktuelle Rechtsprechung -; MDR 2008, 1375.

Walter, Ute; Das Betreuungsrechtsänderungsgesetz und das Rechtsinstitut der Vorsorgevollmacht; FamRZ 1999, 685.

Walter, Ute; Die Vorsorgevollmacht: Grundprobleme eines Rechtsinstituts unter besonderer Berücksichtigung der Frage nach Vorsorge im personalen Bereich; Gieseking Bielefeld; 1997.

Walter, Ute; Vorsorgevollmacht und Überwachungsbetreuung; ZEV 2000, 353.

Waßer, Ursula; Der sozialrechtliche Herstellungsanspruch; JA 2001, 137.

Welti, Felix/Rummel, Kerstin; Rechtsfragen des Persönlichen Budgets nach § 17 SGB IX - Gutachten im Rahmen der wissenschaftlichen Begleitung der modellhaften Erprobung Persönlicher Budgets nach § 17 Abs. 6 SGB IX 367; 2007.

Welti, Felix; Die individuelle Konkretisierung von Teilhabeleistungen und das Wunsch- und Wahlrecht behinderter Menschen; SGb 2003, 379.

Welti, Felix; Systematische Stellung des SGB IX im Sozialgesetzbuch - Zusammenarbeit der Leistungsträger und Koordination der Leistungen; SGb 2008, 321.

Westermann, Harm Peter (Hrsg.); Erman, Bürgerliches Gesetzbuch - Handkommentar mit AGG, EGBGB (Auszug), ErbbauRG, HausratsVO, LPartG, ProdHaftG, UKlaG, VAHRG und WEG; 12. Aufl. 2008; Köln.

Westermann, Harm Peter/Erman, Walter/Aderhold, Lutz; Bürgerliches Gesetzbuch: Handkommentar mit AGBG, EGBGB, ErbbauVO, HauratsVO, HausTWG, ProdHaftG, SachenRBerG, SchuldRAnpG, VerbrKrG; 10. Aufl. 2003; Münster.

Winterstein, Peter/Thar, Jürgen; Gesetzliche Vertretungsberechtigung für Angehörige - Erweiterung der Rechte oder Bevormundung? In: Vormundschaftsgerichtstag e. V. (Hrsg.); Betrifft: Betreuung 4; Bundesanzeiger Verlag Recklinghausen; 2003; S. 95.

Zacher, Hans F.: Der Sozialstaat als Aufgabe der Rechtswissenschaft, in: Lüke, Gerhard/Ress, Georg/Will, Michael R. (Hrsg.): Rechtsvergleichung, Europarecht und Staatenintegration - Gedächtnisschrift für Léontin-Jean Constantinesco, Köln, Berlin, Bonn, München 1983, S. 943.

Zedler, Johann Heinrich; Zedler-Online: Grosses vollständiges Universal-Lexikon aller Wissenschaften und Künste, welche bishero durch menschlichen Verstand und Witz erfunden und verbessert worden; http://www.zedler-lexikon.de/; 1732-1754; letzter Aufruf: 15. 09. 2012.

Zimmermann, Walter; Die Vorsorgevollmacht im Bankgeschäft; BKR 2007, 226.

Zimmermann, Walter; Vorsorgevollmacht und Rechtsberatungsgesetz; BtPrax 2001, 192.

Zwahr, Annette [Red.]; Meyers großes Handlexikon: rund 52 000 Stichwörter. und einem Sonderbeitrag zum 20. Jahrhundert; Meyers Lexikonverl. Mannheim [u.a.]; 20. Aufl. 2000.

Die Reihe RECHT UND MEDIZIN wird von den Professoren Deutsch (Göttingen), Kern (Leipzig), Laufs (Heidelberg), Lilie (Halle a.d. Saale), Schreiber (Göttingen) und Spickhoff (Göttingen) herausgegeben. Ihre Aufgabe ist es, Monographien und Dissertationen auf dem Gebiet des Medizinrechts zu veröffentlichen. Dieses Gebiet, das an Bedeutung noch zunehmen wird, umfaßt auf der juristischen Seite sowohl zivilrechtliche als auch straf- und öffentlich-rechtliche Fragestellungen. Die Fragen können von der juristischen oder von der medizinischen Seite aus untersucht werden. Übergreifendes Ziel ist es, den medizinrechtlichen Fragen nicht etwa ein gängiges juristisches Denkschema überzuwerfen, sondern die besonderen Probleme der Regelung medizinischer Sachverhalte eigenständig aufzufassen und darzustellen.

Manuskriptzusendungen an die Herausgeber bitte per Brief- bzw. Paketpost. Die Adressen der Herausgeber sind:

Prof. Dr. Dr. h.c. Erwin Deutsch (Zivilrecht und Rechtsvergleichung)
Höltystraße 8
37085 Göttingen

Prof. Dr. Bernd-Rüdiger Kern (Zivilrecht, Rechtsgeschichte und Arztrecht)
Universität Leipzig
Juristenfakultät / Lehrstuhl für Bürgerliches Recht, Rechtsgeschichte
und Arztrecht
Burgstraße 27
04109 Leipzig

Prof. Dr. Dr. h.c. Adolf Laufs (Zivilrecht, Medizinrecht und Rechtsgeschichte)
Kohlackerweg 12
69151 Neckargemünd

Prof. Dr. Hans Lilie (Strafrecht, Strafprozessrecht und Medizinrecht;
federführender Reihenherausgeber)
Martin-Luther-Universität Halle-Wittenberg
Juristische Fakultät: Strafrecht
Universitätsplatz 6
06108 Halle a.d. Saale
hans.lilie@jura.uni-halle.de

Prof. Dr. Dr. h.c. Hans-Ludwig Schreiber (Strafrecht und Rechtstheorie)
Grazer Str. 14
30519 Hannover

Prof. Dr. Andreas Spickhoff (Zivil- und Zivilprozessrecht, Internationales und
Vergleichendes Medizinrecht)
Georg-August Universität Göttingen
Juristische Fakultät
Platz der Göttinger Sieben 6
37073 Göttingen

RECHT UND MEDIZIN

Band 1 Erwin Deutsch: Das Recht der klinischen Forschung am Menschen. Zulässigkeit und Folgen der Versuche am Menschen, dargestellt im Vergleich zu dem amerikanischen Beispiel und den internationalen Regelungen. 1979.

Band 2 Thomas Carstens: Das Recht der Organtransplantation. Stand und Tendenzen des deutschen Rechts im Vergleich zu ausländischen Gesetzen. 1979.

Band 3 Moritz Linzbach: Informed Consent. Die Aufklärungspflicht des Arztes im amerikanischen und im deutschen Recht. 1980.

Band 4 Volker Henschel: Aufgabe und Tätigkeit der Schlichtungs- und Gutachterstellen für Arzthaftpflichtstreitigkeiten. 1980.

Band 5 Hans Lilie: Ärztliche Dokumentation und Informationsrechte des Patienten. Eine arztrechtliche Studie zum deutschen und amerikanischen Recht. 1980.

Band 6 Peter Mengert: Rechtsmedizinische Probleme in der Psychotherapie. 1981.

Band 7 Hazel G.S. Marinero: Arzneimittelhaftung in den USA und Deutschland. 1982.

Band 8 Wolfram Eberbach. Die zivilrechtliche Beurteilung der *Humanforschung*. 1982.

Band 9 Wolfgang Deuchler: Die Haftung des Arztes für die unerwünschte Geburt eines Kindes ("wrongful birth"). Eine rechtsvergleichende Darstellung des amerikanischen und deutschen Rechts. 1984.

Band 10 Hermann Schünemann: Die Rechte am menschlichen Körper. 1985.

Band 11 Joachim Sick: Beweisrecht im Arzthaftpflichtprozeß. 1986.

Band 12 Michael Pap: Extrakorporale Befruchtung und Embryotransfer aus arztrechtlicher Sicht; insbesondere: Der Schutz des werdenden Lebens in vitro. 1987.

Band 13 Sabine Rickmann: Zur Wirksamkeit von Patiententestamenten im Bereich des Strafrechts. 1987.

Band 14 Joachim Czwalinna: Ethik-Kommissionen - Forschungslegitimation durch Verfahren. 1987.

Band 15 Günter Schirmer: Status und Schutz des frühen Embryos bei der *In-vitro*-Fertilisation. Rechtslage und Diskussionsstand in Deutschland im Vergleich zu den Ländern des angloamerikanischen Rechtskreises. 1987.

Band 16 Sabine Dönicke: Strafrechtliche Aspekte der Katastrophenmedizin. 1987.

Band 17 Erwin Bernat: Rechtsfragen medizinisch assistierter Zeugung. 1989.

Band 18 Hartmut Schulz: Haftung für Infektionen. 1988.

Band 19 Herbert Harrer: Zivilrechtliche Haftung bei durchkreuzter Familienplanung. 1989.

Band 20 Reiner Füllmich: Der Tod im Krankenhaus und das Selbstbestimmungsrecht des Patienten. Über das Recht des nicht entscheidungsfähigen Patienten, künstlich lebensverlängernde Maßnahmen abzulehnen. 1990.

Band 21 Franziska Knothe: Staatshaftung bei der Zulassung von Arzneimitteln. 1990.

Band 22 Bettina Merz: Die medizinische, ethische und juristische Problematik artifizieller menschlicher Fortpflanzung. Artifizielle Insemination, In-vitro-Fertilisation mit Embryotransfer und die Forschung an frühen menschlichen Embryonen. 1991.

Band 23 Ferdinand van Oosten: The Doctrine of Informed Consent in Medical Law. 1991.

Band 24 Stephan Cramer: Genom- und Genanalyse. Rechtliche Implikationen einer "Prädiktiven Medizin". 1991.

Band 25 Knut Schulte: Das standesrechtliche Werbeverbot für Ärzte unter Berücksichtigung wettbewerbs- und kartellrechtlicher Bestimmungen. 1992.

Band 26 Young-Kyu Park: Das System des Arzthaftungsrechts. Zur dogmatischen Klarstellung und sachgerechten Verteilung des Haftungsrisikos. 1992.

Band 27 Angela Könning-Feil: Das Internationale Arzthaftungsrecht. Eine kollisionsrechtliche Darstellung auf sachrechtsvergleichender Grundlage. 1992.

Band 28 Jutta Krüger: Der Hamburger Barmbek/Bernbeck-Fall. Rechtstatsächliche Abwicklung und haftungsrechtliche Aspekte eines medizinischen Serienschadens. 1993.

Band 29 Alexandra Goeldel: Leihmutterschaft – eine rechtsvergleichende Studie. 1994.

Band 30 Thomas Brandes: Die Haftung für Organisationspflichtverletzung. 1994.

Band 31 Winfried Grabsch: Die Strafbarkeit der Offenbarung höchstpersönlicher Daten des ungeborenen Menschen. 1994.

Band 32 Jochen Markus: Die Einwilligungsfähigkeit im amerikanischen Recht. Mit einem einleitenden Überblick über den deutschen Diskussionsstand. 1995.

Band 33 Meltem Göben: Arzneimittelhaftung und Gentechnikhaftung als Beispiele modernen Risikoausgleichs mit rechtsvergleichenden Ausblicken zum türkischen und schweizerischen Recht. 1995.

Band 34 Regine Kiesecker: Die Schwangerschaft einer Toten. Strafrecht an der Grenze von Leben und Tod – Der Erlanger und der Stuttgarter Baby-Fall. 1996.

Band 35 Doris Voll: Die Einwilligung im Arztrecht. Eine Untersuchung zu den straf-, zivil- und verfassungsrechtlichen Grundlagen, insbesondere bei Sterilisation und Transplantation unter Berücksichtigung des Betreuungsgesetzes. 1996.

Band 36 Jens-M. Kuhlmann: Einwilligung in die Heilbehandlung alter Menschen. 1996.

Band 37 Hans-Jürgen Grambow: Die Haftung bei Gesundheitsschäden infolge medizinischer Betreuung in der DDR. 1997.

Band 38 Julia Röver: Einflußmöglichkeiten des Patienten im Vorfeld einer medizinischen Behandlung. Antezipierte Erklärung und Stellvertretung in Gesundheitsangelegenheiten. 1997.

Band 39 Jens Göben: Das Mitverschulden des Patienten im Arzthaftungsrecht. 1998.

Band 40 Hans-Jürgen Roßner: Begrenzung der Aufklärungspflicht des Arztes bei Kollision mit anderen ärztlichen Pflichten. Eine medizinrechtliche Studie mit vergleichenden Betrachtungen des nordamerikanischen Rechts. 1998.

Band 41 Meike Stock: Der Probandenschutz bei der medizinischen Forschung am Menschen. Unter besonderer Berücksichtigung der gesetzlich nicht geregelten Bereiche. 1998.

Band 42 Susanne Marian: Die Rechtsstellung des Samenspenders bei der Insemination / IVF. 1998.

Band 43 Maria Kasche: Verlust von Heilungschancen. Eine rechtsvergleichende Untersuchung. 1999.

Band 44 Almut Wilkening: Der Hamburger Sonderweg im System der öffentlich-rechtlichen Ethik-Kommissionen Deutschlands. 2000.

Band 45 Jonela Hoxhaj: Quo vadis Medizintechnikhaftung? Arzt-, Krankenhaus- und Herstellerhaftung für den Einsatz von Medizinprodukten. 2000.

Band 46 Birgit Reuter: Die gesetzliche Regelung der aktiven ärztlichen Sterbehilfe des Königreichs der Niederlande – ein Modell für die Bundesrepublik Deutschland? 2001. 2. durchgesehene Auflage 2002.

Band 47 Klaus Vosteen: Rationierung im Gesundheitswesen und Patientenschutz. Zu den rechtlichen Grenzen von Rationierungsmaßnahmen und den rechtlichen Anforderungen an staatliche Vorhaltung und Steuerung im Gesundheitswesen. 2001.

Band 48 Bong-Seok Kang: Haftungsprobleme in der Gentechnologie. Zum sachgerechten Schadensausgleich. 2001.

Band 49 Heike Wachenhausen: Medizinische Versuche und klinische Prüfung an Einwilligungsunfähigen. 2001.

Band 50 Thomas Hasenbein: Einziehung privatärztlicher Honorarforderungen durch Inkassounternehmen. 2002.

Band 51 Oliver Nowak: Leitlinien in der Medizin. Eine haftungsrechtliche Betrachtung. 2002.

Band 52 Christina Herrig: Die Gewebetransplantation nach dem Transplantationsgesetz. Entnahme – Lagerung – Verwendung unter besonderer Berücksichtigung der Hornhauttransplantation. 2002.

Band 53 Matthias Nagel: Passive Euthanasie. Probleme beim Behandlungsabbruch bei Patienten mit apallischem Syndrom. 2002.

Band 54 Miriam Ina Saati: Früheuthanasie. 2002.

Band 55 Susanne Schneider: Rechtliche Aspekte der Präimplantations- und Präfertilisationsdiagnostik. 2002.

Band 56 Uta Oelert: Allokation von Organen in der Transplantationsmedizin. 2002.

Band 57 Jens Muschner: Die haftungsrechtliche Stellung ausländischer Patienten und Medizinalpersonen in Fällen sprachbedingter Mißverständnisse. 2002.

Band 58 Rüdiger Wolfrum / Peter-Tobias Stoll / Stephanie Franck: Die Gewährleistung freier Forschung an und mit Genen und das Interesse an der wirtschaftlichen Nutzung ihrer Ergebnisse. 2002.

Band 59 Frank Hiersche: Die rechtliche Position der Hebamme bei der Geburt. Vertikale oder horizontale Arbeitsteilung. 2003.

Band 60 Hartmut Schädlich: Grenzüberschreitende Telemedizin-Anwendungen: Ärztliche Berufserlaubnis und Internationales Arzthaftungsrecht. Eine vergleichende Darstellung des deutschen und US-amerikanischen Rechts. 2003.

Band 61 Stefanie Diettrich: Organentnahme und Rechtfertigung durch Notstand? Zugleich eine Untersuchung zum Konkurrenzverhältnis von speziellen Rechtfertigungsgründen und rechtfertigendem Notstand gem. § 34 StGB. 2003.

Band 62 Anne Elisabeth Stange: Gibt es psychiatrische Diagnostikansätze, um den Begriff der schweren anderen seelischen Abartigkeit in §§ 20, 21 StGB auszufüllen? 2003.

Band 63 Christiane Schief: Die Zulässigkeit postnataler prädiktiver Gentests. Die Biomedizin-Konvention des Europarats und die deutsche Rechtslage. 2003.

Band 64 Maike C. Erbsen: Praxisnetze und das Berufsrecht der Ärzte. Der Praxisverbund als neue Kooperationsform in der ärztlichen Berufsordnung. 2003.

Band 65 Markus Schreiber: Die gesetzliche Regelung der Lebendspende von Organen in der Bundesrepublik Deutschland. 2004.

Band 66 Thela Wernstedt: Sterbehilfe in Europa. 2002.

Band 67 Axel Thias: Möglichkeiten und Grenzen eines selbstbestimmten Sterbens durch Einschränkung und Abbruch medizinischer Behandlung. Eine Untersuchung aus straf- und betreuungsrechtlicher Perspektive unter besonderer Berücksichtigung der Problematik des apallischen Syndroms. 2004.

Band 68 Jutta Müller: Ärzte und Pflegende, die keine Organe spenden wollen. Transplantatmangel muss nicht sein. 2004.

Band 69 Ihna Link: Schwangerschaftsabbruch bei Minderjährigen. Eine vergleichende Untersuchung des deutschen und englischen Rechts. 2004.

Band 70 Susann Tiebe: Strafrechtlicher Patientenschutz. Die Bedeutung des Strafrechts für die individuellen Patientenrechte. 2005.

Band 71 Jörg Gstöttner: Der Schutz von Patientenrechten durch verfahrensmäßige und institutionelle Vorkehrungen sowie den Erlass einer Charta der Patientenrechte. 2005.

Band 72 Oliver Jürgens: Die Beschränkung der strafrechtlichen Haftung für ärztliche Behandlungsfehler. 2005.

Band 73 Stephanie Gropp: Schutzkonzepte des werdenden Lebens. 2005.

Band 74 Clemens Winter: Robotik in der Medizin. Eine strafrechtliche Untersuchung. 2005.

Band 75 Barbara Eck: Die Zulässigkeit medizinischer Forschung mit einwilligungsunfähigen Personen und ihre verfassungsrechtlichen Grenzen. Eine Untersuchung der Rechtslage in Deutschland und rechtsvergleichenden Elementen. 2005.

Band 76 Anastassios Kantianis: Palliativmedizin als Sterbebegleitung nach deutschem und griechischem Recht. 2005.

Band 77 Ulrike Morr: Zulässigkeit von Biobanken aus verfassungsrechtlicher Sicht. 2005.

Band 78 Nora Markus: Die Zulässigkeit der Sectio auf Wunsch. Eine medizinische, ethische und rechtliche Betrachtung. 2006.

Band 79 Michael Benedikt Nagel: Die ärztliche Behandlung Neugeborener – Früheuthanasie. 2006.

Band 80 Regina Leitner: Sterbehilfe im deutsch-spanischen Rechtsvergleich. 2006.

Band 81 Martin Berger: Embryonenschutz und Klonen beim Menschen – Neuartige Therapiekonzepte zwischen Ethik und Recht. Ansätze zur Entwicklung eines neuen Regelungsmodells für die Bundesrepublik Deutschland. 2007.

Band 82 Amelia Kuschel: Der ärztlich assistierte Suizid. Straftat oder Akt der Nächstenliebe? 2007.

Band 83 Hans-Ludwig Schreiber / Hans Lilie / Henning Rosenau / Makoto Tadaki / Un Jong Pak (Hrsg.): Globalisierung der Biopolitik, des Biorechts und der Bioethik? Das Leben an seinem Anfang und an seinem Ende. 2007.

Band 84 Ralf Clement: Der Rechtsschutz der potentiellen Organempfänger nach dem Transplantationsgesetz. Zur rechtlichen Einordnung der verteilungsrelevanten Regelungen zwischen öffentlichem und privatem Recht. 2007.

Band 85 Sabine Lebert: Humanes Überschußgewebe – Möglichkeit der Verwendung für die Forschung? Analyse der rechtlichen, ethischen und biomedizinischen Voraussetzungen im Ländervergleich. 2007.

Band 86 Dietrich Wagner: Der gentechnische Eingriff in die menschliche Keimbahn. Rechtlich-ethische Bewertung. Nationale und internationale Regelungen im Vergleich. 2007.

Band 87 Britta Vogt: Methoden der künstlichen Befruchtung: „Dreierregel" versus „Single Embryo Transfer". Konflikt zwischen Rechtslage und Fortschritt der Reproduktionsmedizin in Deutschland im Vergleich mit sieben europäischen Ländern. 2008.

Band 88 Sebastian Rosenberg: Die postmortale Organtransplantation. Eine „gemeinschaftliche Aufgabe“ nach § 11 Abs. 1 S. 1 Transplantationsgesetz. Kompetenzen und Haftungsrisiken im Rahmen der Organspende. 2008.

Band 89 Julia Susanne Sundmacher: Die unterlassene Befunderhebung des Arztes. Eine Auseinandersetzung mit der Rechtsprechung des BGH. 2008.

Band 90 Martin Schwee: Die zulassungsüberschreitende Verordnung von Fertigarzneimitteln (Off-Label-Use). Eine Untersuchung vorwiegend im Bereich des Rechts der Gesetzlichen Krankenversicherung unter besonderer Berücksichtigung der sozialgerichtlichen Rechtsprechung. 2008.

Band 91 Jorge Guerra González: Xenotransplantation: Prävention des xenogenen Infektionsrisikos. Eine Untersuchung zum deutschen und spanischen Recht. 2008.

Band 92 Ulrike Beitz: Zur Reformbedürftigkeit des Embryonenschutzgesetzes. Eine medizinisch-ethisch-rechtliche Analyse anhand moderner Fortpflanzungstechniken. 2009.

Band 93 Dunja Lautenschläger: Der Status ausländischer Personen im deutschen Transplantationssystem. 2009.

Band 94 Annekatrin Habicht: Sterbehilfe – Wandel in der Terminologie. Eine integrative Betrachtung aus der Sicht von Medizin, Ethik und Recht. 2009.

Band 95 Ann-Kathrin Hirschmüller: Internationales Verbot des Humanklonens. Die Verhandlungen in der UNO. 2009.

Band 96 Henrike John: Die genetische Veränderung des Erbgutes menschlicher Embryonen. Chancen und Grenzen im deutschen und amerikanischen Recht. 2009.

Band 97 Christof Stock: Die Indikation in der Wunschmedizin. Ein medizinrechtlicher Beitrag zur ethischen Diskussion über „Enhancement“. 2009.

Band 98 Jochen Böning: Kontrolle im Transplantationsgesetz. Aufgaben und Grenzen der Überwachungs- und der Prüfungskommission nach den §§ 11 und 12 TPG. 2009.

Band 99 Stefanie Schulte: Die Rechtsgüter des strafbewehrten Organhandelsverbotes. Zum Spannungsfeld von Selbstbestimmungsrecht und staatlichem Paternalismus. 2009.

Band 100 Dorothea Maria Tachezy: Mutmaßliche Einwilligung und Notkompetenz in der präklinischen Notfallmedizin. Rechtfertigungsfragen und Haftungsfolgen im Notarzt- und Rettungsdienst. 2009.

Band 101 Annette Hergeth: Rechtliche Anforderungen an das IT-Outsourcing im Gesundheitswesen. 2009.

Band 102 Jussi Raafael Mameghani: Der mutmaßliche Wille als Kriterium für den ärztlichen Behandlungsabbruch bei entscheidungsunfähigen Patienten und sein Verhältnis zum Betreuungsrecht. 2009.

Band 103 Ocka Anna Böhnke: Die Kommerzialisierung der Gewebespende. Eine Erörterung des Resourcenmangels in der Transplantationsmedizin unter besonderer Berücksichtigung der Widerspruchslösung. 2010.

Band 104 Bernd-Rüdiger Kern / Hans Lilie (Hrsg.): Jurisprudenz zwischen Medizin und Kultur. Festschrift zum 70. Geburtstag von Gerfried Fischer. 2010.

Band 105 Ehsan Mohammadi-Kangarani: Die Richtlinien der Organverteilung im Transplantationsgesetz – verfassungsgemäß? 2011.

Band 106 Leonie Hübner: Umfang und Grenzen des strafrechtlichen Schutzes des Arztgeheimnisses nach § 203 StGB. 2011.

Band 107 Dörte Busch: Eigentum und Verfügungsbefugnisse am menschlichen Körper und seinen Teilen. 2012.

Band 108 Kathrin Decker: Der Abbruch intensivmedizinischer Maßnahmen in den Ländern Österreich und Deutschland. 2012.

Band 109 Sung-Ku Yoon: Der Unterhalt für ein Kind als Schaden. Eine rechtsvergleichende Darstellung zur deutschen und südkoreanischen Rechtslage hinsichtlich der Arzthaftung für neugeborenes Leben. 2012.

Band 110 Kerstin Bohne: Delegation ärztlicher Tätigkeiten. 2012.

Band 111 Moritz Ulrich: Durchbrechungen der Allokationskriterien des § 12 Abs. 3 TPG. Das „old for old"-Programm. 2012.

Band 112 Chonghan Oh: Die Strafbarkeit der Erforschung des menschlichen Embryos durch Klontechniken. 2013.

Band 113 Sebastian T. Vogel: Organentnahmen bei hirntoten Schwangeren. Oder: Sterbehilfe am Lebensanfang? 2013.

Band 114 Jung-Ho Lee: Die aktuellen juristischen Entwicklungen in der PID und Stammzellforschung in Deutschland. Eine Analyse der BGH-Entscheidung zur PID, Gesetzesnovellierung des ESchG und EuGH-Entscheidung zur Grundrechtsfähigkeit des Embryo in vitro. 2013.

Band 115 Claudia Beetz: Stellvertretung als Instrument der Sicherung und Stärkung der Patientenautonomie. Ein Beitrag zur Komplementarität von Zivil- und Sozialrecht. 2013.

www.peterlang.de